Das Güterichterverfahren
und die außergerichtliche Mediation

Europäische Hochschulschriften

European University Studies

Publications Universitaires Européennes

Reihe II	**Rechtswissenschaft**
Series II	Law
Série II	Droit

Band/Volume **5893**

Stephanie Swoboda

Das Güterichterverfahren und die außergerichtliche Mediation

Konkurrenz oder Ergänzung?

Bibliografische Information der Deutschen Nationalbibliothek
Die Deutsche Nationalbibliothek verzeichnet diese Publikation in der Deutschen
Nationalbibliografie; detaillierte bibliografische Daten sind im Internet über
http://dnb.d-nb.de abrufbar.

Gedruckt auf alterungsbeständigem,
säurefreiem Papier.

ISSN 0531-7312
ISBN 978-3-631-70110-2 (Print)
E-ISBN 978-3-631-70111-9 (E-PDF)
E-ISBN 978-3-631-70112-6 (EPUB)
E-ISBN 978-3-631-70113-3 (MOBI)
DOI 10.3726/b10363

© Peter Lang GmbH
Internationaler Verlag der Wissenschaften
Frankfurt am Main 2016
Alle Rechte vorbehalten.
PL Academic Research ist ein Imprint der Peter Lang GmbH.
Peter Lang – Frankfurt am Main · Bern · Bruxelles · New York · Oxford · Warszawa · Wien

Diese Publikation wurde begutachtet.

www.peterlang.com

Vorwort

Die vorliegende Arbeit wurde im März 2016 an der Privaten Universität im Fürstentum Liechtenstein eingereicht und im Juli 2016 erfolgreich verteidigt.

Die Idee zu dieser Arbeit erwuchs im Laufe der Jahre als praktizierender Mediator und Dozent im Allgäu. Durch die tägliche Praxis im Umgang mit den Parteien und im regelmäßigen Austausch mit meiner Kollegin Frau Lucia Scholz (der ich an dieser Stelle recht herzlich für Ihre Unterstützung danken möchte), einer Güterichterin am Landgericht Kempten, kam mir der Gedanke, eine vergleichende Arbeit über die Themenbereiche „außergerichtliche Mediationsverfahren" und „Güterichterverfahren" zu verfassen.

Mit der Privaten Universität im Fürstentum Liechtenstein habe ich eine sehr exzellente Universität mit einer juristischen Fakultät gefunden, bei der ich neben der Anfertigung der Dissertation auch noch die Möglichkeit hatte, Einblicke in die österreichische, schweizerische und liechtensteinische Rechtsordnung zu erhalten.

Ein großer Dank gebührt meinem Doktorvater, Herrn Prof. Dr. Diethelm Klippel, der diese Doktorarbeit betreut hat. Ganz herzlich bedanken möchte ich mich bei ihm für seine Unterstützung, die Betreuung und Förderung, sowie für den hervorragenden Austausch während der Anfertigung meiner Arbeit.

Ein herzliches Dankeschön möchte ich auch meinem Zweitkorrektor Herrn Prof. Dr. Christoph Reymann aussprechen.

Ein ganz besonderer Dank gilt auch meiner Familie und meinen Freunden, insbesondere meiner Mutter, die mich immer bedingungslos unterstützt und mir mit Rat und Tat beiseite stand, und meinem Vater, der mich für mein juristisches Studium und für meinen sehr ausgeprägten Gerechtigkeitssinn schon sehr früh inspiriert hat.

Kempten, im März 2016   Stephanie Swoboda

Inhaltsverzeichnis

Abbildungs- und Tabellenverzeichnis

Abkürzungsverzeichnis

a.A.	anderer Ansicht
ADR(-Verfahren)	Alternative Dispute Resolution Verfahren
AG	Amtsgericht
AGB	Allgemeine Geschäftsbedingungen
AJP	Aktuelle Juristische Praxis (Schweiz)
Am. Acad. Matrim. Law	Journal of the American Academy of Matrimonial Lawyers
AnwBl.	Anwaltsblatt
ArbGG	Arbeitsgerichtsgesetz
ARSP	Archiv für Rechts- und Sozialphilosophie
AussStrG	Außerstreitgesetz (Liechtenstein)
BAFM	Bundesarbeitsgemeinschaft für Familien-Mediation e.V.
BB	Betriebs-Berater (Zeitschrift)
BBG	Bundesbeamtengesetz
BDVR	Bund Deutscher Verwaltungsrichter und Verwaltungsrichterinnen
BeamtStG	Gesetz zur Regelung des Statusrechts der Beamtinnen und Beamten in den Ländern
BeckOK	Beck'scher Online-Kommentar
BeurkG	Beurkundungsgesetz
BGB	Bürgerliches Gesetzbuch
BGH	Bundesgerichtshof
BJ	Betrifft Justiz (Zeitschrift)
BM e.V.	Bundesverband Mediation e.V.
BMWA	Bundesverband Mediation in Wirtschaft und Arbeitswelt
BNotO	Bundesnotarordnung
BO	Berufsordnung
BORA	Berufsordnung der Rechtsanwälte
BOStB	Berufsordnung der Bundessteuerberaterkammer
BPtK	Bundespsychotherapeutenkammer
BRAK	Bundesrechtsanwaltskammer
BRAO	Bundesrechtsanwaltsordnung
BR-Drucks.	Bundesrats-Drucksache

Bsp.	Beispiel
Bspw.	Beispielsweise
BT-Drucks.	Bundestags-Drucksache
BVerfG	Bundesverfassungsgericht
BVerwG	Bundesverwaltungsgericht
DB	Der Betrieb (Zeitschrift)
DBVC	Deutscher Bundesverband Coaching e.V.
DIS	Deutsche Institution für Schiedsgerichtsbarkeit e.V.
Diss.	Dissertation
DNotZ	Deutsche Notar-Zeitschrift
e.V.	eingetragener Verein
f., ff.	folgende, fortfolgende
FamRZ	Zeitschrift für das gesamte Familienrecht
FGO	Finanzgerichtsordnung
FPR	Familie Partnerschaft Recht (Zeitschrift)
gem.	Gemäß
ggf.	Gegebenenfalls
GKG	Gerichtskostengesetz
GMB	Gerichtliche Mediation in Berlin
GVG	Gerichtsverfassungsgesetz
Hrsg.	Herausgeber
HS	Halbsatz
i.V.m.	in Verbindung mit
IHK	Industrie- und Handelskammer
JURA	Juristische Ausbildung (Zeitschrift)
JurBüro	Das Juristische Büro (Zeitschrift)
JZ	Juristenzeitung
KV-GKG	Kostenverzeichnis zum GKG
LG	Landgericht
LJZ	Liechtensteinische Juristenzeitschrift (Zeitschrift)
LTO	Legal Tribune Online
MediationsG	Mediationsgesetz
Müko-BGB	Münchener Kommentar zum Bürgerlichen Gesetzbuch
MüKo-FamFG	Münchener Kommentar zum FamFG
MüKo-ZPO	Münchener Kommentar zur ZPO

NJOZ	Neue Juristische Online-Zeitschrift
NJW	Neue Juristische Wochenschrift
NJW-RR	Neue Juristische Wochenschrift, Rechtsprechungsreport
Nr.	Nummer
NRhZ	Neue Rheinische Zeitung
NVwZ	Neue Zeitschrift für Verwaltungsrecht
NZS	Neue Zeitschrift für Sozialrecht
ÖJZ	Österreichische Juristenzeitung
OLG	Oberlandesgericht
PsychthG	Psychotherapeutengesetz
RDG	Rechtsdienstleistungsgesetz
Rn.	Randnummer
RnotZ	Rheinische Notarzeitschrift (vormals MittRhNotK)
S.	Seite, Satz
SchiedsVZ	Zeitschrift für Schiedsverfahren
SchlHA	Schleswig-holsteinische Anzeigen
sec.	section (Absatz)
SGB (I–XII)	Sozialgesetzbuch (Buch 1 bis 12)
SGG	Sozialgerichtsgesetz
SJZ	Süddeutsche Juristenzeitung (bis 1950)
SMART	**S** (specific/spezifisch) **M** (maesurable/messbar) **A** (achievable/attraktiv, erreichbar, annehmbar) **R** (realistic/realistisch) **T** (timed/terminiert)
s.o.	Siehe oben
StGB	Strafgesetzbuch
Stopp	Strafprozessordnung
u.a.	unter anderem
UNCITRAL	United Nations Commission on International Trade
UvWG	Umweltverwaltungsgesetz
vgl.	Vergleiche
VSBG	Verbraucherstreitbeilegungsgesetz
VV-RVG	Vergütungsverzeichnis zum RVG
VwGO	Verwaltungsgerichtsordnung
z.B.	zum Beispiel
ZfRSoz	Zeitschrift für Rechtssoziologie
ZivMediatG	Zivilrechts-Mediations-Gesetz (Österreich)

Einleitung

I. Gegenstand und Ziel der Untersuchung

Die Mediation ist ein Konfliktlösungsverfahren, das bereits seit mehreren Jahrhunderten gelebt wird, mal intensiver, mal weniger intensiv. Durch das „Gesetz zur Förderung der Mediation und anderer Verfahren der außergerichtlichen Konfliktbeilegung" vom 21.07.2012 sollte die Mediation ein Come-back in großem Stil erleben. Artikel 1 des Gesetzes enthielt das neue sog. Mediationsgesetz (s.u. Anhang B). Durch Artikel 2 Ziff. 5 des Gesetzes wurde § 278 ZPO um einen neuen Absatz 5 ergänzt, der das Verweisen der Parteien für Güteverhandlungen oder Güteversuche vor einen nicht entscheidungsbefugten sog. Güterichter als Option des Richters im Rechtsstreit einführte. Der durch das Gesetz in Artikel 2 Ziff. 6 ebenfalls neu eingefügte § 278a ZPO ermöglicht es dem Richter, den Parteien eines Rechtsstreits Mediation oder ein anderes Verfahren der außergerichtlichen Streitbeilegung vorzuschlagen und, falls die Parteien dem Vorschlag folgen, für diese Zeit das Ruhen des Verfahrens anzuordnen. Vergleichbare Neuregelungen erfolgten im FamFG und im ArbGG sowie, durch entsprechende Verweise auf die ZPO, im SGG, in der VwGO und in der FGO. Die Förderung der Mediation war das wesentliche Ziel des Gesetzes. Zudem setzte es die Europäische Mediations-Richtlinie 2008/52/EG (s.u. Anhang Nr. 1) in deutsches Recht um. Doch kann sich das Mediations- bzw. Güterichterverfahren tatsächlich als alternative Konfliktlösungsmethode im deutschen Rechtssystem durchsetzen?

Das Gesetz zur Förderung von Mediation und anderer Verfahren der außergerichtlichen Konfliktbeilegung wird konträr beurteilt: Zum einen wird es als ein „Jahrhundertgesetz"[1] angesehen, andere sprechen von „Verdikt der Verfassungswidrigkeit"[2].

Schon bevor das Gesetz in Kraft trat, wurde bezweifelt, dass die außergerichtliche Mediation und das neue Konstrukt des „Güterichters" (der sich zudem dem Vorwurf der Unvereinbarkeit mit dem Richterbild der Verfassung[3] ausgesetzt sah) miteinander harmonieren können. Nachdem einige Vorwürfe (zum Beispiel die Kostenstrukturierung) bei der Schaffung des Gesetzes unbeachtet blieben, stellt sich die Frage, ob die Einwände unbegründet waren oder ob sich tatsächlich die prophezeiten Probleme (zum Beispiel die Gefahr der Konkurrenz zwischen dem Güterichter- und dem Mediationsverfahren) bewahrheitet haben. Fraglich ist vor allem, wer von der Einführung des Gesetzes zur Förderung der Mediation und anderer

---

1   *Prantl*, Abschied vom Kampf bis zur letzten Instanz, sueddeutsche.de, 02.07.2012, <http://www.sueddeutsche.de/politik/mediation-statt-rechtsstreit-abschied-vom-kampf-bis-zur-letzten-instanz-1.1398787> (abgerufen am 24.02.2016).

2   *Jung/Kill*, Konfliktdynamik 2013, S. 312 ff.

3   *Lindner/Krämer*, Justiz nach Gutsherrenart, NRhZ-Online, 16.05.2009, <http://www.nrhz.de/flyer/beitrag.php?id=13791> (abgerufen am 07.01.2016).

Verfahren der außergerichtlichen Konfliktbeilegung und des Güterichterverfahrens profitiert und wer eventuell benachteiligt wird, bzw. ob tatsächlich die Mediation dadurch gefördert wird, so wie es die Europäische Richtlinie 2008/52/EG möchte.

Das Ziel dieser Arbeit ist es, zu untersuchen, wie die Neueinführung des Güterichtermodells auf die außergerichtliche Mediation wirkt, wie diese beiden Verfahren voneinander abzugrenzen sind und wie sie sich ergänzen können.

II. Gang der Untersuchung

Die Arbeit befasst sich in **Kapitel A** mit der Geschichte der Mediation und der Einführung des Gesetzes zur Förderung der Mediation und anderer Verfahren der außergerichtlichen Konfliktbeilegung. Dargestellt wird insbesondere die Entwicklung der rechtlichen Grundlagen der Mediation seit Verkündung der „Richtlinie 2008/52/EG vom 21.05.2008 über bestimmte Aspekte der Mediation in Zivil- und Handelssachen" bis zu deren Umsetzung in deutsches Recht durch das „Gesetz zur Förderung der Mediation und anderer Verfahren der außergerichtlichen Konfliktbeilegung" vom 21.07.2012, welches am 26.07.2012 in Kraft trat. Es wird beschrieben, wie das Gesetz in Bundestag und Bundesrat diskutiert wurde, und es werden Verfahren der gerichtsinternen Mediation vorgestellt, die schon vor Einführung des Gesetz zur Förderung der Mediation und anderer Verfahren der außergerichtlichen Konfliktbeilegung in den einzelnen Bundesländern als Projekte durchgeführt wurden.

Des Weiteren wird das Zusammenspiel des Gesetzes zur Förderung der Mediation und anderer Verfahren der außergerichtlichen Konfliktbeilegung mit anderen deutschen Prozessordnungen und Kostenregelungen erläutert. Es wird untersucht, welche Änderungen sich aus dem „Gesetz zur Förderung der Mediation und anderer Verfahren der außergerichtlichen Konfliktbeilegung" vom 21.07.2012 hinsichtlich des Gesetz zur Förderung der Mediation und anderer Verfahren der außergerichtlichen Konfliktbeilegung in der ZPO, dem FamFG, ArbGG, SGG, in der VwGO, im GKG, in der FGO und im Umweltverwaltungsgesetz Baden Württemberg ergeben haben und wie diese Gesetze in Zusammenhang mit dem Güterichterverfahren bzw. der außergerichtlichen Mediation stehen.

In **Kapitel B** werden die Stellung und die Rolle des Güterichters näher beleuchtet. Dabei wird zunächst der Begriff „Güterichter" definiert, anschließend wird ein Überblick über seine Aufgaben in der Güterichterverhandlung gegeben sowie seine Rolle im Vergleich zum Prozessrichter beschrieben. Zudem wird auf die Ausbildung und die Haftung eines Güterichters eingegangen.

Kapitel C beschäftigt sich mit der Güterichterverhandlung im Detail. Nach einer Begriffsdefinition dieses Verfahrens werden die Prinzipien dieses Konfliktlösungsverfahrens näher dargestellt und die verschiedenen Teilnehmer näher betrachtet. Im Folgenden werden die fünf Stufen einer Güterichterverhandlung beschrieben und die Verweisung, die erst zu einem Güterichterverfahren führt, erklärt sowie die besonderen Falleignungskriterien für ein Güterichterverfahren dargestellt. Zentral sind ebenfalls die verschiedenen Verfahrenselemente des Güterichterverfahrens und der Abschluss dieses Verfahrens, der unterschiedliche Folgen für den weiteren Fortgang des streitigen Verfahrens haben kann.

Nach dieser eingehenden Erläuterung des Güterichtermodels befasst sich das anschließende **Kapitel D** im Detail mit dem außergerichtlichen Mediationsverfahren. Zu Beginn wird eine Begriffsdefinition formuliert, im Anschluss werden die grundlegenden Prinzipien der Mediation erläutert. Es werden die fünf Phasen des Mediationsmodells und die verschiedenen Teilnehmer an einer Mediation vorgestellt. Besonderes Augenmerk wird dabei auf die Rolle des Mediators gelegt. Beschrieben werden seine Stellung sowie seine Aufgaben während des Mediationsverfahrens. Die Besonderheit der außergerichtlichen Mediation, die freie Wahl des Mediators, wird in diesem vierten Kapitel besonders beleuchtet. Anschließend wird der Abschluss eines Mediationsverfahrens näher betrachtet. Angesichts verschiedener mittlerweile am Markt angeboter Mediationsarten werden die wichtigsten, nämlich die Shuttle-Mediation, die Online-Mediation, die Kurzzeitmediation und die Peer-Mediation, kurz vorgestellt und untersucht, inwieweit diese Unterarten der Mediation den Anforderungend des Gesetzes zur Förderung der Mediation und anderer Verfahren der außergerichtlichen Konfliktbeilegung entsprechen. Schließlich werden in Kapitel D die rechtlichen Auswirkungen eines Mediationsverfahrens, speziell die Vollstreckbarkeit der Mediationsvereinbarung erläutert, es wird ein Muster-Mediationsvertrag vorgestellt, der den Vorgaben des Gesetzes zur Förderung der Mediation und anderer Verfahren der außergerichtlichen Konfliktbeilegung entspricht, und es werden die Vorteile der Mediations für das Rechtssystem erläutert.

Kapitel E beschäftigt sich mit der Abgrenzung der Mediation vom Güterichterverfahren und von anderen Konfliktbeilegungsmethoden wie beispielsweise dem staatlichen Gerichtsverfahren, dem Schlichtungsverfahren oder dem Schiedsverfahren und stellt sowohl Gemeinsamkeiten wie auch Unterschiede heraus.

Kapitel F ist das Herzstück der Untersuchung. In diesem Kapitel werden spezielle Aspekte des Güterichterverfahrens mit der außergerichtlichen Mediation verglichen. Es werden sechs Aspekte näher behandelt, die sich in der Praxis als kritische und klärungsbedürftige Punkte rund um das Thema Mediation und Güterichterverfahren erwiesen haben. Den Anfang macht die Frage der Freiwilligkeit der Teilnahme an beiden Verfahren. Gefragt wird hier hauptsächlich, ob selbst bei Verweisung durch den Spruchkörper an den Güterichter, bzw. an den außergerichtlichen Mediator tatsächlich von einer freiwilligen Mitwirkung gesprochen werden kann oder ob die Freiwilligkeit hier angezweifelt werden kann. Es folgt die Behandlung der der Frage nach der kontinuierlichen Vertraulichkeit. Gerade im Güterichterverfahren, stellt sich die Frage, ob eine Vertraulichkeit permanent und allumfassend eingehalten werden kann (soll). Beim dritten Aspekt wird untersucht, ob bereits genügend Aufklärung in der Richterschaft, der Anwaltschaft und der Bevölkerung in Bezug auf die alternativen Konfliktlösungsmethoden geleistet wurde oder ob noch weiterer Handlungsbedarf besteht, im Hinblick auf das zu verfolgende Ziel der Europäischen Mediationsrichtlinie 2008/52/EG. Es folgt die Gegenüberstellung der Kosten der beiden Verfahren, die einen Überblick verschaffen soll, welchen Umfang die Parteien an finanziellen Belastungen von den beiden Verfahren zu erwarten haben und ob die Art der Kostenaufteilung mit dem Gleichbehandlungsgrundsatz konform ist. Der sechste Aspekt ist die Ausbildung eines Güterichters, verglichen mit derjenigen eines außergerichtlichen Mediators. Durch die Betrachtung der beiden Ausbildungen zeigt sich, welche Qualitätsmaßstäbe es jeweils gibt. Dabei wird ein Ausblick auf die neue Verordnung des „Zertifizierten Mediators" gegeben. Alle Aspekte, die in diesem Schwerpunkt-Kapitel diskutiert werden, enden mit einem rechtspolitischen Vorschlag.

    Kapitel G fasst die gefundenen Ergebnisse zusammen. Es endet mit einer rechtspolitischen Empfehlung und Vorschlägen zur weiteren Förderung der Mediation und des Güterichterverfahrens in Deutschland.

A. Die Geschichte des Gesetzes zur Förderung der Mediation und anderer Verfahren der außergerichtlichen Konfliktbeilegung von 2012

Mediation wird schon lange zur Lösung von Konflikten verwendet. Das Gesetz zur Förderung von Mediation und anderer Verfahren außergerichtlicher Konfliktbeilegung, das in Artikel 1 das neue Mediationsgesetz enthielt und das sog. Gütericherverfahren einführte, war 2012 in Deutschland ein Meilenstein im Bereich der Konfliktlösung. Vor dieser Einführung war die Mediation in Deutschland zwar bekannt, jedoch nicht gesetzlich normiert. Es bildeten sich Eigendynamiken vor allem im Ausbildungsbereich und in der Struktur der Mediationsverfahren. Durch das neue Gesetz wurde eine solide Grundlage geschaffen, die es ermöglicht, die Mediation zu vereinheitlichen.

I. Tradition der außergerichtlichen Konfliktlösung

Erste Übermittlungen von mediationsähnlichen Verfahren reichen bis in die Antike zu *Solon* zurück.[4] *Solon*, bekannt als der weise athenische Staatsmann, hat schon früh Konflikte zwischen verschiedenen athenischen Klassen durch Vermittlung beigelegt.[5]

Ein weiteres einschneidendes Ereignis in der Geschichte der Mediation sind die Verhandlungen für den sog. Westfälischen Frieden (1648). Der damalige Vermittler war *Alvise Contarini*, ein 47-jähriger erfahrener Mann, der folgenden Auftrag hatte: „Dazwischengehen und Vermitteln, um die Schwierigkeiten, welche sich einem Friedensschluss entgegenstellen könnten, zu mildern und aus dem Weg zu räumen."[6]

Aber auch modernere Beispiele gibt es, die großes Aufsehen erregt haben, wie beispielsweise der Fall „Camp David" (1979). Der US-amerikanische Präsident *Jimmy Carter* vermittelte zwischen *Anwar al-Sadat* (Ägypten) und *Menachem Begin* (Israel).[7]

Schaut man sich den Begriff „Mediation" als solchen an, ergibt sich eine Herleitung aus dem Lateinischen und Griechischen. Die griechischen Begriffe sind μεσιτεια und μεσος. Dies bedeutet „vermittelnd", „unparteiisch", „neutral" und „keiner Partei

---

4 *Chambers*, Aristoteles, Staat der Athener, 1990.

5 *Duss-von Werdt*, Mediation in Europa, 2009, S. 44 f.

6 *Duss-von Werdt*, Mediation in Europa, 2009, S. 45. Im Original: „Interposizione, et mediatione per aggevolar, et spianar le difficoltà che nacessero, che potessero opporsi alla conclusione della pace", zit. bei *Repgen*, Dreißigjähriger Krieg und Westfälischer Friede: Studien und Quellen, 1998, S. 705.

7 *Hehn*, in: Haft/Schlieffen, Handbuch Mediation, 2002, § 6 Rn. 16.

angehörend".[8] Auch der Wortstamm drückt schon das aus, was wir heute unter Mediation verstehen. Es haben sich im Wortsinn keine großen Veränderungen ergeben. Im Lateinischen gibt es das Eigenschaftswort „medius", das „zwischen zwei Ansichten" oder „Parteien die Mitte haltend, einen Mittelweg einschlagend, sich neutral, unparteiisch verhaltend" ausdrückt.[9]

Im Deutschen hat sich das Wort „Mediation" seit vielen Jahren etabliert. Ein deutsches Synonym ist der Begriff „Vermittlung". Das Ziel der Vermittlung ist eine Einigung (Vertrag), durch die ein Konflikt beendet wird. Nur wenn die Einigung als gerecht empfunden wird, kann Frieden einkehren.[10]

Das Verfahren der Vermittlung bzw. Mediation geriet trotz seines frühen Ursprungs in der westlichen Welt in Vergessenheit. Neu entdeckt wurde es vor etwa drei Jahrzehnten in den USA, kam aber erst Jahre später nach Europa. Mittlerweile hat die Mediation großen Anklang gefunden, sie gilt als friedliches, faires Konfliktlösungsverfahren. Mediation wird in den verschiedensten Bereichen angewandt, beispielsweise in der Wirtschaft, in Familienangelegenheiten, in Umweltkonflikten, aber auch in sozialen Konfliktfällen.[11]

Das Ziel der Mediation ist es, einen Konflikt auf eine Art und Weise zu lösen, die nachhaltig Wirkung zeigt, die als Entwicklungschance genutzt werden kann und die vor allem die Tiefenstruktur im Konflikt aufdeckt und nicht „nur an der Oberfläche kratzt".

II. Konfliktlösung im demokratischen Rechtsstaat

Die Entscheidung im deutschen Grundgesetz für einen demokratischen Rechtsstaat war ein bedeutender Schritt zu mehr Gerechtigkeit und zur Vermeidung von gewaltsam ausgetragenen Konfliktfällen. Der Vermittlungsgedanke tritt allerdings in den Hintergrund, wenn man sich die Struktur des Rechtsstaates näher ansieht. Aus der Teilung in Judikative, Exekutive und Legislative, resultiert ein hohes Maß an Rechtssicherheit und Gleichheit. Die Bürger haben einerseits Gesetze zu befolgen, andererseits sind Gesetze auch die Grundlage von Ansprüchen, die eingeklagt werden können. Im Gericht entscheiden unabhängige Richter, die jeden Fall prüfen und bei Missachtung von Rechtsregeln Sanktionen aussprechen bzw. Ansprüche staatlich durchsetzbar feststellen.[12]

---

8   *Menge/Güthling*, Griechisch-deutsches und deutsch-griechisches Wörterbuch, Teil II.
9   *Georges*, Ausführliches lateinisch-deutsches und deutsch-lateinisches Handwörterbuch, 1880.
10 *Montada/Kals*, Mediation: Psychologische Grundlagen und Perspektiven, 3. Auflage 2013, S. 1 ff.
11 *Montada/Kals*, Mediation: Psychologische Grundlagen und Perspektiven, 3. Auflage 2013, S. 7.
12 *Montada/Kals*, Mediation: Psychologische Grundlagen und Perspektiven, 3. Auflage 2013, S. 1 ff.

Kann und wird die Förderung der Mediation in diesem traditionellen staatlichen System der Schaffung von Rechtsfrieden etwas verändern? Wird es einen Wandel geben vom Normensystem hin zum Verhandlungssystem und zur Kooperation?

III. Mediation als Ergänzung der traditionellen Rechtskultur

Der Sühnegedanke wurde bereits in der Zivilprozessordnung von 1879, in § 268 CPO[13] (ab 01.04.1910: § 296 ZPO), verankert. Ein Sühneversuch war in Ehesachen Voraussetzung für eine mündliche Verhandlung. Allerdings wurde keine Anwesenheitspflicht ausgesprochen, weswegen der Erfolg dieser Regelung ausblieb. Im Jahre 1976 wurde sie in Rahmen der Reform des Scheidungsrechts abgeschafft.[14]

Im Jahre 1915 wurde die „Vereinigung der Freunde des Güteverfahrens" gegründet.[15] Das Güteverfahren erlangte aber auf Dauer keine große Beachtung, sodass es im Zuge der ZPO-Novelle wieder abgeschafft wurde.[16] Aufgrund der politischen und wirtschaftlichen Verfassung in der Weimarer Republik kam vermehrt der Wunsch nach einem günstigen, zeitsparenden Verfahren neben dem Gerichtsprozess auf. Es entstand die sog. Emminger-Novelle und damit ein obligatorisches Güteverfahren (§§ 495a ff. ZPO).[17] Der Richter nimmt die Position eines „Mittlers" ein.[18] 1944 wurde das Verfahren aufgrund einer Verordnung abgeschafft. Was blieb, war der Hinweis, dass die Richter, wenn möglich, eine gütliche Beilegung des Konfliktes erzielen sollen. Gänzlich abgeschafft wurde § 495a ZPO durch das Rechtseinheitsgesetz von 1950, lediglich der obige Hinweis blieb bestehen.[19] Danach teilte sich Deutschland in Westdeutschland und die DDR. In der DDR schrieb das Zivilgesetzbuch von 1975 vor: „Dem Verlangen auf Rechtsschutz sollen eigene Bemühungen der Beteiligten um eine Beilegung des Konflikts vorausgehen" (§ 16 ZGB).[20] Die sog. Gesellschaftlichen Gerichte der DDR wurden in den neuen Bundesländern durch Schiedsstellen ersetzt.

---

13 Civilprozessordnung vom 30.01.1877, S. 83.
14 *Jansen*, ZKM 2003, 24 ff.; Erstes Gesetz zur Reform des Ehe- und Familienrechts vom 14.06.1976 (BGBl. I Nr. 67 v. 15.06.1976, S. 1421); *Fritz/Pielsticker*, Mediationsgesetz, 2013, Einleitung Rn. 10.
15 *Peters*, Der Gütegedanke im deutschen Zivilprozeßrecht, 2004, S. 87; *Fritz/Pielsticker*, Mediationsgesetz, 2013, Einleitung Rn. 11.
16 *Stein/Jonas*, Die Zivilprozessordnung für das Deutsche Reich, 14. Auflage 1928, vor § 495, S. 1254 ff.
17 *Jansen*, Die außergerichtliche obligatorische Streitschlichtung nach § 15a EGZPO, 2000, S. 98; *Jansen*, ZKM 2003, S. 24 ff.
18 *Stein/Jonas*, Die Zivilprozessordnung für das Deutsche Reich, 14. Auflage 1928, § 495, S. 1206; *Fritz/Pielsticker*, Mediationsgesetz, 2013, Einleitung Rn. 13.
19 *Fritz/Pielsticker*, Mediationsgesetz, 2013, Einleitung Rn. 15.
20 Zivilgesetzbuch der Deutschen Demokratischen Republik v. 19.06.1975, GBl. I 1975 Nr. 27, S. 465; Ministerium der Justiz, Kommentar zum Zivilgesetzbuch der Deutschen Demokratischen Republik v. 19.06.1975, Ministerium der Justiz, 1983, S. 45.

Mit der Vereinfachungsnovelle zur Zivilprozessordnung von 1976 wurden § 296 und § 495 Abs. 2 ZPO zusammengefasst. Es folgte die neue Vorschrift des § 279 Abs. 1 ZPO, die wiederum die Soll- und Kann-Vorschrift enthielt, dass der Richter auf eine gütliche Beilegung des Rechtsstreits bedacht sein soll und das Gericht die Parteien für einen Güteversuch vor einen beauftragten oder ersuchten Richter verweisen kann. Die heutige Fassung des § 278 ZPO umfasst zudem den Absatz 5, der besagt, dass das Gericht an einen Güterichter verweisen kann.

Zur heutigen Bekanntheit der Mediation und des Güterichterverfahrens hat wesentlich die Öffnungsklausel des § 15a EGZPO beigetragen, die es ermöglicht dass eine Klage erst zulässig ist, wenn eine einvernehmliche Streitbeilegung durch die Landesjustizverwaltung oder eine anerkannte Gütestelle versucht wurde. Im Jahre 2000 trat das „Gesetz zur Förderung der außergerichtlichen Streitbeilegung" in Kraft. Wie schon in der Vergangenheit war das Ziel, eine kostengünstige und zeitsparende Alternative zum Gerichtsverfahren zu schaffen. Auch die ZPO-Reform im Jahre 2002 förderte die außergerichtliche Streitbeilegung weiter.[21] Im aktuellen § 278 ZPO ist die gütliche Streitbeilegung nunmehr so geregelt, dass das Gericht nach einer gütlichen Streitbeilegung streben sollte und auch nunmehr neben der Güteverhandlung gemäß § 278 Absatz 2 ZPO die Möglichkeit hat, an einen Güterichter gemäß § 278 Absatz 5 ZPO zu verweisen, bzw. ein Vergleichsvorschlag gemäß § 278 Absatz 6 ZPO unterbreitet werden kann.

IV. Wandel der Rechtskultur durch Mediation?

Der typische Weg von Konfliktfällen, die nicht mehr selbst von den Streitparteien gelöst werden können, führt momentan über den Rechtsanwalt zum Gerichtsprozess, bei dem letztlich ein unabhängiger Richter entscheidet. Die Mediation wiederum strebt gerade diesen Weg nicht an. Sie versucht mit Grundsätzen wie der „Freiwilligkeit der Verfahrensteilnahme" und der „Selbstverantwortung der Parteien bei der Lösungsfindung" eine faire Win-win-Situation zu schaffen.[22]

Fraglich ist allerdings, ob die Entwicklung der Mediation in Deutschland zu einem Wandel in der gesamten Rechtskultur führt, oder ob das Verfahren nur ergänzend neben dem traditionellen Rechtssystem steht. Dies kann im derzeitigen Stadium der Entwicklung von Mediation noch nicht statistisch nachgewiesen werden, allerdings können Tendenzen festgestellt werden.

Arthur Trossen, Vorsitzender des „Integrierte Mediation e.V.", ist sich sicher: „Solange die Mediation lediglich als eine Alternative zum Gerichtsverfahren vorgestellt wird, definiert sie die dort zu verwirklichende Kooperation nicht als eine Notwendigkeit, sondern als eine strategisch nicht ohne Weiteres nahe liegende

---

21 *Fritz/Pielsticker*, Mediationsgesetz, 2013, Einleitung Rn. 16 ff.
22 *Koestler*, Mediation, 2010, S. 19 ff.; Bamberger in: Haft/Schlieffen, Handbuch Mediation, 2009, S. 1038 f.

Handlungsoption."[23] Für ausschlaggebend bei der Beantwortung der Frage, ob sich die Parteien für oder gegen eine Mediation entscheiden, hält *Trossen* das Wissen über den Konfrontationserfolg. Erst wenn der Richter den Parteien den möglichen Ausgang des Gerichtsprozesses schildert, werde das Gericht zum Katalysator der Mediation.[24]

Auch in der Schweiz wird die eidgenössische Zivilprozessordnung seit ihrem Inkrafttreten (am 01.01.2011) als Schnittstelle zur Mediation gesehen, die zur verstärkten Eigenverantwortung der Bevölkerung führt. Mit Einführung der Mediation wurde dort die private (marktwirtschaftlich) angebotene „Schlichtung" (Mediation) der staatlichen Schlichtung formell gleichgestellt. Interpretiert werden kann dies als Teilprivatisierung der gesetzlich vorgeschriebenen Vermittlung. Der Weg zum Zivilgericht soll in der Schweiz Ultima Ratio sein, zuvor sollen die Parteien versuchen, den Konflikt selbstständig zu lösen (nach dem Motto: „Zuerst schlichten, dann richten").[25] In der Schweiz hat die Mediation durch die Einführung der neuen Zivilprozessordnung an Akzeptanz und Respekt gewonnen und wurde auch der Bevölkerung mehr ein Begriff.[26] Ob in Deutschland eine ähnliche Entwicklung der Mediation verzeichnet werden kann, wird sich im Verlauf dieser Untersuchung zeigen.

V. Verrechtlichung und Entrechtlichung der Gesellschaft

Aufgrund von knapper werdenden Ressourcen der staatlichen Gerichtsbarkeit suchte man gegen Ende der 1970er Jahre nach neuen Möglichkeiten der Konfliktbeilegung. Hervorzuheben ist hier die Veranstaltung der Rechtssoziologen 1977 in Berlin mit dem Thema „Alternative Rechtsformen und Alternativen zum Recht". Eine weitere wichtige Tagung war 1981 die Tagung des Bundesministeriums der Justiz „Alternativen in der Ziviljustiz".[27]

Diskutiert wird schon einige Zeit über eine mögliche Krise des Wohlfahrtsstaates. Ursachen dafür liegen in der mangelnden Steuerungsfähigkeit des Staates.[28] In den vergangenen Jahren konnte eine Zunahme der Staatsaufgaben, insbesondere auch im sozialen Sektor, beobachtet werden, die zu einer immer größeren Staatssteuerung geführt hat. Es besteht die Gefahr der Verstrickung und Unübersichtlichkeit durch zu viele Rechtsvorschriften.[29] Diese Flut an Gesetzen führt jedoch nicht immer

---

23 *Trossen*, ZRP 2012, 23.

24 *Trossen*, ZRP 2012, 23.

25 *Liatowitsch/Modrasini*, in: Sutter-Somm/Hasenböhler/Leuenberger, Schweizerische ZPO, Art. 213 ZPO No 1.

26 *Peter*, Gerichtsnahe Mediation, 2011, S. 41 ff.

27 *Peters*, Der Gütegedanke im deutschen Zivilprozeßrecht, 2004, S. 24. Die Ergebnisse wurden in dem Band Blankenberg/ Klausa/ Rottleuther (Hrsg.) Alternative Rechtsformen und Alternativen zum Recht, 1980 bzw. ders. Alternativen in der Ziviljustiz, 1982, veröffentlicht.

28 *Röhl*, Rechtssoziologie, 1987.

29 Schulze-Fielitz in *Grimm/Hagenah*, Wachsende Staatsaufgaben-sinkende Steuerungsfähigkeit des Rechts, S. 69.

zu der angestrebten Rechtssicherheit ausgehend vom Staat. Gerade die häufigen Auslegungsprobleme führen oft zu Konflikten und Unsicherheiten. Daher ist auch eine Richterentscheidung nicht immer vorhersehbar. Manchmal müssen Konflikt-fall und Gesetz erst „passend gemacht" werden. Dies führt wiederum oft zu einem Unbehagen der Parteien, da eine Richterentscheidung zugleich über deren Sieg und Niederlage bestimmt. Das Vertrauen in die Justiz kann so nicht in vollem Maße aufrechterhalten werden.[30]

Dass ein Wandel notwendig sei, beschreibt *Teubner* in der „Systemtheorie", wo-nach die moderne Gesellschaft in gleichgeordnete Teilsysteme gegliedert werde. Teil-systeme könnten sein: Wirtschaft, Politik, Recht, Kultur etc. Durch die Komplexität könnten diese Teilsysteme nur noch von außen gesteuert werden und die Folgen seien meist nicht vorhersehbar. *Teubners* Lösung dieses Dilemmas ist die Idee des „reflexiven Rechts", was soviel bedeutet wie „Vermittlung zwischen Funktion und Leistung des Rechts".[31] Es gibt jedoch gerade gegen dieses Modell Kritik. Vor allem liegt diese darin, dass kein Teilsystem so abgeschieden ist, dass es einer Steuerung durch Impulse gänzlich verschlossen ist. Wichtig sei nur die Sprache.[32]

Einerseits wird eine zunehmende Regelungsdichte in Deutschland festgestellt, die darauf gründet, dass altes Recht nicht in gleichem Maße aufgehoben wird, wie zusätzliches Recht integriert wird. Zudem kommt das Europäische Unionsrecht hin-zu.[33] Einen Detailblick für die Gesetzeslage in Deutschland haben mittlerweile nur noch hoch spezialisierte Juristen.[34] Einen „säkularen zivilisatorischen Prozess" der Verrechtlichung beschreibt *Habermas*. Er geht von vier bedeutenden Schüben seit dem Beginn der Neuzeit aus. Der erste Schub begann mit dem bürgerlichen Staat. Der zweite brachte die rechtsstaatliche und der dritte die demokratische Staats-ordnung hervor. Gegenwärtig sprechen wir von dem sozialstaatlichen Verrechtli-chungsschub. Ziel der letzten Etappe ist die soziale Gerechtigkeit, insbesondere der Schutz der Schwächeren. Der Staat gibt Mittel an die Hand, indem dem Gesetzgeber Steuerungs- und Gestaltungsspielräume zustehen.[35]

Andererseits ist der Wunsch nach Entrechtlichung zu beobachten. Gerade in der Politik und in der Rechtssoziologie wird gefordert, Grenzen der Verrechtlichung auf-zuzeigen und negative Entwicklungen zu reduzieren.[36] Die Idee ist, wegzukommen vom strengen Gesetzesstaat und einer Fremdbestimmung hin zu einem kooperati-

---

30   *Montada/Kals*, Mediation: Psychologische Grundlagen und Perspektiven, 3. Auflage 2013, S. 18 ff.
31   *Teubner*, EUI Working Paper Nr. 87, S. 36 ff.
32   Kritisch dazu *Nahamowitz*, Zeitschrift für Rechtssoziologie 1985, S. 34 ff.
33   *Raiser*, Grundlagen der Rechtssoziologie, 2013, S. 41 ff, 363 ff.
34   *Montada/Kals*, Mediation: Psychologische Grundlagen und Perspektiven, 3. Auflage 2013, S. 18.
35   *Habermas*, Theorie des kommunikativen Handelns, 1981, Band 2, S. 522; *Raiser*, Grundlagen der Rechtssoziologie, 2013, S. 363 f.
36   *Voigt*, Gegentendenzen zur Verrechtlichung, 1983; *Raiser*, Grundlagen der Rechts-soziologie, 2013, S. 369.

ven Verhandlungsstaat, der „indirekt wirkende rechtliche Strukturvorgaben für die gesellschaftliche Selbstregulierung" beinhaltet.[37]

Eine Entwicklung, die man heutzutage bereits beobachten kann, ist die Einführung des „Soft Law". Dieses ist nicht in verbindlichen staatlichen Gesetzten festgeschrieben, sondern wird in Regelwerken von Spezialisten formuliert. Diese empfehlen dann die Übernahme dieser Regelungen.[38] Ein Beispiel für soft law wäre „Unidroit" oder „PECL". Unterschieden werden Konflikte, die eine staatliche Regelung in Form von Gesetzen notwendig machen, zumeist durch das Strafrecht, von Konflikten, die hauptsächlich Interessenkonflikte sind und auch ohne staatliche und gesetzliche Hilfe geregelt werden können. Bei Letzteren ist es Aufgabe des Staates, als Mittelsmann zwischen Parteien zu fungieren und zur Herstellung eines Konsenses beizutragen.[39]

VI. Die Entstehung des Gesetzes zur Förderung der Mediation und anderer Verfahren der außergerichtlichen Konfliktbeilegung und des Güterichterverfahrens

Wie oben (Kapitel A. I.-V.) bereits beschrieben, haben der Sühnegedanke wie auch der Gütegedanke eine lange Geschichte. Sie wurden mal mehr, mal weniger beachtet (bspw. in Kriegszeiten), sind aber bis heute bedeutsam. Das Vertrauen in die Gesetze und Gerichte ist in den letzten Jahren wieder gestiegen (s. Abb. 1)[40].

---

37 *Teubner* ist eine systemtheoretisch fundierte Theorie der Selbststeuerung der Gesellschaft durch reflexives Recht zu verdanken, vgl. *Teubner,* ARSP 1982, 13; *Teubner,* Recht als autopoietisches System, 1989; *Teubner/Willke,* ZfRSoz 1984, 4; *Teubner,* Verfassungsfragmente, 2012;

38 *Raiser,* Grundlagen der Rechtssoziologie, 2013, S. 370 ff.

39 *Voigt,* Der kooperative Staat, 1995, S. 33 ff.

40 Roland Rechtsreport, Vertrauen in Gesetze und Gericht auf hohem Niveau leicht gesunken im Vergleich zum Vorjahr, 2015, <https://www.roland-rechtsschutz.de/media/rechtsschutz/pdf/unternehmen_1/ROLAND_Rechtsreport_2015.pdf> (abgerufen am 07.12.2015).

Abb. 1: *„Vertrauen in Gesetze und Gericht auf hohem Niveau leicht gesunken im Vergleich zum Vorjahr"*[41]

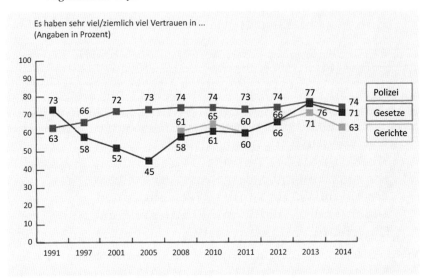

Auffallend ist der Einbruch in das Vertrauen in die Gesetze im Jahre 2005 kurz vor der Finanzkrise. Welche Gründe dies hat, kann nicht in dieser Arbeit erläutert werden, jedoch konnte bereits in diesen Jahren auf Mediationen, gerade im Hinblick auf ungeklärte Sachlagen (zum Beispiel bei divergierenden Ansichten zur Produkthaftung) zurückgegriffen werden.

Das heutige Gesetz zur Förderung der Mediation und anderer Verfahren der alternativen Konfliktbeilegung ist das Ergebnis jahrzehntelanger Erfahrung in der Mediationspraxis. Erst mit der Einführung des Gestzes im Jahre 2012 wurde ein Fundament gelegt, das das Mediationsverfahren als Alternative zum Gerichtsverfahren anerkannte. Dennoch besteht laut dem Thüringer Justizminister und dem Rechtsreport 2010 des Instituts für Demoskopie Allensbach weiter Nachholbedarf bei der Popularisierung des Mediationsverfahrens.[42]

Im Folgenden werden die Vorgeschichte und die Entstehungsgeschichte des Gesetzes zur Förderung der Mediation und anderer Verfahren der alternativen

---

41 Quelle: Roland Rechtsreport 2015.

42 *Unberath* in: Greger/Unberath, Mediationsgesetz, 2013, Teil 1 Rn. 38 f.; Institut für Demoskopie Allensbach, Roland Rechtsreport 2010, Einstellung der Bevölkerung zum deutschen Rechtssystem und zur Mediation, 2010, <http://www.ifd-allensbach.de/uploads/tx_studies/7570_Roland_Rechtsreport_2010.pdf> (abgerufen am 03.03.2014).

Konfliktbeilegung und des Güterichterverfahrens beschrieben, insbesondere die Europäische Mediations-Richtlinie und die Diskussionen im Gesetzgebungsverfahren.

1. Die Richtlinie 2008/52/EG (Mediations-Richtlinie)

Der Rechtsakt der Richtlinie ist in Art. 288 Abs. 3 AEUV beschrieben: Eine Richtlinie ist für jeden Mitgliedstaat, an den sie gerichtet ist, verbindlich, vergleichbar mit innerstaatlichen Rahmengesetzen. Sie zeigt allerdings keine unmittelbare Wirkung, wie beispielsweise die EU-Verordnung, sondern muss erst durch den Staat, in dem sie gelten soll, umgesetzt werden. Die Mitgliedstaaten haben hier gewisse Freiheiten in der Ausgestaltung. Sie müssen lediglich das mit der Richtlinie vorgeschriebene Ziel erreichen. Zudem muss auf das Gebot der effektiven Umsetzung geachtet werden. Dieses beschreibt die Gewährleistung der praktischen Wirksamkeit des Gemeinschaftsrechts.[43]

Den Grundstein für die Europäische Mediations-Richtlinie legte die Kommission mit dem Grünbuch über alternative Verfahren zur Streitbeilegung in Zivil- und Handelssachen im Jahre 2002.[44] Die folgenden Beratungen führten schließlich zu dem Vorschlag einer Richtlinie des Europäischen Parlaments und des Rates bezüglich außergerichtlicher Streitbeilegungsverfahren im Zivil- und Handelsrecht. Dieser wurde von der Kommission am 22.10.2004 vorgelegt.[45]

Die Richtlinie 2008/52/EG wurde nach dreieinhalbjährigen Beratungen von dem Europäischen Parlament und dem Rat am 21.05.2008 verabschiedet. Die Richtlinie enthält Aspekte der Mediation in Zivil- und Handelssachen. Grundlegend ist, dass diese Richtlinie in Art. 3 a fordert, dass nur ein solcher Richter die Mediation durchführen darf, der nicht mit der betreffenden Sache beauftragt ist.[46]

Die Richtlinie beinhaltet an und für sich nur die Regelung für grenzüberschreitende Streitigkeiten in Zivil- und Handelssachen. Sie erklärt aber auch, dass es den Mitgliedstaaten frei steht, diese Regelungen auch innerstaatlich anzuwenden (Nr. 8 der Erwägungsgründe).[47]

Die Bundesrepublik Deutschland hat beschlossen, die Richtlinie weit über eine Transformationsgesetzgebung hinaus gelten zu lassen. Sowohl für den Güteversuch, der gerichtsintern abläuft, als auch für die außergerichtliche Mediation sind mit dem „Gesetz zur Förderung von Mediation und anderer Verfahren der außergerichtlichen Konfliktbeilegung" vom 21.07.2012 neue Rechtsgrundlagen geschaffen worden, die erstmals ein festes Fundament und ein Regelwerk darstellen.[48] Das Gesetz zur Förderung von Mediation und anderer Verfahren der außergerichtlichen Konfliktbeilegung (Artikel 1 des Gesetzes vom 21.07.2012) gilt in Deutschland für alle Mediationen,

---

43 *Thiele*, Europarecht, 11. Auflage 2014.
44 *Francken*, NZA 2012, 836; Europäische Kommission, KOM (2002), 196 endg.
45 Europäische Kommission, KOM Jahr 2004, S. 718 endg.
46 *Francken*, NZA 2012, 249.
47 *Francken*, NZA 2012, 836.
48 *Ahrens*, NJW 2012, 2465.

also nicht nur für Zivil- und Handelssachen, wie es die Richtlinie verlangt.[49] Das Gesetz zur Förderung der Mediation und anderer Verfahren der außergerichtlichen Konfliktbeilegung beinhaltet neben dem Mediationsgesetz noch Änderungen der Zivilprozessordnung, Änderungen des Gesetzes über das Verfahren in Familiensachen und in den Angelegenheiten der freiwilligen Gerichtsbarkeit, Änderungen des: Arbeitsgerichtsgesetzes, des Sozialgerichtsgesetzes, der Verwaltungsordnung, des Gerichtskostengesetzes, des Gesetzes über Gerichtskosten in Familiensachen, der Finanzgerichtsordnung. Wenn im Folgenden vom Mediationsgesetz gesprochen wird, sind damit die §§ 1–9 MediationsG gemeint.

2. Die Entwicklung der Mediation in den einzelnen Bundesländern vor Einführung des Gesetzes zur Förderung der Mediation und anderer Verfahren der außergerichtlichen Konfliktbeilegung

Die Mediation zeigte in den letzten 20 Jahren eine beachtliche Entwicklung. Mit der Zeit wurde sie nicht mehr nur außergerichtlich angeboten, sondern auch gerichtsintern. Dies geschah auf verschiedene Arten, in unterschiedlichen Pilotprojekten. Nach und nach implementierte nahezu jedes Bundesland ein eigenes entwickeltes Projekt in den Gerichten, ganz nach der Devise: „Eine zunächst streitige Problemlage durch eine einverständliche Lösung zu bewältigen, ist auch in einem Rechtsstaat grundsätzlich vorzugswürdig gegenüber einer richterlichen Streitentscheidung."[50]

Im Folgenden werden drei Modelle vorgestellt, die teilweise gleiche, teilweise aber auch sehr unterschiedliche Inhalte und Verfahrensgrundsätze aufweisen.

a) Niedersachsen

Unter den ersten Bundesländern, die im Bereich Mediation bei Gericht aktiv waren, initiierte Niedersachsen am 01.03.2002 das Modellprojekt „Gerichtsnahe Mediation in Niedersachsen". Die Idee dieser Einführung war die Schaffung einer dritten Möglichkeit der Konfliktbeilegung, neben dem richterlichen Prozess und dem Vergleich. Es sollte ein Weg geschaffen werden, der eine konsensorientierte Einigung der Parteien auf eine abschließende und nachhaltige Lösung des Streitfalls zum Ziel hat. Mitgewirkt hat ein speziell ausgebildeter Richter im Rahmen einer Mediation, der allerdings keine Entscheidungsmacht besaß.

---

49 Bundesministerium der Justiz und für Verbraucherschutz, Mediation als Verfahren konsensualer Konfliktbeilegung; Regelungen im Verfahrens- und Berufsrecht, <http://www.bmj.de/DE/Ministerium/Rechtspflege/MediationSchlichtungInternationaleKonflikteKindschaftssachen/_doc/mediation_als_verfahren_konsensualer_streitbeilegung.html?nn=3779772> (abgerufen am 29.06.2015).
50 BVerfG, NJW-RR 2007, 1073.

Das Projekt wurde für drei Jahre angesetzt (01.03.2002 bis 28.02.2005). Letztlich hatte es zur Folge, dass im Laufe der Jahre an (fast) allen Amts- und Landgerichten Niedersachsens die Mediation angeboten wurde. Über zehn Richter wurden zu Mediatoren ausgebildet und führten Mediationen an den Gerichten durch. Hier ist auch der Begriff „Fallmanager" (= Türöffner) entstanden. Deren Aufgabe ist, die Fälle zu erkennen, die sich zur Mediation eignen, und die Parteien und Anwälte darüber zu informieren, falls ihr Fall für eine Mediation infrage kommt. Aufgrund der enormen Größe hat das Projekt bundesweit einen einzigartigen Stellenwert erreicht.

Den Parteien wurde auch nach Klageerhebung, anknüpfend an § 278 Abs. 5 S. 2 und 3 ZPO, die Chance geboten, ihren Streitfall mithilfe eines Mediationsverfahrens einvernehmlich zu lösen. Das gerichtliche Verfahren ruhte während der Mediation. Erfolgreich beendet werden konnte ein Mediationsverfahren, indem die Parteien ihren Konflikt einvernehmlich beilegten und der Richter die Vereinbarung als gerichtlichen Vergleich abschloss. Ebenfalls bestand die Möglichkeit, die Klage zurückzunehmen. Bei einem Scheitern der Mediation wurde das gerichtliche Verfahren wieder aufgenommen.

Der Abschlussbericht des niedersächsischen Justizministeriums bestätigte den Erfolg dieses Projekts. Von den befragten Parteien gaben 91 % an, dass sie mit dem Verfahrensablauf sehr zufrieden waren und zu 84 % mit dem erzielten Ergebnis zufrieden waren. Die Rechtsanwälte waren zu 90 % mit dem Verfahren und zu 94 % mit den Ergebnissen der Mediationsverhandlung zufrieden. Ebenfalls bemerkenswert ist die Rückmeldung zur Nachhaltigkeit der Fälle: Die Anwälte und Parteien hielten acht von zehn Mediationsverfahren für nachhaltig befriedigend.[51] Die durchschnittliche Einigungsquote lag Ende 2004 bei 76,4 %. Der damalige niedersächsische Justizminister *Pfeiffer* war bekannt für sein Motto: „Schlichten statt richten", das auch schon *Levin* 1915[52] propagierte.[53]

b) Berlin

Im Sommer 2003 startete am Verwaltungsgericht Berlin und am Oberverwaltungsgericht Berlin-Brandenburg ein Pilotprojekt der sog. gerichtsverbundenen Mediation. Die Besonderheit dieses Projektes war die Stellung des „Richtermediators": Dem Gericht stand ein Richter mit spezieller Ausbildung im Fachgebiet Mediation

---

51 Niedersächsisches Justizministerium, Projektabschlussbericht, Projekt „Gerichtsnahe Mediation in Niedersachsen" <http://www.mj.niedersachsen.de/download/7674/ zum_Downloaden.pdf> (abgerufen am 01.02.2016).

52 *Levin*, „Schlichten anstatt des Richtens", Die Entlastungsverordnung vom 9. September 1915 und die Neugestaltung des bürgerlichen Rechtsstreits, Beiträge zur Erläuterung des deutschen Rechts, Jg. 60, 1916, S. 1–55, in: Digitale Bibliothek des Max-Planck-Instituts für Europäische Rechtsgeschichte, 2010-09-05T15:29:20Z, <http:// dlib-zs.mpier.mpg.de/pdf/2084644/60/1916/20846446019160021.pdf> (abgerufen am 06.02.2016).

53 *Fritz/Pielsticker*, Mediationsgesetz, 2013, Einleitung Rn. 40.

zur Verfügung, der lediglich Mediationen durchführte. Er war „hauptamtlicher" Richtermediator. Dieser verfügte über keinerlei Entscheidungsbefugnis hinsichtlich des Streitentscheidungsprozesses. Alle anderen Richter kannten die Kriterien der Eignung eines Falles für die Mediation und konnten gegebenenfalls an den Richtermediator weiterverweisen. Ebenfalls möglich war die Anregung einer Mediation durch die Konfliktparteien. Der Gerichtsmediator selbst durfte allerdings keine Mediation veranlassen. Grund dafür war unter anderem, dass der Richtermediator keine Einsicht in die Streitakten bekommen sollte, außer es lag eine Einwilligung der Konfliktparteien vor.[54] Erst wenn sich die Parteien für eine Mediation und das Akteneinsichtsrecht des Mediators entschieden hatten, wurden ihm die Akten zugeleitet.

Bei der späteren Umsetzung der Richtlinie 2008/52/EG in Deutschland entschied man sich gegen die Voraussetzung der Einwilligung der Parteien zur Akteneinsicht. Die Güterichter können Einsicht in die vom erkennenden Gericht überlassenen Akten nehmen.

Eine weitere Besonderheit dieses Modellprojekts war, dass während der Mediation das Gerichtsverfahren nicht zum Ruhen gebracht wurde. Es wurde als Zwischenverfahren angeboten.[55]

Die Rechtsgrundlage für die Arbeit des „Richtermediators" in Berlin war nicht der heutige § 278 Abs. 5 ZPO (der erst mit Einführung des Güterichtermodells eingeführt wurde) da der Richtermediator nicht als Teil der Rechtsprechung verstanden wurde. Seine Tätigkeit beruhte vielmehr auf dem Auftrag des Präsidenten und war kein festgelegter Bereich der juristischen Ausbildung, die ein Richter durchlaufen musste.

Die Anwesenheit von Rechtsanwälten wurde nicht vorausgesetzt, aber es wurde empfohlen, dass Juristen zugegen sind. In einem Bericht über das Pilotprojekt wird die Akzeptanz von Mediation im Verwaltungsgericht sehr unterschiedlich beschrieben. Dem Richtermediator wurden von einigen Kammern überhaupt keine Fälle zugewiesen. Die Zahl der mediierten Fälle im Jahre 2004 (bis November) betrug 109. Es gab eine Erfolgsquote von 60–70 %. Die durchschnittliche Dauer einer Mediation lag bei circa drei Stunden. Wäre ein Richtermediator als Zeuge benannt worden, hätte diesem ein Aussageverweigerung zugestanden, hätte dieser um die Erteilung der Kammer gebeten, ihm kein Aussagerecht zuzusprechen. Solch ein Fall trat allerdings nicht auf. Schwierigkeiten ergaben sich allerdings aus dem Umstand, dass zu wenig Geld für das Projekt zur Verfügung stand.[56]

---

54 *Weitz*, Gerichtsnahe Mediation in der Verwaltungs-, Sozial- und Finanzgerichtsbarkeit, 2008, S. 133.
55 Im Gegensatz zum jetzigen § 278a Abs. 2 ZPO: „Entscheiden sich die Parteien zur Durchführung einer Mediation oder eines anderen Verfahrens der außergerichtlichen Konfliktbeilegung, ordnet das Gericht das Ruhen des Verfahrens an."
56 Gerichtliche Mediation in Berlin, Bericht der Arbeitsgruppe Mediation bei den Berliner Gerichten, 2005, abrufbar im Internet über yumpu.com: <https://www.yumpu.com/de/document/view/16416368/gmb-bericht-der-arbeitsgruppe-mediation-bei-den-berliner-gerichten> (abgerufen am 02.03.2016). Ein bekannter Richtermediator

c) Bayern

Das bayerische Staatsministerium der Justiz entwickelte 2004 das Konzept „Modellversuch Güterichter". Umgesetzt wurde es am 01.01.2005 an acht Landgerichten in Bayern.

Schon damals sollte dieses Modell als eine Alternative zum gerichtlichen Prozess dienen. Ziel war es, die einvernehmliche Konfliktbeilegung in Zivilverfahren durch Schlichtungsversuche und den Einsatz neuer Konfliktlösungsmethoden auszubauen. Man wollte herausfinden, inwieweit eine Aufgabenteilung zwischen Güterichter und Prozessgericht sachgerecht ist und wie durch gezielte Konfliktzuweisung an geeignete Stellen die Justiz entlastet wird. Zudem wollte das bayerische Staatsministerium mehr Rechtsfrieden und eine flexiblere Streitkultur erreichen. Ziel war es, möglichst früh eine geeignete Möglichkeit der Streitbeilegung vorschlagen zu können.

Der Arbeitsweg an den Gerichten war folgender:

1. Der zuständige Streitrichter entscheidet, ob er das Verfahren für mediationsgeeignet hält.
2. Informelle Weiterreichung dieser Verfahren an den zuständigen Güterichter und Erfassung in einem speziellen Register.
3. Prüfung der Geeignetheit durch den Güterichter; falls Zustimmung, Klärung der Freiwilligkeit der Parteien an der Teilnahme an einem Schlichtungsverfahren.
4. Formelle Zuweisung an den Güterichter; Terminvereinbarung mit den Parteien; falls keine Freiwilligkeit vorliegt, wird das Verfahren zurück an die zuständige Stelle verwiesen und erneut aufgenommen.
5. Bei einer Einigung wird ein Protokoll des Güterichters über den richterlichen Vergleich verfasst. Dies beendet das Verfahren. Die Akten gehen an den Streitrichter über das Sonderregister zurück.
6. Im Falle des Scheiterns leitet der Güterichter die Akten ebenfalls an den zuständigen Streitrichter zurück. Das Verfahren kann fortgesetzt werden.[57]

Die Güterichter waren keine Mediatoren, sondern ersuchte Richter, die eine spezielle Schulung absolvierten. Wesentliche Bedeutung erhielt die Qualität der Ausbildung der Richter dadurch, dass sie zuvor eine Vorbildung im Zivilrecht nachweisen mussten. Die Güterichtertätigkeit wurde als neue Geschäftsaufgabe ausgewiesen. Teilgenommen haben die Landgerichte München I, Augsburg, Landshut, Nürnberg-Fürth, Weiden, Bamberg, Würzburg und Aschaffenburg.

Reinhard Greger schrieb im Jahre 2007 einen Abschlussbericht mit erstaunlichen Ergebnissen: An 8 Modellgerichten (24 Güterichter) konnte innerhalb von zwei Jahren eine Erfolgsquote von 69 % verzeichnet werden. Lediglich 3 % der anberaumten Fälle

---

in Berlin war *Prof. Dr. Karsten-Michael Ortloff*, der auch heute noch im Bereich Mediation arbeitet.

57 *Greger*, Abschlussbericht zur Evaluation des Modellversuchs Güterichter, 2007, <http://www.reinhard-greger.de/dateien/gueterichter-abschlussbericht.pdf>,(abgerufen am 15.01.2016).

sind nicht durchgeführt worden. In Zahlen bedeutet das: Es gab 1.439 Erledigungen, von denen 649 ohne Anberaumung einer Güterverhandlung blieben (aus verschiedenen Gründen) und 790 mit Anberaumung einer Güterverhandlung entstanden. Davon wurden 753 Verhandlungen durchgeführt und 520 kamen zu einer Einigung.[58]

d) Vorbildcharakter der drei Bundesland-Modelle

Zusammenfassend kann gesagt werden, dass die Modelle in den genannten drei Bundesländern als Grundlage für das heutige bundesweite Güterichtermodell gedient haben. Die Grundsätze sind beibehalten worden. Es ist lediglich das Element der außergerichtlichen Mediation mehr in den Vordergrund gerückt.

3. Die Umsetzung der EU-Mediations-Richtlinie im deutschen Gesetzgebungsverfahren

Die EU-Justizkommissarin *Viviane Reding* übermittelte am 22.07.2011 der Presse, dass gegen neun Mitgliedstaaten, nämlich Tschechien, Spanien, Frankreich, Zypern, Luxemburg, die Niederlande, Finnland, die Slowakei und das Vereinigte Königreich ein Vertragsverletzungsverfahren eingeleitet worden sei, da diese die Europäische Richtlinie 2008/52/EG nicht fristgerecht umgesetzt hätten. Erstaunlicherweise war Deutschland nicht unter diesen Ländern, denn die Bundesrepublik hatte zum damaligen Zeitpunkt die Richtlinie auch noch nicht abschließend umgesetzt.[59]

Das Ziel des des Gesetzes zur Förderung von Mediation und anderer Verfahren der außergerichtlichen Konfliktbeilegung vom 21.07.2012 in Deutschland war es, einen einheitlichen Regelungsrahmen aufzustellen, der alle Bereiche (außer dem Täter-Opfer-Ausgleich) in der Mediation berücksichtigt und die Mediation stärkt.[60]

Zu Beginn des Gesetzgebungsverfahrens zur Umsetzung der Richtlinie waren drei tragende Säulen für die Mediation in § 1 Abs. 1 Nr. 1–3 MediationsG-E vorgesehen:

1. die außergerichtliche Mediation, die unabhängig von einem gerichtlichen Verfahren durchgeführt wird,
2. die gerichtsnahe Mediation, die während des Gerichtsverfahrens außerhalb des Gerichts angeboten wird, und
3. die gerichtsinterne Mediation, die während eines Gerichtsverfahrens vor einem nicht entscheidungsbefugten Richter durchgeführt wird.[61]

---

58 *Greger*, Abschlussbericht zur Evaluation des Modellversuchs Güterichter, 2007, <http://www.reinhard-greger.de/dateien/gueterichter-abschlussbericht.pdf> (abgerufen am 15.01.2016).
59 *Hess*, Beilage zur NJW, Heft 21/2008, 26 ff.; *Unberath* in: Fischer/Unberath, Das neue Mediationsgesetz, 2013, S. 50 ff.
60 Fischer/Unberath, Das neue Mediationsgesetz, 2013, S. 50 ff.; *Trossen*, Mediation (un) geregelt, 2014, Teil 1, S. 389.
61 RegE, BT-Drucks. 17/5335, S. 5 (so auch bereits im RefE vom 04.08.2010); siehe auch *Francken*, NZA 2011, 1001; *Francken*, NZA 2012, 836.

Vor Einführung des Gesetz zur Förderung von Mediation und anderer Verfahren der außergerichtlichen Konfliktbeilegung wurden in Deutschland in einigen Bundesländern gerichtsinterne Mediationen in Form von Pilotprojekten mit großer Zufriedenheit durchgeführt.[62] Aufgrund der hohen Erfolgsquote von 92 % (beendeter Sitzungen)[63] wurde auf der 82. Konferenz der Justizministerinnen und Justizminister (am 09.11.2011 in Berlin) mehrheitlich beschlossen, die außergerichtliche Konfliktbeilegung zu fördern und zudem die richterliche Mediation gesetzlich zu verankern.[64]

Der Bundesrat teilte in seiner Stellungnahme vom 18.03.2011 zum Gesetzentwurf der Bundesregierung mit, er begrüße das Vorhaben der Bundesregierung bezüglich der Pläne zur Förderung der außergerichtlichen Konfliktbeilegung und die Verankerung der Mediation im Gericht im Zuge der Schaffung der Methodenvielfalt. Vorteile für die alternative Streitbeilegung sah der Bundesrat im Kosten- und Zeitfaktor und in der Nachhaltigkeit der bearbeiteten Fälle. Ebenfalls teilte er die Meinung der Bundesregierung, dass die außergerichtliche Mediation besonders gefördert werden solle. Diesem Ziel widersprach seiner Meinung nach auch nicht das Vorhaben, die gerichtliche Mediation zu verankern.[65]

Weitere wichtige Punkte der Stellungnahme des Bundesrats waren folgende: Für die gerichtsnahe und die gerichtsinterne Mediation sollten Prozessbevollmächtigte keine „Dritten" darstellen. Diese seien im Verfahren notwendige Parteien vor Gericht. Anders ist dies bei der außergerichtlichen Mediation. Hier müssen laut Regierungsentwurf des Gesetzes zur Förderung von Mediation und anderer Verfahren der außergerichtlichen Konfliktbeilegung alle Parteien zustimmen, dass Dritte mit ins Verfahren dürfen. Für äußerst wichtig hielt der Bundesrat auch die Überprüfung und Überwachung der Qualifikation der Mediatoren, zum Schutz der Bürger.[66]

Der Deutsche Anwaltverein (DAV) hatte zum Referentenentwurf Stellung genommen. Er fasste seine Meinung in mehreren Thesen zusammen:

„Der DAV
1. tritt für eine stärkere Förderung der außergerichtlichen Mediation ein,
2. begrüßt die Beschränkung des Referentenentwurfs auf die notwendige Umsetzung der Mediations-Richtlinie,
3. teilt den systematischen und einheitlichen Regelungsansatz des Referentenentwurfs,
4. begrüßt Eigenverantwortung für Qualitätssicherung,

---

62 *Francken*, NZA 2012, 249; *Bargen* in: Glässer/Schroeter, Gerichtliche Mediation: Grundsatzfragen, Etablierungserfahrungen und Zukunftsperspektiven, 2011, S. 29 ff.
63 *Nelle*, „Multi-Door Courthouse Revisited" – Wie steht es mit gerichtsnahen Alternativen?, in: Eidenmüller, Alternative Streitbeilegung, 2011, S. 123.
64 *Francken*, NZA 2012, 836.
65 Stellungnahme des Bundesrates vom 18.03.2011 zum Entwurf eines Gesetzes zur Förderung der Mediation und anderer Verfahren der außergerichtlichen Konfliktbeilegung (BR-Drucks. 60/11(B)).
66 Ebd.

5. sieht weder eine rechtliche Basis noch eine praktische Notwendigkeit für die gesetzliche Regelung der richterlichen Mediation,
6. hält eine Mediation im Rahmen des Steuerrechts für grundsätzlich ungeeignet."

Die grundlegende Aussage des DAV, nicht konform mit der des Bundesrates, war,
dass die gerichtsinterne Mediation keine rechtliche Basis benötige.[67] Es gab allerdings auch Meinungen, die eine gerichtsinterne Mediation komplett streichen
wollten.

Im ursprünglichen Gesetzentwurf der Bundesregierung war die gerichtsinterne
Mediation noch enthalten. Der Bundestag überwies den Gesetzentwurf nach erster
Lesung an den Rechtsausschuss zur weiteren Behandlung. Bei dessen öffentlicher
Anhörung am 27.05.2011 gab es beträchtliche Differenzen in Bezug auf die gerichts-
interne Mediation. Der Bericht vom 01.12.2011 enthält die Formulierung, dass die
Regelungen zur gerichtsinternen Mediation gestrichen werden. Zudem, dass zum
Zwecke einer sichtbaren Abgrenzung der gerichtsinternen Streitschlichtung und der
außergerichtlichen Mediation das Gütemodell eingeführt werde, das unter anderem
die Methode der Mediation beinhalte.[68]

Zwei Monate später rief der Bundesrat den Vermittlungsausschuss an, um die
richterliche Mediation in den Prozessordnungen zu verankern. Der Wunsch der
Länderkammer war es, die gerichtsinterne Mediation in den Prozessordnungen zu
verankern.[69] Am 25.06.2012 beschlossen die Vertreter von Bund und Ländern, die
gerichtliche Mediation in den Gesetzentwurf zur Förderung der Mediation aufzunehmen. Einen Tag später erzielte der Vermittlungsausschuss einen Kompromiss.
Inhalt dessen war die weitere Möglichkeit der gerichtsinternen Streitschlichtung
durch einen Güterichter im sog. Gütemodell. Wichtig war allerdings, dass die Bezeichnung des Mediators in Zukunft nur außergerichtlichen Vermittlern vorbehalten wird. Einen Tag später nahm der Bundestag diese Beschlussempfehlung nach
langen Diskussionen an. Da auch der Bundesrat keinen Einspruch erhob, wurde das

---

67 DAV, Stellungnahme (SN 58/10) des Deutschen Anwaltvereins durch die Ausschüsse
    Außergerichtliche Konfliktbeilegung (unter Mitwirkung des Geschäftsführenden
    Ausschusses der Arbeitsgemeinschaft Mediation), Steuerrecht und Zivilverfah-
    rensrecht zum Referentenentwurf des Bundesministeriums der Justiz Gesetz zur
    Förderung der Mediation und anderer Verfahren der außergerichtlichen Konflikt-
    beilegung (Mediationsgesetz) Aktenzeichen: R A 7 – 9340/17-2-R4 554/2010, 2010,
    <http://anwaltverein.de/de/newsroom?newscategories=3&startDate=&endDate
    =11.02.2016&searchKeywords=Mediationsgesetz> (abgerufen am 10.01.2016).
68 Beschlussempfehlung und Bericht des Rechtsausschusses (6. Ausschuss) vom
    01.12.2011 zu dem Gesetzentwurf der Bundesregierung (BT-Drucks. 17/5335,
    17/5496), Entwurf eines Gesetzes zur Förderung der Mediation und anderer Verfah-
    ren der außergerichtlichen Konfliktbeilegung (BT-Drucks. 17/8058).
69 Anrufung des Vermittlungsausschusses durch den Bundesrat vom 10.02.2012, Gesetz
    zur Förderung der Mediation und anderer Verfahren der außergerichtlichen Kon-
    fliktbeilegung (BR-Drucks. 10/12(B)); *Francken*, NZA 2012, 836.

Gesetz zur Förderung der Mediation und anderer Verfahren der außergerichtlichen Konfliktbeilegung[70] am 25.07.2012 verkündet. Es trat am 26.07.2012 in Kraft.[71]

Tabellarischer Überblick über die Entstehungsgeschichte des „Gesetzes zur Förderung von Mediation und anderer Verfahren der außergerichtlichen Konfliktbeilegung":

Tabelle 1: Entwicklungsgeschichte zum Gesetz zur Förderung von Mediation und anderer Verfahren der außergerichtlichen Streitbeilegung[72]

24. Mai 2008	Die Richtlinie 2008/52/EG (pdf-Datei, hinterlegt bei eur-lex) vom 21.05.2008 über bestimmte Aspekte der Mediation in Zivil- und Handelssachen (Europäische Mediations-Richtlinie – Mediations-RL) wird im Amtsblatt der Europäischen Union verkündet.
19. Juli 2010	Das Bundesjustizministerium verschickt den Referentenentwurf eines Gesetzes zur Förderung der Mediation und anderer Verfahren der außergerichtlichen Streitbeilegung an die Ressorts zur Abstimmung.
5. August 2010	Das Bundesjustizministerium versendet den Referentenentwurf eines Mediationsgesetzes (Bearbeitungsstand: 04.08.2010, pdf-Datei, Quelle: BMJ) an Länder und Verbände. Ziel des Entwurfs ist die Stärkung der außergerichtlichen Konfliktbeilegung.
12. Januar 2011	Die Bundesregierung beschließt ein Gesetz zur Förderung der Mediation (Regierungsentwurf, Bearbeitungsstand: 08.12.2010, pdf-Datei, Quelle: BMJ), teilt das Bundesjustizministerium mit. Mit dieser Gesetzesnovelle soll erstmals die außergerichtliche und gerichtsinterne Mediation in Deutschland auf eine gesetzliche Grundlage gestellt werden.

---

70 Gesetz zur Förderung der Mediation und anderer Verfahren der außergerichtlichen Konfliktbeilegung vom 21.07.2012 (BGBl. I Nr. 35 v. 25.07.2012, S. 1577).

71 beck-aktuell Gesetzgebung: Entwicklungsgeschichte zum Gesetz zur Förderung von Mediation und anderer Verfahren der außergerichtlichen Konfliktbeilegung, <http://rsw.beck.de/aktuell/gesetzgebung/gesetzgebungsvorhaben-entwicklungsgeschichte/mediationsgesetz> (abgerufen am 22.01.2016).

72 Quelle: beck-aktuell, Entwicklungsgeschichte zum Gesetz zur Förderung von Mediation und anderer Verfahren der außergerichtlichen Streitbeilegung <beck-aktuell.de> (abgerufen am 25.02.2016).

18. März 2011	Der Bundesrat nimmt zu dem Gesetzentwurf der Bundesregierung zur Förderung der Mediation und anderer Verfahren der außergerichtlichen Streitbeilegung (BR-Drs. 60/11) unter Beachtung der Empfehlungen seiner Ausschüsse (BR-Drs. 60/1/11) Stellung (BR-Drs. 60/11(B)). Die Länderkammer äußert sich positiv zu den Plänen der Bundesregierung, sowohl die inner- als auch die außergerichtliche Mediation zu stärken, fordert aber auch fachliche Änderungen, um den Bedürfnissen der Praxis besser gerecht zu werden, teilt die Pressestelle des Bundesrats mit.
14. April 2011	Der von der Bundesregierung eingebracht Entwurf eines Gesetzes zur Förderung der Mediation und anderer Verfahren der außergerichtlichen Konfliktbeilegung (BT-Drs. 17/5335, BT-Drs. 17/5496) wird im Bundestag in erster Lesung behandelt und zur weiteren Beratung in den Rechtsausschuss überwiesen.
25. Mai 2011	Während einer öffentlichen Anhörung des Rechtsausschusses zum Gesetzentwurf zur Mediation (BT-Drs. 17/5335, BT-Drs. 17/5496) bildet insbesondere die neben der außergerichtlichen und der gerichtsnahen Mediation vorgesehene gerichtsinterne Mediation einen Streitpunkt. Einigkeit wird nur bei der Notwendigkeit der vorgesehenen Erweiterung der Ausbildungs- und Fortbildungsregelungen für Mediatoren erzielt.
30. November 2011	Für den Gesetzentwurf der Bundesregierung zur Förderung der Mediation stimmen alle fünf Fraktionen im Rechtsausschuss des Bundestages (BT-Drs. 17/8058). Ziel des Gesetzes ist, die Mediation im Bewusstsein der Bevölkerung und der in der Rechtspflege tätigen Berufsgruppen stärker zu verankern, teilt die Bundestagspressestelle mit.
15. Dezember 2011	Der Bundestag berät den Gesetzentwurf der Bundesregierung zur Förderung der Mediation (BT-Drs. 17/5335, BT-Drs. 17/5496) in zweiter und dritter Lesung und nimmt ihn in der Fassung der Beschlussempfehlung des Rechtsausschusses (BT-Drs. 17/8058) an.
10. Februar 2012	Der Bundesrat beschließt, zu dem vom Bundestag am 15.12.2011 verabschiedeten Gesetz zur Förderung der Mediation (BR-Drs. 10/12) die Einberufung des Vermittlungsausschusses zu verlangen (BR-Drs. 10/12(B)). Die Länderkammer möchte erreichen, dass zur Aufrechterhaltung der Methodenvielfalt außergerichtlicher Streitbeilegung die richterliche Mediation in den Prozessordnungen ausdrücklich verankert wird.

26. Juni 2012	Vertreter von Bund und Ländern haben sich am 25.06.2012 darauf geeinigt, die gerichtliche Mediation in den Gesetzentwurf zur Förderung der Mediation mit aufzunehmen, teilt die Pressestelle der Hamburger Behörde für Justiz und Gleichstellung mit. Am 27.06.2012 werde der Vermittlungsausschuss voraussichtlich über den Gesetzentwurf beschließen.
27. Juni 2012	Der Vermittlungsausschuss von Bundestag und Bundesrat erzielt einen Kompromiss im Streit um die Novellierung des Mediationsgesetzes. Der Einigungsvorschlag stellt klar, dass auch weiterhin die gerichtsinterne Streitschlichtung durch einen Güterichter möglich ist. Die Bezeichnung Mediator soll künftig allerdings außergerichtlichen Streitschlichtern vorbehalten bleiben.
28. Juni 2012	Der Bundestag nimmt die Beschlussempfehlung des Vermittlungsausschusses (BT-Drs. 17/10102) zum Mediationsgesetz an.
29. Juni 2012	Der Bundesrat beschließt (BR-Drs. 377/12(B)), gegen das vom Bundestag beschlossene Mediationsgesetz (BR-Drs. 377/12) keinen Einspruch gemäß Artikel 77 Absatz 3 GG einzulegen.
25. Juli 2012	Das Gesetz zur Förderung der Mediation und anderer Verfahren der außergerichtlichen Konfliktbeilegung vom 21.07.2012 wird im Bundesgesetzblatt verkündet (vgl. BGBl. 2012, Teil 1 Nr. 35, S. 1577, pdf-Datei, hinterlegt beim Bundesanzeiger Verlag).
26. Juli 2012	Das Mediationsgesetz tritt in Kraft.

4. Überblick über zentrale Vorschriften des Gesetzes zur Förderung der Mediation und weiterer Verfahren der außergerichtlichen Konfliktbeilegung und Vorschriften zum Güterichterverfahren

Das Gesetz zur Förderung der Mediation und anderer Verfahren außergerichtlicher Konfliktbeilegung stellt einen einheitlichen Regelungsrahmen für die Mediation dar. Dieser dient allen Rechtsbereichen, außer dem Strafverfahrensrecht. Hier gilt der Täter-Opfer-Ausgleich als geeignetes Instrument.[73] Insbesondere legte der Gesetzgeber Wert auf die Förderung der außergerichtlichen Mediation.

Das Gesetz zur Förderung der Mediation und anderer Verfahren der außergerichtlichen Konfliktbeilegung beinhaltet neun Vorschriften (als Artikel 1 des Gesetzes zur Förderung der Mediation und anderer Verfahren außergerichtlicher Konfliktbeilegung). Es enthält Begriffsbestimmungen (§ 1 MediationsG), die erheblich gekürzt

---

73 *Ahrens*, NJW 2012, 2465.

wurden, sowie einen umfassenden Pflichtenkatalog für Mediatoren und Mediatorinnen (§§ 2–5 MediationsG). Teil dessen sind die Tätigkeitsbeschränkungen und die
Verschwiegenheitspflicht in den §§ 3 und 4 MediationsG. Die Aus- und Fortbildung
sind in den §§ 5 und 6 MediationsG normiert. Wissenschaftliche Forschungsvorhaben zur finanziellen Förderung sind in § 7 MediationsG verankert. Zudem beinhaltet
das Gesetz eine Regelung zu einer in fünf Jahren stattfindenden Evaluation (§ 8
MediationsG) und Übergangsbestimmungen in § 9 MediationsG.

Wichtige Regelungen für die Förderung der Mediation und des Gütemodells
sind in ZPO-Vorschriften geregelt worden, insbesondere in den §§ 41, 159, 253, 278
und 278a ZPO:

Im § 41 ZPO wurde festgelegt, dass ein Richter von der Ausübung des Richteramtes kraft Gesetzes ausgeschlossen ist, wenn „er an einem Mediationsverfahren oder
einem anderen Verfahren der außergerichtlichen Konfliktbeilegung mitgewirkt hat".
Der Wille des Gesetzgebers war hier deutlich, die Parteien zu schützen, die an einer
konsensualen Konfliktlösung teilgenommen haben. Sie sollten sich nicht vor einer
späteren Verhandlung vor dem gleichen Richter fürchten müssen, der dann Fakten
aus der Mediation gegen sie hätte verwenden können. Diese Schranke diente zudem
der Rechtssicherheit und Klarheit im Verfahren sowie dem Grundsatz der Offenheit
und Ehrlichkeit (Informiertheit)[74] in der Mediation. Dieser Grundsatz soll sicherstellen, dass alle Parteien offenlegen, was für das Mediationsverfahren wichtig ist, egal,
ob es sie in einem Gerichtsverfahren belasten würde oder nicht. Es soll Transparenz
geschaffen werden mit dem Wissen, diese Fakten nicht in einem eventuellen späteren
Gerichtsprozess verwenden zu dürfen. Nur so kann eine zufriedenstellende, faire
Lösung in der Mediation erreicht werden.[75]

Dem Schutz der Vertraulichkeit dient weiter § 159 ZPO. Er regelt im zweiten
Absatz die Protokollaufnahme über eine Güteverhandlung. Nach Absatz 2 wird
„ein Protokoll über eine Güteverhandlung oder weitere Güteversuche vor einem
Güterichter nur auf übereinstimmenden Antrag der Parteien aufgenommen".

Zielgedanke hinter dem neugefassten § 253 Abs. 3 ZPO ist die Steigerung des Bewusstseins der Anwaltschaft und der Bevölkerung für Mediation und außergerichtliche Konfliktbeilegung. Die Klageschrift soll nach der Neufassung der Vorschrift
Angaben enthalten, die preisgeben, ob vor der Klageerhebung ein Versuch der Mediation oder anderer Verfahren der außergerichtlichen Streitbeilegung unternommen
wurde und ob es Gründe gibt, die einem solchen Verfahren zuwiderlaufen.[76] Der
Richter soll dadurch Informationen erlangen, ob und in welchem Umfang bereits
eine einvernehmliche Lösung zu erzielen versucht wurde. Eine Klageschrift, die
keine Angaben über die bisherigen Bemühungen einer Mediation und anderen au
ßergerichtlichen Streitbeilegung macht, kann vom Gericht als nicht ordnungsgemäß

74 *Greiter* in: Haft/Schlieffen, Handbuch Mediation, 2009, S. 387 f.
75 *Fritz/Pielsticker*, Mediationsgesetz, 2013, § 2 Rn. 31; *Greiter* in: Haft/Schlieffen, Handbuch Mediation, 2009, S. 387 f.
76 *Fritz/Pielsticker*, Mediationsgesetz, 2013, § 253 Rn. 3 f.

betrachtet werden.[77] Die Klageerhebung hat vor dem Landgericht schriftlich zu erfolgen. Neben der Übersendung per Telefax ist auch eine elektronische Übermittlung gemäß § 130a Abs. 2 ZPO möglich.[78] Wichtig für das Gericht ist auch die Angabe über zukünftige Konfliktlösungsversuche. Dies ist eine große Hilfe im Hinblick auf die Unterbreitung des geeigneten Verfahrens für die Parteien.

Die Gründe, die einer Mediation oder einem anderen Verfahren der außergerichtlichen Konfliktbeilegung entgegenstehen können, sind vielfältig. Dieses Spektrum reicht vom Bestehen eines hoheskalierten Konflikts, der nur noch durch Machteingriff entschieden werden kann, bis hin zu einem enormen Machtungleichgewicht zwischen den Parteien oder der Relevanz eines Rechtsgebiets, das der Mediation nur in seltenen Ausnahmefällen zugänglich ist. Wenn die Parteien deutlich verkünden, dass sie ein anderes Verfahren als das traditionelle Gerichtsverfahren nicht anstreben, darf das Gericht sie nicht dazu drängen.[79]

Die wohl wichtigste geänderte Vorschrift der ZPO für das Güteverfahren und die Förderung von Mediation und anderer außergerichtlicher Konfliktbeilegung ist § 278 ZPO. Dieser regelt die gütliche Streitbeilegung, die Güteverhandlung und den Vergleich. § 278 Abs. 5 ZPO wurde wie folgt neu gefasst:

„Das Gericht kann die Parteien für die Güteverhandlung sowie für weitere Güteversuche vor einen hierfür bestimmten und nicht entscheidungsbefugten Richter (Güterichter) verweisen. Der Güterichter kann alle Methoden der Konfliktbeilegung einschließlich der Mediation einsetzen".

Der Güterichter darf sich verschiedener Methoden der Konfliktbeilegung bedienen, auch der Mediation oder des Schiedsverfahrens. Eine gütliche Einigung umfasst das Hinwirken auf verfahrensbeendende Parteierklärungen, zum Beispiel die Klagerücknahme, das Anerkenntnis, den Verzicht oder die Erledigungserklärung.[80] § 278 Abs. 2 ZPO verpflichtet dazu, ähnlich wie § 54 ArbGG, vor einer mündlichen Verhandlung eine Güteverhandlung zur gütlichen Beilegung des Konflikts durchzuführen (sog. semi-obligatorische Güteverhandlung). Ausnahmsweise kann davon abgesehen werden, wenn schon ein Sühneversuch gescheitert ist oder eine solche Einigung aussichtslos erscheint.

Das Gericht erörtert mit den Parteien den Sach- und Streitstand und ordnet im Falle der Verweisung an einen Güterichter auch die persönliche Anwesenheit an, da diese höhere Erfolgschancen auf eine Übereinkunft verspricht.[81]

---

77   *Greger*, Alternative Konfliktlösung im gerichtlichen Verfahren, Mediationstag München am 26.11.2013, <https://www.justiz.bayern.de/media/pdf/veranstaltungen/mediationstag/skript_prof._greger.pdf> (abgerufen am 15.03.2016).
78   Baumbach/Lauterbach/Albers/*Hartmann*, ZPO, 74. Auflage 2016, § 253 Rn. 7; *Becker-Eberhard* in: MüKo-ZPO, 7. Auflage 2015, § 253 Rn. 12 ff.
79   *Greger/Unberath*, MediationsG, 2013, Einleitung Rn. 101; *Horstmeier*, Das neue Mediationsgesetz, 2013, S. 30 ff.
80   *Geisler* in: Prütting/Gehrlein, ZPO, 7. Auflage 2015, § 278 Rn. 1.
81   *Fritz/Pielsticker*, Mediationsgesetz, 2013, § 278 Rn. 54.

Kriterien können hierbei die Art und der Umfang des Konflikts sein sowie die Wahrscheinlichkeit weiterer Rechtsstreitigkeiten oder die Stellungnahme in der Klageschrift. Zulässig sind auch Güteversuche nach schon misslungenen Einigungsversuchen vor der Klage.[82]

Der neu geschaffene § 278a ZPO regelt gezielt Aspekt der Mediation und der außergerichtlichen Konfliktbeilegung. Das Gericht darf danach den Parteien den Vorschlag unterbreiten, eine Mediation oder ein anderes Verfahren außergerichtlicher Konfliktbeilegung durchzuführen. Entscheiden sich die Parteien für ein solches Verfahren, ordnet das Gericht das Ruhen des Verfahrens an. Allerdings ist diese Vorschrift nur auf außergerichtliche Verfahren anzuwenden. Im Unterschied zum Güteverfahren müssen die Parteien hier ihre Freiwilligkeit an der Teilnahme erklären.[83]

VII. Änderungen bestimmter Verfahrensordnungen im Zuge der Umsetzung der Mediations-Richtlinie 2008/52/EG

Im Rahmen der Umsetzung der Mediations-Richtlinie durch das „Gesetz zur Förderung von Mediation und anderer Verfahren der außergerichtlichen Konfliktbeilegung" vom 21.07.2012 wurden in Deutschland neben den §§ 278 Abs. 5 und 278a ZPO weitere gesetzliche Vorschriften geändert bzw. eingefügt:

* Änderungen gab es auch in den §§ 23, 28 Abs. 4 S. 2, 36, 36a FamFG. Zu beachten ist des Weiteren die Regelung des § 21 FamFG, der auf § 249 ZPO verweist.
* Im ArbGG sind besonders die §§ 54 Abs. 6 und 54a ArbGG zu beachten.
* Ebenfalls geändert wurden § 202 S. 1 SGG und § 173 VwGO.
* Im GKG und FamGKG betreffen Änderungen § 69b GKG und § 61a FamGKG.
* § 155 FGO wurde ergänzt.
* In patentrechtlichen und markenrechtlichen Streitigkeiten gilt ebenfalls die ZPO, die in §§ 278 Abs. 5 und 278a das Güterichterverfahren regelt bzw. die Möglichkeit der außergerichtlichen Mediation vorsieht.

1. ZPO

Zentrale geänderte bzw. hinzugefügte Vorschriften in der Zivilprozessordnung sind die §§ 253 Abs. 3, 278 Abs. 5 und 278a ZPO:

* Eine Klageschrift soll, neben den in § 253 Abs. 2 ZPO enthaltenen Bestimmungen, ferner die Angabe enthalten, ob der Klageerhebung der Versuch einer Mediation oder eines anderen Verfahrens der außergerichtlichen Konfliktbeilegung voraus-

---

82 *Ahrens*, NJW 2012, 2465.
83 *Ahrens*, NJW 2012, 2465; *Fritz/Pielsticker*, Mediationsgesetz, 2013, § 278a Rn. 1 ff.; *Prütting* in: MüKo-ZPO, 7. Auflage 2015, § 278a Rn. 1 ff.

gegangen ist, sowie eine Äußerung dazu, ob einem solchen Verfahren Gründe entgegenstehen. Diese Soll-Vorschrift dient der Förderung der Mediation.

- § 278 ZPO verpflichtet das Gericht zur gütlichen Streitbeilegung mit dem Ziel der Verfahrensbeschleunigung, der Kostensenkung sowie der Verwirklichung des Rechtsfriedens.[84] Absatz 5 dieser Vorschrift erlaubt es dem Gericht, die Parteien für die Güteverhandlung sowie für weitere Güteversuche vor einen hierfür bestimmten und nicht entscheidungsbefugten Richter, den sog. Güterichter, zu verweisen.
- § 278a ZPO hat zum Ziel, die außergerichtliche Konfliktbeilegung auch bei bereits rechtshängigen Streitigkeiten zu ermöglichen.[85] Das Gericht kann danach eine Mediation oder ein anderes Verfahren der außergerichtlichen Konfliktbeilegung vorschlagen. Sofern sich die Parteien für diese Konfliktbeilegungsmethode entscheiden, wird das Ruhen des Gerichtsverfahrens angeordnet.

2. FamFG

Neben § 36a FamFG, wonach das Gericht den Beteiligten eine Mediation vorschlagen kann, ist auch § 23 FamFG mit einem Satz ergänzt worden: Anträge sollen angeben, ob der Versuch einer Mediation oder eines anderen Verfahrens der außergerichtlichen Mediation der Klage vorausging und ob einem solchen Verfahren Gründe entgegenstehen.

Zudem wurde § 28 Abs. 4 S. 2 FamFG ergänzt: Das Gericht fertigt einen Vermerk über den Versuch einer gütlichen Einigung nur dann an, wenn sich alle Beteiligten einverstanden erklären. Des Weiteren wurde bei § 36 ein fünfter Absatz hinzugefügt, der, wie § 278 Abs. 5 ZPO, die Möglichkeit einer Verweisung an einen Güterichter beinhaltet.

In Ehesachen ist allerdings gemäß § 113 Abs. 4 Nr. 4 FamFG eine Güteverhandlung ausdrücklich ausgeschlossen. Der Gesetzgeber war und ist der Meinung, dass die Beteiligten nicht über die Voraussetzungen einer Ehescheidung, einer Aufhebung der Ehe oder eines Nichtbestehens der Ehe diskutieren sollten. Dies sei Aufgabe des Gerichts.[86] Gerade in der Frage, ob eine Scheidung der richtige Weg ist, kann eine Mediation jedoch sehr hilfreich sein. In einer Mediation kann geklärt werden, ob die Parteien diesen Weg tatsächlich gehen wollen, oder ob es noch einen anderen Weg gibt, der in der Situation besser passen würde. Die Erfahrung zeigt, dass eine Scheidung nicht immer die Lösung der Probleme eines Ehepaares ist.[87]

Sofern sich die Parteien für ein Mediationsverfahren oder ein anderes Verfahren der außergerichtlichen Konfliktbeilegung entscheiden, setzt das Familiengericht gemäß § 21 Abs. 1 FamFG (i.V.m. § 249 ZPO) das Verfahren aus. Fristen werden für

---

84 *Geisler* in: Prütting/Gehrlein, ZPO, 7. Auflage 2015, § 278 Rn. 1.
85 *Geisler* in: Prütting/Gehrlein, ZPO, 7. Auflage 2015, § 278a Rn. 1.
86 Musielak/Borth, Familiengerichtliches Verfahren, 1. und 2. Buch FamFG, 5. Auflage 2015, § 36 Rn. 1; *Trossen*, Mediation (un)geregelt, 2014, S. 820 f.
87 *Trossen*, Mediation (un)geregelt, 2014, S. 821.

das Verfahren ausgesetzt und beginnen nach dessen Abschluss wieder von vorn zu laufen.[88] Im Familienrecht wird das kostenlose Informationsgespräch, das Aufklärung über die Mediation und die sonstigen Möglichkeiten einer außergerichtlichen Konfliktbeilegung bringen soll[89], besonders hervorgehoben. Einbezogen werden neben den Familiensachen auch die Kindschaftssachen. Gesetzlich normiert ist dies in den §§ 135, 156 Abs. 1 S. 3 FamFG. Das Gericht kann anordnen, dass die Eltern entweder gemeinsam oder in getrennten Gesprächen an einem kostenlosen Informationsgespräch über Mediation oder über eine sonstige Möglichkeit der außergerichtlichen Konfliktlösung teilnehmen.

Mit der Anordnung zur Teilnahme an einem kostenlosen Informationsgespräch zur Mediation soll den Parteien die Möglichkeit gegeben werden, sich über das Verfahren der Mediation zu informieren, um anschließend abwägen zu können, ob dieses Verfahren das richtige für sie ist oder ob sie lieber wieder zum Streitverfahren zurück möchten. Zur Rechtsnatur dieses Gesprächs ist es wichtig, festzuhalten, dass dieses Informationsgespräch noch außerhalb des eigentlichen Mediationsverfahrens stattfindet, auch wenn es faktisch Teil dessen ist. Solange aber noch kein Mediatorenvertrag (Mediationsvertrag) geschlossen wurde, informieren sich die Parteien unverbindlich. Ziel des Informationsgesprächs ist eine Verfahrensberatung. Wenn eine Partei bei dem Informationsgespräch nicht erscheint, trotz Anordnung des Gerichts, so kann das Gericht gemäß § 81 Abs. 2 Nr. 5 FamFG bzw. § 135 FamFG die Kosten der säumigen Partei ganz oder teilweise auferlegen, sofern diese unentschuldigt gefehlt hat.[90]

Ob den Richter in geeigneten Fällen eine Pflicht trifft, eine Verweisung zum Güterichter vorzunehmen[91] oder nicht, oder ob auch bei ausdrücklicher Ablehnung eine Verweisung stattfinden soll[92], ist umstritten. Da es aufgrund der individuellen Fallveranlagung schwierig bis unmöglich ist, den Begriff „geeignete Fälle" vollständig und exakt zu definieren, hat es keinen Sinn, den Richtern diese Pflicht aufzuerlegen. Erst wenn diese Frage abschließend geklärt ist, hat die Diskussion um die Pflicht zur Verweisung Sinn.

---

88 Musielak/Borth, Familiengerichtliches Verfahren, 1. und 2. Buch FamFG, 5. Auflage 2015, § 36 Rn. 3. Im Gegensatz zur Ruhensänderung, ist die Aussetzung umfangreicher.
89 Musielak/Borth, Familiengerichtliches Verfahren, 1. und 2. Buch FamFG, 5. Auflage 2015, § 135 Rn. 2.
90 Musielak/Borth, Familiengerichtliches Verfahren, 1. und 2. Buch FamFG, 5. Auflage 2015, § 135 Rn. 2.
91 Dafür: *Ulrici* in: MüKo-FamFG, 2. Auflage 2013, § 36 Rn. 7. Dagegen: *Greger/Weber*, Sonderheft zu MDR, Heft 18, 8.
92 Dafür: *Kreissl*, SchiedsVZ 2012, 230. Dagegen: *Ulrici* in: MüKo-FamFG, 2. Auflage 2013, § 36 Rn. 7; Musielak/Borth, Familiengerichtliches Verfahren, 1. und 2. Buch FamFG, 5. Auflage 2015, § 135 Rn. 2 „Anordnung wird nur erfolgen, wenn sie einem oder beiden Ehepartnern zugemutet werden kann".

Ebenfalls möglich ist ein Vermittlungsverfahren gemäß § 165 FamFG bei Auseinandersetzungen zur Umgangsbefugnis mit einem Kind. Sollte ein Elternteil die Durchführung eines gerichtlichen Vermittlungsverfahrens beantragen, so kann das Gericht dies nur ablehnen, sofern ein Vermittlungsversuch oder eine anschließende Beratung schon erfolglos versucht wurde. Selbstverständlich kann sich der Richter in diesem Verfahren auch mediativer Elemente bedienen. Allerdings bleibt er in der Regel für ein darauffolgendes Streitverfahren entscheidungsbefugt, sofern dies nicht im Geschäftsverteilungsplan anders geregelt ist. Einen Vergleich als Abschluss eines gerichtlichen Vermittlungsverfahrens gemäß § 165 FamFG kann das Gericht nur billigen, sofern es dem Kindeswohl entspricht (§ 156 Abs. 2 S. 2 FamFG).[93] Ebenso kommt eine konsensuale Konfliktlösung an ihre Grenzen, wenn die Situation eines Kindes eine gerichtliche, dem Wohl des Kindes am besten entsprechende Regelung erfordert, sofern die Eltern sich nicht in der Lage fühlen oder sind, diesen Zustand selbst herbeizuführen.[94]

Sofern die Parteien zu keiner Einigung im außergerichtlichen Verfahren gelangen, nimmt das Gericht in der Regel nach drei Monaten das streitige Verfahren wieder auf (§ 155 FamFG).[95]

Es gibt zudem Maßnahmen der Kinder- und Jugendhilfe. Hinsichtlich familiärer Problemlagen sieht das SGB VIII (siehe §§ 18, 28 SGB VIII) eine lösungsorientierte Beratung vor. Vorteilhaft ist die bereits frühzeitige Interventionsmöglichkeit durch gerichtliche Maßnahmen.[96]

3. ArbGG

Gerade das arbeitsgerichtliche Verfahren ist auf eine gütliche Verfahrenslösung hin ausgelegt. Gemäß § 54 Abs. 1 S. 1 ArbGG beginnt jede mündliche Verhandlung mit einer Güteverhandlung. Weitergeführt wird dieser Gedanke in § 57 Abs. 2 ArbGG, wonach während des gesamten Verfahrens eine gütliche Einigung angestrebt werden soll. In der Literatur spricht man von einer Pflicht des Gerichts, die Parteien im Hinblick auf eine gütliche Einigung zu fördern und auf sie dementsprechend einzuwirken.[97]

Auch das Arbeitsgericht kann nunmehr im Rahmen eines erheblich erweiterten Güterichtermodells gemäß § 54 Abs. 6 ArbGG an den Güterichter verweisen sowie nach § 54a ArbGG eine Mediation oder weitere außergerichtliche Konfliktlösungsmethoden empfehlen. Weitere Änderungen des ArbGG betreffen die Regelung, dass die Vorschriften sowohl im Beschluss- wie auch im Urteilsverfahren zur Anwendung

---

93 Musielak/Borth, Familiengerichtliches Verfahren, 1. und 2. Buch FamFG, 5. Auflage 2015, § 165 Rn. 5; *Schmidt*, ZKM 2015, 114, 115.
94 *Heilmann*, Praxiskommentar Kindschaftsrecht, 2015, § 156 FamFG Rn. 41.
95 *Trossen*, Mediation (un)geregelt, 2014, S. 826 ff.
96 *Schmidt*, ZKM 2015, 114, 116.
97 Erfurter Kommentar zum Arbeitsrecht, 15. Auflage 2015, § 57 Rn. 1; *Francken*, NJW 2006, 1103 ff.

kommen (§§ 64 Abs. 7, 80 Abs. 2 S. 1, 83a Abs. 1, § 87 Abs. 2 S. 1ArbGG). Zudem sind die §§ 46 Abs. 2, 64 Abs. 6, 7 und 87 Abs. 2 ArbGG zu beachten, die auf die Regelungen des Mediationsgesetzes bezüglich Inkompatibilität, Niederschrift und Klageschrift hinweisen und diese für das Arbeitsgerichtsverfahren anwendbar machen. Die Verweisung durch das Gericht an den Güterichter kann nur mit Einverständnis der Parteien erfolgen. Dies steht nicht ausdrücklich in § 54 Abs. 6 ArbGG und sollte daher in der Vorschrift ergänzt werden.[98]

In der Praxis gibt es erste Zahlen, die zeigen, wie stark ein Güterichterverfahren in der Praxis umgesetzt wird. Beispielsweise lagen im Jahre 2014 in Baden-Württemberg die Fälle, die an den Güterichter verwiesen wurden im arbeitsgerichtlichen Verfahren unter 1 % (von allen Verfahrenseingängen). Dies könnte daran liegen, dass im Arbeitsrecht häufig Vergleiche geschlossen werden (ca. 60 % der Verfahren werden mit einem Vergleich beendet), in nur 7 % der Fälle ergeht eine Streitentscheidung. Anzuraten wäre eine intensivere Aufklärung über alternative Streitbeilegungsmethoden bei Richtern, Anwälten und der Bevölkerung, um die Möglichkeit der Streitbeilegung mithilfe von Güterichterverfahren und Mediationen stärker bewusst zu machen.[99] (Siehe Kapitel F. III.)

4. SGG

Im Sozialgerichtsverfahren wurde lediglich § 202 S. 1 SGG dahin gehend geändert, dass dieser nun auf die § 278 Abs. 5 und § 278a ZPO verweist, sofern die grundsätzlichen Unterschiede der beiden Verfahrensarten die Anwendung der beiden ZPO-Vorschriften nicht ausschließen.[100] Im Gegensatz zu zivil- und arbeitsrechtlichen Verfahren gibt es in der Sozialgerichtsbarkeit keine im SGG normativ verankerte Güteverhandlung. Allerdings hat der Gesetzgeber die Möglichkeit der Anwendbarkeit eines Güterichterverfahrens gemäß § 202 SGG (Verweisung auf § 278 ZPO) der Sozialgerichtsbarkeit erlaubt. Gemäß § 202 SGG i.V.m. § 278a ZPO kann das Gericht zudem den Parteien eine Mediation oder ein anderes Verfahren der außergerichtlichen Konfliktbeilegung vorschlagen. Auch im sozialgerichtlichen Verfahren kann gemäß § 202 SGG i.V.m. § 278 Abs. 6 ZPO eine Lösung aus einer außergerichtlichen Mediation als Vergleich protokolliert werden. Ein Hinweis nach § 253 ZPO dient allein dem Interesse der Parteien, da für die Klageerhebung die Angaben aus § 253 ZPO nicht zwangsläufig notwendig sind (es ist eine Soll-Vorschrift).[101]

---

98   *Francken*, NZA 2012, 249, 253, schlägt dazu folgende Formulierung vor: „Das Gericht kann die Parteien mit ihrem Einverständnis für die Güteverhandlung sowie weitere Güteversuche vor einen Güterichter als nicht entscheidungsbefugten Richter verweisen."

99   *Francken*, NZA 2015, 643.

100   *Fritz/Pielsticker*, Mediationsgesetz, 2013, § 202 SGG Rn. 1 ff.

101   *Breitkreuz/Fichte*, SGG, 2. Auflage 2014, § 202; *Hinrichs* in: Hinrichs, Praxishandbuch Mediationsgesetz, 2014, S. 383 ff.

5. VwGO

§ 173 VwGO ist eine § 202 SGG vergleichbare Verweisnorm. Auch § 173 VwGO erklärt seit 2012 § 278 Abs. 5 ZPO und § 278a ZPO ausdrücklich für anwendbar, sofern die Verwaltungsgerichtsordnung keine anderen Regelungen enthält und sofern die Anwendung der beiden ZPO-Vorschriften nicht durch die grundsätzlichen Unterschiede der beiden Verfahrensarten ausgeschlossen ist. Vor dem Inkrafttreten des „Gesetzes zur Förderung von Mediation und anderer Verfahren der außergerichtlichen Konfliktbeilegung" wurden in der Verwaltungsgerichtsbarkeit bereits gerichtliche und gerichtsnahe Mediatoren eingesetzt. Ebenso wie das sozialgerichtliche Verfahren kannte auch das verwaltungsrechtliche Verfahren keine Güteverhandlung. Aber auch hier hat der Gesetzgeber mit der Änderung in § 173 VwGO über die Verweisung auf § 278 Abs. 5 ZPO und § 278a ZPO die Möglichkeit geschaffen, eine außergerichtliche Streitbeilegung oder ein Güterichterverfahren durchzuführen.[102]

6. GKG

Eine Verordnungsermächtigung verschafft den Bundesländern über die Verfahrensgebühren des Kostenverzeichnisses[103] hinaus nach § 69b GKG und § 61a FamGKG die Möglichkeit, bei Beendigung des Verfahrens durch Zurücknahme der Klage aufgrund erfolgreicher Mediationsverfahren oder anderer Verfahren die Verfahrensgebühren des Gerichts zu ermäßigen. Ob und wie die Länder diese Ermäßigungen schaffen möchten, bleibt ihnen überlassen. Eine Kostenverringerung kommt nur infrage, wenn schon „im" verfahrenseinleitenden Klage- oder Antragsschriftsatz nach § 253 Abs. 3 Nr. 1 ZPO mitgeteilt wurde, dass eine Mediation oder ein anderes Verfahren einer außergerichtlichen Konfliktbeilegung bereits unternommen wurde oder zumindest beabsichtigt wird. Dies muss glaubhaft sein. Zweite Bedingung wäre der Versuch einer Mediation bzw. Abschluss und Klage- oder Antragsrücknahme, gemäß § 269 ZPO. Weitere Möglichkeit der Rücknahme ist ein Gerichtsvorschlag einer Mediation, § 69b GKG S. 1 HS 2.[104] Ziel dieser Vorschrift ist unter anderem die Reduzierung bzw. vorzeitige Erledigung von Gerichtsverfahren.[105] Nach § 8 MediationsG sind die kostenrechtlichen Ländereröffnungsklauseln der § 69b GKG und § 61a FamGKG einer Evaluierung unterzogen.[106]

---

102 *Ruthig* in: Kopp/Schenke, VwGO, 21. Auflage 2015, § 173; Hinrichs, Praxishandbuch Mediationsgesetz, 2014, S. 385 ff.

103 Kostenverzeichnis GKG Nr. 1211, 1411, 5111, 5113, 5211, 5221, 6111, 6211, 7111, 7113 und 8211.

104 *Hartmann*, Kostengesetze, 45. Auflage 2015, § 69b GKG.

105 BT-Drucks. 17/8058, S. 20.

106 *Hinrichs* in: Hinrichs, Praxishandbuch Mediationsgesetz, 2014, S. 387 ff.; *Hartmann*, Kostengesetze, 45. Auflage 2015, § 69b GKG, § 61a FamGKG.

7. FGO

In der Finanzgerichtsordnung wurde § 155 um das Wort „Zivilprozessordnung" und „einschließlich § 278 Abs. 5 und § 278a" ergänzt. Demnach können, soweit die FGO keine Bestimmungen über das Verfahren enthält oder die grundsätzlichen Unterschiede der beiden Verfahrensarten die Anwendung der beiden ZPO-Vorschriften ausschließen, auch alternative Streitbeilegungsmethoden angewandt werden und der Streitrichter kann zum Güterichter verweisen. Wird ein Güterichterverfahren in Anspruch genommen, so fallen im Erfolgsfall geringere Kosten an, es ist meist eine schnellere Erledigung des Verfahrens möglich und es wird weniger Personal benötigt. Zu guter Letzt können gegebenenfalls auch die Erstattungszinsen gesenkt werden (§ 233a AO).[107] Ein klarer Vorteil des Güterichterverfahrens im Vergleich zum Erörterungstermin nach § 79 Abs. 1 S. 2 Nr. 1 FGO liegt in der Offenheit und Transparenz des Verfahrens.[108] Für das außergerichtliche Mediationsverfahren sieht aber zum Beispiel die Finanzbehörde Hamburg nur in besonders gelagerten Ausnahmefällen einen Anwendungsbereich.[109]

VIII. Umweltverwaltungsgesetz Baden Württemberg

Am 01. Januar 2015 wurde in Baden Württemberg das „Gesetz zur Vereinheitlichung des Umweltverwaltungsrechts und zur Stärkung der Bürger- und Öffentlichkeitsbeteiligung im Umweltbereich" eingeführt. Dieses Gesetz ist Vorreiter im Bereich Umwelt und Mediation in Deutschland.

Auch eine sog. Umweltmediation ist in § 4 Umweltverwaltungsgesetz erstmals festgelegt worden. Diese Vorschrift besagt, dass bei umweltbedeutsamen Vorhaben, bei denen die Gefahr erheblicher öffentlicher Konflikte im Raum steht, die zuständige Behörde eine Umweltmediation vorschlagen kann. Sofern die am Verwaltungsverfahren beteiligten Behörden nicht Träger des Vorhabens sind, sind sie nicht Parteien in der Mediation. Im Regelfall ist eine Umweltmediation öffentlich (§ 4 Abs. 2 Umweltverwaltungsgesetz).

Die Öffentlichkeit stellt eine Besonderheit dar. Normalerweise finden Mediationen und Güterichtertermine nicht öffentlich statt. In diesem Fall der öffentlichen Umweltmediation bereitet sich der Mediator besonders auf die Gegebenheiten vor, dass sich die Parteien, weil sie in der Öffentlichkeit stehen, anders verhalten als in einem vertraulichen, geschlossenen Verfahren.

Diese neue Regelung im Bundesland Baden-Württemberg zur Umweltmediation ist gerade im öffentlichen Bereich der Mediation ein großer Fortschritt in Richtung alternative Konfliktbeilegung.[110] Ähnliche Landesgesetze wären auch in den anderen Bundesländern Deutschlands sinnvoll und empfehlenswert.

---

107   *Gräber/Herbert*, FGO, 8. Auflage 2015, § 155; *Trossen*, Mediation (un)geregelt, 2014, S. 838 f.

108   *Hölzer*, ZKM 2012, 122.

109   Finanzbehörde Hamburg v. 26.09.2012, 51-S 600-001/12.

110   *Hammacher*, Mediator 2015, 27 f.

B. Der Güterichter

Im Folgenden wird zunächst der Begriff „Güterichter" näher beleuchtet. Beschrieben werden zudem seine Rolle und Stellung im Güterichterverfahren sowie seine Aufgaben. Anschließend folgt ein kurzer Blick auf die Güterichterausbildung und die Haftung eines Güterichters.

I. Legaldefinition

Geboren wurde der Begriff „Güterichter" im bayerischen Modellversuch (s.o. S. 18), der von Thüringen übernommen wurde.[111] Normiert wurde der Begriff des Güterichters 2012 in § 278 Abs. 5 ZPO. Das Gesetz definiert ihn als einen nicht entscheidungsbefugten, für Güteverhandlungen und weitere Güteversuche bestimmten Richter, der in einer solchen Güteverhandlung alle Methoden der Konfliktbeilegung einschließlich der Mediation einsetzen kann. Definiert ist nur der Begriff des Güterichters, nicht des Güterichterverfahrens.

II. Rolle und Stellung

Die Rolle des Güterichters hat sich während der Pilotprojekte und Modellversuche zu dem entwickelt, was sie heute darstellt: ein „erheblich erweitertes Institut"[112]. Im Vergleich zu den Modellversuchen in anderen deutschen Bundesländern unterschied sich der Güterichter in Bayern und Thüringen vor allem dadurch, dass er nicht nur das Verfahren der Mediation anwenden konnte, sondern frei in der Methodenwahl war. Vorteil dieser offenen Gestaltung ist die flexible Aufnahme von künftigen Entwicklungen in Bezug auf neue Konfliktlösungsverfahren. Es besteht hier ein weiter Spielraum für Innovationen und Veränderungen im Bereich der Konfliktlösungsmechanismen. Auch die Ausbildung der Güterichter kann dementsprechend ausgeweitet und angepasst werden.[113] Die Bezeichnung „gerichtsinterner Mediator" konnte nur noch während einer Übergangszeit bis zum 01.08.2013 (wenn das Mediationsverfahren vor dem 26.7.2012 angeboten wurde) verwendet werden.[114]

Aufgabe des Güterichters ist die Durchführung der Güteverhandlung (dazu eingehend Kapitel C). Der Güterichter darf sich zwar als Instrument der Mediation bedienen, jedoch ist er kein Mediator.[115] Warum der Güterichter Mediation anwenden

---

111 *Fritz/Pielsticker*, Mediationsgesetz, 2013, § 278 ZPO Rn. 27.

112 *Fritz/Pielsticker*, Mediationsgesetz, 2013, § 278 ZPO Rn. 24.

113 *Fritz/Pielsticker*, Mediationsgesetz, 2013, § 278 Rn. 27 ff.; BT-Drucks. 17/8058, S. 17.

114 *Dürschke*, NZS 2013, 41 ff.

115 *Foerste* in: Musielak, ZPO, 12. Auflage 2015, § 278 Rn. 15a; Baumbach/Lauterbach/Albers/*Hartmann*, ZPO, 74. Auflage 2016, § 278 Rn. 42 f.; *Geisler* in: Prütting/Gehrlein, ZPO, 7. Auflage 2015, § 278 Rn. 3 ff.

kann, aber nicht Mediator genannt werden darf, ist nicht ohne weiteres erkennbar. Eine mögliche Erklärung ist nach *Ortloff* folgende: Aufgrund des Ziels der Stärkung der außergerichtlichen Mediation wäre es sinnvoll den richterlichen Mediator wegen vermeintlicher Konkurrenz unter verzerrten Wettbewerbsbedingungen abzuschaffen.[116] Nach der Gesetzesbegründung ist der Güterichter ein gesetzlicher Richter.[117] Aufgrund des Fehlens der Entscheidungsbefugnis wird dies aber auch anders gesehen, gestützt auf Art. 101 Abs. 1 S. 2 GG.[118]

Das Güterichterverfahren ist Teil des Gerichtsverfahrens, während eine Mediation außergerichtlich stattfindet (sofern sie nicht in Form des Güterichterverfahrens angewandt wird).[119] Zweiter großer Unterschied der beiden Verfahren ist die Tatsache, dass der Güterichter einen Termin zur Güteverhandlung festsetzen darf.[120] Bei der außergerichtlichen Mediation liegt es an der Absprache der Parteien und dem Mediator, wann sie die Termine vereinbaren möchten.

Der Güterichter darf nur mit dem Einverständnis der Parteien tätig werden und muss über besondere fachliche Qualifikationen verfügen (Ausbildung). Sein Einsatzgebiet kann im eigenen Gericht liegen, aber auch in einem anderen Gericht oder einer anderen Gerichtsbarkeit. Er ist befugt, in die Akten bei Gericht Einsicht zu nehmen und alle Verfahren der Konfliktbeilegung im Güterichterverfahren anzuwenden. Möglich wäre ebenfalls eine Konfliktvermittlung, bei der der Güterichter nur für eine angemessene Kommunikation und gegenseitiges Verständnis der Parteien sorgt. Ebenfalls ist es ihm gestattet, rechtliche Bewertungen und Lösungsvorschläge zu unterbreiten. Dieser Vorschlag ist rechtlich nicht bindend, aber für die Parteien oftmals hilfreich. Neben der Unabhängigkeit in Bezug auf die Parteien hat der Güterichter die Aufgabe, unparteiisch und unbefangen zu sein. Dies ergibt sich aber schon aus seinem Richteramt. Ein Unterschied zum herkömmlichen Richter ist die Entscheidungsbefugnis, die dem Güterichter fehlt. Sollten die Parteien ihre Zustimmung zu einer Niederschrift erteilen, so darf er dies tun, ebenso Anträge entgegennehmen und einen Vergleich protokollieren.[121]

Dem Güterichter ist es erlaubt, im Einvernehmen mit den Parteien Einzelgespräche zu führen. Das Gebot der Gewährung rechtlichen Gehörs besteht nicht, eine Informationspflicht über (seine Person/ seine Ausbildung) obliegt ihm nur, sofern es Gründe geben könnte, die seine Unparteilichkeit infrage stellen. Damit überhaupt Richter an einen Güterichter verweisen, ist es sinnvoll und notwendig, auch die Prozessrichter über das Güterichterverfahren zu informieren. Sein Amt nicht ausüben darf der Richter laut § 41 Nr. 8 ZPO, wenn er in der gleichen Sache an einem

---

116   *Ortloff*, NVwZ 2012, 1057.
117   BT-Drucks. 17/5335, S. 20.
118   *Ortloff*, NVwZ 2012, 1057.
119   *Geisler* in: Prütting/Gehrlein, ZPO, 7. Auflage 2015, § 278 Rn. 1 ff.
120   *Geisler* in: Prütting/Gehrlein, ZPO, 7. Auflage 2015, § 278 Rn. 6d. Baumbach/Lauterbach/Albers/*Hartmann*, ZPO, 74. Auflage 2016, § 278 Rn. 22 ff.; *Prütting* in: MüKo-ZPO, 7. Auflage 2015, § 278 Rn. 23 f.
121   *Fritz/Pielsticker*, Mediationsgesetz, 2013, § 159 Rn. 9 ZPO.

Mediationsverfahren oder einem alternativen Verfahren der außergerichtlichen Streitbeilegung teilgenommen hat.

Der Güterichter wird vom Präsidium durch Vorschlag des Präsidenten bestellt. Es können auch mehrere Güterichter bestellt werden. Diese Aufgabe ist allerdings freiwillig und bedarf der Zustimmung der auserwählten Richter. Die Anhörung gemäß § 21e GVG und § 214 Abs. 2 GVG genügt nicht. Sofern mehrere Güterichter bestellt werden, steht es dem Präsidium frei, die Geschäfte zu verteilen oder diese Aufgabe den Güterichtern zu überlassen.[122] Der Güterichter muss nicht dem Gericht angehören, bei dem er als Güterichter tätig wird. Bestimmt werden für diesen Aufgabenbereich muss er allerdings schon von diesem Gericht. Weder in der ZPO noch im GVG oder in der VwGO ist eine Pflicht normiert, einen Güterichter zu bestimmen. Jedoch ergibt sich dieses Erfordernis aus der Tatsache, dass dem erkennenden Spruchkörper die gesetzlich vorgesehene Entscheidung über die Verweisung möglich sein muss. Daraus ergibt sich auch, dass ein Güterichter nicht gleichzeitig Mitglied des zur Entscheidung berufenen Spruchkörpers sein kann.[123]

Die Auswahl des Güterichters kann auf verschiedene Arten erfolgen. Einige Gerichte legen ein allgemeines Turnussystem an oder wählen je nach Fachlichkeit einen geeigneten Güterichter aus. Aufgrund der eindeutigen Wortwahl in § 278 Abs. 5 S. 1 ZPO („hierfür bestimmten" Güterichter), ist davon auszugehen, dass die Wahl des zuständigen Güterichters schon vor Verweisung erfolgt sein muss. Willkürlich darf die Auswahl zudem gemäß Art. 3 GG nicht sein.[124]

III. Aufgaben

Der Unterschied zum Mediator wird vor allem darin gesehen, dass der Güterichter ein Richter ist, der andere Aufgaben im Sinne von § 4 Abs. 2 Nr. 2 DRiG wahrnimmt.[125] Obwohl der Güterichter im Güterichterverfahren eine konsensuale Vermittlerrolle einnimmt und den Konfliktfall nicht entscheiden darf, wird seine Aufgabenstellung der richterlichen Rechtsprechung zugeordnet.[126]

Um den Parteien zu signalisieren, dass der Güterichter kein Streitrichter ist, soll er den Parteien gegenüber wertfrei und wertschätzend auftreten und seine neutrale, allparteiliche Rolle zum Ausdruck bringen. Der Güterichter soll den Parteien zudem vermitteln, wie man sich gegenseitig Anerkennung schenkt. Es ist unabdingbar, dass die Beziehung zwischen ihm und den Parteien positiver Natur ist. Auch zwischen

---

122 *Ortloff*, NVwZ 2012, 1057.
123 *Dürschke*, NZS 2013, 41 ff.; a.A. *Vorwerk/Wolf* in: BeckOK ZPO, 12. Edition 2014, § 278 Rn. 22 ff.
124 *Dürschke*, NZS 2013, 41 ff.; *Geisler* in: Prütting/Gehrlein, ZPO, 7. Auflage 2015, § 278 Rn. 6d.
125 *Baumbach/Lauterbach/Albers/Hartmann*, ZPO, 74. Auflage 2016, § 278 Rn. 44; *Ahrens*, NJW 2012, 2465.
126 *Hinrichs* in: Hinrichs, Praxishandbuch Mediationsgesetz, 2014, S. 69; *Geisler* in: Prütting/Gehrlein, ZPO, 7. Auflage 2015, § 278 Rn. 6a.

den Parteien sollte während des Gesprächs ein respektvoller Umgang herrschen. Nur auf diese Weise können sich die Menschen öffnen und zum Güterichter Vertrauen schöpfen. Hier kann es hilfreich sein, über Gemeinsamkeiten eine Beziehung aufzubauen.[127]

Der Güterichter hat dafür Sorge zu tragen, dass der Status jeder Partei bzw. jedes Beteiligten am Güterichterverfahren erhalten und respektvoll gewahrt wird. Wichtig ist, herauszufinden, welche Rollen die Beteiligten haben, und diese anzuerkennen. Nicht zuletzt muss jeder Partei die Entscheidung, an einem Güterichterverfahren teilzunehmen oder es zu verlassen, freistehen. Der Güterichter muss eine Atmosphäre frei von Druck und Zwang schaffen, sodass sich die Parteien ihren Raum nehmen können, um wohlüberlegte Entscheidungen treffen zu können.[128]

Der Güterichter ist sowohl Gesprächseröffner wie auch Gesprächsfreigeber und Gesprächslenker.[129] Er hat ein gesundes Maß an aktiver und passiver Rolle zu finden. Sofern die Parteien den Wunsch äußern, kann der Güterichter auch rechtliche Hinweise einfließen lassen, um die Lösungsfindung zu fördern.[130]

Durch Fragetechniken wie „zirkuläres Fragen" oder „ressourcenbezogenes Fragen"[131] kann der Güterichter auf bislang untergegangene Themen aufmerksam machen oder das wahre Interesse, den Kern des Problems aufdecken. Eine gezielte Ausbildung verhilft dem Güterichter bei der Analyse der „Konfliktmuster"[132].

Eine weitere Aufgabe des Güterichters ist es, einen gemeinsamen Topos, der sich beispielsweise in der Verbindung der Parteien äußern kann, immer wieder hervorzuheben. Obwohl häufig die Parteien unterschiedliche Auffassungen vertreten, kann so fortlaufend an das gemeinsame Ziel erinnert werden, für das eine Lösung gefunden werden soll. Der Güterichter sollte jedoch aufpassen, sich weder von der einen noch von der anderen Seite beeinflussen zu lassen. Er hat eine neutrale, allparteiliche Haltung einzunehmen.[133]

Grundsätzlich können die Aufgaben des Güterichters in zwei Stufen untergliedert werden:

Auf der ersten Stufe zu Beginn der Güterichterverhandlung steht eine umfassende Konfliktanalyse.[134] Diese hat der Güterichter durchzuführen, um herauszufinden, was die beste Konfliktlösungsmethode für den jeweiligen Fall ist. Diese Empfehlung spricht er aus und versucht, hierüber eine Einigung und Bestätigung der Parteien einzuholen. Um eine Entscheidung aufseiten der Parteien herbeiführen zu können,

---

127 *Schmitt*, Stufen einer Güteverhandlung, 2014, S. 73 f.
128 *Schmitt*, Stufen einer Güteverhandlung, 2014, S. 74.
129 *Schmitt*, Stufen einer Güteverhandlung, 2014, S. 76.
130 *Greger*, MDR 2014, 994; *Prütting* in: MüKo-ZPO, 4. Auflage 2013, § 278 Rn. 27; *Geisler* in: Prütting/Gehrlein, ZPO, 7. Auflage 2015, § 278 Rn. 6d.
131 *Schmitt*, Stufen einer Güteverhandlung, 2014, S. 80 f.
132 *Schmitt*, Stufen einer Güteverhandlung, 2014, S. 89.
133 *Schmitt*, Stufen einer Güteverhandlung, 2014, S. 46.
134 *Schreiber*, Konsensuale Streitbehandlung im sozialgerichtlichen Verfahren, 2013, S. 41, 50 ff.

ist es sehr wichtig, gut informiert zu sein, den jeweiligen Verfahrensablauf, die Grundsätze und Regeln zu kennen.[135] Dies setzt wiederum voraus, dass sich der Güterichter zum einen ein sehr gutes Wissen über die einzelnen Methodeninhalte aneignet und zum anderen auf eine breite Erfahrung zurückblicken kann.

Auf der zweiten Stufe ist die Aufgabe des Güterichters die Unterstützung der Verfahrensbeteiligten in ihrem Prozess, indem er diesen strukturiert, für eine angenehme Gesprächsatmosphäre sorgt und als allparteilicher Dritter zwischen den Parteien vermittelt. Das Ziel dieses Prozesses ist eine Beilegung des Konflikts in Form einer Vereinbarung, die die Beteiligten untereinander treffen.[136]

Ein Güterichter muss das Güterichterverfahren beenden, sofern er Straftaten wie beispielsweise einen Betrug, ein Steuer- oder ein Insolvenzdelikt im Konfliktfall entdeckt. Er hat dieselben Vertraulichkeitsgrundsätze wie ein Mediator gemäß § 4 MediationsG zu wahren, zumindest beim Einsatz der Mediationsmethode.[137] Des Weiteren muss er die zuständigen Behörden informieren.

Die Haftung eines Güterichters richtet sich nach den allgemeinen Grundsätzen der Amtshaftung.[138] Aufgrund seiner Ausbildung hat der Richter ebenfalls die Aufgabe, darauf zu achten, dass die rechtlichen Konsequenzen einer Lösungsvereinbarung (Vergleich) bedacht werden.[139]

IV. Die Rolle des Güterichters im Vergleich zum Prozessrichter

Im Gesetz wird der Güterichter als ein „hierfür bestimmter und nicht entscheidungsbefugter Richter" beschrieben. Daher geht auch der Rechtsausschuss des Bundestags von einer flexiblen Gestaltung der Berufsausübung aus. Das Gebot des gesetzlichen Richters gilt nach Rechtsprechung des BVerfG und des BGH nur für die richterlichen Funktionen, die mit einer Entscheidungsfähigkeit verbunden sind.[140]

Der Charakter eines Güterichters geht auf die Rolle eines „Dritten" zurück, wie etwa eines Zuschauers, eines Boten, eines Moderators, eines Mediators, eines Übersetzers, eines Schiedsrichters u.a. Man könnte ihn als jemanden beschreiben, der eine passive, steuernde, vermittelnde, jedoch auch ausgeschlossene Position einnimmt. Der Güterichter hat sowohl eine stabilisierende Wirkung, indem er Aufgaben wie die Schaffung von Ordnung oder Strukturen übernimmt, als auch eine destabilisierende Wirkung, indem er den Kreislauf bei einer Eskalation unterbricht und einschreitet. Die Parteien geben dem „Dritten" zwar einen konkreten Auftrag, nämlich den Konflikt

---

135 *Fritz/Schröder*, NJW 2014, 1911.
136 *Fritz/Schröder*, NJW 2014, 1912.
137 *Baumbach/Lauterbach/Albers/Hartmann*, ZPO, 74. Auflage 2016, § 278 Rn. 46.
138 *Ahrens*, NJW 2012, 2465, 2470 ff.
139 *Greger*, MDR 2014, 994; *Geisler* in: Prütting/Gehrlein, ZPO, 7. Auflage 2015, § 278 Rn. 5.
140 *Schobel*, ZKM 2012, 191.

möglichst beizulegen und das Gespräch zu führen. Innerhalb dieses Auftrags steht es diesem jedoch frei, seinen Spielraum individuell zu nutzen. Er muss sich nur an gewisse „Spielregeln" halten. Er kann sowohl die Rolle des Moderators, des Mediators oder des Beobachters zeitweise einnehmen. Seine Aufgabe besteht darin, den Horizont der Parteien zu erweitern: Sie sollen das Beziehungsgeflecht auch von anderen Seiten betrachten und einen respektvollen Umgang miteinander erlernen.[141]

Der Güterichter, als neutraler Vermittler, wird auch gern als Konfliktmanager beschrieben. Angesichts des weiten Spektrums an Konfliktlösungsvarianten, die er zur Verfügung hat, liegt es nahe, ihm diesen Titel zu geben. Doch in der Praxis ist diese Aufgabe nicht in vollem Umfang erfüllbar, da er sich aus Zeitgründen nicht jede Konfliktlösungsmethode gleichermaßen aneignen kann.[142]

Der Güterichter kann streng vom Spruchrichter unterschieden werden: in Bezug auf die rechtliche Bewertung sowie die letztliche Entscheidungsbefugnis. Diese Aufgaben hat ein Spruchrichter, nicht jedoch ein Güterichter. Dies ist auch unumgänglich, da sonst der Spruchrichter, sollte der Fall im Güterichterverfahren scheitern und wieder zu ihm zurückgelangen, sich in einem Konflikt befände, sähe er die Situation rechtlich anders als der Güterichter.[143] Die Parteien sollen sich schließlich auf rechtliche Aussagen der Richter verlassen können. Nur diese klare Abgrenzung gewährleistet auch das Ansehen und einen respektvollen Umgang mit den Güterichtern im Richterkollegium.

V. Ausbildung

Grundsätzlich enthält das Gesetz keine Anforderungen an die Fortbildung von Richtern zu Güterichtern. Diese Tatsache muss jedoch kritisch betrachtet werden, da gerade im Interesse der Parteien eine gute Qualifikation maßgebend[144] für eine erfolgreiche Konfliktlösung ist.[145]

Erste Voraussetzung für die Ernennung zum Güterichter ist, dass die Person den Beruf „Richter" ausübt und dafür zugelassen ist. Genau genommen handelt es sich bei der Güterichterausbildung um eine Fortbildung und nicht um eine Ausbildung. Verfolgtes Ziel ist die Erlangung der Fähigkeit, alle geeigneten Methoden der Konfliktbeilegung einzusetzen. Seit dem Jahr 2003, in dem das Gesetz zur Reform der Juristenausbildung[146] in Kraft trat, sind die Streitschlichtung und die Mediation Element der juristischen Ausbildung. Es wurde damals festgestellt, dass in Deutschland wichtige „Aufgaben und Arbeitsmethoden zur Konfliktvermeidung und

---

141 *Schmitt*, Stufen einer Güteverhandlung, 2014, S. 64 ff.; *Geisler* in: Prütting/Gehrlein, ZPO, 7. Auflage 2015, § 278 Rn. 6c: „in deeskalierender Weise".
142 Klamt/Moltmann-Willisch, ZKM 2015, 7 ff.
143 *Klamt/Moltmann-Willisch*, ZKM 2015, 7; *Prütting* in: MüKo-ZPO, 4. Auflage 2013, § 278 Rn. 27 ff.
144 *Fritz/Schröder*, NJW 2014, 1912.
145 *Dürschke*, NZS 2013, 41 ff.
146 BGBl. I Nr. 48 v. 17.07.2002, S. 2592.

Streitschlichtung"[147] nicht ausreichend in der Juristenausbildung enthalten waren. Die Lehrangebote finden jedoch nur beschränkten Anklang. Meist ist keine umfassende Mediationsausbildung damit verbunden, sondern nur ein überschaubares Seminar.[148]

Ein Schwerpunkt der Güterichter in der Praxis ist die Mediation. Daher ist es unumgänglich, dass der Güterichter in seiner Ausbildung die Grundsätze der Mediation, wie das Phasenmodell, spezielle Kommunikationstechniken, die Leitgedanken wie Freiwilligkeit, Allparteilichkeit, Eigenverantwortlichkeit, Vertraulichkeit und Neutralität näher kennenlernt. Ebenso wichtig ist es, die Risiken von Einzelgesprächen zu kennen, wie auch die verschiedenen Parteienkonstellationen, beispielsweise die Mehrparteienmediation in großen öffentlichen Wirtschaftskonflikten oder auch die Möglichkeit der Co-Mediation bei Mehrparteienmediationen.

Da der Güterichter und damit auch die Parteien im Verfahren nicht nur die Möglichkeit haben, sich der Mediation zu bedienen, sondern weitere Konfliktlösungsmethoden zu nutzen, dürfen die Parteien davon ausgehen, dass der Güterichter alle Methoden kennt, zum Beispiel auch die Fallsupervision, die Schlichtung, hybride Formen der Konfliktlösung und die Kurz-Zeit-Mediation.[149]

Unterschieden wird bei der Ausbildung der Güterichter zwischen „schon tätig gewordenen gerichtlichen Mediatoren" und „neuen Güterichtern", die bisher nicht als Mediatoren tätig waren.

Zu empfehlen wäre laut *Joachim Dürschke* eine „bundeseinheitliche Verständigung zu den Inhalten der Fortbildung sowie deren Stundenzahl"[150]. Er bezieht sich dabei auf § 5 MediationsG, in dem die Aus- und Fortbildung des Mediators geregelt ist.[151] Da dem Güterichter nur eine Grundschulung zukommt, ist es sinnvoll, weitere Fortbildungsmaßnahmen wie Supervision oder kollegiale Beratung[152] wahrzunehmen.

Eine Empfehlung für das Curriculum (im Sinne von *Fritz Pielsticker*):

---

147 BT-Drucks. 14/7176 001, S. 10.
148 Vgl. Universität Augsburg: Das Seminar zum Thema Mediation wird lediglich als Grundlagen- oder Schlüsselqualifikation mit 1 SWS, ein Semester, angeboten, <http://www.jura.uni-augsburg.de/lehre/jura_klassisch/20131001_stundenplaene/20140625__studienprogramm_jura.pdf> (abgerufen am 03.03.2016); Universität Würzburg: Auch hier lediglich als Schlüsselqualifikation mit 1–2 SWS, ein Semester: <http://www.jura.uni-wuerzburg.de/fileadmin/02000100/studium/Studienplan_vor_WS_2014_15.pdf> (abgerufen am 03.03.2016).
149 *Krabbe/Fritz*, NVwZ 2013, 29.
150 *Dürschke*, NZS 2013, 41 ff.
151 *Dürschke*, NZS 2013, 41 ff.
152 *Ade/Schroeter* in: Glässer/Schroeter, Gerichtliche Mediation: Grundsatzfragen, Etablierungserfahrungen und Zukunftsperspektiven, 2011, S. 323 ff.

Tabelle 2: Empfehlung für Curriculum der Güterichterausbildung[153]

Für bisherige gerichtliche Mediatoren	Für neue Güterichter
Zeitumfang: 2 Tage (16 Stunden)	Zeitumfang: 3 mal 3 Tage (60 Stunden) nebst Eigenstudium und Intervision (20 Stunden) (orientiert an § 5 Abs. 1 S. 2 Nr. 1 bis 5 MediationsG)
• „Konsequenzen der neuen Gesetzeslage des MediationsförderungsG • Wiederauffrischung bisheriger Kenntnisse (Prinzipien, Methoden, Techniken; Aktualisierung des Prozessleitplans) • neue Methoden und Verfahren, neue Techniken, Konsequenzen für Kommunikation, • Feldkompetenz/Hintergrundwissen, • Methodenklarheit bei Methodenvielfalt, • Fallsupervision, • Kurz-Zeit-Mediation, • Co-Mediation"	• „Stufen, Methoden, Techniken der Mediation, Rolle des Mediators, • Rolle des Rechts, der neuen Gesetzeslage und der Formen und Konsequenzen einer Verfahrensabgabe, • andere Verfahren außergerichtlicher Konfliktbeilegung, • Indikation/ Kontra-Indikation von Mediation und anderen Verfahren außergerichtlicher Konfliktbeilegung, • Methodenklarheit bei Methodenvielfalt, • Zeitmanagement, • Fallsupervision, • besondere Praxisfragen"

Ein weiterer Anknüpfungspunkt, neben § 5 MediationsG, ist die Anlehnung an bestehende Ausbildungen zum gerichtsinternen Mediator. Anzuraten ist allerdings die Ergänzung der Lehre der aktuellen Rechtslage. Weiteres zur Ausbildung von Güterichtern in Kapitel F. VI.

VI. Haftung

Bei amtswidrigem Verhalten des Güterichters (§ 839 BGB) haftet der Staat nach Art. 34 S. 1 GG i.V.m. § 839 BGB. Da ein Güterichter keinen Rechtsstreit entscheidet, gilt für ihn nicht das Haftungsprivileg des § 839 Abs. 2 S. 1 BGB, nur bei Vorliegen einer Straftat zu haften. Der Güterichter haftet im Innenverhältnis gegenüber seinem Dienstherren nur für Vorsatz und für grobe Fahrlässigkeit (Art. 34 S. 2 GG).[154] Fälle der groben Fahrlässigkeit können zum Beispiel dann gegeben sein, wenn der Güterichter kein Mediationsverfahren im eigentlichen Sinne durchführt, sondern einen Rechtsrat erteilt und somit eine eigene Mitverantwortung für die Konfliktlösung übernimmt. In allen anderen Fällen spielt die Haftung des Güterichters kaum eine Rolle.[155] Zu beachten ist weiter das Verweisungsprivileg nach § 839 Abs. 1 S. 2

---

153 Quelle: *Fritz/Pielsticker*, Mediationsgesetz, 2013.
154 *Greger/Unberath*, MediationsG, 2013, 4. Teil Rn. 107.
155 *Dürschke*, NZS 2013, 41 ff.

BGB: Die Amtshaftung des Güterichters könnte zum Beispiel entfallen, sofern ein Rechtsanwalt ebenfalls pflichtwidrig bei einem Vergleichsabschluss gehandelt hat.[156]
    Der Güterichter hat ein Zeugnisverweigerungsrecht hinsichtlich Tatsachen, die ihm in dieser Eigenschaft anvertraut wurden, gemäß § 383 Abs. 1 Nr. 6 ZPO.[157] Sofern er in einem Strafverfahren als Zeuge bzgl. Vorgängen in der Güterichterverhandlung herangezogen würde, so würde zwar das Zeugnisverweigerungsrecht nicht greifen, es bedürfte aber der Aussagegenehmigung des Dienstvorgesetzten im Sinne des § 54 Absatz 1 StPO in Verbindung mit § 67 Absatz 3 BBG, § 37 Absatz 3 BeamtStG.[158]

---

156   *Rakete-Dombek*, NJW 2012, 1689 ff.
157   *Greger/Weber*, Sonderheft zu MDR, Heft 18, 29; *Zorn*, FamRZ 2012, 1265 f.
158   *Güterichter-Forum*, Thema Vertraulichkeit, <http://www.gueterichter-forum.de/ themen-fragen-meinungen/vertraulichkeit/> (abgerufen am 15.03.2016).

C. Die Güterichterverhandlung

In diesem Kapitel wird die Güterichterverhandlung näher beleuchtet. Eine gesetzliche Defintion des Begriffs fehlt; dennoch können aus dem Gesetz einige Regeln abgeleitet werden, die dem Begriff erste Konturen verleihen. Des Weiteren werden die Leitideen und die Prinzipien dieses Verfahrens vorgestellt und seine Teilnehmer beschrieben. Anschließend werden die fünf Stufen der Güterichterverhandlung beleuchtet und es wird die Verweisung zu einem Güterichter näher erörtert. Schließlich widmet sich dieses Kapitel den Falleignungskriterien, den verschiedenen Verfahrenselementen im Einzelnen und den Optionen, die Güterichterverhandlung abzuschließen und damit ggf. auch den Rechtsstreit zu beenden.

I. Begriff und Leitideen

Im Folgenden werden der Begriff der Güterichterverhandlung und die Leitideen dieser Konfliktbeilegungsmethode näher beschrieben.

1. Begriff

Für den Begriff der Güterichterverhandlung gibt es keine Legaldefinition. § 178 Abs. 5 ZPO spricht von der „Güteverhandlung" und „weiteren Güteversuchen". In § 54 Abs. 6 ArbGG wird von der „Güteverhandlung sowie deren Fortsetzung" gesprochen. Die Güteverhandlung kann als eine Verhandlung des Sach- und Streitstoffs - mit dem Ziel einer Einigung - angesehen werden, bevor (im Falle der Nichteinigung) die eigentliche Antragsstellung erfolgt und weiter streitig verhandelt wird. Nach § 278 Abs. 3 S. 1 ZPO kann das persönliche Erscheinen der Parteien angeordnet werden. Ziel dieses Gesprächs ist jedoch keine Streitentscheidung, sondern ein gerichtlicher Vergleich.[159]

Vom Grundsatz, vor einer mündlichen Verhandlung eine Güteverhandlung durchzuführen, darf nur abgewichen werden, wenn nach § 278 Abs. 2 ZPO ein erfolgloser früherer Einigungsversuch vorliegt oder die Güteverhandlung erkennbar aussichtslos ist. Gemäß § 278 Abs. 5 ZPO kann das Gericht die Parteien für die Güteverhandlung sowie für weitere Güteversuche vor einen hierfür bestimmten und nicht entscheidungsbefugten Richter, den sogenannten Güterichter, verweisen. In seiner Methodenwahl ist der Güterichter frei. Er ist nach § 278 Abs. 3 S. 2 ZPO befugt, alle Methoden der Konfliktbeilegung einschließlich der Mediation einzusetzen.

Die gütliche Streitbeilegung eines Falles bzw. eine gütliche Einigung der Parteien, also Rechtsfrieden zu erreichen, ist das Ziel der Güterichterverhandlung. In der Literatur und in der Praxis hat sich der Begriff „Güterichterverhandlung" als

---

159 *Baumbach/Lauterbach/Albers/Hartmann*, ZPO, 74. Auflage 2016, § 278 Rn. 1 ff.;
     Prütting in: MüKo-ZPO, 4. Auflage 2013, § 278 Rn. 1 ff.

Oberbegriff durchgesetzt.[160] In den ZPO-Kommentaren wird der Begriff „Güteverhandlung" verwendet.[161]

2. Leitideen

Leitideen für die Güterichterverhandlung sind folgende:

1. Selbstverwirklichung der Parteien,
2. Realisierung von geteilten, übergreifenden (Wert-)Vorstellungen der Parteien,
3. Güterichterverhandlung auch ohne gemeinsame normative Ausgangspunkte,
4. Beachtung der Beziehungsebene neben der Sachebene.[162]

a) 1. Leitidee: Selbstverwirklichung der Parteien

Im Vordergrund einer Güterichterverhandlung sollen die beidseitigen Interessen der Parteien stehen. Das Ziel ist es, einen Ausgleich zwischen den Interessen zu finden, der im optimalen Fall in einer Kompatibilität der Belange aller Parteien besteht. Erreicht werden soll ein gegenseitiges Verständnis der Interessen der Parteien und ein Abrücken von rechtlichen Positionen. Jede Partei soll ihren Raum bekommen, ihre eigenen Interessen offen äußern zu dürfen, ohne in eine bestimmte Richtung gedrängt zu werden.[163] Dies erfordert kooperatives Handeln[164], Respekt und Anerkennung.

Selbstverständlich gibt es nicht in jedem Konflikt die glückliche Situation, das Ziel des Interessenausgleichs zu erreichen, dennoch sollte es die Aufgabe des Güterichters sein, diesen Weg im Konfliktgespräch anzustreben.[165]

b) 2. Leitidee: Realisierung von geteilten, übergreifenden (Wert-)Vorstellungen der Parteien

Wichtig ist es, einen gemeinsamen Fokus, ein gemeinsames Ziel zu finden, das die Parteien anstreben. Eine normgeleitete Verhandlung soll jedoch eine gegenseitig nachvollziehbare und zumutbare Auslegung zum Gegenstand haben. Die Parteien bekommen einen Gestaltungsspielraum, innerhalb dessen sie interessengerechte Vereinbarungen treffen können. Die Gemeinsamkeit kann auch in einer allseits akzeptierten Norm liegen, die nun innerhalb der verschiedenen Gerechtigkeitsvorstellungen ausgelegt werden kann. Im Ergebnis besteht dann nicht nur eine normative

---

160 *Dürschke*, NZS 2013, 41 ff.
161 *Prütting* in: MüKo-ZPO, 4. Auflage 2013, § 278. Baumbach/Lauterbach/Albers/ *Hartmann*, ZPO, 74. Auflage 2016, § 278; *Foerste* in: Musielak, ZPO, 12. Auflage 2015, § 278; *Geisler* in: Prütting/Gehrlein, ZPO, 7. Auflage 2013, § 278.
162 *Schmitt*, Stufen einer Güteverhandlung, 2014, S. 45 ff.
163 *Schmitt*, Stufen einer Güteverhandlung, 2014, S. 48 f.
164 *Schmitt*, Stufen einer Güteverhandlung, 2014, S. 48.
165 *Schmitt*, Stufen einer Güteverhandlung, 2014, S. 48 f.

Bindung, sondern auch eine Ergänzung in Form von individueller Ausgestaltung, orientiert an den Interessen der Parteien.[166]

c) 3. Leitidee: Güterichterverhandlung auch ohne gemeinsame normative Ausgangspunkte

Sofern in der Praxis keine normative Grundlage vorhanden ist, die die Parteien gemeinsam als Ausgangspunkt ihrer Verhandlungen ansehen, so ist ein Güterichterverfahren trotzdem möglich. Wichtig ist lediglich, dass sich die Parteien über eine Kooperation einigen. Ziel ist das Finden einer gemeinsamen Grundlage, in deren Inhalt sich beide Parteien wiederfinden. Diese sollte sich in einer einheitlichen Verfahrensweise widerspiegeln. Da sich hier, im Unterschied zur 2. Leitidee, kein gemeinsamer normativer Ausgangspunkt findet, ist dieser zuerst einmal gemeinsam festzulegen. Er muss nicht zwingend in einer Norm gefunden werden. Es können auch andere Gründe und Interessen relevant sein. Wichtig ist, dass alle Parteien bereit sind, die gegnerische Seite anzuhören. Über Gefühle soll eine gemeinsame Ebene gefunden werden, die dann auch bindend für das weitere Gespräch ist.

d) 4. Leitidee: Beachtung der Beziehungsebene neben der Sachebene

Diese Leitidee hat zwei Grundsätze: Erstens soll die Eigenständigkeit der Parteien hervorgehoben werden und keine Unterdrückung der gegnerischen Partei stattfinden. Zweitens soll die Beziehungsebene in den Vordergrund gerückt werden.[167]

In einem Streitverfahren vor dem Prozessrichter sind in erster Linie, und häufig auch ausschließlich, die reinen Fakten wichtig. Die emotionale Seite, die Beziehung zwischen den Parteien, bleibt auf der Strecke und wird nicht ausreichend beachtet. Die wahren Kernkonflikte und deren Entstehung können aber mit der reinen Faktenuntersuchung nur in wenigen Fällen aufgedeckt werden. Generell entwickeln die Parteien in einer Güterichterverhandlung Lösungen für die Zukunft und lassen dabei teilweise die Aufarbeitung der Konfliktgeschichte außer Acht. Diese Lösungen können völlig losgelöst vom Prozessgegenstand getroffen werden. Es geht hier mehr darum, subjektive Erwartungshaltungen und Wertvorstellungen zu befriedigen.[168]

Daher soll in der Güterichterverhandlung die Priorität zeitweise auch auf die Beziehungsebene gelegt werden, um den Parteien bewusst zu machen, in welcher Art von Beziehung sie sich momentan befinden, und eine Sensibilisierung stattfinden, die einen Streit als Bereicherung in der Beziehung wahrnehmen lässt. Die Begegnung der Parteien untereinander, das Wahrnehmen der Beziehung und der Zugang zum „Gegner" sollen in der Güterichterverhandlung eine zentrale Rolle spielen. Gerade bei Konfliktfällen, die von emotionalen Verletzungen herrühren, kann auf diese Weise ein großer Fortschritt in Richtung gemeinsame, zufriedenstellende Lösung erreicht

---

166 *Schmitt*, Stufen einer Güteverhandlung, 2014, S. 49.
167 *Schmitt*, Stufen einer Güteverhandlung, 2014, S. 50.
168 *Greger*, MDR 2014, 994.

werden. Durch Empathie zur anderen Partei soll, vom Güterichter gefördert, eine gewisse Nähe aufgebaut werden. Dadurch entsteht Akzeptanz und ein respektvoller Umgang.[169] Gelingt diese Nähebeziehung, lässt sich erfahrungsgemäß auch besser über die Sachlage verhandeln, da die Parteien erkannt haben, dass nicht nur eine Position zu respektieren ist, sondern auch der Beziehungspartner angehört werden sollte.

II. Die Prinzipien des Güterichterverfahrens

Grundsätzlich hat der Güterichter sieben Leitprinzipien zu beachten:

1. Trennung von Sach- und Beziehungsebene
2. offene Kommunikation
3. Umlenken von den Positionen zu den Interessen
4. Perspektivenwechsel
5. Auffinden kreativer Lösungsoptionen
6. kooperatives Verhandeln über die interessengerechte Lösung
7. schriftliche Fixierung der erzielten Vereinbarung.[170]

In den Leitlinien für die „Mediation beim Güterichter" am Schleswig-Holsteinischen Oberlandesgericht[171] sind die Grundprinzipien für dieses Konfliktlösungsverfahren beispielhaft beschrieben:

- Zuerst wird auf die Freiwilligkeit der Teilnahme hingewiesen. Die Parteien sowie deren Verfahrensbevollmächtigte dürfen zu keiner Zeit den Eindruck haben, dass sie unter Zwang teilnehmen. Außerdem ist eine positive Erwartungshaltung vorteilhaft. Ebenso wichtig ist die informelle Atmosphäre der Verhandlungssituation. Es werden keine Roben angelegt und ein Besprechungstisch steht zur Verfügung.[172]
- Als weitere Voraussetzung für ein erfolgreiches Verfahren wird die Vertraulichkeit genannt. Neben dem Zeugnisverweigerungsrecht des Güterichters fördern die Elemente, die sich aus § 169 Abs. 1 GVG und § 159 Abs. 2 S. 2 ZPO sowie § 28 Abs. 4 S. 3 FamFG ergeben, die Vertraulichkeit: Die Güteverhandlung ist nicht öffentlich und ein Protokoll wird nur auf Wunsch beider Parteien erstellt. Für einen weitergehenden Schutz können die Parteien gesonderte Vereinbarungen treffen.

---

169   *Schmitt*, Stufen einer Güteverhandlung, 2014, S. 51.
170   *Greger*, MDR 2014, 995.
171   Oberlandesgericht Schleswig-Holstein, Leitlinien für die „Mediation beim Güterichter" am Schleswig-Holsteinischen Oberlandesgericht, Fassung Januar 2013, <https://www.schleswig-holstein.de/DE/Justiz/OLG/Oberlandesgericht/Mediation/MediationSH/leitfadenMediation.pdf?__blob=publicationFile&v=1> (abgerufen am 01.02.2016).
172   *Greger*, MDR 2014, 997.

- Des Weiteren darf der Güterichter in keinem Fall am streitigen Verfahren beteiligt sein. Der Güterichter ist niemals der entscheidungsbefugte Richter (§ 278 Abs. 5 S. 1 ZPO, § 36 Abs. 5 S. 1 FamFG).
- Das Güteverfahren bezweckt die Förderung der Kommunikation der Parteien. Im Gegensatz zum herkömmlichen Gerichtsverfahren stehen die Interessen der Beteiligten im Güteverfahren, insbesondere bei der Mediation, im Vordergrund und nicht die Rechtspositionen. Allerdings muss der Güterichter auf einen „rechtsstaatlichen und fairen Ablauf"[173] achten; auch im Ergebnis muss die Vereinbarung rechtlich tragfähig sein.
- Schließlich ist die eigenverantwortliche Lösungsfindung ein Grundsatz der Leitlinien des OLG Schleswig. Sofern Rechtsanwälte am Verfahren beteiligt sind, ist ihre Aufgabe nur die Beratung, nicht die Vertretung.[174] Die Dauer des Verfahrens wird von den Parteien und dem Güterichter gemeinsam bestimmt. Eine Beendigung des Verfahrens bleibt sanktionslos.[175]

III. Die Teilnehmer

1. Der Güterichter

Die Rolle des Güterichters ist eine solche zwischen der eines Mediators und der eines Richters. Deshalb wurde er auch schon als ein „seltsames Hybridwesen" bezeichnet.[176] Aus dem Gesetz (§ 278 Abs. 5 ZPO) geht lediglich hervor, dass der Güterichter ein „nicht entscheidungsbefugter Richter" ist. Nach einer Ansicht hat der Güterichter den „Status eines Rechtshilfe gewährenden Richters".[177] Der Begriff „ersuchter Richter" (vgl. § 362 ZPO) hat sich bis zur Beschlussempfehlung des Rechtausschusses gehalten, hat jedoch schließlich in das Gesetz keinen Eingang

---

173 Oberlandesgericht Schleswig-Holstein, Leitlinien für die „Mediation beim Güterichter" am Schleswig-Holsteinischen Oberlandesgericht, Fassung Januar 2013, <https://www.schleswig-holstein.de/DE/Justiz/OLG/Oberlandesgericht/Mediation/MediationSH/leitfadenMediation.pdf?__blob=publicationFile&v=1> (abgerufen am 01.02.2016).

174 Oberlandesgericht Schleswig-Holstein, Leitlinien für die „Mediation beim Güterichter" am Schleswig-Holsteinischen Oberlandesgericht, Fassung Januar 2013, <https://www.schleswig-holstein.de/DE/Justiz/OLG/Oberlandesgericht/Mediation/MediationSH/leitfadenMediation.pdf?__blob=publicationFile&v=1> (abgerufen am 01.02.2015).

175 *Greger*, MDR 2014, 995.

176 *Janisch*, Konsens statt Konflikt – Bundestag berät über Gesetz zur außergerichtlichen Mediation, Süddeutsche Zeitung vom 11.12.2011, abrufbar unter: http://www.onleihe.de/static/content/sz/20111215/SZ20111215/vSZ20111215.pdf (abgerufen am 15.03.2016).

177 *Trossen*, Mediation (un)geregelt, 2014, S. 775.

gefunden.[178] Somit ist zumindest nach dem Wortlaut ein Unterschied zu machen zwischen einem Güterichter und einem ersuchten bzw. beauftragten Richter (vgl. § 361 ZPO). In der Literatur wird der Diskussion keine große Bedeutung beigemessen. Allerdings muss beachtet werden, dass nur der ersuchte Richter Rechtshilfe leistet. Erhalten bleiben sollte jedenfalls die Möglichkeit, ein streitentscheidendes Mitglied des Spruchkörpers als „beauftragten" Richter mit einer Güteverhandlung zu betrauen.[179]

Letztlich kann der Güterichter als ein nicht entscheidungsbefugter, ersuchter Richter beschrieben werden, „der entweder am selben oder an einem anderen Gericht kommissarisch tätig wird, ohne Teil des Spruchkörpers zu sein"[180]. In der Literatur wird der Güterichter teilweise auch weder als ersuchter noch als beauftragter Richter angesehen, da der Gesetzgeber den Begriff absichtlich nicht in das Gesetz aufgenommen habe.[181] Wichtig ist jedoch allein die Unterscheidung des Verfahrens, das ein Güterichter betreibt, von dem Verfahren der außergerichtlichen Mediation. Im Güterichterverfahren ist die Mediation lediglich eine Methode, der Güterichter ist also kein gerichtsinterner Mediator.

Es lässt sich festhalten, dass die rechtliche Stellung des Güterichters im System zwischen Richter und Mediator noch geklärt werden muss.[182] Dafür bedarf es auch mehr Erfahrung mit dem Projekt „Güterichtermodell" in Deutschland. Dennoch wäre es sinnvoll, die Rechtsstellung des Güterichters deutlich im Gesetz zu formulieren, sodass insbesondere Klarheit besteht bei den Fragen der Grenzen der Vertraulichkeit (§ 299 ZPO: Akteneinsicht, Abschriften), der Teilnahme von Rechtsanwälten (§ 78 Abs. 3 ZPO)[183] am Verfahren sowie der Einordnung des Güterichters als ersuchter oder beauftragter Richter.

Die Machtposition, die ein Güterichter innehat, ist eine erheblich andere als bei einem Mediator. Der Güterichter kann das persönliche Erscheinen der Parteien anordnen (§ 278 Abs. 3 S. 1 ZPO). Bei Nichterscheinen einer Partei kann ein Ordnungsgeld verhängt werden (§ 141 Abs. 4 ZPO).[184] Wenn beide Parteien dem Güterichterverfahren fernbleiben, so ist gemäß § 278 Abs. 4 ZPO das Ruhen des Verfahrens anzuordnen. Diese Anordnung ist eine Besonderheit im Güterichterverfahren. Der eine oder andere Mediator wäre sicherlich dankbar über eine ähnliche Regelung in der außergerichtlichen Mediation.[185]

---

178 Der Begriff „ersuchter Richter" wurde in „nicht-entscheidungsbefugter Richter" umbenannt, auf Anraten der Ausschüsse des Bundesrates.
179 BR Drucksache 60/1/11, 9.
180 *Trossen*, Mediation (un)geregelt, 2014, S. 778.
181 *Dürschke*, NZS 2013, 41 ff. Anders *Ahrens* (NJW 2012, 2465); sie sieht einen rechtspolitischen Kompromiss in der funktionalen Zwischenstellung des Güterichters.
182 *Ahrens*, NJW 2012, 2465.
183 *Trossen*, Mediation (un)geregelt, 2014, S. 779.
184 *Prütting* in: MüKo-ZPO, 4. Auflage 2013, § 278 Rn. 23; *Foerste* in: Musielak, ZPO, 12. Auflage 2015, § 278 Rn. 8.
185 *Trossen*, Mediation (un)geregelt, 2014, S. 788.

Zudem beschreibt *Trossen* als Problem der Methodenhoheit des Güterichterverfahren, dass Anwälte und Mandanten nicht einschätzen könnten, auf was sie sich beim Güterichterverfahren methodisch einließen, und so abgeschreckt werden könnten.[186] Hier wäre eine Vorstellung der geeigneten Methoden durch den Güterichter empfehlenswert und eine nähere Aufklärung dessen sinnvoll und wichtig.

2. Die Parteien

Die Parteien, die vom Güterichter geladen werden, müssen persönlich erscheinen.[187] Im Vergleich zur Mediation, in der die Parteien „Stakeholder" (Personen, die ein eigenes Interesse am Ausgang eines Prozesses oder Projektes haben) sind, sind die Parteien im Güterichterverfahren die Parteien aus dem Gerichtsverfahren, es gilt also ein (engerer) prozessualer Parteienbegriff. Sollte es der Wunsch aller Parteien sein, weitere Personen in das Verfahren einzuladen, obwohl diese nicht unmittelbare Prozessparteien sind, so steht ihnen das frei. Allerdings geht die Hinzuziehung dieses Personenkreises nur mit ausdrücklicher Zustimmung aller beteiligten Parteien.[188]

3. Die Anwälte

Laut Regierungsentwurf sind Rechtsanwälte nicht zwingend zu beteiligen. Auch aus § 78 Abs. 3 ZPO geht hervor, dass bei einem Verfahren vor einem ersuchten Richter kein Anwaltszwang besteht. Sofern man im Güterichter keinen ersuchten Richter sieht, ist diese Vorschrift analog anzuwenden.[189] Zum Teil anders sieht das *Spangenberg* (Richter und Mediator). Er ist der Meinung, dass zumindest in Familiensachen gemäß § 114 FamFG Anwaltszwang herrsche, egal, ob das Verfahren von einem Prozessrichter oder von einem Güterichter geführt werde.[190]

Aus Informationsbroschüren und Internetauftritten von Gerichten könnte man den Schluss ziehen, dass Anwälte in der Güteverhandlung mehr als willkommen, wenn nicht sogar erforderlich sind.[191] Diese Haltung ist begrüßenswert im Hinblick

---

186 *Trossen*, Mediation (un)geregelt, 2014, S. 781.
187 *Prütting* in: MüKo-ZPO, 4. Auflage 2013, § 278 Rn. 23; *Foerste* in: Musielak, ZPO, 12. Auflage 2015, § 278 Rn. 5; *Hinrichs* in: Hinrichs, Praxishandbuch Mediationsgesetz, 2014, S. 74.
188 *Trossen*, Mediation (un)geregelt, 2014, S. 788.
189 *Trossen*, Mediation (un)geregelt, 2014, S. 787.
190 *Spangenberg*, ZKM 2013, 162.
191 Beispielhaft: LAG Baden-Württemberg: „… die Hinzuziehung eines Rechtsanwalts oder anderen Prozessbevollmächtigten (Verbandsvertreter) sinnvoll", siehe das dortige Infoblatt „Das Güterichterverfahren", <http://www.lag-ba­den-wuerttemberg.de/pb/site/jum/get/documents/jum1/JuM/import/landes­arbeitsgericht%20baden-w%C3%BCrttemberg/G%C3%BCterichterverfahren/Infoblatt.pdf> (abgerufen am 13.02.2016); ebenso Bayerisches Staatsministerium der Justiz (verweist auf gueterichterforum.de): „… in der Regel aber sachdienlich"; ebenso Thüringer Ministerium für Migration, Justiz und Verbraucherschutz: „Die

auf die rechtliche Beratung, die bei hochstrittigen Fällen nötig ist, sofern das Rechtsempfinden der Parteien für eine eigene Beurteilung nicht ausreicht. Sofern es jedoch in erster Linie um ein „Gerechtigkeitsempfinden" geht und nicht nur um die „Klärung der Fakten und der Sachlage", so empfiehlt es sich, zumindest die Erstgespräche ohne Anwälte durchzuführen, um den Parteien die Möglichkeit zu geben, sich offen und ohne Beisein von Rechtsbeiständen über ihre Interessen auszutauschen. Das Beisein von gegnerischen Anwälten kann auch hinderlich sein für die Offenlegung von allen verfahrensimmanenten Informationen, die die Partei eventuell in einem späteren Verfahren belasten könnten.

Es hat also den Anschein, dass die Anwesenheit von Rechtsanwälten im Güterichterverfahren in der Praxis zwar als etwas Selbstverständliches angesehen wird, dies aber nicht übergreifend normativ geregelt ist. Daher sollten fallspezifisch die Umstände abgewogen werden und je nach Bedürfnis und Wunsch der Parteien deren Anwälte hinzugezogen werden oder eben nicht.

Ein wichtiger Grundsatz ist allerdings immer zu beachten: Waffengleichheit. Entscheidet sich eine Partei dafür, einen Anwalt hinzuzuziehen, so ist es unabdingbar, dass die Gegenpartei ebenfalls einen Anwalt konsultiert. Sonst ist eine Güteverhandlung aufgrund der nicht ausgewogenen Informiertheit beider Seiten abzulehnen. Eine Ausnahme bilden hier gerichtserfahrene Parteien.[192]

Dass die Hinzuziehung eines Anwalts, vor allem wenn es seine erste Güterichterverhandlung ist, nicht immer einfach ist, bestätigt *Brigit Benesch*, Güterichterin an einem Amtsgericht. Gerade der Part des Zuhörers müsse erst gelernt werden, auch wenn der eigene Mandant etwas prozesstaktisch-Unkluges sage. Das Ergebnis der Güterichterverhandlung könne auch fernab der ehemals juristisch geplanten Lösung liegen. Dies sollten Anwälte aber im Interesse ihrer Mandanten so akzeptieren.[193]

IV. Die fünf Stufen einer Güteverhandlung

Eine Güteverhandlung kann auf verschiedene Weisen durchgeführt werden. Eine beispielhafte Aufteilung ist diejenige in fünf Stufen nach *Schmitt*[194] (die sich im Wesentlichen an einem Mediationsverfahren orientiert):

Rechtsanwälte nehmen beratend, nicht vertretend an dem Verfahren teil", <http://www.thueringen.de/th4/tmmjv/ll/konsensualekonfliktloesung/gueterichter/> (abgerufen am 13.02.2016); LAG Hessen: „besonders wichtig ist aber ihre rechtsberatende Aufgabe …": <file:///C:/Users/user/Downloads/Info_Internet_G%C3%BCter­richter_HessLAG.pdf> (abgerufen am 13.02.2016).

192 *Hinrichs* in: Hinrichs, Praxishandbuch Mediationsgesetz, 2014, S. 73.
193 *Benesch*, NFZ 2015, 810.
194 *Schmitt*, Stufen einer Güteverhandlung, 2014, S. 109 f.

1. Vorbereitung (1. Stufe)

Um ein erstes Verständnis für den Fall und die Parteien zu bekommen, eignet sich eine Hypothesenbildung. Durch Fragen, die sich der Güterichter ausdenkt, spielt er mögliche Positionen und Standpunkte sowie die dahinterliegenden Interessen und Bedürfnisse durch und bereitet sich so auf den Fall vor. Die Annahmen, die sich aus diesen Überlegungen und Hypothesen ergeben, sind natürlich nicht wahrheitsgetreu, daher müssen sie in dem Güterichterverfahren entweder verifiziert oder geändert werden. Die Hypothesenbildung hat lediglich zum Ziel, Zusammenhänge verstehen zu können.[195] Vorsicht ist jedoch geboten: Der Güterichter darf nicht voreingenommen in das Verfahren starten.

Ebenfalls wichtig sind Gedanken und eine Planung bezüglich des Settings. Gerade das Standing einer Person, also welche Rolle und welchen Status sie einnimmt, ist wichtig und bei der Wahl der Sitzordnung zu überdenken. Elementar ist auch die Positionierung der Rechtsbeistände der Parteien. Anzuraten ist, dass die Anwälte nicht im Mittelpunkt stehen, daher besser hinter oder zumindest neben Ihren Mandanten sitzen. Dem Güterichter muss der Kontakt zu den Parteien gut möglich sein. Abzuklären sind die Anzahl der Parteien bzw. der involvierten Personen und das Eskalationsniveau. Gerade bei hocheskalierten Konflikten ist es förderlich, die Parteien nicht einander gegenüber zu setzen, da anfangs eine direkte Kommunikation vermieden werden sollte. Letztlich ist empfehlenswert darauf zu achten, dass der Güterichter gleichen Abstand zu den Parteien wahrt, um nicht als parteilich angesehen zu werden.[196]

2. Implementierung einer gütlichen Verhandlung (2. Stufe)

Der Güterichter hat die Funktion des Verhandlungsführers einzunehmen und das Gespräch zu lenken. Ihm steht es zu, die Gesprächszeiten zu vergeben und gegebenenfalls auf die Möglichkeit des Verzichts auf direkte Kommunikation zwischen den Parteien hinzuweisen, sofern eine solche der Konfliktlösung nicht zugutekommt. Er etabliert die sog. triadische Kommunikationsstruktur[197], mit der er die Kommunikation über sich als neutralen „Dritten" laufen lässt und so auch Emotionen Raum gibt, ohne dass diese zu eskalieren drohen. Ein gutes Mittel, um Emotionen freien Lauf zu geben, aber trotzdem die Kontrolle darüber zu bewahren, ist die Methode des aktiven Zuhörens.

Das Ziel dieser Phase ist die Eröffnung eines Gesprächs, das geordnet verlaufen soll und eine bestimmte Struktur einhält. Dies ist mithilfe von Verfahrensregeln möglich, auf die der Güterichter hinweisen kann. Selbstverständlich kann dieses Gespräch nur funktionieren, sofern die Parteien freiwillig daran teilnehmen und den Willen zur Einigung haben. Der Güterichter klärt die Parteien über die kooperativen

---

195   *Schmitt*, Stufen einer Güteverhandlung, 2014, S. 109 f.
196   *Schmitt*, Stufen einer Güteverhandlung, 2014, S. 110 ff.
197   *Schmitt*, Stufen einer Güteverhandlung, 2014, S. 115.

Verhandlungsmethoden auf und einigt sich mit ihnen über eine Methode, die im Güterichterverfahren angestrebt werden soll. Gerne wird hier der Ansatz der Mediation gewählt. Diese Phase ist sehr wertvoll für die Vertrauensbildung. Gerade der Richter muss sich klar abgrenzen von seinem Quellberuf und den Parteien darlegen, welche Rolle und Position er im Güterichterverfahren einnimmt.[198]

3. Themensammlung und Interessenerforschung (3. Stufe)

Jede Partei hat in dieser Phase die Möglichkeit, das Erlebte zu erzählen. Der Güterichter paraphrasiert zu gegebenem Zeitpunkt und schenkt den Parteien Wertschätzung. Wichtig ist die Prüfung des Gesagten des Güterichters durch die Parteien, ob er es richtig verstanden und wiedergegeben hat. Die Methode des aktiven Zuhörens hat den Zweck, Missverständnisse zu umgehen und gegebenenfalls auszuräumen. Teilweise hat der Güterichter in dieser Phase die Aufgabe, zu deeskalieren und Redezeiten angemessen anzupassen. Ebenso kann eine Entschleunigung hilfreich sein. Je nach Situation kann auch eine Pause im Sinne von einem zweiten Termin helfen, um die emotionsgeladenen Parteien wieder in eine kooperative Stimmung zu bringen, oder es wird ein Perspektivenwechsel vom Güterichter vorgeschlagen, der den Parteien die Situation und das Gefühlsleben der Gegenpartei verdeutlichen soll. Ein weiteres Hilfsmittel in dieser Phase ist das Einzelgespräch, das der Güterichter mit jeder Partei führen kann, sofern es die Situation erfordert. Jedoch benötigt er hierfür die Zustimmung aller Parteien; auch muss er darauf achten, seine Allparteilichkeit nicht zu verlieren. Das Ziel dieser Phase sind die Feststellung der Interessen der verschiedenen Parteien und das Finden von gemeinsamen Themen, die in der Güterichterverhandlung besprochen werden sollen. Hier ist insbesondere Empathie gefragt.[199]

4. Lösungsoptionen sammeln, verhandeln und vereinbaren (4. Stufe)

Eine kreative Lösungssuche kommt einer späteren Einigung entgegen, da so ein gewisser Einigungsspielraum besteht, in dem sich die Parteien bewegen können. Aus den in der dritten Phase gefundenen Interessen können nun Lösungen gesucht werden. In dieser Phase ist eine gute Visualisierung durch den Güterichter hilfreich. Auch eine Fokussierung auf die positiven Eigenschaften von Konfliktparteien ist förderlich, um eine gemeinsame nachhaltige Lösung für die Zukunft zu erreichen. Diese Verschiebung weg von den Verletzungen aus der Vergangenheit hin zu den positiven Lösungsvorschlägen für die Zukunft verbessert das Klima. Der Güterichter hat sehr genau darauf zu achten, dass die Parteien sich ernst genommen fühlen und sich in einem geschützten Rahmen bewegen können. Nur so werden sie ihre Lösungsideen auch vortragen können. Der Güterichter sollte sich weitestgehend

---

198   *Schmitt*, Stufen einer Güteverhandlung, S. 115 ff.; *Geisler* in: Prütting/Gehrlein, ZPO, 7. Auflage 2015, § 278 Rn. 6a.

199   *Schmitt*, Stufen einer Güteverhandlung, 2014, S. 129 ff.

aus der inhaltlichen Ebene herausnehmen und nur den Prozess strukturieren. Sobald die Parteien Lösungsoptionen gesammelt haben, beginnt das Verhandeln dieser Vorschläge mit dem Ziel einer Einigung.[200]

5. Formulierung einer einvernehmlich gefundenen Regelung (5. Stufe)

Um bei der Formulierung des Prozessvergleichs die Lösung auch nachhaltig wirken zu lassen, ist es sinnvoll das sog. SMART-Modell anzuwenden (siehe Abb. 6 auf S. 120): Laut diesem Modell sollte die Lösung spezifisch, messbar, attraktiv, realisierbar und terminiert sein.[201] Der Güterichter formuliert gemeinsam mit den Parteien die gewünschte Lösung und protokolliert diese. Damit ist der Auftrag des Güterichters erledigt. Das Ende einer erfolgreichen Güterichterverhandlung ist ein Prozessvergleich. Sofern es im Verfahren zu keiner Lösung kommt, so gibt der Güterichter den Fall wieder an den Streitrichter ab.[202]

V. Die Verweisung zum Güterichter und die Auswahl des Güterichters

1. Geschäftsverteilung

Die Zuständigkeiten der Güterichter sind in einem Geschäftsverteilungsplan der Gerichte zu regeln (§ 21e Abs. 1 S. 1 GVG).[203] Die Güterichter können nicht nur innerhalb des eigenen Gerichts tätig werden, sondern auch an anderen Gerichten.[204] Wichtig ist nur, dass der Richter in seiner Rolle als Güterichter auftritt.[205] Aufgrund des Rollenkonflikts darf ein Güterichter nicht dem erkennenden Gericht angehören. Die Parteien können den Güterichter im Gegensatz zum Mediator nicht frei nach Belieben wählen. Die Parteien eines Rechtsstreits vor Gericht können gemäß § 278 Abs. 5 ZPO zu einem Güterichter verwiesen werden.[206] Sobald der Beschluss zur Verweisung gefasst wurde, werden die Verfahrensakten mit Ersuchungsschreiben an die Güterichtergeschäftsstelle übergeben. In diesem Ersuchungsschreiben und im Beschluss ist noch kein Name eines Güterichters eingetragen.[207] Aufgrund der Besonderheit der Stellung und Verwaltung der Güterichter wird an den Gerichten

---

200 *Schmitt*, Stufen einer Güteverhandlung, 2014, S. 151 ff.
201 *Schmitt*, Stufen einer Güteverhandlung, 2014, S. 179.
202 *Geisler* in: Prütting/Gehrlein, ZPO, 7. Auflage 2015, § 278 Rn. 11 ff.; Baumbach/ Lauterbach/Albers/*Hartmann*, ZPO, 74. Auflage 2016, § 278 Rn. 54 ff.; *Foerste* in: Musielak, ZPO, 12. Auflage 2015, § 278 Rn. 16 ff.
203 *Fritz/Pielsticker*, Mediationsgesetz, 2013, § 278 ZPO Rn. 83 ff.
204 BT Drucks. 17/8058, S. 21; *Ahrens*, NJW 2012, 2465 f.
205 BT Drucks. 17/8058, S. 21.
206 *Hinrichs* in: Hinrichs, Praxishandbuch Mediationsgesetz, 2014, S. 71 f.
207 *Greger/Unberath*, MediationsG, 2013, Teil 4 Rn 121.

eine einheitliche Geschäftsstellenzuständigkeit begründet, die sich mit speziellen Themen wie „Schriftverkehr, Organisation der Sitzungen, Verwaltung der Akten und Statistiken" beschäftigt. Besonderes Augenmerk ist darauf zu legen, dass die Schriftstücke aus den Güterichtersitzungen nicht in die normale Streitverfahrensakte aufgenommen werden, sondern ganz nach dem Vertrauensgrundsatz behandelt werden. Wichtig sind spezifische Hilfsmittel, wie Merkblätter oder Rundschreiben die angefertigt und bereitgestellt werden.[208]

2. Rechtshängigkeit

Eine weitere Unterscheidung gibt es bezüglich der Rechtshängigkeit des Verfahrens. Während ein Mediationsverfahren jederzeit begonnen werden kann, egal, ob bereits ein rechtshängiges Verfahren existiert oder nicht, kann ein Güterichterverfahren nur nach Klageerhebung durchgeführt werden.[209]

3. Koordinatoren

Bei der Auswahl der Güterichter behilflich sind teilweise sog. Koordinatoren. Verfolgt wird dadurch das Ziel, eine gleichmäßige Auslastung der Güterichter, aber dennoch eine Auswahl nach Spezialkenntnissen zu ermöglichen. Auch Parteiwünsche sollen im Einzelfall bei der Auswahl beachtet werden. Mit einer Vorauswahl durch die Koordinatoren sollen die Richter beraten werden. Des Weiteren ist es die Aufgabe der Koordinatoren, einen Kontakt zu den Parteien herzustellen, sie über das Güterichterverfahren zu informieren und, im besten Fall, dafür zu gewinnen.[210]

4. Freiwilligkeit

Der Güterichter wird entweder durch *Verweisung* des Spruchkörpers[211] ersucht, eine Güterichterverhandlung durchzuführen, der Spruchkörper gibt ihm direkt die Akten und bittet ihn um *Einholung der Zustimmung* der Parteien. Das ungeschriebene Tatbestandsmerkmal der Freiwilligkeit der Parteien ist entscheidend für die Verweisungspraxis der Richter. Nur wenn alle Parteien einverstanden sind, kann ein Güterichterverfahren durchgeführt werden.[212] Dies wird in der Rechtssprechung damit begründet, dass die Beteiligten gemeinsam an einer interessenorientierten Lösung arbeiten sollen und dies nur möglich erscheint, wenn Teilnahme am

---

208   *Greger/Unberath*, MediationsG, 2013, Teil 4 Rn 121 ff.
209   *Baumbach/Lauterbach/Albers/Hartmann*, ZPO, 74. Auflage 2016, § 278 Rn. 35; *Geisler* in: Prütting/Gehrlein, ZPO, 7. Auflage 2015, § 278 Rn. 1 ff.
210   *Hinrichs* in: Hinrichs, Praxishandbuch Mediationsgesetz, 2014, S. 72.
211   LSG Hessen und OVG Sachsen, ZKM 2014, 134 f.
212   *Geisler* in: Prütting/Gehrlein, ZPO, 7. Auflage 2015, § 278 Rn. 6b; *Klamt/Moltmann-Willisch*, ZKM 2013, 112 ff.; a.A. *Foerste* in: Musielak, ZPO, 12. Auflage 2015, § 278 Rn. 14 : " (...) sofern aussichtsreich, kann sie sogar gegen den Willen der Parteien erfolgen."

Güterichterverfahren freiwillig geschieht.[213] Letztlich ist eine Falleignung nicht konkret fassbar, daher ist es immer noch an den Parteien selbst, zu entscheiden, ob sie ihren Fall mithilfe einer solchen Methode zu lösen versuchen möchten oder nicht.[214]

5. Verweis als Ermessensentscheidung

Ob ein Gericht an einen Güterichter verweist oder nicht, liegt in seinem Ermessen. Grundsätzlich kann gesagt werden, dass eine Verweisung dann sinnvoll ist, wenn ausreichend Aussicht auf eine gütliche Einigung im Konfliktfall besteht und alle Parteien einverstanden sind, diesen Weg zu bestreiten. Nach § 349 Abs. 1 und Abs. 2 Nr. 1 ZPO zum Beispiel entscheidet der Vorsitzende der Kammer für Handelssachen ohne Hinzuziehung des Handelsrichters.[215] Das Gericht kann auch an den Güterichter verweisen, sofern bereits ein erfolgloser Schlichtungsversuch unternommen wurde.

Es wird allerdings keine Verweisung erfolgen, wenn eine Einigung im Güterichterverfahren aussichtslos erscheint.[216]

6. Methodenwahl

Empfehlenswert ist die Vorgehensweise, dass der Streitrichter die Parteien vorerst über alle Möglichkeiten der Konfliktlösung informiert, insbesondere über die einzelnen Methoden, die ein Güterichter anwenden kann, um einen Streit beizulegen. Sind die Parteien mit dem alternativen Streitbeilegungsversuch einverstanden, so verweist der Streitrichter an den Güterichter, der mit den Parteien die genaue Methodenwahl und das weitere Vorgehen im speziellen Fall bespricht.

Die Parteien können auch selbst ein Güterichterverfahren anregen. Sollte gegenseitiges Einverständnis für dieses Verfahren vorliegen, wird keine Verweisung des Streitrichters mehr benötigt. Es gibt jedoch auch Konstellationen, bei denen eine Verweisung ausscheidet. Ein Grund dafür kann beispielsweise der Inhalt der Klageschrift sein, insbesondere Ausführungen darin gemäß § 253 Abs. 3 Nr. 1 ZPO dazu, ob der Klageerhebung der Versuch einer Mediation oder eines anderen Verfahrens der außergerichtlichen Konfliktbeilegung vorausgegangen ist und ob einem solchen Verfahren Gründe entgegenstehen. Im Gegensatz zu den Fällen des § 278a Abs. 1 ZPO (z.B. bei einer Mediation auf Vorschlag des Gerichts) führt die Verweisung gemäß § 278 Abs. 2 ZPO an einen Güterichter zum Zwecke der Güteverhandlung nicht zum Ruhen des Verfahrens.[217] Es ist allerdings ein Antrag der Parteien nach § 251 ZPO auf Ruhebeschluss möglich.[218]

---

213   OVG Lüneburg, 09.01.2015, Az. 10 OB 109/14.
214   *Götz von Olenhusen*, Mediation beim Güterichter – Gedanken zur Erweiterung des richterlichen Methodenspektrums, in: FS Stilz, 2014, S. 174.
215   *Bacher*, in: BeckOK ZPO, 19. Edition 01.12.2015, § 278 Rn.; BT Drucks. 17/8058, S. 21.
216   *Prütting* in: MüKo-ZPO, 4. Auflage 2013, § 278 Rn. 18.
217   *Ahrens*, NJW 2012, 2465.
218   *Fritz/Pielsticker*, Mediationsgesetz, 2013, § 278 Rn. 85 ZPO.

VI. Die Falleignungskriterien

Das Landesarbeitsgericht Baden-Württemberg hält einen Fall für ein Güterichterverfahren für geeignet, wenn es sich um eine Dauerrechtsbeziehung handelt bzw. der
Wunsch einer Aufrechterhaltung der Beziehung, sowohl aus persönlichen wie auch
aus wirtschaftlichen Gründen, vorliegt und eine nachhaltige Lösung erzielt werden
soll. Ebenso hält es Konflikte für geeignet, wenn sich diese aufgrund von Kommu-
nikationsstörungen ergeben haben und zu erwarten ist, dass durch eine Lösung im
Güterichterverfahren zukünftige Konflikte vermieden werden können. Außerdem
ist ein Güterichterverfahren anzuraten, wenn Parteien „Wiederholungstäter" sind
oder werden könnten. Gerade in diesem Fall ist eine Aussprache nötig, um künftige
Konflikte zu vermeiden.[219] In dieser Konstellation können die tiefgründigen Kern-
probleme aufgedeckt werden.

Die Tatsache, dass die Parteien in einer Beziehung oder einem Arbeitsverhältnis
zueinander stehen, in einer sog. Dauerrechtsbeziehungen, ist zwar vielversprechend
für die Eignung eines solchen Konfliktlösungsverfahrens, jedoch kann ein Güterichterverfahren auch bei Einmalverbindungen sinnvoll sein.[220] Vor allem wenn
der Streit um die Rechtspositionen offensichtlich an den wirklich wichtigen Interessen der Parteien vorbeigeht und Lösungen angedacht werden können, die ein
herkömmlicher Richterspruch nicht erreichen würde, ist ein Güterichterverfahren
empfehlenswert, um die Lösung nachhaltig zu gestalten.[221]

Greger empfiehlt ein Güterichterverfahren immer dann, wenn Vergleichsge-
spräche beim Prozessrichter aus prozesspsychologischen oder prozesstaktischen
Gründen Gefahr laufen, nicht mit der benötigten Offenheit geführt zu werden, oder
wenn eine erhebliche Störung in der Beziehung der Parteien vorliegt, sodass eine
geschulte Person mit Mediationskenntnissen sowie Kommunikationsgeschick besser
auf diese einwirken kann als ein Prozessrichter, der auch zeitlich an einen bestimmten Rahmen gebunden ist. Des Weiteren empfiehlt sich ein Güterichterverfahren,
sofern der Konflikt so tiefgehend ist, dass eine große Wahrscheinlichkeit besteht,
weitere Konflikte aufzuarbeiten bzw. zu vermeiden, die im Prozessverfahren sonst
nicht berücksichtigt werden könnten, oder wenn durch eine eigenverantwortliche
Lösungsfindung der Parteien der Rechtsfrieden nachhaltiger in Aussicht gestellt wird
als durch eine pure juristische Aufarbeitung des Falles. Ebenso eignen sich Fälle, die
sich im herkömmlichen Gerichtsprozess unverhältnismäßig lange und eventuell auch
vergeblich am streitigen Sachverhalt aufhalten würden, oder wenn eine Vielzahl an
Konflikten gegeben ist, die durch weiteres Schwelen oder Verdrängen wieder zu

---

219   LAG Baden-Württemberg, Das Güterichterverfahren, 02.01.2014, <http://www.
        lag-baden-wuerttemberg.de/pb/site/jum/get/documents/jum1/JuM/import/lan-
        desarbeitsgericht%20baden-w%C3%BCrttemberg/G%C3%BCterichterverfahren/
        Infoblatt.pdf> (abgerufen am 13.04.2015).
220   *Götz von Olenhusen*, Mediation beim Güterichter – Gedanken zur Erweiterung des
        richterlichen Methodenspektrums, 2014, S. 174.
221   *Benesch*, NFZ 2015, 809.

Klagen erwachsen könnten. Oftmals sind weitere Parteien hinzuzuziehen. Empfehlenswert ist eine Güterichterverhandlung auch dann, wenn der Rechtsstreit schon sehr lange dauert und eine große Last für die Parteien darstellt.[222]
Ungeeignet ist ein Güterichterverfahren hingegen, sofern psychische Erkrankungen oder Suchtverhalten gegeben sind. Die Parteien können dann unter Umständen nicht klar entscheiden. Ebenso sind eingeschränkte Einsichts-, Wahrnehmungs- oder Artikulationsfähigkeiten nicht außer Acht zu lassen. Auch ein enormes Verhandlungsungleichgewicht, zum Beispiel aufgrund psychischer Belastungen oder Unterdrückung, ist nicht geeignet für eine konsensuale Konfliktregelung.[223] Es besteht aber die Möglichkeit, dass diese Probleme von einem Psychologen oder Therapeuten vorab so weit ausgeräumt werden, dass ein Güterichterverfahren wieder möglich wird.
Nicht zu empfehlen ist ein Güterichterverfahren laut Landesarbeitsgericht Baden-Württemberg, wenn eine zu lange Verfahrensdauer zu erwarten ist. In diesem Fall sollte eher an eine außergerichtliche Mediation verwiesen werden, da sich die Güterrichterverhandlung in der Regel auf einen kürzeren Verfahrensverlauf konzentriert. Wenn sich der Konflikt um eine konkrete Rechtsfrage dreht, ist ebenfalls von einem Güterichterverfahren abzusehen, da ein gerechter Weg über eine Richterentscheidung getroffen werden kann.[224]
Indikatoren stellen sich zumeist aus den Schriftstücken heraus, die der Prozessrichter vorab bekommt, sowie aus den Angaben in der Klageschrift, die gemäß § 253 Abs. 3 Nr. 1 ZPO auch Angaben zu den vorgerichtlichen Einigungsversuchen enthalten soll. Auch Vorgespräche mit den Prozessbevollmächtigten oder das Ergebnis der Beweisaufnahme können hilfreich sein, um sich für einen Güterichtereinsatz zu entscheiden.[225]
Das Ergebnis einer Güterichterverhandlung kann ebenfalls in einer Empfehlung zur außergerichtlichen Mediation liegen. Gerade bei familienrechtlichen Streitigkeiten gibt es Fälle, bei denen ein Psychologe als Mediator sinnvoller ist als ein Jurist.[226] Insbesondere bei sehr komplex gelagerten Konfliktfällen in Verbindung mit knapp bemessener Zeit vor Gericht ist ein außergerichtliches Mediationsverfahren vorteilhafter als ein Güterichterverfahren.
Im Allgemeinen wird bei der Wahl zwischen Güterichterverfahren und außergerichtlicher Mediation auf zwei Aspekte geachtet: Sofern, erstens, Fristen bestehen, die in Kürze ablaufen könnten, ist es möglich, diese über ein Güterichterverfahren gemäß § 204 Abs. 1 Nr. 4 BGB zu hemmen. Zweitens sollte abgewogen werden, ob der Fall rechtsnahe oder rechtsferne (d.h. insbesondere Konfliktthemen

222 *Greger*, MDR 2014, 994.
223 *Benesch*, NFZ 2015, 809.
224 LAG Baden-Württemberg, Das Güterichterverfahren, 02.01.2014, <http://www.
     lag-baden-wuerttemberg.de/pb/site/jum/get/documents/jum1/JuM/import/landesarbeitsgericht%20baden-w%C3%BCrttemberg/G%C3%BCterichterverfahren/
     Infoblatt.pdf> (abgerufen am 13.04.2015).
225 *Greger*, MDR 2014, 995.
226 *Klamt/Moltmann-Willisch*, ZKM 2015, 7 ff.

die außerhalb von Rechtsnormen zu klären sind, meist emotionaler, moralischer oder wertegetreue Themen) Streitigkeiten aufweist. Rechtsferne Konflikte werden vornehmlich mit der außergerichtlichen Mediation gelöst, da hier zum einen mehr Zeit gegeben ist, zum anderen spart man sich die Formalitäten der Gütestelle.[227]

In einer Studie von *Reinhard Greger*, die sich umfassend mit dem Güterichtermodell beschäftigt, wurde von Teilnehmern eines Güterichterverfahrens teilweise bemängelt, dass Güterichter die Grundsätze der Mediation nicht ausreichend beachtet hätten und zu stark auf einen Vergleich gedrängt hätten.[228] Die Schlussfolgerung aus diesen Aussagen könnte folgende sein: Wenn Medianten die reine Mediation als Grundlage für ihre Konfliktlösung wählen, so ist eine außergerichtliche Mediation sinnvoller, da im Güterichtermodell aufgrund von relativ starren Zeiten die Mediation teilweise nicht in gleichem Umfang betrieben werden kann. Generell ist es für den Güterichter äußerst wichtig, darauf zu achten, das Verfahren nicht mit einer Vergleichsverhandlung gleichzusetzen und den Parteien dieses Gefühl zu vermitteln.

Das Güterichtermodell ist grundsätzlich für alle Rechtsbereiche geeignet, außer dem Strafrecht. Bekannt geworden ist es für die erfolgreiche Konfliktlösung im Familienbereich und im Arbeitsrecht.

VII. Die verschiedenen Verfahrenselemente im Einzelnen

1. Die Methoden im Einzelnen

Der Güterichter besitzt gemäß § 278 Abs. 5 ZPO bzw. § 36 Abs. 5 FamFG die Freiheit, alle Methoden der Konfliktbeilegung einschließlich der Mediation einzusetzen.

a) Gebräuchliche Konfliktlösungsverfahren

Konfliktlösungsverfahren, die neben der Mediation in Deutschland gebräuchlich sind, sind das Schiedsverfahren, die Schlichtung, das Schiedsgutachten und das Gerichtsverfahren.[229]

Zudem werden Methoden oder Tools in der Literatur genannt wie „Moderation von Vergleichsverhandlungen"[230] oder Konfliktlösungsmechanismen wie

---

227   So z.B. auch Kanzlei Bossert, Güteverfahren oder Mediationsverfahren, <http://www.kanzlei-bossert.de/gütestelle/güteverfahren-oder-mediationsverfahren/> (abgerufen am 15.01.2016).

228   *Greger*, Abschlussbericht zur Evaluation des Modellversuchs Güterichter, 2007, 55, <http://www.reinhard-greger.de/dateien/gueterichter-abschlussbericht.pdf> (abgerufen am 15.01.2015).

229   *Fritz/Schröder*, NJW 2014, 1910 f.; *Hagel*, ZKM 2014, 108, 111; *Wendenburg*, ZKM 2013, 19.- (Näheres in Kapitel E.)

230   *Greger*, Differenzierte Konfliktbehandlung, <http://www.gueterichter-forum.de/gueterichter-konzept/differenzierte-konfliktbehandlung/> (abgerufen am 01.08.2015).

„Verteilungsverfahren"[231], „Russian Roulette"[232] und eine „Leistungsbestimmung"[233].
Aufgrund der Determinierung des Inhalts der Einigung können Letztgenannte nur
das Ergebnis eines Konfliktbeilegungsverfahrens sein.[234]
Welches Verfahren kann der Güterichter nun anwenden? Ein *Gerichtsverfahren*
im herkömmlichen Sinne ist nicht eröffnet, da der Streitrichter ein solches mit dem
Verweis an einen Güterichter gerade (zunächst) vermeiden will. Und da es sich
bei einem *schiedsrichterlichen Verfahren* gemäß § 1025 ff. ZPO um eine Entschei-
dungsinstanz handelt, die an die Stelle der staatlichen Gerichtsbarkeit tritt, kann
der Güterichter auch nicht als Schiedsrichter gemäß § 1025 ZPO ernannt werden.[235]
Das *Schlichtungsverfahren* setzt voraus, dass der Schlichter eine rechtliche Bewertung im Sinne von Lösungsvorschlägen unterbreiten kann. Ob die rechtliche
Bewertung eines Güterichters angebracht ist oder strikt verboten werden sollte, wird
in der Literatur konträr diskutiert. Zum einen gibt es die Meinung, die von *Klamt*
und *Mollmann-Willisch* vertreten wird, dass eine rechtliche Bewertung des Konflikts
und Lösungsvorschläge nicht mit der gerichtlichen Praxis vereinbar sind. Begründet
wird dies mit dem Hinweis, dass der Güterichter sich dadurch auszeichnen soll,
dass er eben gerade ein anderes Verfahren als der Spruchrichter anbietet und somit
keine Konkurrenz darstellt.[236] Die rechtliche Bewertung eines Güterichters sowie ein
Lösungsvorschlag könnten für einen späteren Spruchrichter im gleichen Verfahren
eine Bürde darstellen, sofern dieser anderer Meinung ist. Diese Grundlagen machen
das Mediationsverfahren für den Güterichter sehr attraktiv. Nur wenn den Parteien
klar ist, wie eine Güteverhandlung ablaufen wird und die Eigenverantwortlichkeit bei
der Lösungsfindung deutlich ist, wird auch dem Mysterium „unknown Güterichter"[237]
oder „seltsames Hybridwesen"[238] vorgebeugt.
Eine andere Meinung verdeutlicht *Roland Fritz* in einem Zeitungsartikel. Er hält
eine erste rechtliche Einschätzung des Konfliktfalles durch den Güterichter durchaus
für vorteilhaft und ist der Ansicht, dass die Parteien, samt Anwälten, wissen sollten, dass der Rat bzw. die Bewertung eines Güterichters nicht verbindlich ist. Eine
erste rechtliche Einschätzung wäre aber für den eigenverantwortlichen Fortgang
des Konfliktgeschehens, bzw. der Lösungssuche teilweise ratsam.[239] Diese Ansicht

---

231 *Greger*, Differenzierte Konfliktbehandlung, <http://www.gueterichter-forum.de/gue-
       terichter-konzept/differenzierte-konfliktbehandlung/> (abgerufen am 01.08.2015).
232 *Fritz/Schröder*, NJW 2014, 1910 ff.
233 *Greger*, MDR 2014, 994.
234 *Klamt/Moltmann-Willisch*, ZKM 2015, 7, 8.
235 Weil der Güterichter ein „nicht entscheidungsbefugter Richter" ist, § 278 Abs. 5 ZPO.
236 *Klamt/Moltmann-Willisch*, ZKM 2013, 112–115.
237 *Probst*, SchlHA 2012, 401, 404.
238 *Janisch*, Konsens statt Konflikt – Bundestag berät über Gesetz zur außergericht-
       lichen Mediation, Süddeutsche Zeitung vom 11.12.2011, abrufbar unter: <http://
       www.onleihe.de/static/content/sz/20111215/SZ20111215/vSZ20111215.pdf> (ab-
       gerufen am 15.03.2015); *Ortloff*, NJW-Editorial Heft 3, 2012.
239 *Fritz*, ZKM 2015, 1012.

ist jedoch fragwürdig, da sich der Güterichter gewisser Maßen in eine Rolle drängen lässt, die mit seiner Neutralität und der Ergebnisoffenheit des Verfahrens in Konkurrenz stehen kann. Für diese rechtliche Beratung, bzw. Einschätzung sind schließlich die Anwälte beim Güterichterverfahren dabei. Empfehlenswert ist, dass der Güterichter seiner neutralen Rolle ohne Rechtsrat und Rechtseinschätzung treu bleibt.

Eine Untersuchung an verschiedenen deutschen Gerichten hat ergeben, dass einige Gerichte interne Absprachen treffen, die eine Regelung zwischen Güterichter und Streitrichter beinhalten, wie mit dem Thema „rechtliche Bewertung" verfahren werden soll.[240] Auch in diesem Punkt wäre es dringend anzuraten, in Deutschland eine einheitliche Vorgehensweise zum Thema „rechtliche Bewertung des Falles vom Güterichter" klar zu definieren, die auch einheitlich umgesetzt wird. Ansonsten könnte der Eindruck entstehen, dass je nach Güterichter dieses Verfahren sehr unterschiedlich gehandhabt wird und somit die Parteien auch unterschiedliche Erwartungen an das Verfahren haben. Denn eine rechtliche Bewertung des Güterichters zu Beginn des Verfahrens, hat sicherlich einen anderen Einfluss auf den Ausgang des Güterichterverfahrens, als wenn dieses unterbleibt. Hier muss dringend auf Gleichberechtigung plädiert werden.

b) Methoden und Techniken der Mediation

Nicht zu verwechseln ist jedoch der Güterichter mit einem Mediator. Trotzdem kann er sich der Methoden und Techniken der Mediation bedienen. Vor allem die Grundsätze wie Eigenverantwortlichkeit und die Bereitschaft, sich aufeinander einzulassen, sollen auch in der Güteverhandlung gefördert werden.[241] Der Güterichter muss sich zu Beginn oder schon vor der Güterichterverhandlung für eine Methode entscheiden und diese auch mit den Parteien absprechen, sofern er mehrere Techniken der Konfliktlösung beherrscht.[242] Die Methode der Mediation baut auf dem sog. Harvard-Prinzip von *Fisher, Ury* und *Patton*[243] auf. Mit dieser Technik sollen die Parteien eigenverantwortlich und unter Wahrung ihrer Interessen zu einer Winwin-Lösung kommen. Auf die fünf Phasen der Mediation ist noch näher einzugehen (unter Kapitel D. IV.).

Elemente wie das „aktive Zuhören", „Spiegeln" und das „Stellen von offenen Fragen" gehören beispielsweise ebenfalls in eine Güteverhandlung, die sich der Methode der Mediation als Konfliktlösungsinstrument bedient. Des Weiteren gibt es die Möglichkeit, durch kompetitives Verhandeln zu einer Lösung zu gelangen. Wenn der Verhandlungsgegenstand begrenzt ist, können sich die Parteien einen Wettstreit um diesen liefern. Die Aufgabe des Güterichters ist es hier, ähnlich wie bei einem

---

240   *Löer,* ZKM 2014, 41 ff.
241   *Burschel* in: BeckOK FamFG, 17. Edition 01.10.2015, § 36 Rn. 57–58.
242   *Ortloff,* NVwZ 2012, 1057.
243   *Fisher/Ury/Patton,* Das Harvard-Konzept, 2009.

herkömmlichen Vergleich, die Parteien zu einem Kompromiss zu führen. Aufgrund der Möglichkeit der Einzelgespräche bestehen hohe Erfolgsquoten.[244]

Ein weiteres Konfliktlösungsinstrument ist das „kooperative Verhandeln". Sollte die zu Beginn geführte kompetitive Verhandlung zu keinem Ergebnis führen, kann der Güterichter auf die kooperative Methode umschwenken. Diese ist ähnlich wie die Mediation eine Methode, die versucht, die Parteien zu einer interessengerechten Win-win-Lösung zu führen. Relevant für den Erfolg sind hier die Trennung von Verhandlungsgegenstand und Beziehungsebene, die Ausarbeitung von Interessen im Gegensatz zu festen Verhandlungspositionen, die Entwicklung von vielen kreativen Lösungsoptionen und schließlich die Einbeziehung eines objektiven Bewertungsansatzes.

Die Methode der „Einzelgespräche" ist sowohl Instrument in anderen Konfliktlösungstechniken als auch selbstständige Methode. Der Güterichter kann nach Absprache mit den Parteien vertrauliche Einzelgespräche führen, die eine wichtige Informationsquelle für das Verfahren darstellen. Es können Hintergründe erfragt werden, die nur in Einzelgesprächen Raum finden. Ebenso können Motivationen aufgedeckt werden. Es muss jedoch auf eine Ausgewogenheit der Gespräche geachtet werden, was die Dauer und die Anzahl betrifft. Dieses Instrument führt bei einem Spruchrichter zu einem Befangenheitsproblem führen, nicht jedoch bei einem Güterichter.[245]

Infrage kommt ebenfalls die „Evaluation". Hierbei handelt es sich um eine summarische Prüfung des beidseitigen Parteivorbringens, die letztlich eine vom Güterichter unverbindliche, nicht präjudizielle Bewertung enthält.[246]

Schließlich kommt noch die Einbeziehung von Dritten als Variante der Konfliktlösungsmethode in Betracht. Diese Zusammenführung kann für die Lösung eines Problems hilfreich sein. Gerade in Konfliktfällen, die sehr verstrickt sind und viele Personen, wenn auch nur indirekt, betreffen, ist ein weiter Blickwinkel wichtig und hilfreich. Es besteht jedoch keine Verpflichtung der dritten Personen, an dem Verfahren teilzunehmen. Sie werden auch nicht Verfahrensbeteiligte. Es besteht jedoch die Möglichkeit, sich an einem Vergleich zu beteiligen.[247]

Sofern die Methodenwahl, die der Güterichter mit den Parteien gemeinsam abspricht, im Laufe des Verfahrens nicht mehr als geeignet angesehen werden, kann später im Verfahren eine andere Methode gewählt werden.[248]

---

244 *Prütting* in: MüKo-ZPO, 7. Auflage 2015, § 278.
245 *Burschel* in: BeckOK FamFG, 17. Edition 01.10.2015, § 36 Rn. 57–58.
246 *Greger*, MDR 2014, 994.
247 *Burschel* in: BeckOK Fam FG, 17. Edition 01.10.2015, § 36 Rn. 57 f.
248 *Greger*, MDR 2014, 994.

2. Praxisbericht zur Methodenwahl

Die Rolle des Güterichters als mutiger Konfliktmanager, der sich nicht auf die Methode der Mediation beschränkt, entspricht nicht der Realität.[249] Eine Umfrage[250] zur Umsetzung des Güterichtermodells in der Praxis ergab folgendes Ergebnis:
Häufig werden gerichtsintern Absprachen über die Methodenwahl im Güteverfahren getroffen. So wird sehr oft die Mediation als Methode oder zumindest als Ausgangsmethode festgelegt. Letztere Variante lässt den Güterichtern die Möglichkeit, bei Ermessen und Zustimmung der Parteien nach dem Versuch der Mediation eine andere Methode zu wählen. Diese beiden Vorgehensweisen sind in Zivilgerichten gleich häufig vertreten. In den Sozialgerichten und den Verwaltungsgerichten steht die Mediation an erster Stelle. Bisher wird dies meist durch Flyer kommuniziert, wurde aber noch nicht fest in den Geschäftsverteilungsplan übernommen. Im Fall der Arbeitsgerichte wurden auch Schlichtung und Moderation genannt, meist jedoch ohne eine rechtliche Bewertung abzugeben. Das Thema Co-Mediation wird sehr unterschiedlich behandelt. Im Gegensatz zu den Sozial- und Verwaltungsgerichten, bei denen in nahezu allen Fällen Co-Mediation angewandt wird, arbeitet in den Zivilgerichten meist nur ein Güterichter mit den Parteien zusammen. In fast allen Fällen ist der Co-Mediator auch Güterichter. Die Umfrage zeigt deutlich die Dominanz von Mediation, obwohl den Güterichtern durchaus auch andere Konfliktlösungsmethoden zur Verfügung stehen. Vermutlich liegt dies vor allem an der Kompetenz der Richter, die insbesondere auf Mediation geschult werden im Rahmen der Güterichterausbildung.[251]

VIII. Der Abschluss des Güterichterverfahrens und rechtliche Wirkungen

Durchschnittlich beträgt die Dauer einer Güterichtersitzung am Beispiel der Arbeitsgerichtsbarkeit in Baden-Württemberg drei Stunden. Alle Verfahren konnten durchgängig in einer Sitzung beendet werden.[252]

Ein Güterichterverfahren kann auf unterschiedliche Art und Weise beendet werden:

Wenn sich die Parteien einig sind, wie ihre Lösung aussieht, können sie einen protokollierten gerichtlichen Vergleich schließen (§ 160 Abs. 3 Nr. 1 ZPO). Dadurch wird ebenfalls der anhängige Rechtsstreit beendet. Außerdem besteht bei einer Einigung die Möglichkeit, durch eine Klagerücknahme gemäß § 269 ZPO oder Hauptsacheerledigung gemäß § 91a ZPO eine prozessbeendende Erklärung abzugeben.

---

249   *Fritz/Schröder*, NJW 2014, 1910 f.; *Klamt/Moltmann-Willisch*, ZKM 2015, 7, 8.
250   *Löer*, ZKM 2014, 41.
251   *Löer*, ZKM 2014, 41.
252   LAG Baden-Württemberg, Geschäftsbericht 2014 v. 06.03.2015 für die Arbeitsgerichtsbarkeit Baden-Württemberg, <http://www.lag-baden-wuerttemberg. de/pb/,Lde/Startseite/Medien/Aktuelle+Medienmitteilungen> (abgerufen am 11.12.2015).

Dadurch wird ebenfalls der anhängige Rechtsstreit beendet. Wenn sich die Parteien grundsätzlich für einen Lösungsweg entschieden haben und um einen Vergleichsvorschlag des Gerichts bitten, so kann nach Maßgabe der erarbeiteten Punkte in der Güteverhandlung ein Vergleich vorgeschlagen werden, der durch die Parteien angenommen werden kann Es besteht auch die Möglichkeit, dass die Parteien dem Gericht einen schriftlichen Vergleichsvorschlag unterbreiten (§ 278 Abs. 6 ZPO). Besteht der Wunsch nach weiterer Sachaufklärung, so bleibt der Rechtsstreit anhängig, er kann allerdings gemäß § 251 ZPO ruhen. Dies ist ebenfalls möglich, wenn die Parteien ein Verfahren der außergerichtlichen Konfliktbeilegung anstreben. Sollte keine Einigung oder nur eine Teileinigung vorliegen, so gibt der Güterichter nach Absprache mit den Parteien den Fall an das erkennende Gericht zurück. Dieses wird den Konfliktfall weiterbehandeln, indem es beispielsweise einen frühen ersten Termin bestimmt oder eine mündliche Verhandlung anberaumt. Die Parteien und der Güterichter dokumentieren in diesem Fall mit einem „Rückgabebeschluss", dass das Güteverfahren gescheitert ist.[253]

Schließlich gibt es noch den Fall, dass die Parteien nicht zum vereinbarten geladenen Gütetermin erscheinen. Wenn dieser Fall eintritt, kommt das Güteverfahren nicht gemäß § 278 Abs. 4 ZPO zum Ruhen, da es freiwillig ist.[254] Auch in diesem Fall wird der Güterichter das Verfahren wieder an die zuständige Stelle zurückgeben und der Rechtsstreit wird in der Lage, in der er sich befindet, fortgeführt.[255]

---

253   *Geisler* in: Prütting/Gehrlein, ZPO, 7. Auflage 2015, § 278 Rn. 12 ff.; *Prütting* in: MüKo-ZPO, 4. Auflage 2013, § 278 Rn. 37 ff.; *Foerste* in: Musielak, ZPO, 12. Auflage 2015, § 278 Rn. 16 ff.; *Dürschke*, NZS 2013, 41 ff.
254   *Ahrens*, NJW 2012, 2465.
255   *Fritz/Pielsticker*, Mediationsgesetz, 2013, § 278 ZPO.

D. Das Mediationsverfahren

I. Allgemeines und Eskalationsstufen

Als außergerichtliches Verfahren der konsensualen Streitbeilegung ist die Mediation bekannt geworden. Das Verfahren ist in vielen Bereichen anwendbar, wie beispielsweise in Ehe- und Familienkonflikten, in der Politik, in Wirtschaftskonflikten, in Organisationskonflikten, in Erbstreitigkeiten, in politischen Konflikten, in verwaltungsrechtlichen Konflikten, in Konflikten im Gesundheitsbereich und im Sozialwesen, bei Streitigkeiten in Schulen und Kindergärten und in Umweltkonflikten sowie bei interkulturellen Konflikten.[256] Im Gegensatz zu der juristischen Methode im Sinne eines Gerichtsprozesses fragt die kooperative Methode der Mediation nach den Bedürfnissen und Interessen der Parteien und deren Umsetzungsmöglichkeiten und nicht nach ihren Ansprüchen.[257]

Kirchhoff spricht bei der Mediation von einer möglichen Schnittmengenwissenschaft[258]. Die Mediation lässt sich plausibel als Prisma aus verschiedenen Disziplinen betrachten, wie *Kolb* und *Rubin* bereits 1991 feststellten.[259] Diese Disziplinen sind vor allem „Psychologie", „Wirtschaftswissenschaften", die „Rechtswissenschaft", die „Politikwissenschaft" und die „Sprachwissenschaft".[260] Allerdings ist diese Ansicht seit der Einführung des Mediationsgesetzes zweifelhaft geworden, da sich die Frage stellt, warum sich eine Wissenschaft mit rechtlichen Verfahrensstrukturen auseinandersetzen sollte.[261] Für die Einordnung der Lehre der Mediation als Wissenschaft spricht aber die Entwicklung in den Universitäten und Hochschulen. Mediation ist mittlerweile ein fester Bestandteil von juristischen Ausbildungen. Einige Hochschulen bieten auch berufsbegleitend eine Mediationsausbildung an.[262]

Die Frage, ob die Mediation als solche eine Wissenschaft darstellt oder ob einzelne Bestandteile wie beispielsweise „Konflikttheorien" sich mehr als Wissenschaft eignen, wird sich in den nächsten Jahren klären. Festgestellt werden kann allerdings, dass die Mediation ihren Ursprung nicht nur in der Rechtswissenschaft hat, daher wird sie wohl als eine „Mischwissenschaft" verstanden werden. Erfreulich sind aber die zahlreichen Projekte, die sich wissenschaftlich oder auch nicht-wissenschaftlich in den verschiedensten Bereichen, wie der Psychologie, der Ökonomie oder der

---

256 *Montada/Kals*, Mediation: Psychologische Grundlagen und Perspektiven, 3. Auflage 2013, S. 25 f.
257 *Ponschab/Schweizer*, Kooperation statt Konfrontation, 2010, S. 61 ff.
258 *Kirchhoff/Schroeter*, ZKM 2006, 56, 57.
259 *Kolb/Rubin*, Mediation through a disciplinary prism, in: Bazerman/Lewicki/Sheppard (Hrsg.), Handbook of Negotiation Research, 3. Auflage 1991, S. 231 ff.
260 *Kirchhoff/Schroeter*, ZKM 2006, 56, 57 f.
261 *Trossen*, Mediation (un)geregelt, 2014, S. 37.
262 So z.B. auch Universität Augsburg, ZWW, oder Duale Hochschule Ravensburg, IWT.

Rechtswissenschaft, mit dem Thema Mediation befassen. Aufgrund der Vielfalt der Grundberufe der Mediatoren auf dem deutschen Markt gibt es in der Literatur auch ein breites Spektrum an Ansätzen und Ideen zur Methodenausübung.

In der Mediation ist nicht nur juristisches Hintergrundwissen notwendig, sondern auch ein psychologisches Wissen ist von großem Vorteil. In der Mediation ist die Aufdeckung des Kernproblems, der Tiefenstruktur sehr wichtig und nicht nur die Ermittlung der juristisch relevanten Fakten, wie beispielsweise vor Gericht. Ziel ist hierbei, eine nachhaltige Lösung herbeizuführen, die Folgekonflikte vermeidet und zu einer höheren Zufriedenheit der Parteien führt. Die Mediation will eine Win-win-Situation erreichen, bei der sich keiner als Verlierer fühlt.

Ein Mediationsverfahren hat nur Sinn, wenn ein bestimmter Grad an Eskalation erreicht, aber nicht überschritten wurde. Anhand der Eskalationsstufen[263] von *Friedrich Glasl* kann sehr gut definiert werden, ab welcher Stufe Mediation angebracht ist und wann die Grenze bereits überschritten ist.

Die Eskalationsstufen im Einzelnen:

Abb. 2: Die neun Stufen der Konflikteskalation[264]

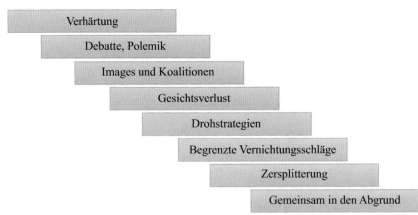

1. **Verhärtung:** In dieser Stufe verhärten sich die verschiedenen Meinungen und Standpunkte und prallen aufeinander. Es entstehen Spannungen, die aber noch durch Gespräche zu lösen sind. Bei dieser Stufe kann man noch nicht von starren Gruppen und Parteien oder gar Lagern sprechen.
2. **Debatte, Polemik:** Stufe zwei ist geprägt von einem polarisierten Denken und Fühlen sowie von einer Asymmetrie in den Beziehungen und harten Konfrontationen.

---

263   *Glasl*, Konfliktmanagement, 2013, 235 ff.
264   Angelehnt an: *Glasl*, Konfliktmanagement, 2013, S. 235 ff.

3. **Taten statt Worte:** Vollendete Tatsachen und wenig Kommunikation sind maßgebend für diese Stufe. Missverständnisse werden mehr und die Empathie für das Gegenüber sinkt.

4. **Images und Koalitionen:** Man spricht von verschiedenen Parteien, die sich gemeinsam zu einer Interessengruppe zusammenschließen und ihre Rolle hart vertreten. Gerüchte werden gestreut und Klischees erfüllt.

5. **Gesichtsverlust:** In dieser Eskalationsstufe dreht sich alles um öffentliche Angriffe, die sich direkt gegen die Person richten.

6. **Drohstrategien:** Es werden Drohungen ausgesprochen und Gegendrohungen zurückgegeben sowie Ultimaten gestellt, die letztlich die Situation noch weiter eskalieren lassen. Ein direktes Gespräch ist nicht mehr möglich.

7. **Begrenzte Vernichtungsschläge:** Es handelt sich nun nur noch um Gegner, die selbst eigene kleine Schäden annehmen, nur um die andere Person oder Gruppe noch mehr zu schädigen. Es geht hier nicht mehr um die Personen selbst, sondern um Gewinner und Verlierer.

8. **Zersplitterung:** Zweck dieser Stufe ist die Auflösung und Zerstörung des Feindes.

9. **Gemeinsam in den Abgrund:** In der letzten Stufe ist der Konflikt am höchsten eskaliert. Hier setzen sich die Personen zum Ziel, den Gegner zu vernichten. Sogar die Möglichkeit der Selbstvernichtung wird für die völlige Zerstörung des Feindes akzeptiert.[265]

Die Frage, bei welchen Stufen die Mediation eingesetzt werden kann, lässt sich ziemlich eindeutig beantworten: In den ersten drei Stufen kann Mediation definitiv zu einer Lösungsfindung gut beitragen, sofern die Konfliktparteien in der ersten Stufe überhaupt schon einen dritten Vermittler benötigen oder wünschen. In den Stufen sieben bis neun entsteht eine „Lose-lose"-Position, das bedeutet, beide Parteien verlassen das „Spielfeld" als Verlierer. Somit ist auch eine Mediation hier nicht mehr das geeignete Verfahren. In den Stufen vier bis sechs kann Mediation allerdings noch eine hilfreiche und geeignete Möglichkeit zur Konfliktlösung sein, sofern sich die Parteien freiwillig an einem Verfahren beteiligen möchten und Lernbereitschaft zeigen.[266]
Im Folgenden wird das Verfahren der Mediation im Einzelnen erläutert.

II. Legaldefinition und Erläuterung des Verfahrens

Für den Begriff „Mediation" gibt es zahlreiche Definitionen, die sich im Laufe der Jahre angesammelt haben. Erst durch die Umsetzung der Richtlinie 2008/52/EG zur Förderung der Mediation durch das Gesetz zur Förderung von Mediation und anderer Verfahren der außergerichtlichen Konfliktbeilegung vom 21.07.2012 ist der Begriff gesetzlich definiert worden. Ebenso wurden Regeln zum Verfahren geschaffen.

---

265   *Glasl*, Konfliktmanagement, 2013, 235 ff.; *Trenczek/Berning/Lenz*, Mediation und Konfliktmanagement, 2013, S. 67 ff.

266   *Poser/Schlüter*, Mediation für Pflege- und Gesundheitsberufe, 2005, S. 40 ff.

Aufgrund der langen Zeit, in der die Mediation nicht gesetzlich verankert war, bildeten sich einige Definitionen von Mediation. Im Kern sind diese alle ähnlich, sie wurden nur unterschiedlich formuliert. Im Rahmen des Mediationsgesetzes aus dem Jahre 2012 hat sich eine Definition, zumindest im rechtlichen Rahmen, durchgesetzt. Der umfassende Mediationsbegriff lehnt sich an die Legaldefinition in Art. 3 lit. a) RL 2008/52/EG an.[267]

§ 1 MediationsG: Begriffsbestimmungen

(1) Mediation ist ein vertrauliches und strukturiertes Verfahren, bei dem Parteien mithilfe eines oder mehrerer Mediatoren freiwillig und eigenverantwortlich eine einvernehmliche Beilegung ihres Konflikts anstreben.

(2) Der Mediator ist eine unabhängige und neutrale Person ohne Entscheidungsbefugnis, die die Parteien durch die Mediation führt.

§ 2 MediationsG regelt das Verfahren detaillierter. Es werden die Aufgaben und Rechte des Mediators, der Parteien und der Fall der Beendigung des Verfahrens beschrieben:

§ 2 MediationsG: Verfahren; Aufgaben des Mediators

(1) Die Parteien wählen den Mediator aus.

(2) Der Mediator vergewissert sich, dass die Parteien die Grundsätze und den Ablauf des Mediationsverfahrens verstanden haben und freiwillig an der Mediation teilnehmen.

(3) Der Mediator ist allen Parteien gleichermaßen verpflichtet. Er fördert die Kommunikation der Parteien und gewährleistet, dass die Parteien in angemessener und fairer Weise in die Mediation eingebunden sind. Er kann im allseitigen Einverständnis getrennte Gespräche mit den Parteien führen.

(4) Dritte können nur mit Zustimmung aller Parteien in die Mediation einbezogen werden.

(5) Die Parteien können die Mediation jederzeit beenden. Der Mediator kann die Mediation beenden, insbesondere wenn er der Auffassung ist, dass eine eigenverantwortliche Kommunikation oder eine Einigung der Parteien nicht zu erwarten ist.

(6) Der Mediator wirkt im Falle einer Einigung darauf hin, dass die Parteien die Vereinbarung in Kenntnis der Sachlage treffen und ihren Inhalt verstehen. Er hat die Parteien, die ohne fachliche Beratung an der Mediation teilnehmen, auf die Möglichkeit hinzuweisen, die Vereinbarung bei Bedarf durch externe Berater überprüfen zu lassen. Mit Zustimmung der Parteien kann die erzielte Einigung in einer Abschlussvereinbarung dokumentiert werden.“

Die leicht komplizierte Systematik verwendet den Begriff „Mediator" bei der Definition der Mediation und umgekehrt.

Aus dem Mediationsgesetz kann man folgende Wesensmerkmale der Mediation herauslesen: Sie ist ein strukturiertes Verfahren und hat das Ziel einer einvernehmlichen Konfliktbeilegung. Grundsätze sind die Freiwilligkeit und die eigenverant-

---

267   *Fritz/Pielsticker*, Mediationsgesetz, 2013, § 1 Rn. 4 ff.

wortliche Lösungsfindung im Verfahren. Der Mediator übernimmt die Rolle des vermittelnden, neutralen, Dritten, der durch das Verfahren führt und dem keine Entscheidungsbefugnis zusteht. Dieser Vermittler hat die Pflicht die Verschwiegenheit zu wahren (§ 4 MediationsG).

Von der Legaldefinition abgesehen, wird sogar in Fachkreisen der Mediationsbegriff unterschiedlich verwendet. Die einen verstehen darunter jede vermittelnde Tätigkeit eines Dritten und lassen auch schon eine Moderation des Konfliktgeschehens als Mediation gelten. Andere bevorzugen einen engen Mediationsbegriff, der sehr genau unterscheidet, ob lediglich eine Moderation stattfindet und der Mediator sogar Entscheidungen fällt (was dem engen Mediationsbegriff widerstrebt) oder ob der Mediator eine strikte Vermittlerposition einnimmt und die Parteien zu einer eigenverantwortlichen Lösung führt. Für die enge Auslegung des Mediationsbegriffs hat sich auch der deutsche Gesetzgeber entschieden. Er stellt ausdrücklich heraus, dass Mediation ein eigenes Verfahren ist, getrennt von anderen Methoden wie der Schlichtung oder dem Schiedsverfahren. Dies wird in § 278a ZPO deutlich. Hier ist nur die Rede von Mediation und anderen außergerichtlichen Konfliktbeilegungsverfahren. Diese Heraushebung lässt vermuten, dass der Gesetzgeber gerade in der Mediation eine Chance sieht, die Streitkultur nachhaltig zu verbessern. Dafür sprechen auch die Erfahrungen der letzten Jahre.[268]

Zu unterscheiden sind zudem drei verschiedene Mediationsansätze: der transformative Ansatz, der evaluative Ansatz und der facilitative Ansatz.

Der *transformative* Ansatz beschreibt Mediationen, die tiefgründig sind. Bei einem *facilitativen* Ansatz bewegt sich das Verfahren dauerhaft auf der Sachebene und geht nicht in die Tiefen eines Konflikts. Diese Art von Mediation, die auch als „vereinfachte Mediation" beschrieben wird, wird in den USA gern praktiziert.[269] Dem *evaluativen* Ansatz folgen viele Juristen. Er ist von einer lösungs- und problemorientierten Ausrichtung geprägt. Diese Art der Mediation lässt auch formale Empfehlungen bezüglich des Ergebnisses zu und orientiert sich stark an der rechtlichen Situation sowie dem möglichen Prozessausgang.

Im Mediationsgesetz geht bei der Mediation von einem „nicht-evaluativen" Verfahren aus, da keine Lösungsvorschläge vom Mediator erwünscht sind. Ergänzt werden sollte dabei: keine „meinungsbildenden" Lösungsvorschläge. Dies würde klarstellen, dass zwar eine formelle Formulierungshilfe nicht ausgeschlossen ist, jedoch keine inhaltlichen Lösungsvorschläge zu machen sind. Andernfalls käme der Mediator mit dem Grundsatz der Selbstbestimmtheit der Parteien in Konflikt: Der Mediator darf unter keinen Umständen als „lösungsverantwortlich" angesehen werden.[270]

---

268 *Greger/Unberath*, MediationsG, 2013, § 3; *Kriegel-Schmidt*, Interkulturelle Mediation, 2012, S. 206.

269 *Trossen*, Mediation (un)geregelt, 2014, S. 89 f.; *Gottwald* in: Haft/Schlieffen, Handbuch Mediation, 2. Auflage 2002, § 17 Rn. 60.

270 *Trossen*, Mediation (un)geregelt, 2014, S. 91 f.; *Gottwald* in: Haft/Schlieffen, Handbuch Mediation, 2. Auflage 2002[[Siehe Lit.-Verz., § 17 Rn. 60 ff.

Diese Untersuchung beschäftigt sich weitestgehend mit dem transformativen Ansatz, da dieser in der Praxis am meisten verwendet wird. Diese Art der Mediation wird auch gerne als „umformende, umgestaltende Mediation"[271] beschrieben. Neben der Sachebene wird die Gefühls- und Bedürfnisebene der Parteien beleuchtet und analysiert. Das Ziel ist es, den betroffenen Personen einen anderen Blickwinkel zu verschaffen, indem sie auch die Positionen, Interessen und Bedürfnisse der Gegenpartei wahrnehmen. In der Praxis sollte es den Parteien obliegen, sich für einen Ansatz zu entscheiden, insbesondere in Bezug auf die facilitative oder auf die transformative Ausrichtung. Diese Entscheidung hängt natürlich neben psychologischen Gründen von Faktoren wie Geld und Zeit ab.[272]

III. Prinzipien und Grenzen der Mediation

In der Mediation gibt es einige Prinzipien, die im Laufe der Zeit große Anerkennung erfahren haben. Diese werden im Folgenden erläutert. Im Anschluss daran werden die Grenzen der Mediation, also Hindernisse für ein Mediationsverfahren, dargestellt.

1. Prinzipien der Mediation

Unter den Mediatoren ist man sich einig über sechs verschiedene Prinzipien der Mediation: die Freiwilligkeit der Teilnahme der Parteien, die Vertraulichkeit im Verfahren, die eigenverantwortliche Entscheidungsfindung, die Allparteilichkeit des Mediators und die Ergebnisoffenheit und die Informiertheit des Verfahrens (Abb. 3).

Abb. 3: Grundprinzipien der Mediation

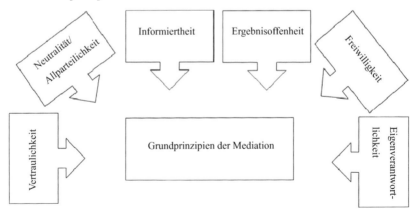

---

271   *Trossen*, Mediation (un)geregelt, 2014, S. 98 ff.
272   *Trossen*, Mediation (un)geregelt, 2014, S. 98 ff.

a) Freiwilligkeit der Teilnahme

In § 1 des MediationsG ist ein wesentliches Merkmal der Mediation verankert: die Freiwilligkeit der Medianten bezüglich der Teilnahme am Mediationsverfahren. Die Freiwilligkeit bezeichnet die Freiheit der Medianten, sich selbst und ohne Zwang zu entscheiden, ob sie an einem Mediationsverfahren teilnehmen.[273]

Im Mediationsgesetz ist die Freiwilligkeit gleich mehrfach gesichert: zum einen in der Begriffsdefinition von § 1 MediationsG, zum anderen in § 2 Abs. 2 MediationsG durch die Pflicht des Mediators, sich zu vergewissern, dass die Konfliktparteien freiwillig teilnehmen, und schließlich indirekt in § 2 Abs. 5 S. 1 MediationsG, der die jederzeitige und sanktionslose Möglichkeit der Beendigung des Mediationsverfahrens durch jede Partei festschreibt.[274] Die Parteien entscheiden autonom und ohne Zwang. Schwierig hingegen ist die Praxis dieses Mediationsgrundsatzes. Ob eine Partei wirklich freiwillig teilnimmt, ist oftmals fragwürdig, da ein gewisser Druck bestehen kann. Voraussetzung für eine freiwillige Teilnahme ist jedenfalls das gegenseitige Interesse, den Konflikt einvernehmlich beizulegen. Im Gespräch ist hier oft eine Art „Zahnarztfreiwilligkeit"[275] aufgrund der angespannten Situation erkennbar, die gelöst werden soll.

Gründe für die Fragwürdigkeit einer Freiwilligkeit liegen beispielsweise in der Tatsache, dass ein Arbeitgeber seine Arbeitnehmer zur Mediation „schickt" oder der Lehrer seine Schüler. Zu unterscheiden sind hier der Auftraggeber *de jure* und *de facto*. Es ist unerlässlich, dass die Parteien freiwillig das Verfahren durchführen. Auch in der Familienmediation kommt solch ein Fall häufiger vor, indem beispielsweise die Frau dem Mann droht, wenn er sich nicht kooperativ in der Mediation zeigt, wird sie alles daran setzen, ihm das Sorgerecht zu entziehen.

Wichtig ist, dass die Freiwilligkeit nicht schon bei der bloßen Forderung, ein Mediationsverfahren zu besuchen, gegeben sein muss, sondern erst in dem Zeitpunkt, in dem sich die Parteien für ein solches Verfahren entscheiden. Es darf keinerlei Drucksituation bei dieser Entscheidung gegeben sein. Darauf hat der Mediator gemäß § 2 Abs. 2 MediationsG streng zu achten. Insbesondere muss ein Machtungleichgewicht in der Form, dass eine Partei die Bedingungen zur Verhandlung praktisch durch ihre Machtstellung vorgibt, vom Mediator erkannt und ausgeglichen werden.[276] Der Mediator steht ständig in der Pflicht, sich während des gesamten Verfahrens von der Freiwilligkeit zu überzeugen. Hat er den Eindruck, eine Partei nimmt nicht (mehr) freiwillig an dem Mediationsverfahren teil, so hat er diese Annahme kundzutun und

---

273 *Kracht*, Rolle und Aufgaben des Mediators – Prinzipien der Mediation, *Kracht* in: Haft/Schlieffen, Handbuch Mediation, 2. Auflage 2009, § 12.

274 *Hinrichs* in: Hinrichs, Praxishandbuch Mediationsgesetz, 2014, S. 41; Kracht in: Haft/Schlieffen, Handbuch Mediation, 2002, § 18 Rn. 25.

275 *Hinrichs in: Hinrichs*, Praxishandbuch Mediationsgesetz, 2014, S. 40.

276 *Bernhardt/ Winograd* in: Haft/Schlieffen, Handbuch Mediation, 2. Auflage 2002, § 23 Rn. 29.

bei Bestätigung dieser Annahme die Mediation abzubrechen.[277] Insbesondere wenn
Abhängigkeitsverhältnisse vorliegen oder bestimmte Personen in der Mediation
etwas gewinnen oder verlieren können, ist eine besondere Vorsicht geboten.
Der Vorschlag oder gar die Anordnung eines Informationsgesprächs seitens des
Gerichts steht dem nicht entgegen. Ebenso wenig leidet die Freiwilligkeit unter der
Tatsache, dass die Mediation durch eine gesetzliche Vorschrift angeordnet wird.[278]
In England beispielsweise gibt es sogar Kostensanktionen bei Nichterscheinen
der Parteien trotz Anordnung einer richterlichen „mediation order". In der Schweiz
kennt man ebenfalls die Anordnung der Mediation in Familiensachen. In Deutschland kann nur ein Informationsgespräch (gemäß § 135 FamG und gemäß § 156 Abs. 1
S. 3 FamFG) angeordnet werden, keine vollständige Mediation. Diese Entscheidung
liegt in Deutschland bislang allein bei den Parteien.[279] Dieser Widerspruch wird in
der Praxis auch „Mediations-Paradoxon" genannt und unter Spezialisten kontrovers
diskutiert. Ausdrücken soll der Begriff, dass ein anfänglicher Aufruf nicht schädlich
ist, solange während des Mediationsverfahrens selbst die Freiwilligkeit gegeben ist.[280]
Für das Gelingen eines Mediationsverfahrens ist die Bereitschaft der Parteien maßgeblich, die sich in der Freiwilligkeit äußert.[281]

b) Vertraulichkeit

„Mediation ist ein vertrauliches und strukturiertes Verfahren, ...". Mit dieser Aussage
beginnt das MediationsG in § 1 Abs. 1 S. 1. Damit wird deutlich, welches Gewicht
die Vertraulichkeit in der Mediation hat. Dieses Gewicht war in der Europäischen
Mediations-Richtlinie allerdings noch nicht ersichtlich. Deren Art. 7 Abs. 1 enthält
nur eine „Soll"-Vorschrift. Strengere Maßnahmen zum Schutz der Vertraulichkeit der
Mediation werden gemäß Art. 7 Abs. 2 der Richtlinie nicht ausgeschlossen. Die Vertraulichkeit stellt also nach der Mediations-Richtlinie keine zwingende Anforderung
an die Durchführung einer Mediation dar. Auch § 1 Abs. 1 MediationsG ist nicht klar
im Ausdruck. *Greger* und *Unberath* gehen von einem lediglich typischen Merkmal
aus und nicht von einem essenziellen. Sie begründen dies damit, dass die Vertraulichkeit zur Disposition der Beteiligten steht, da diese eine öffentliche Verhandlung
vereinbaren können. Es gibt auch Ausnahmen der Vertraulichkeit des Mediators,

---

277   *Fritz/Pielsticker*, Mediationsgesetz, 2013, § 1 Rn. 19 ff.
278   BT-Drucksache 60/11, S. 80; *Hinrichs* in: Hinrichs, Praxishandbuch Mediationsge-
       setz, 2014, S. 41; *Greger/Unberath*, MediationsG, 2013, § 1 Rn. 32; a.A. *Hohmann*,
       Spektrum der Mediation 2008, 35 ff.
       Erfahrungswerte zu erfolgreichem angeordnetem Mediationsmodell/USA: *Marx*,
       ZKM 2010, 132 ff.
279   *Greger/Unberath*, MediationsG, 2013, § 1 Rn. 29; *Hinrichs* in: Hinrichs, Praxishand-
       buch Mediationsgesetz, 2014, S. 41.
280   *Scheuermann*, Mediation bei Trennung und Scheidung – Gesetzliche Grundlagen
       und deren praktische Anwendung, 2013, S. 68 ff.
281   *Koestler*, Mediation, 2010, S. 19.

die in § 4 MediationsG geregelt sind. Außerdem haben die Parteien die Möglichkeit, den Mediator von seiner Verpflichtung zu entbinden (§ 385 Abs. 2 i.V.m. § 383 Abs. 1 ZPO). Inwieweit sich die Parteien an die Vertraulichkeit binden wollen, bleibt ihnen überlassen.[282] Dennoch wird das Merkmal der Vertraulichkeit als ganz maßgebend bezeichnet. Die Vertraulichkeit muss über das gesamte Verfahren gewahrt bleiben. Denn erst wenn ein Schutzraum entstanden ist, können sich die Parteien auch öffnen und ihre Interessen schildern.

Gemäß § 4 MediationsG unterliegen der Mediator und seine Hilfspersonen der Verschwiegenheitspflicht. Der Umfang dieser Verschwiegenheitspflicht des Mediators umfasst „alles, was [ihm bzw. den von ihm eingebundenen Personen] in Ausübung ihrer Tätigkeit bekannt geworden ist".

Ausnahmen von der Verpflichtung zur Verschwiegenheit sind gemäß § 4 MediationsG wichtige vorrangige Gründe der öffentlichen Ordnung, vor allem bei einem Fall der Kindesgefährdung (vgl. § 1666 BGB), oder zur Abwendung von schwerwiegenden Beeinträchtigungen der physischen oder psychischen Integrität einer Person. Unter psychischer Beeinträchtigung versteht man beispielsweise das Empfindungsleben oder die Gefühlswelt einer Person. Bei physischen Beeinträchtigungen handelt es sich zum Beispiel um Schläge oder eine Verletzung. Beide Beeinträchtigungsarten müssen schwerwiegend sein.

Ebenfalls notwendig kann eine Nichtbeachtung der Verschwiegenheitsverpflichtung sein, wenn die Offenlegung des Inhalts der Mediationsvereinbarung für ihre Umsetzung oder Vollstreckung notwendig ist oder wenn die Geheimhaltung keine Bedeutung hat, da die Tatsachen offenkundig sind (§ 4 Nr. 1 und Nr. 3 MediationsG). Dies können beispielsweise Vergleichsvorschläge, Zugeständnisse, Meinungsäußerungen oder Informationen zu persönlichen Lebenssituationen oder Geschäftsgeheimnissen sein.[283] Die Parteienverschwiegenheit ist nicht gesetzlich geregelt, sie muss durch Parteivereinbarung und eine Verschwiegenheitsverpflichtung festgelegt werden.

Den Mediator trifft die Verpflichtung, die Medianten über die Verschwiegenheit und deren Umfang aufzuklären und zu informieren. Verstöße gegen die Verschwiegenheitspflicht des Mediators oder seiner Hilfspersonen sind gemäß § 203 Abs. 1 Nr. 3 StGB strafbar. Ebenfalls kommt eine Schadensersatzhaftung gemäß § 823 BGB (oder §§ 278, 831 BGB) in Betracht.[284]

Bei der Vertraulichkeitsabrede muss darauf geachtet werden, dass sie weder zu eng noch zu weit ausfällt. Beide Extreme können Probleme hervorrufen. In welchem Umfang die Parteien eine Abrede treffen wollen, sollten sie ausführlich mit dem Mediator besprechen. Eine optimale Lösung für alle Medianten gibt es zumindest laut *Töben* nicht. Er schlägt im Falle der Unvermeidbarkeit der Offenlegung gewisser Tatsachen die Methode der „getrennten Gespräche" vor (§ 2 Abs. 3 S. 3

---

282 *Greger/Unberath*, MediationsG, 2013, § 2 Rn. 123 ff, § 4.
283 *Fritz/Pielsticker*, Mediationsgesetz, 2013, § 4 Rn. 25 ff.
284 *Fritz/Pielsticker*, Mediationsgesetz, 2013, § 4 Rn. 18, 44.

MediationsG).[285] In der Praxis gibt es mittlerweile eine Vielzahl von vorformulierten Vertraulichkeitsvereinbarungen.[286]

c) Eigenverantwortlichkeit

Ebenfalls in § 1 MediationsG geregelt ist die Eigenverantwortlichkeit der Parteien in Bezug auf den Verfahrensgegenstand. Dieser Grundsatz gilt während des gesamten Verfahrens. Ziel des Mediationsverfahrens ist eine selbstverantwortliche Entscheidungsfindung der Parteien, unterstützt durch den Mediator, der jedoch nur strukturell tätig ist und nicht entscheidungsbefugt ist. Die Medianten sind selbst verantwortlich für ihr Verhalten und für eine Lösung des Konflikts.[287] Eigenverantwortliche Entscheidungen sind autonome Entscheidungen, d.h. unabhängig von der Bestimmung oder Willkür anderer Personen. Gleichzeitig ist es wichtig die Freiheit zu besitzen, Selbstregulierung zu betreiben.[288]

Zur Förderung der selbstverantwortlichen Lösungsfindung ist es wichtig, dass der Mediator folgende Punkte beachtet: Erstens sollten die Ziel- und Wertvorstellungen gegenüber den Parteien offengelegt und ausreichend Zeit und Aufmerksamkeit der Aufdeckung von tiefer liegenden Interessen gewidmet werden. Empfehlenswert ist ebenso, dass sich der Mediator mit autoritären Techniken zur Intervention zurückhält und bewusst auf das Macht(un)gleichgewicht zwischen den Parteien achtet. Trotz der Stärkung der schwächeren Partei muss aber strengstens auf den Grundsatz der Neutralität bzw. Allparteilichkeit geachtet werden. Schließlich sollte den Parteien die Möglichkeit bewusst gemacht werden, dass sie jederzeit eigenständig das Mediationsverfahren beenden können.[289]

Die Eigenverantwortlichkeit ist ein großer Vorteil der Mediation, wenn nicht sogar der größte Vorteil. Im Vergleich zum Gerichtsverfahren können die Parteien selbst bestimmen, welche Lösung des Konflikts sie anstreben wollen und diesen letztlich auch entsprechend beilegen. Vor Gericht entscheidet ein Dritter, der Richter, wie der Konflikt gelöst wird.[290] Gerade in Familienangelegenheiten, insbesondere im Falle des Sorgerechts oder der Vermögensaufteilung, ist solch eine eigenständige, autonome Lösungsfindung oftmals von Vorteil. Grundvoraussetzung ist jedoch, dass beide Parteien bereit sind, gemeinsame Gespräche zu führen und sich konstruktiv an der Lösungsfindung zu beteiligen. Eine gemeinsame Kommunikation haben viele Ehepaare im Laufe der Jahre verlernt, sie müssen oft erst wieder neu lernen, sich

---

285   *Töben*, RNotZ 2013, 321 ff.
286   Mustertexte zum Beispiel bei *Geier/ Hinrichs/ Ropeter/ Stoldt* in: Hinrichs, Praxishandbuch Mediationsgesetz, 2014, S. 102 ff.
287   *Risto*, Konflikte lösen mit System: Mediation mit Methoden der Transaktionsanalyse, 2005, S. 60.
288   *Scheuermann*, Mediation bei Trennung und Scheidung – Gesetzliche Grundlagen und deren praktische Anwendung, 2013, S. 68 ff.; *Unberath*, ZKM 2011, 4, 6.
289   *Breidenbach/Glässer*, Das Prinzip der Selbstverantwortung, 2011, S. 71.
290   *Koestler*, Mediation, 2010, S. 23 ff.

auf den anderen einzulassen und seine Gefühle und Bedürfnisse zu respektieren. Gerade für die Zukunft ist es hilfreich, einen Konflikt eigenverantwortlich beigelegt zu haben. Auf diese Weise wird eine nachhaltige Konfliktlösung erreicht.[291]

d) Allparteilichkeit und Neutralität

Das Grundprinzip der Neutralität findet sich in § 2 Abs. 3 und § 3 MediationsG. Demnach ist der Mediator allen Medianten im gleichen Maße verpflichtet. Im Gegensatz zur anwaltlichen Beratung, die grundsätzlich einseitig ist, unterstützt der Mediator beide Parteien gleichzeitig und fördert einen nachhaltigen eigenverantwortlichen Lösungsfindungsprozess.[292] Die Aufgabe des Mediators ist es, den Mediationsprozess so zu gestalten, dass er ausgewogen ist. Dies lässt sich beispielweise mit einer kontrollierten Redezeit gestalten. Der Mediator muss beide Parteien verstehen und seine eigenen Bewertungen zurückstellen. Gerade Rechtsanwälten, die jahrelang parteiisch gearbeitet haben, fällt allerdings diese neutrale Haltung anfangs oft schwer.

Voraussetzung für eine neutrale, allparteiliche Haltung ist der Erstauftrag der Medianten. Der Mediator darf weder vor der Mediation in derselben Sache für eine Partei tätig gewesen sein, noch darf er während oder nach der Mediation in derselben Sache tätig werden (§ 3 Abs. 2 MediationsG).

Um die Verhandlungen erfolgreich führen zu können, ist es wichtig, dass der Mediator das Vertrauen der Parteien gewinnt. Diese Grundhaltung der Neutralität und Allparteilichkeit, ist in der Praxis allerdings gar nicht so einfach zu erreichen, da Vertrauen viel leichter mit Sympathie erreicht werden kann. Der Mediator allerdings sollte einen fairen Eindruck machen und nicht zu viel Sympathie mit einer Seite aufbauen. Es ist immer ein ausgeglichenes Verhältnis nötig. Bis ein Vermittler wirklich das allseitige Vertrauen hat, kann es oft einige Zeit dauern. Die Zurücknahme bei einem Mediationsverfahren in der Stellung des neutralen nicht entscheidungsbefugten Vermittlers fällt dabei gerade Juristen oft schwer, da sie in ihrer Grundausbildung und im Berufsalltag eine andere Art von Autorität gewöhnt sind.[293]

Sobald eine Partei den Eindruck hat, dies kann oftmals eine subjektive Einschätzung sein oder ein Bauchgefühl, dass der Mediator sich für die andere Partei stark macht, droht die Gefahr, dass ein ehrlicher Informationsaustausch und eine kooperative Haltung endet.[294]

Ebenfalls ist die Neutralität nicht gegeben, wenn zwischen dem Vermittler und einer Partei ein besonderes persönliches Näheverhältnis (z.B. bei einer Verwandtschaft oder Vormundschaft) vermutet wird. Ein weiterer Umstand, der zudem offenbart

---

291 *Scheuermann*, Mediation bei Trennung und Scheidung – Gesetzliche Grundlagen und deren praktische Anwendung, 2013, S. 68 ff.; *Schröder*, Familienmediation, 2004, S. 15.

292 *Montada/Kals*, Mediation: Psychologische Grundlagen und Perspektiven, 3. Auflage 2013, S. 57 ff.

293 *Haft*, Verhandlung und Mediation, 2000, S. 127 ff.

294 *Mahlmann/Dulabaum/Pink u.a.*, Konfliktmanagement und Mediation, 2009, S. 110 ff.

werden muss, ist beispielweise die berufliche Verbundenheit zwischen Mediator und Mediant oder die gemeinsame Mitgliedschaft in einer Partei oder einem Verein.[295]
    Seit einigen Jahren setzt sich zunehmend der Begriff „Allparteilichkeit" durch. Einige Autoren wie *Dulabaum, Balloff* und *Walter* und *Steiner-Himmel* haben vorgeschlagen, den Begriff „Neutralität" durch „Allparteilichkeit" zu ersetzen. Dieser Begriff hat allerdings keine einheitliche Definition und wird von Mediatoren unterschiedlich ausgelegt. Zu fördern sind die Einhaltung der vereinbarten Regeln sowie gegenseitiges Verständnis und ein kooperatives Verhalten der Parteien, sodass am Ende eine zufriedenstellende Lösung für die Medianten entsteht. Mediatoren ergreifen also Partei für das Verfahren, nicht für die Parteien. Der wesentliche Unterschied zwischen Neutralität und Allparteilichkeit kann sehr gut mit dem Begriff des Sich-Heraushaltens beschrieben werden. Ein allparteilicher Mediator muss sich jedoch nicht in dem Sinne aus dem Verfahren heraushalten, wie man es bei dem Neutralitätsgebot verstehen könnte. Er muss sich aber selbstverständlich bei dem inhaltlichen Prozess zurückhalten und darf nicht werten und nicht entscheiden. Jedoch ist es seine Aufgabe im Verfahren bei Machtungleichgewicht und strukturellen Schwierigkeiten eingreifen. Ebenfalls kann er das Verfahren mit geeigneten Methoden steuern. Die Aufgabe der Mediatoren ist unter anderem, gegenseitiges Verständnis bei den Parteien zu fördern. Hierfür ist es nötig, Kommunikationsstrategien und Methoden anzuwenden, um als „aktiver Klärungshelfer"[296] zu fungieren.
Charakteristika einer aktiven Mediation sind folgende:

• Der Mediator fungiert als echter Helfer, nicht nur als Kommunikator,
• er achtet auf ein rechtlich haltbares Ergebnis und
• er übernimmt eine aktive Rolle in der Verhandlung, die sich auch mit dem Einbringen von eigenen Vorschlägen identifizieren kann.[297]

Diese Aktivität sollte sich jedoch in den nötigen Grenzen halten, da die Eigenverantwortlichkeit der Parteien im Vordergrund steht. Inwieweit ein Mediator in einem Mediationsverfahren aktiv werden soll, wird in der Literatur sehr unterschiedlich diskutiert. Die Bandbreite schwankt zwischen kompletter Zurückhaltung in Form von bloßem Schreiben einer Agenda und Anwesenheit des Mediators bis hin zum aktiven Mediator, der interveniert, Methoden in das Verfahren einbringt und sich offensichtlich am Verfahren beteiligt, sogar mit Lösungsvorschlägen. Die meisten Autoren haben eine ganz eigene Meinung zum Thema „aktiver Mediator" und in der Praxis sieht man auch keine einheitliche Vorgehensweise. Empfehlen lässt sich die „goldene Mitte". Ein Mediator hat nach überwiegender Meinung in der Literatur zwar vordergründig die Eigenverantwortlichkeit der Parteien zu fördern, aber dennoch seine Methoden zur Deeskalation eines Konflikts sowie zur Förderung von Macht-

---

295 *Fritz/Pielsticker*, Mediationsgesetz, 2013, § 2 Rn. 24 ff.
296 *Montada/Kals*, Mediation: Psychologische Grundlagen und Perspektiven, 3. Auflage 2013, S. 63 ff.
297 *Kracht*, Das Ethos des Mediators, 2011, S. 53.

gleichgewicht anzuwenden und für eine angenehme Gesprächssituation zu sorgen. Überwiegend wird also der aktive Mediator anerkannt. Insbesondere bei hocheskalierten Konflikten ist es notwendig, das Gespräch zu vermitteln, da die Parteien nicht mehr normal miteinander kommunizieren können. Hier wäre eine bloße Aufstellung einer Agenda sinnlos.[298]

e) Ergebnisoffenheit

Ein großer Vorteil des Mediationsverfahrens ist die Ergebnisoffenheit. Anders als in einem gerichtlichen Verfahren, bei dem häufig der Ausgang mehr oder weniger wahrscheinlich ist, kann bei einer Mediation kreativ nach Lösungen gesucht werden. Die Parteien müssen allerdings auch bereit sein, die Ideen der Gegenseite zu reflektieren und gemeinsam an einer möglichen Lösung zu arbeiten. Sobald ein bestimmtes Ergebnis starr in den Köpfen der Medianten schon bei Beginn des Verfahrens ist, hat eine Mediation kaum eine Chance, zu einem guten Ergebnis zu kommen. Die Grundvoraussetzung ist daher die Bereitschaft, sich auch auf neue, kreative Lösungsvorschläge einzulassen.

Ebenfalls ein Grundelement der Ergebnisoffenheit ist gemäß § 2 Abs. 5 MediationsG die jederzeitige Möglichkeit der Beendigung des Verfahrens durch alle Parteien. Hierdurch wird sichergestellt, dass es keinen Zwang zur einvernehmlichen Lösung gibt.

f) Informiertheit

Die Informiertheit der Medianten bedeutet, dass die Parteien über alle rechtlichen und tatsächlichen Verhältnisse, die verfahrensrelevant sind, informiert sind. Ebenso müssen alle Parteien in das Verfahren mit eingebunden werden.[299]

Um das Ziel der Mediation, eine Vereinbarung zu treffen, die alle Bedürfnisse und Interessen berücksichtigt, zu erreichen, müssen die Medianten alle Fakten offenlegen, die relevant für das Verfahren sind. Unterschieden wird zwischen den weichen und den harten Informationen. Weiche Informationen sind beispielsweise Pläne, Wünsche, Hoffnungen und Ängste, die für die Lösungsfindung und für die Zukunft bedeutend sind. Man kann diese Fakten nicht „verobjektivieren". Allerdings lassen sich oftmals Verhaltensweisen daraus ableiten. Harte Informationen sind „verobjektivierbar" und können überprüft werden (zum Beispiel Zahlungsnachweise oder Informationen in Form von Schriftstücken).

Gleich zu Beginn des Verfahrens ist es empfehlenswert Absprachen zu treffen, die die Informiertheit bzw. Offenlegung der Informationen festsetzen.[300] Sollten

---

298 *Montada/Kals*, Mediation: Psychologische Grundlagen und Perspektiven, 3. Auflage 2013, S. 68 ff.; *Kracht*, Das Ethos des Mediators, 2011, S. 52 f.; Duss-von Werdt/Mähler/Mähler, 1995, S. 133.

299 *Horstmeier*, Das neue Mediationsgesetz, 2013, S. 131 ff.

300 *Möhn/Siebel*, Mediation, 2014, S. 15.

Konflikte oder Spannungen während der Mediation auftreten, nehmen die Parteien schnell eine Schutzhaltung ein und die Offenheit leidet. Dies kann durch ein gutes Vertrauensverhältnis verhindert werden.

Voraussetzung für die Offenheit und die Informationsweitergabe an andere ist die Echtheit und Ehrlichkeit zu sich selbst. Nur wenn man sich selbst nicht betrügt, kann man auch ehrlich zu anderen Menschen sein. Der Mediator hat also darauf zu achten, dass die Informiertheit auf beiden Seiten ausgeglichen ist.[301]

2. Grenzen der Mediation

Nicht jeder Konfliktfall ist für eine Mediation geeignet, bestimmte Grenzen sind zu wahren.

Ein Mediationsverfahren kommt dann nicht in Betracht, wenn

- die Eigenverantwortung zu gering ist, beispielsweise aufgrund einer Suchtproblematik oder bei Menschen mit eingeschränkter Geschäftsfähigkeit aufgrund von Krankheit, Alter oder Behinderung;
- eine Beziehungsgewalt in hohem Maße gegeben ist. Dies kann sich beispielsweise in „Prügelattacken" gegenüber Kindern oder Partnern zeigen. Auch Drohungen oder Einschüchterungen sind ein Hinderungsgrund;
- ein Machtungleichgewicht vorliegt, beispielsweise aufgrund unterschiedlicher Hierarchiestufen in einem Unternehmen, die während der Mediation nicht aufgegeben werden können, oder aufgrund unauflösbarer Machtstrukturen, die den anderen nicht gleichwertig handeln lassen;
- sich die Medianten nicht mit dem Rahmen und den Grundzügen der Mediation identifizieren können;
- Gefahr im Verzug ist, sodass eine schnelle Entscheidungsfindung erforderlich ist, um schlimme Folgen zu vermeiden;
- die Neutralität/Allparteilichkeit eines Mediators nicht gewahrt werden kann.[302]

Wenig erfolgreich werden auch Mediationsverfahren sein, die an fehlender Motivation einer Partei leiden oder am mangelnden Interesse der Parteien an einer friedlichen Konfliktlösung aufgrund des Umstandes, dass sie nur einen einmaligen Konfliktfall zu lösen haben, beispielsweise bei einem Verkehrsunfall, bei dem es lediglich um die Schuldfrage geht. Auch bei stark divergierenden Wertevorstellungen hat ein Mediationsverfahren wenig Sinn. Auch in folgenden Fallen darf ein Mediator den Auftrag der Mediation nicht annehmen: bei einseitiger Vertrautheit, starken divergierenden Überzeugungen und Werten, die er nicht verbergen kann, und bei eigenem Machtempfinden gegenüber einer Partei oder bei einer Mitgliedschaft in einer betroffenen Gruppe.[303]

301 *Ballreich/Glasl*, Konfliktmanagement und Mediation in Organisationen, 2011, S. 245 ff.
302 *Koestler*, Mediation, 2010, 25 f.
303 *Koestler*, Mediation, 2010, S. 26.

IV. Phasen der Mediation

In einem Mediationsverfahren gibt es verschiedene Phasen, die die Medianten und der Mediator gemeinsam durchlaufen. Es gibt dazu unterschiedliche Ansichten und Modelle. Das bekannteste ist das Fünf-Phasen-Modell, das auch in der Mediationspraxis am häufigsten vertreten wird (Abb. 4).

Abb. 4: Fünf Phasen der Mediation[304]

1 Einleitungsphase	**2** Darstellung der Sichtweisen	**3** Von den Positionen zu den Interessen

• Informationen geben;
  Ablauf klären
• Erwartungen abfragen
• Mediationsvereinbarung
  (evtl. Vergütungs-
  vereinbarung)
	• Darstellung der Positionen
	  der Medianten; Erstellen
	  der Themenliste
	• Motivation abfragen
	• **Tools:** Zusammenfassen,
	  Spiegeln, Visualisieren
		• Herausstellen der Interessen
		  hinter den genannten
		  Positionen; „Kern des
		  Problems aufdecken",
		  Herstellen von gegen-
		  seitigem Verständnis der
		  Parteien
		• **Tools:** Paraphrasieren,
		  Spiegeln, Zusammenfassen,
		  Visualisieren

4 Lösungsoptionen	**5** Vereinbarung

• Sammeln von
  Lösungsvorschlägen
• Wichtig: Erst in einem
  zweiten Schritt bewerten
• Prüfung der Lösung
  (z.B. durch SMART)
• **Tools:** Zusammenfassen,
  Visulisieren
	• Vereinbarung verfassen
	• Zusammenfassen,
	  Bedanken und Lob aus-
	  sprechen und weiteres
	  Vorgehen klären

---

304 Angelehnt an Mediation: Psychologische Grundlagen und Perspektiven, 3. Auflage 2013.

1. Einleitungsphase

Die Einleitungsphase, auch Vorbereitungsphase oder Eröffnungsphase genannt, dient der allseitigen Information und Vorstellung der Beteiligten. Es soll hier geklärt werden, was genau unter einem Mediationsverfahren zu verstehen ist, welche Grundsätze die Mediation hat, welche Ziele mit einem Mediationsverfahren angestrebt werden, und um welche Art von Konflikt es sich handelt. Des Weiteren wird in dieser Phase bereits festgestellt, welche Konfliktparteien maßgeblich für das Verfahren sind und demnach auch teilnehmen sollten, welche Kosten anfallen können und wie lange ein Mediationsverfahren dauert. Ebenfalls wichtig ist die Erläuterung der Rolle und der Aufgaben des Mediators und der Medianten. Die Freiwilligkeit und die Vertraulichkeit müssen neben dem Mediationsvertrag, bzw. im Rahmen dessen gesondert vereinbart werden. Ziel dieses ersten Gesprächs ist die Klärung des äußeren Rahmens, die volle Informiertheit der Parteien und die Herstellung einer sicheren Gesprächsatmosphäre. Dazu gehören einerseits der Aufbau von Vertrauen, andererseits die gemeinsame Ausarbeitung und Vereinbarung von Gesprächsregeln.[305]

Bei Konflikten im Wirtschaftsumfeld kann eine Vorbereitungsphase auch mit dem nicht involvierten Auftraggeber nötig sein, der über die Verfahrensgrundsätze, den Ablauf und die Konditionen informiert wird. Erst in einem zweiten Schritt, nachdem der Auftraggeber seinerseits seine Zusage für das Verfahren gegeben hat, können die Konfliktparteien informiert werden.

Der Mediator sollte sich, je nach Art des Konflikts, schon vorab Wissen aneignen. Zum Beispiel kann bei Umweltmediationen ein technisches Grundverständnis oder bei politischen Mediationen die Kenntnis über die Historie notwendig sein, um dem Konflikt überhaupt folgen und die Teilnehmer wirklich verstehen zu können.[306]

Ganz nach dem Motto „You never get a second chance to make a first impression."[307] ist diese Phase ausschlaggebend für einen ersten positiven Eindruck. Hier können die ersten Weichen gestellt werden, vor allem kann Vertrauen aufgebaut werden oder verloren gehen.

2. Darstellung der Sichtweisen

Nach der Eröffnungsphase folgen die Darstellung der Sichtweisen und die sogenannte Konfliktanalyse. Diese Phase wird auch gerne Informationsphase genannt. Ziel dieser Phase ist die Klärung der Sach- und Rechtslage.

Jedem Medianten soll Raum gegeben werden zu erzählen, wie die Situation aus seiner Sicht entstanden ist. Der Mediator hat dafür zu sorgen, dass beide Parteien

---

305 *Montada/Kals*, Mediation: Psychologische Grundlagen und Perspektiven, 3. Auflage 2013, S. 249; *Haft*, Verhandlung und Mediation, 2000, S. 246; *Koestler*, Mediation, 2010, S. 58.

306 *Montada/Kals*, Mediation: Psychologische Grundlagen und Perspektiven, 3. Auflage 2013, S. 249.

307 *Koestler*, Mediation, 2010, S. 58.

gleiche Redezeiten bekommen und sich an die Gesprächsregeln halten. Durch ein aktives Zuhören, Zusammenfassen und Spiegeln kann der Mediator den Parteien das Gefühl vermitteln, gehört und verstanden zu werden. Der Mediator muss in dieser Phase die Gesprächsführung besonders genau wahrnehmen, da die Parteien häufig nur mühevoll schweigend zuhören können und es gerne zu Anschuldigungen und Drohungen während dieser ersten Phase kommt, die auch verletzend sein können. Wenn dies der Fall ist, hat der Mediator zu intervenieren. Beide Parteien sind immer im Blick zu behalten, die erzählende und die zuhörende. Mit einer Konfliktanalyse sollen verschiedene Streitpunkte und Meinungen dargestellt und erfasst werden. Wichtig ist, dass in dieser Phase die Parteien nicht das Gefühl haben, sich permanent rechtfertigen zu müssen. Es steht ihnen frei, zu Gesagtem Stellung zu beziehen oder es einfach stehen zu lassen. Am Ende dieser Sichtweisendarstellungsphase, sollten einzelne Themen festgehalten werden, die Gegenstand der Mediation werden. Beide Parteien müssen einverstanden sein mit der Themenauswahl und sie anschließend priorisieren. Die Priorisierung erfolgt zum Beispiel durch Abstimmung unter den Parteien. Hier können verschiedene Entscheidungsmaßstäbe angesetzt werden, zum Beispiel Dringlichkeit aufgrund von Fristeneinhaltung, oder persönliche Interessenschwerpunkte. Die gemeinsame Wahl eines Themas, mit dem begonnen werden soll, ist der erste wichtige Schritt zur selbstverantwortlichen Lösung.[308]

Zu empfehlen ist der Beginn mit persönlichen Themen, da Sachthemen häufig erst gelöst werden können, wenn die Parteien die persönlichen Konfliktthemen geklärt haben. Es reicht zu Beginn auch, erst ein Thema als Anfangsthema festzulegen, da sich teilweise die weiteren Themen aus dem Ergebnis des ersten Themas ergeben.

3. Von den Positionen zu den Interessen

In der dritten Phase des Mediationsverfahrens geht es um die Konflikterhellung, in der die Hintergründe der Positionen offengelegt werden sollen, sodass die wahren Interessen der Parteien zum Vorschein kommen. Diese Phase ist die emotionalste Phase der ganzen Mediation, da hier auf Gefühle und Bedürfnisse im Detail eingegangen wird. Um das Ziel der Interessenfindung zu unterstützen, ist es wichtig, dass sich die Parteien vollkommen öffnen und alle wichtigen Informationen preisgeben, auch in Wirtschaftsangelegenheiten. Jedoch besteht die Gefahr der wechselseitigen „Schuldzuweisung". Dies muss durch den Mediator strengstens unterbunden werden, um ein harmonisches Klima aufrechtzuerhalten. Nur in einem angenehmen, vertrauensvollen Rahmen werden die Parteien auch alle verfahrenswichtigen Details kundtun. Es ist eine Vorgehensweise weg von „Du bist schuld, dass ..." hin zu „Ich fühle mich ... Ich hätte damals gebraucht ..." zu verfolgen. Die Konfliktparteien sollen sich gehört und angenommen fühlen. Nur so kann gegenseitiges Verständnis und Veränderung bewirkt werden. Verzerrte Motive, die sich durch die

---

308 *Koestler*, Mediation, 2010, S. 62 f.; *Montada/Kals*, Mediation: Psychologische Grundlagen und Perspektiven, 3. Auflage 2013, S. 259 ff.; *Ihde*, Mediation, 2012, S. 188.

Streitsituation ergeben haben, sollen aufgelöst werden. Der Mediator hat hier eine hohe Empathiefähigkeit unter Beweis zu stellen. Es gilt, die Parteien emotional zu erfassen und aufzufangen, allerdings ebenso den roten Faden und die Lösungsorientierung des Mediationsverfahrens sowie die Allparteilichkeit nicht zu verlieren oder zu verletzen.[309]

In dieser Phase ist von großer Bedeutung, dass die Parteien erkennen, dass nicht nur *eine* Sichtweise die „richtige" ist. Sie sollen sich gegenseitig annähern, indem sie ihre Gefühle und Bedürfnisse schildern. Auch verschiedene Wertvorstellungen sollen zum Ausdruck gebracht und respektiert werden.[310] Eine sehr hilfreiche Beschreibung dieses Prozesses kommt von *Konrad Lorenz*: „Gemeint ist nicht gleich gesagt. Gesagt ist nicht gleich gehört. Gehört ist nicht gleich verstanden. Verstanden ist nicht einverstanden."[311] Ziel ist es, ein gegenseitiges Verständnis und Respekt zu erreichen.

Diese Phase unterscheidet sich zentral von einem Gerichtsverfahren und einigen anderen Konfliktlösungsverfahren dadurch, dass sie sehr tief gehende Züge annimmt. Die Betrachtung und Analyse von Gefühlen und Bedürfnissen bleiben bei anderen Verfahren aufgrund von Zeitmangel oder Sachorientierung oftmals im Hintergrund. Daher ist diese Phase maßgebend für die nachhaltige Lösungsfindung und wird auch als „Nadelöhr"[312] bezeichnet. In diesem Zusammenhang wird gerne das Eisbergmodell genannt, das auf *Sigmund Freud* zurückgeht. Dieses Modell will verdeutlichen, dass oberflächlich oftmals nur die Spitze des Eisbergs wahrzunehmen ist und erst in der Tiefe, die für die Außenwelt nicht zugänglich ist, die wahren Gefühle und Bedürfnisse liegen. Unauflösbar erscheinende Widerstände und Meinungsverschiedenheiten können plötzlich gelöst werden, wenn sich die Parteien tiefer gehend mitteilen und öffnen.[313]

Am Ende dieser Phase haben alle Themen den Prozess der Konflikterhellung durchlaufen, um in die nächste Phase, die Suche nach Lösungsoptionen, zu starten.

4. Lösungsoptionen

Diese Phase wird gerne in zwei Teile aufgespalten: zum einen in die *Suche* nach Lösungsoptionen, zum anderen in die *Bewertung* von Lösungsoptionen. Diese Unterteilung ist in der Praxis wertvoll. Nur wenn sich die Parteien wirklich frei fühlen, ihre Lösungsoptionen zu äußern, auch wenn sie schon wissen, dass diese Ideen nicht auf großen Anklang bei der Gegenpartei stoßen werden, werden sie diese auch äußern. Es sollte jeder Partei die Möglichkeit gegeben werden, nach dem Verständnis für die verschiedenen Sichtweisen und Bedürfnisse, eigene, kreative Lösungsideen in den Prozess einzubringen, bevor diese diskutiert und bewertet werden. Diese offene

309 *Koestler*, Mediation, 2010, S. 64 f.
310 *Montada/Kals*, Mediation: Psychologische Grundlagen und Perspektiven, 3. Auflage 2013, S. 279 ff.
311 *Kraus*, Mediation – wie geht denn das?, 2005, S. 83.
312 *Koestler*, Mediation, 2010, S. 67.
313 *Koestler*, Mediation, 2010, S. 67.

Sammlung dient dem kreativen Entwicklungsprozess von nachhaltigen Lösungen. Der Mediator ist in dieser Phase dazu aufgerufen, Kreativitätstechniken, Moderation und Visualisierung besonders zu verfolgen.[314]

Ziel in diesem ersten Abschnitt dieser Phase ist es, das Denken weg von Schwarz-weiß-Lösungen zu lenken hin zu „Alles ist möglich". Erst in einem zweiten Schritt werden dann alle Lösungsoptionen unter die Lupe genommen und diskutiert. Die Konfliktparteien verhandeln hier über ihre Lösungsvorschläge und prüfen diese auf Machbarkeit, Fairness und Ausgewogenheit sowie Zielerreichung. Hilfreich kann hier das sog. SMART-Modell[315] von *Hyrum W. Smith* sein (siehe Abb. 6 auf S. 120).

Die Aufgabe des Mediators ist es, das Gespräch so zu lenken, dass die Parteien ihre Lösungsoptionen, ihre eigenen Gefühle und Bedürfnisse sowie das Verständnis für die andere Partei in ihre Lösungsbewertung mit einfließen lassen. Durch gezielte Fragen können auch zuerst abgelehnte Vorschläge vielleicht noch verbessert und angenommen werden. Eine abschließende Prüfung auf Durchführbarkeit der Ergebnisse ist unabdingbar.[316]

Wichtig ist ebenfalls die Vermeidung von einseitigem Nachgeben einer Partei. Dies kann beispielsweise aus folgenden Gründen[317] hervorgerufen werden:

- Furcht (die Zuneigung der Gegenseite zu verlieren),
- Abscheu vor Streit,
- Hoffnung auf reziproke Konzessionen der Gegenseite,
- als Demonstration, dass man die Gegenseite eines Streits nicht für wert oder den Streitgegenstand für belanglos hält,
- Zuneigung zur Gegenseite, die man nicht durch Streit verletzen möchte,
- Nachsicht mit der Gegenseite,
- Selbstdarstellung als friedliche und damit als moralisch überlegene Person.

Der Mediator hat darauf zu achten, dass kein Machtungleichgewicht zwischen den Parteien vorhanden ist. Dieses kann zwischenzeitlich abgelegt worden sein und bei der Lösungsphase wieder auftreten. Besonders wenn es um die Frage geht, wer einverstanden ist, muss hierauf ein besonderes Augenmerk gelegt werden, sodass die Konfliktlösung weder eine Form des Sich-Durchsetzens noch eine des einseitigen Nachgebens darstellt. Aus den oben genannten Gründen entscheiden sich Parteien auch manchmal gegen den eigenen Willen. Die Aufgabe des Mediators ist dies möglichst wahrzunehmen, zu hinterfragen und notfalls im Einzelgespräch zu klären. Sollte der Mediator trotz Nachfragen und Abklären des freien Willens zu der Lösung von der betroffenen Partei ein Ja bekommen, so liegt es nicht mehr in seinem Aufgabenbereich, den Willen nochmals zu überprüfen, da die Mediation letztlich ein freiwilliges,

---

314 *Koestler*, Mediation, 2010, S. 69.
315 *Schäffer*, Mediation, 2. Auflage 2007, S. 111.
316 *Koestler*, Mediation, 2010, S. 69 f.
317 *Montada/Kals*, Psychologische Grundlagen und Perspektiven, 3. Auflage 2013, S. 32; *Pruitt/Carnevale*, Negotiation in social conflict, 2003, Kap. 3.

selbstverantwortliches Verfahren ist. Nur bei einem extremen Machtungleichgewicht hat sich der Mediator zu überlegen, ob er die Mediation überhaupt erfolgreich beenden kann. Normalerweise ist dieses Ungleichgewicht in dieser Phase aber bereits beseitigt.

Ziel der Mediation ist eine Win-win-Lösung, bei der alle Parteien mehr Vorteile als Nachteile aus der Situation ziehen. Diese Lösungen ergeben sich häufig nur durch Transzendieren des Konflikts und einen produktiven Austausch, um an verschiedenste Lösungsmöglichkeiten zu gelangen.[318] Je nach Fall und Ergebnis kann eine Prüfung durch Rechtsanwälte oder durch einen Notar sinnvoll sein, bevor die Vereinbarung unterzeichnet wird.

5. Vereinbarung

Diese Phase ist geprägt von einer Zusammenfassung der Ergebnisse und deren Ausformulierung in schriftlicher Form. Sie lässt sich in drei Aufgabenbereiche unterteilen:

1. Erläuterung von ethischen Prinzipien
2. Überprüfung und Kontrolle der Lösungen vereinbaren
3. vertragliche Niederschrift[319]

Elementar ist eine detaillierte Beschreibung der Ergebnisse, sodass in der Umsetzung keine Fragen offen bleiben und die Vereinbarung auch realistischerweise eingehalten werden kann. Eine spätere Kontrolle kann dies bestätigen. Hierfür sollte ein konkreter Zeitpunkt vereinbart werden, sofern die Parteien eine Prüfung der Einhaltung der Ergebnisse verlangen. Zu guter Letzt beendet der Mediator den Prozess und spricht Anerkennung und Wertschätzung aus, bedankt sich für das Vertrauen der Parteien und gibt auch ihnen Gelegenheit, sich wertschätzend zu verabschieden und noch ein paar Abschlussworte auszusprechen.[320]

6. Weiteres Phasenmodell: U-Prozess von Glasl/Ballreich

Glasl und *Ballreich* erweitern die fünf Phasen um zwei weitere. Sie haben einen siebenstufigen U-Prozess entwickelt (Abb. 5).

---

318   *Montada/Kals*, Mediation: Psychologische Grundlagen und Perspektiven, 3. Auflage 2013, S. 281.
319   *Montada/Kals*, Mediation: Psychologische Grundlagen und Perspektiven, 3. Auflage 2013, S. 303.
320   *Koestler*, Mediation, 2010, S. 70 f.

Abb. 5: U-Prozess[321]

1. Vorphase/Einleitung der Mediation
Bereitschaft zur Mediation
Streitthemen sammeln

7. Umsetzung

2. Sichtweisen
aussprechen, gegenseitig verstehen und anerkennen - Perspektivenwechsel

Prozess der Konfliktklärung

6. Übereinkunft
Entscheiden, Planen, Verabredungen treffen, Widerstände bedenken

3. Gefühle
spüren, aussprechen, gegenseitig empathisch verstehen und anerkennen

5. Handlungsoptionen
Gemeinsame kreative Suche nach Lösungen: Angebote - Nachfragen

4. Bedürfnisse
spüren, aussprechen, gegenseitig empathisch verstehen und anerkennen

Besonders hervorgehoben werden durch den mediativen U-Prozess die Phasen der Mediation und ihre Qualitäten. Die Mediation wird anhand einer U-Struktur dargestellt. Dieser Konfliktklärungsprozess beginnt mit der Einleitungs- und Orientierungsphase, geht anschließend in den Vertiefungsprozess über und mündet schließlich in den Bereich der Konkretisierungen.

Eine wichtige Qualifikation für Mediatoren bei dieser Prozessbegleitung ist die Fähigkeit, die seelischen Funktionen, die durch den Konflikt gewachsen sind, zu sehen und gezielt zu bearbeiten und, wenn nötig, zu intervenieren. Die Parteien gehen einen Weg, der sich zusammensetzt aus dem Wahrnehmen, Denken Fühlen und Wollen. Der letzte Punkt des Wollens stellt einen Wendepunkt dar, an dem sich die Parteien nochmals entscheiden können, ob sie diesen Weg weiter verfolgen wollen oder nicht.

Es gibt zwei Achsen, die beim U-Prozess unterschieden werden: Zum einen ist dies die vertikale Achse, die die qualitativen Phasen näher beschreibt, zum anderen ist dies die horizontale Achse, die die Begegnungsdynamik näher betrachtet. Mediatoren müssen daher sowohl inhaltlich wie auch psychologisch geschult sein, um stressbedingte Emotionen der Medianten in den Griff zu bekommen. Da die Arbeit mit der menschlichen Psyche allerdings nicht planbar ist, ist eine gewisse Flexibilität im Verfahren unerlässlich. Der Mediator hat die Aufgabe immerfort den Überblick zu behalten und auf Wendepunkte achtzugeben.

Wichtig ist auch das Anregen des Selbstausdrucks und des Verstehens der Parteien untereinander. Gute Erfahrungen gemacht hat man bisher mit Formaten wie dem „Perspektivwechsel", dem „Doppeln" und dem „Spiegeln". Je nach Phase benötigt

---

321   Quelle: *Ballreich/Glasl,* Konfliktmanagement und Mediation in Organisationen, 2011, S. 250.

der Mediator unterschiedliche Formate, um das Ziel der jeweiligen Phase zu erreichen. Selbst wenn nicht immer alles nach Plan läuft, können die Phasen doch klar
unterschieden werden.[322]
    Im Folgenden werden die Mediationsphasen im Rahmen des U-Prozesses dar-
gestellt.

a) Einleitung

Vor der Einleitung liegt eine kurze Vorphase, die eine grobe Orientierung geben soll,
um den richtigen Einstieg zu gestalten. Hier werden die ersten „Szenen" skizziert
und das Vertrauen aufgebaut. Wenn der Mediationsauftrag bestätigt ist und sich
die Parteien mit dem Mediator einverstanden erklären, beginnt die erste Phase, die
Einleitungsphase. Hier dreht sich alles um das Thema „Einstieg-Gestaltung". Auch
hier ist der Vertrauensaufbau ein sehr relevantes Element, ebenso die Herstellung
eines gemeinsamen Arbeitsbündnisses. Ein ebenfalls wichtiges Themengebiet in
dieser Phase ist die Orientierung über das Vorgehen in dem Mediationsverfahren
und die Klärung der Rollen innerhalb des Verfahrens. Der Mediator sollte Hinweise
auf mögliche Probleme während des Mediationsverfahrens geben, aber auch die
Strategie der Konfliktlösungsvariante Mediation aufzeigen.
    Damit das Verfahren ohne großartige Interventionen seitens des Mediators
durchgeführt werden kann, müssen zu Beginn Regeln festgelegt werden, die die
weitere Zusammenarbeit organisieren sollen. Zudem ist Ziel in diesem Stadium alle
Fragen zu klären, die von organisatorischem Interesse sind.
    Der nächste Punkt ist das Sammeln von Arbeitsthemen. Da diese Phase sehr
emotional belastet sein kann, bieten sich verschiedene Einstiegsmöglichkeiten an.
Bei Konflikten, die in der Eskalationsstufe noch nicht sehr weit fortgeschritten sind,
reicht die einfach Frage nach der Aufzählung der Themen, die die Parteien im Rahmen der Mediation bearbeiten wollen, oftmals aus. Diese können dann beispielweise
auf einem Flipchart oder auf Moderationskarten visualisiert und anschließend hie-
rarchisch sortiert werden.
    Bei höher eskalierten Konflikten wird diese Vorgehensweise eher schwierig sein.
Daher bietet sich in einem solchen Fall eine ereignisorientierte Konfliktlösung an,
die damit arbeitet, konkrete Situationen zu nennen, die emotional sehr stark ausge-
prägt waren und auch zum jetzigen Zeitpunkt noch eine relevante Stellung einnehmen. Hier ist aber wiederum darauf zu achten, dass die Parteien nur ansatzweise von
Ereignissen berichten, um sich nicht zu sehr von ihren Emotionen leiten lassen. Dies
zu beobachten und ein Gespür dafür zu entwickeln, ist die Aufgabe des Mediators.
    Eine komplett unterschiedliche Variante ist die zukunftsorientierte Methode, an
die Konfliktlösung heranzutreten, bei der weniger von vergangenen Geschehnissen
gesprochen wird, sondern der Fokus auf die zukünftige Beziehung der Parteien

---

322 *Ballreich/Glasl,* Konfliktmanagement und Mediation in Organisationen, 2011,
     S. 249 f.

gelegt wird.[323] Positiv ist hier, dass ganz gezielt nach zukunftsweisenden Lösungen gesucht wird und nicht Sachlagen aus der Vergangenheit diskutiert werden, die oftmals emotional entgleiten. Schwierig ist jedoch, die Frage der Nachhaltigkeit dieser Lösungen, wenn die Vergangenheit vollkommen außen vor gelassen wurde und Verletzungen nach wie vor im Raum stehen.

b) Sichtweisen

Die weitere Vorgehensweise setzt an der kognitiven Ebene an. Ausschlaggebend sind hier zwei Prozessziele. Dies sind zum einen die Anregung der Medianten zum Selbstausdruck und zum anderen die Anregung zum gegenseitigen Verstehen. Erreicht werden können diese Ziele durch Zusammenfassen der wichtigsten Aussagen der Medianten durch den Mediator und durch das Fragen nach konkreten Wahrnehmungen, um die Situation sehr klar herauszukristallisieren. Allerdings soll nicht nur der Mediator wiederholen und wichtige Stellen herausarbeiten, sondern die Parteien sollen sich gegenseitig verstehen, indem sie sich gegenseitig paraphrasieren. Als kognitiver Wendepunkt wird die Fähigkeit bezeichnet, den Gegenüber und sich selbst umfassend zu verstehen und im Denken eine Transformation zu bewirken. Die Muster, die dadurch entstehen, können nun bewusst gemacht und verändert werden.[324]

c) Gefühle

In dieser Phase gibt es ebenfalls zwei Prozessziele, die erreicht werden sollen: Das erste Ziel ist wiederum die Anregung des Selbstausdrucks der Parteien. Der Schwerpunkt liegt hier auf der emotionalen Betrachtung der Geschehnisse. Die Medianten sollen Spüren und Ausdrücken lernen. Das zweite Ziel ist das gegenseitige Verständnis im Prozess. Elemente wie Empathie oder Rollentausch sind zentral. Durch diese Phase wird ein gegenseitiges Verständnis für die Gefühle der anderen Parteien erzeugt. Dieser Prozess wird auch als emotionaler Wendepunkt bezeichnet.[325]

d) Bedürfnisse

Diese Phase stellt die Ebene des Wollens dar. Wie auch schon in den vorigen Stufen sind hier Prozessziele der Selbstausdruck und das gegenseitige Verständnis. In der Transformation durch die Arbeit mit Bedürfnissen geht es darum, die unbefriedigten Bedürfnisse der Parteien herauszufinden. Es gilt herauszufinden, was den Medianten gefehlt hat. Das Erspüren und Verstehen der nicht erfüllten Bedürfnisse einer

---

323 *Ballreich/Glasl,* Konfliktmanagement und Mediation in Organisationen, 2011, S. 249 ff.
324 *Ballreich/Glasl,* Konfliktmanagement und Mediation in Organisationen, 2011, S. 249 ff.
325 *Ballreich/Glasl,* Konfliktmanagement und Mediation in Organisationen, 2011, S. 249 ff.

Person wird als intentionaler Wendepunkt bezeichnet. Die Menschen begegnen sich nicht mehr als Feinde, sondern achten und respektieren sich. Sogenannte Ego-Zentrierungen lösen sich auf und die Empathie für die Gegenseite wächst. Dies ist der tiefste Punkt im mediativen U-Prozess, da sich eine Tür öffnet und sich der Weg bahnt zur gemeinsamen Lösungssuche.

e) Handlungsoptionen

Die Befreiung des Denkens, Fühlens und Wollens von Zwängen und egozentrischen Beeinträchtigungen führt zu einer freien, kreativen Lösungssuche. Wichtig ist, dass zu Beginn alle Parteien ihre Kreativität ausleben können und erst in einem späteren, zweiten Schritt eine Bewertung vorgenommen wird. Durch Selbstbesinnung, Angebote und Nachfragen ist der Weg für viele Lösungsoptionen geebnet, die einen großen Ermessensspielraum geben.

Wenn alle Ideen ausgesprochen wurden, geht es um eine Bewertung der Lösungen. War der Prozess bis dahin erfolgreich, dürfte kein „Basar-Verhalten" mehr an den Tag gelegt werden. Die Medianten haben einen langen Weg durchlaufen, der sie hat lernen lassen, wie man der anderen Partei respektvoll gegenübertritt und deren Gefühle und Bedürfnisse achtet.

f) Übereinkunft

Die Aufgabe des Mediators ist hier die Einhaltung einer gesunden Gesprächsatmosphäre und die Planung konkreter Handlungen. Je konkreter ein Ergebnis festgehalten wird, umso größer ist die Chance der Einhaltung und Nachhaltigkeit später. Ebenfalls möglich ist die Hinzuziehung von Rechtsanwälten, Gutachtern, Notaren oder Sachverständigen, die die gefundene Vereinbarung prüfen.

Glasl und *Ballreich* halten eine anschließende „Feier" der Parteien aufgrund des Erreichten für sehr wichtig. Den Medianten soll bewusst gemacht werden, welchen großen Schritt sie selbstständig erreicht haben, für den sie zukünftig auch die Verantwortung tragen.

g) Umsetzung

Durch den tief gehenden emotionalen Prozess, den die Parteien während des Mediationsverfahrens durchlaufen haben, sind sie nicht mehr affektgetrieben, sondern gehen mit Motivation und Energie der verantwortungsvollen Aufgabe der Umsetzung der gemeinsam gestalteten Vereinbarung entgegen.

Falls sich die Vereinbarung doch nicht wie gewollt umsetzen lässt, kann das verschiedene Gründe haben. Beispielsweise können die Veränderungen im Wahrnehmen und Denken noch nicht ausreichend konsolidiert sein, die Emotionen sind noch nicht hinreichend aufgearbeitet worden, oder die Lösungen bestehen den Alltagstest nicht, da sie nicht realistisch formuliert wurden.

Wenn der Prozess jedoch erfolgreich war, wird man eine Veränderung an dem Verhalten der Menschen erkennen können. Insbesondere hinsichtlich der Arbeit, die sie nicht, wie zu Beginn, gegeneinander machen, sondern miteinander.[326] Letztlich sind die beiden Phasenmodelle sehr ähnlich. Der U-Prozess symbolisiert sehr detailliert die Phasenstruktur und vor allem die emotionalen Tiefen, in die sich ein Mediant begeben sollte, um tatsächlich zum gewünschten Ergebnis zu kommen. Die beiden zusätzlichen Phasen, die hier beschrieben werden, sind im Fünf-Phasen-Modell ebenfalls enthalten, jedoch nur kurz beschrieben. *Ballreich* und *Glasl* wollen insbesondere die Gefühls- und Bedürfnisebene herausstellen und voneinander abtrennen und in der letzten Phase, der „Umsetzung", darauf aufmerksam machen, dass die Parteien nach der Mediation selbstverantwortlich für die Realisierung und Verwirklichung Ihrer vereinbarten Lösungen sind. Dieser Punkt ist gerade in der Praxis von zentraler Bedeutung. Denn zufriedenstellend kann eine Lösung nur sein, die auch gelebt wird.

V. Parteien und Teilnehmer

Anders als beispielsweise bei einer offenen Diskussionsrunde muss der Kreis der Verfahrensbeteiligten genau bestimmt sein, es kann nicht jeder Interessierte einen Beitrag in dem Verfahren leisten. Der Begriff „Parteien" ist nicht wie in der ZPO oder im FamFG ein in diesem Sinne formaler Parteibegriff. Vielmehr legen die Medianten selbst fest, wer berechtigt wird, am Verfahren teilzunehmen. In der Mediation existiert nicht das aus dem Gericht bekannte Schema der zwei Parteien (Antragsteller und Antragsgegner sowie Kläger und Beklagter).[327] Sicherlich gibt es auch bei einem Gerichtsverfahren die Möglichkeit, Dritte zu beteiligen, jedoch werden diese unter strengeren Gesichtspunkten ausgewählt. Bei der Mediaiton ist man hier freier.

1. Der Mediator

Im Folgenden wird der Begriff „Mediator" erklärt und es werden seine Aufgaben und Pflichten erläutert.

a) Begriff

„Ein Mediator ist eine unabhängige und neutrale Person ohne Entscheidungsbefugnis, die die Parteien durch die Mediation führt.", so § 1 MediationsG. Der Begriff des Mediators ist zwar in dieser seit 2012 geltenden Vorschrift definiert, jedoch ist „Mediator" keine geregelte und geschützte Berufsbezeichnung. Unabhängigkeit und Neutralität eines Mediators sind zwar wichtige Grundsätze, jedoch definieren sie

---

326 *Ballreich/Glasl,* Konfliktmanagement und Mediation in Organisationen, 2011, S. 249 ff.

327 *Greger/Unberath,* MediationsG, 2013, § 1 Rn. 54 ff.; *Horstmeier,* Das neue Mediationsgesetz, 2013, S. 18.

nicht den Begriff „Mediator". Denn ein Mediator bleibt trotzdem ein Mediator, auch wenn er zwischenzeitlich nicht neutral oder unabhängig ist. Die Parteien sind in der Wahl des Mediators frei. Nur der Inhalt des Auftrags der Parteien ist daher relevant für die Bezeichnung Mediator.[328] Mediator im Sinne des Mediationsgesetzes ist, wer mit einem strukturierten Verfahren beauftragt wurde, das ihm keine Entscheidungsbefugnis zukommen lässt, sondern ein eigenverantwortliches, einvernehmliches Konfliktlösungsverfahren darstellt (§ 1 MediationsG).

Von einem Mediator zu unterscheiden sind Personen, die in einer anderen Funktion, zum Beispiel als Schlichter, Schiedsrichter oder Eheberater lediglich die Grundsätze der Mediation anwenden. Diese Personen sind keine Mediatoren im Sinne des Mediationsgesetzes. Ebenfalls kein Mediator ist der Rechtsanwalt, der von den Parteien beauftragt wird, im Streit die Parteien rechtlich zu beraten.[329]

Die Vorschriften des Mediationsgesetzes sind *lex spezialis* gegenüber anderen berufsrechtlichen Regelungen.[330] Ergänzend bleiben die berufsrechtlichen Regelungen allerdings neben dem Mediationsgesetz bestehen, soweit kein Widerspruch besteht. *Pielsticker, Prütting, Deckenbroch* und *Henssler* gehen von einem einheitlichen Berufsrecht für Mediatoren aus, welches durch das Mediationsgesetz geschaffen wurde.[331] *Greger* ist hingegen der Ansicht, dass das Mediationsgesetz keine berufsrechtliche Regelung bezüglich der Mediatorentätigkeit enthält.[332] Die Autoren der bekannten Internetseite „Integrierte Mediation" beschreiben diesen Konflikt wie folgt: „Das Mediationsgesetz wird sowohl als ein Verfahrensgesetz, wie auch als ein Berufsgesetz bezeichnet. Beides ist nicht ganz korrekt. Der Gesetzgeber selbst hat in der Begründung zum Gesetz darauf hingewiesen, dass es noch zu früh sei für ein Berufsrecht oder dafür, den Beruf des Mediators als ‚stand alone'-Beruf auszurufen. Angeblich gäbe es noch nicht genug Fälle, um einen Mediator vollschichtig als solchen zu beschäftigen. Trotzdem gibt es ein Berufsrecht zur Mediation, auch wenn das nicht speziell geregelt ist. Oft werden berufsrechtliche Fragen zur Mediation auch in den konventionellen Berufen annektiert. Die Rechtsanwälte und Steuerberater sind ein gutes Beispiel dafür."[333] Dieser Ansicht ist zu folgen, da es in der Praxis zum momentanen Zeitpunkt noch schwer ist, diesen Beruf in Vollzeit auszuüben. Generell wird

---

328 *Greger* in: Fischer/Unberath, Das neue Mediationsgesetz, 2013, S. 79 ff.; *Greger/ Unberath*, MediationsG, 2013, § 1 Rn. 70; *Ahrens*, NJW 2012, 2465.

329 *Greger/Unberath*, MediationsG, 2013, § 1 Rn. 70 ff.

330 *Fritz/Pielsticker*, Mediationsgesetz, 2013, § 2 Rn. 3 ff.

331 *Fritz/Pielsticker*, Mediationsgesetz, 2013, § 2 Rn. 3; *Henssler/Deckenbrock*, Das neue Mediationsgesetz: Mediation ist und bleibt Anwaltssache!, 2014, <http://www.der-betrieb.de/content/dft,222,464855> (abgerufen am 12.01.2016); *Prütting*, AnwBl. 2012, 204 ff.

332 *Greger/Unberath*, MediationsG, 2013, § 1.

333 Integrierte Mediation, Vom Verfahrensrecht zum Berufsrecht?, abrufbar im Internet auf der Webseite <http://www.in-mediation.eu/beruf> (abgerufen am 01.01.2016) (Autor dieser Seite ist u.a. *Arthur Trossen*, bekannter Autor der Mediatorenszene, Jurist und Psychologe).

hier oftmals die Lehre (Mediationsausbildungen) parallel als Einnahmeinstrument verwendet.

b) Pflichten und Aufgaben des Mediators

aa) Informationsgespräch

Die Pflichten und Aufgaben des Mediators sind im Gesetz zur Förderung der Mediation und anderer Verfahren der außergerichtlichen Konfliktbeilegung geregelt. Es ist die Pflicht des Mediators, sich in einem Informationsgespräch über den Kenntnisstand der Parteien bzgl. der Grundsätze und des Ablaufs des Mediationsverfahrens und deren freiwillige Teilnahme am Verfahren „zu vergewissern" (§ 2 Abs. 2 MediationsG). Inhalt des Gesprächs sind neben dem Ablauf eines Mediationsverfahrens die Verfahrensgrundsätze sowie Kosten- und Zeitangaben. Aus der Gesetzesbegründung geht hervor, „dass die Parteien über die Sachlage und das Verfahren voll informiert"[334] sein müssen. Ob die Parteien wirklich alles verstanden haben, ist oftmals nicht zu erkennen. Daher muss sich der Mediator vergewissern, dass alle Parteien ausreichend informiert wurden. Selbstverständlich ist dies nur durch subjektives Empfinden festzustellen. Allerdings ist es die Aufgabe des Mediators, insbesondere bei unterschiedlichen Machtverhältnissen zwischen den Parteien, darauf zu achten, dass auch die schwächere Partei alles genau verstanden hat. Es ist eine Fülle von Informationen, die vom Mediator übermittelt werden müssen. Dies stellt hohe Anforderungen an die Medianten. Die Parteien sollten nach dem Informationsgespräch wissen, wer die Beteiligten im Verfahren sind, wie deren Rolle ist, und wie ein Mediationsverfahren abläuft. Außerdem sollten sie selbst entscheiden können, ob ein Mediationsverfahren das richtige Konfliktlösungsverfahren für ihren Fall darstellt.

bb) Pflichtverletzung und Haftung

Wenn der Mediator eine Pflicht verletzt, kommt gegen ihn ein Anspruch auf Schadensersatz aus § 280 Abs. 1 i.V.m. § 241 Abs. 2, § 311 Abs. 2 Nr. 1 BGB (*culpa in contrahendo*) in Betracht.[335] Der Mediator sollte eine Dokumentation über die Inhalte des Informationsgesprächs verfassen, schon allein aufgrund der Haftungsrisiken. Zu empfehlen ist weiter die Unterschrift der Parteien unter einen Schriftsatz, der bestätigt, das Informationsblatt erhalten und die Grundsätze und den Verfahrensablauf verstanden zu haben.[336] Ebenfalls zu empfehlen ist gleich zu Beginn der Abschluss einer Vereinbarung über die Vergütung, Zeit und Ort der Mediationssitzungen und die Vorstellung von der Rolle des Mediators. Nach dem Informationsgespräch(sdokument) müssen die Parteien Kenntnis darüber erlangt haben, dass sie selbstverantwortlich und freiwillig nach einer Lösung für ihren Konflikt suchen in der Mediation.

---

334   BT-Drucks. 17/5335, S. 15.
335   *Fritz/Pielsticker*, Mediationsgesetz, 2013, § 2 Rn. 19; *Tochtermann* in: Fischer/Unberath, Das neue Mediationsgesetz, 2013, S. 113 ff.
336   *Fritz/Pielsticker*, Mediationsgesetz, 2013, § 2 Rn. 21.

cc) Wahrung der Mediatorenrolle und Interventionspflicht

Eine der Hauptaufgaben des Mediators im Mediationsverfahren ist die Wahrung der Rolle, die er verkörpert. Er unterstützt die Parteien als neutraler Dritter. Die Hauptleistungspflicht ist gemäß §§ 611 Abs. 1, 241 Abs. 1 BGB die Durchführung des Mediationsverfahrens. Die Medianten sind aufgrund der unteilbaren Leistung sog. Mitgläubiger im Sinne von § 432 Abs. 1 BGB.[337] Die Aufklärungspflichten sind hingegen bloße Nebenpflichten. Im Zweifel ist anzunehmen, dass der auserkorene Mediator die Leistung selbst erbringen muss und der Anspruch auf dessen Dienste nicht übertragbar ist.[338] Dies ist allein aufgrund der entstehenden Vertrauensbeziehung wichtig. Der Mediator nimmt eine allparteiliche, neutrale Rolle ein, in der er die Parteien darin unterstützt, zu einer selbstverantwortlichen Lösung zu gelangen. Er hat zudem für einen sicheren Rahmen und eine angenehme Gesprächsatmosphäre zu sorgen. Sofern keine besonderen Absprachen getroffen wurden, obliegt es dem Mediator, das Verfahren nach seinem Ermessen zu strukturieren.

Grundsätze der Mediation, die hier verletzt werden können, sind das Neutralitätsgebot und der Schutz einer schwächeren Partei. Hier ist das Einfühlungsvermögen des Mediators gefragt, diesen „Spagat" zwischen der Unterstützung einer benachteiligten Partei und der Wahrung der Allparteilichkeit zu leisten, sodass sich keine Partei vernachlässigt fühlt.

Inwieweit der Mediator zur Intervention verpflichtet ist, geht aus dem Mediationsgesetz nicht hervor. Während der Mediation hat der Mediator einen „Werkzeugkasten" zur Verfügung, der verschiedenste Interventionsmöglichkeiten und kreative Kommunikationstools bereithält.[339]

Aus § 2 Abs. 6 MediationsG ließe sich ableiten, dass der Mediator im Falle der Einigung lediglich darauf hinzuwirken hat, dass die Parteien die Vereinbarung „in Kenntnis der Sachlage treffen und ihren Inhalt verstehen". Anzunehmen ist, dass der Gesetzgeber hier auf die Empathie und die Fähigkeiten des Mediators setzt, aus denen ein gewisses Feingefühl für den richtigen Zeitpunkt eines Eingriffs in das Verfahren hervorgehen sollte. Eine Interventionspflicht bzgl. des Ergebnisses wird wohl auch erst dann greifen, wenn die Grenzen des § 138 BGB oder des § 123 BGB überschritten werden. Bei solch einer Thematik empfiehlt es sich, einen Rechtsanwalt zu konsultieren oder gegebenenfalls sogar das Verfahren abzubrechen. Allein die Tatsache, dass eine Partei besser verhandelt als die andere, oder dass sich die Parteien auf ein Ergebnis einigen, das eine Partei oder gar beide schlechter stellt als bei einer rechtlichen Lösung vor Gericht, reicht laut *Tochtermann* jedoch nicht aus, um eine

---

337 *Nölting*, Mediatorenverträge, 2003, S. 79; *Hacke*, Der ADR-Vertrag, 2001, S. 71.

338 *Greger/Unberath*, MediationsG, 2013, § 2 Rn. 46; *Nölting*, Mediatorenverträge, 2003, S. 135.

339 Vgl. zu diesen Methoden z.B.: *Montada/Kals*, Mediation: Psychologische Grundlagen und Perspektiven, 3. Auflage 2013, S. 96 ff.; *Weckert*, Gewaltfreie Kommunikation in der Mediation, 2012; *Koestler*, Mediation, 2010, S. 49 ff.; *Mahlmann/Dulabaum/Pink u.a.*, 2009, S. 143 ff.

Intervention des Mediators zu verlangen.[340] Dieser Ansicht ist zu folgen, da eines der Hauptelemente der Mediation die Selbstverantwortung ist. Wenn es dem Mediator zur Pflicht gemacht werden würde, über Fairness und Gerechtigkeit zu entscheiden, wäre es keine eigenverantwortliche Parteienlösung mehr. Der Gerechtigkeitsgedanke ist von subjektiver Natur.

Der Europäische Verhaltenskodex für Mediatoren verlangt in Punkt 3.1, dass der Mediator eine „mögliche ungleiche Kräfteverteilung und eventuelle Wünsche der Parteien sowie das Rechtsstaatsprinzip und die Notwendigkeit einer raschen Streitbeilegung" berücksichtigt und ein Machtungleichgewicht auszugleichen versucht.[341]

Letztlich stehen einem Mediator zahlreiche Interventionsmöglichkeiten zur Verfügung (zum Beispiel das Einzelgespräch, der Rollenwechsel, u.a.). Es ist jedoch eine Frage der Empathie und des Gefühls, wann der Mediator welche Methode einfließen lässt. Zudem ist es eine Typfrage, welche Personen welche Methoden gerne anwenden möchten. Gerade im Arbeitsrecht und Gesellschaftsrecht sowie bei Firmenübernahme-Regelungen, in denen ein Mediator zuhilfe gezogen wird, werden aber wohl sehr kreative Mediationsmethoden eher vermieden.

dd) Pflichten des Mediators im Überblick

Ein Mediator hat demnach folgende Aufgaben und Anforderungen zu erfüllen[342]:

1. Aufklärung der Parteien über das Mediationsverfahren, ihre Rolle und diejenige des Mediators
2. Warnung vor möglichen Rechtsverlusten
3. Prüfung des Streitverhältnisses auf seine Mediationstauglichkeit
4. Sachverhaltsaufklärung
5. Führung der Parteien durch die Mediation (Verfahrensleitung, Moderation)
6. Gewährleistung von Unabhängigkeit, Neutralität, Fairness
7. Vertraulichkeit, Verschwiegenheit
8. Mitwirkung bei der Abschlussvereinbarung
9. rechtzeitige Beendigung des Mediationsverfahrens

Im Vergleich zum Güterichter kann festgestellt werden, dass dem außergerichtlichen Mediator zwar ähnliche Pflichten und Aufgaben obliegen, jedoch sind diese wesentlich flexibler und informeller gehalten als vor Gericht. Deutlich ist dies beispielsweise im Verhandlungsstil bemerkbar. Der Güterichter hat sich strikt an verfahrensrechtliche Pflichten zu halten, während der außergerichtliche Mediator in diesem Punkt mehr Gestaltungsfreiraum besitzt.[343]

---

340 *Tochtermann* in: Fischer/Unberath, Das neue Mediationsgesetz, 2013, S. 120.
341 Europäischer Verhaltenskodex für Mediatoren, <http://ec.europa.eu/civiljustice/adr/adr_ec_code_conduct_de.pdf> (abgerufen am 02.01.2016).
342 *Jost* in: Fischer/Unberath, Das neue Mediationsgesetz, 2013, S. 126.
343 *Tochtermann* in Fischer/Unberath, Das neue Mediationsgesetz, 2013, S. 122.

Grundsätzlich steckt der Mediator den Rahmen in der Mediation ab[344], die Parteien entwickeln aber eigenverantwortlich Lösungen.

Tabelle 3: Pflichten des Mediators[345]

Pflichten des Mediators gegenüber den Parteien	Wann?	Rechtsgrundlage	Europäischer Verhaltenskodex für Mediatoren
Aufklärung der Parteien über das Verfahren	vor der Mediation	§ 2 Abs. 2 MedG	
Aufklärung der Parteien über ihre Rolle und die der sonstigen Beteiligten	vor der Mediation	§ 2 Abs. 2 MedG	
Vergewisserung über die freiwillige Teilnahme der Parteien und ihre Einsicht in die Mediationsgrundsätze und -abläufe	vor der Mediation	§ 2 Abs. 2 MedG	Nr. 3.1.
Offenbarungspflicht bzgl. evtl. Interessenkonflikte	vor/ während der Mediation	§ 3 Abs. 1–4 MedG	Nr. 2.1.
Offenbarungspflicht über Aus- und Fortbildung, Mediationserfahrungen	vor der Mediation	§ 3 Abs. 5 MedG	Nr. 1.1., 1.2.
Information der Parteien zum Umfang der Verschwiegenheitspflicht	vor der Mediation	§ 4 S. 4 MedG	
Hinweis bzw. Warnung der Parteien vor einer evtl. Rechtserschwerung (Verjährung)	vor der Mediation		

---

344   *Koestler*, Mediation, 2010, S. 41 f.
345   Angelehnt an: *Fischer/ Unberath*, Das neue Mediationsgesetz, 2012, S. 78, 79.

Pflichten des Mediators gegenüber den Parteien	Wann?	Rechtsgrundlage	Europäischer Verhaltenskodex für Mediatoren
Information über und Vereinbarung einer Vergütungsregelung	vor der Mediation		Nr. 1.3.
Prüfung der Mediationseignung des Falles	vor der Mediation		Nr. 1.2.
Förderung der Kommunikation, des Informations- und Meinungsaustausches zwischen den Parteien sowie ihrer Einbindung	während der Mediation	§ 2 Abs. 3 S. 2 MedG	Nr. 3.1., 3.2.
Strukturierung des Verfahrens	zu Beginn / während der Mediation	§ 1 Abs. 1, 2 MedG	Nr. 3.1.
Neutralität und Allparteilichkeit	immer	§ 1 Abs. 2, § 2 Abs. 3, S. 1 MedG	Nr. 2.2., 3.2.
Verschwiegenheitspflicht	immer	§ 4 MedG	Nr. 4
Zügige Behandlung des Verfahrens	während der Mediation		
Beendigung bei Aussichtslosigkeit	während der Mediation	§ 2 Abs. 5 S. 2 MedG	Nr. 3.2.
Vergewisserung über die Kenntnis der Partei über Tragweite und Sachlage einer Abschlussvereinbarung ggf. Hinweis auf fachliche Beratung	am Ende der Mediation	§ 2 Abs. 6 MedG	Nr. 3.3.

ee) Rechtsanwalt als Mediator

Einen Sonderfall stellt der Rechtsanwalt als Mediator dar. Die Frage, ob ein Anwalt auch als Mediator tätig werden kann, kann definitiv bejaht werden. Dennoch sind einige Dinge zu beachten: Eine Rechtsvertretung und eine Mediation im selben Mandat schließen sich rein berufsrechtlich nicht aus. Auch bezüglich Haftungs- fragen oder der Frage des Parteiverrats gilt das Gleiche wie in der herkömmlichen Anwaltspraxis. Man spricht in diesem Fall gerne von „kooperativer Praxis". Mit dem Anwaltsmandat als Rechtsgrundlage kann der Anwalt mithilfe einer besonderen Vereinbarung mit den Parteien beschließen, dass dieses Mandat einer Kooperation entsprechen soll, die nicht im streitigen Verfahren endet. Sofern sich eine Partei während der kooperativen Praxis doch für ein streitiges Verfahren entschließt, so muss der Anwalt in seiner Rolle als Mediator das Mandat für beide Seiten aufge- ben.[346] Letztlich integriert das Anwaltsmandat die Mediation.[347] Ein Anwalt wird grundsätzlich entweder als Mediator *oder* als Anwalt tätig. Mediator wird aber nicht als Zweitberuf ausgewiesen.[348] Nach *Trossen* wäre es sinnvoll, die berufsrechtlichen Vorschriften zu modernisieren. Gerade § 3 BRAO sollte reformiert werden, so dass eine fälschlicherweise, aber gerne praktizierte Subsummierung der Mediation unter dieser Vorschrift nicht mehr vorkommt. Diese schlägt nämlich fehl, da eine Mediation weder eine Rechtsangelegenheit noch eine Interessenvertretung darstellt.

Selbstverständlich ist auch ein Anwalt, der als Mediator fungiert, zur Auskunft gemäß § 2 Abs. 6 MediationsG verpflichtet. Er muss demgemäß beide Parteien auf die Möglichkeit der rechtlichen Beratung hinweisen. Der Anwalt als Mediator sollte niemals die Parteien individuell rechtlich beraten. Dies würde nämlich gegen das Tätigkeitsverbot gemäß § 3 Abs. 2 MediationsG und gegen den Grundsatz der Allparteilichkeit bzw. Neutralität verstoßen. Am besten wäre es, diese Klarstel- lung in den Mediationsvertrag mit aufzunehmen, sodass die Parteien von Anfang an wissen, dass der Anwalt hier einzig und allein als Mediator auftritt und keine Rechtsberatung vornehmen kann.[349]

ff) Notar als Mediator

Auch der Notar als Mediator stellt eine Besonderheit dar. Aufgrund der Pflicht zur Neutralität in seiner Amtsführung und seiner Rolle als unabhängiger und unpar- teiischer Betreuer der Beteiligten im Sinne der §§ 14, 28 BNotO kann der Notar als „besonders geeignet" angesehen werden. Jedoch ist die Tätigkeit als Mediator nicht vom Amtsgewähranspruch umfasst. Allerdings wird die Tätigkeit als Mediator der hoheitlichen Tätigkeit des Notars zugeordnet. Nach *Trossen* würde sich hier anbie- ten, eine Notarmediation als privatrechtlichen Akt zu gestalten. Auch in Bezug auf

---

346   *Hinrichs/ Stoldt/ Zukunft* in: Hinrichs, Praxishandbuch Mediationsgesetz, 2014, S. 261; *Trossen*, Mediation (un)geregelt, 2014, S. 123.
347   *Trossen*, Mediation (un)geregelt, 2014, S. 123 f.
348   *Trossen*, Mediation (un)geregelt, 2014, S. 231.
349   *Trossen*, Mediation (un)geregelt, 2014, S. 231 ff.; *Greger/Unberath*, MediationsG, 2013, § 2 Rn. 164.

die Kosten ist es dem Notar anzuraten, vergleichbare Stundensätze anzubieten, wie die eines Mediators, der kein Notar ist.[350]

Problematisch ist die Situation, dass der Notar eigene Interessen haben könnte, sofern er auch für die spätere Beurkundung der Sache zuständig ist, da er für gewisse Beurkundungen mehr Geld einnimmt als für andere. Daher empfiehlt es sich, die Beurkundung durch einen anderen Notar vornehmen zu lassen.[351]

Ebenfalls fraglich ist, ob der Urkundsnotar tätig werden darf, falls eine Mediationsklausel aus einem von ihm verfassten Vertrag wirksam wird. Dies könnte gegen § 7 Nr. 1 BeurkG verstoßen. Ob dies der Fall ist, ist jedoch umstritten.[352]

c) Rolle

Die Rolle des Mediators lässt sich für die einzelnen Phasen (siehe Kapitel D. IV. 1.-5.) des Mediationsverfahrens darstellen:

• Zu Beginn der Einleitungsphase der Mediation ist besonders darauf zu achten, dass der Mediator eine fragende, beratende Haltung einnimmt. Im Anschluss geht diese Haltung in eine dialogische, paraphrasierende Haltung über. Gerade am Anfang des Mediationsverfahrens wird der Grundstein der Sympathie gelegt. Es ist daher wichtig, in dieser Phase die Parteien abzuholen und ankommen zu lassen sowie einen sympathischen Eindruck zu hinterlassen, der letztlich in gegenseitiges Vertrauen mündet.
• Phase zwei ist geprägt von einer zusammenfassenden, allparteilichen, zuhörenden Haltung. In dieser Phase geht es vermehrt um das Hören der Sichtweisendarstellung der Medianten. Um Missverständnisse zu vermeiden, ist es sinnvoll, dass der Mediator in zusammenfassender Art und Weise das Gesagte wiedergibt. Speziell in Phase zwei ist es wichtig auf ausgeglichene Redezeiten zu achten, sodass die Parteien das Gefühl von Wertschätzung und Gleichbehandlung des Mediators spüren können.
• In der Phase drei ist der Mediator eine Art „Geburtshelfer", der sehr empathisch und verstehend agiert. Er muss eine wertfreie Haltung annehmen, um den Parteien als neutraler, allparteilicher Mediator zur Seite zu stehen. In der Lösungsphase nimmt der Mediator vor allem eine moderierende, fokussierende Haltung ein, um den Prozess zum Ende zu steuern. Letztlich fasst er in der letzten Phase

350 *Trossen*, Mediation (un)geregelt, 2014, S. 236 ff.; *Fritz/Pielsticker*, Mediationsgesetz, 2013, § 2 Rn. 59 f.
351 So auch: *Trossen*, Mediation (un)geregelt, 2014, S. 239.
352 Der BGH ist der Meinung, dass ein Vergütungsanspruch eines Testamentsvollstreckers keinen rechtlichen Vorteil i.S.v. § 7 BeurkG darstellt, jedoch kann dies nicht ohne Weiteres auf den Urkundsnotar übertragen werden, v.a. wäre dies fraglich, wenn ein Vergütungsanspruch des Mediators direkt in die Mediationsklausel im Vertrag aufgenommen wird. Siehe dazu *Töben*, RNotZ 2013, 321 ff.

nochmals das Erarbeitete und Erlebte zusammen und nimmt eine wertschätzende Haltung ein.[353]

Selbstverständlich muss der Mediator während des gesamten Prozesses all diese Rollen einnehmen, jedoch kommt die ein oder andere Eigenschaft in den einzelnen Phasen aufgrund des Phasenziels deutlicher zum Ausdruck. Eine Haltung ist grundsätzlich eine Ethik, die jeder Mensch individuell in sich hat. Der Mediator unterwirft sich keiner Doktrin, Haltung ist nicht objektivierbar. „Mediation hat keine Absicht."[354] Sie lebt vom Moment und der Individualität des Moments.[355] Darin muss sich ein Mediator mit seiner individuellen Haltung einfinden können und enstprechend seine Rolle einnehmen.

2. Die Medianten

Der Begriff „Mediant" oder auch „Mediand" ist zwar unter Mediatoren weit verbreitet, jedoch nicht im neuen Mediationsgesetz von 2012 zu finden. Das Gesetz bezeichnet die Beteiligten als „Parteien". Allerdings wurde bereits im Regierungsentwurf festgehalten, dass der Parteibegriff nicht im Sinne des Prozessrechts zu verstehen ist, sondern vielmehr dem Vertragsrecht entspringt.[356] Um die verschiedenen Personen dennoch begrifflich unterscheiden zu können, wählte der Gesetzgeber nicht den Begriff „Beteiligte", da sonst der Mediator fälschlicherweise hätte hinzugezählt werden können.[357]

Der erste Absatz des § 1 MedationsG verwendet einen weiten Parteibegriff, d.h. Partei können sein: natürliche Personen, juristische Personen des Privatrechts (z.B. Aktiengesellschaften und GmbHs) sowie des öffentlichen Rechts (z.B. Bund, Länder, Gemeinden) und Vereinigungen, bei diesen allerdings ohne die Anforderung „soweit ihnen ein Recht zustehen kann"[358]. Da in einem Mediationsverfahren persönlich verhandelt wird, lassen sich juristische Personen und Vereinigungen von natürlichen Personen vertreten.[359]

Der Grundsatz der Höchstpersönlichkeit ist in einem Mediationsverfahren entscheidend. Nur wer persönlich anwesend ist, kann seine eigenen Interessen vertreten und für die Lösung stimmen, die ihm persönlich zusagt. Den Parteien ist zu raten, sich nicht vertreten zu lassen, im Regelfall auch nicht von einem Rechtsanwalt. Sofern dieser mit anwesend ist, gebührt ihm die Rolle des Begleiters oder persönlichen Beraters, nicht aber des Entscheiders und Interessenvertreters. Nicht relevant für ein

---

353 Angelehnt an: *Schieferstein*, Spektrum der Mediation 2005, 13, 15.
354 *Schieferstein*, Spektrum der Mediation 2005, 13, 15.
355 *Schieferstein*, Spektrum der Mediation 2005, 13, 15.
356 BR-Drucksache 17/ 5335, S. 13.
357 *Trossen*, Mediation (un)geregelt, 2014, S. 254 f.; *Greger/Unberath*, MediationsG, 2013, § 1 Rn. 25 f., 54 f.
358 *Fritz/Pielsticker*, Mediationsgesetz, 2013, § 1 Rn. 9 ff
359 *Fritz/Pielsticker*, Mediationsgesetz, 2013, § 1 Rn. 9 ff.

Mediationsverfahren sind außerdem Fragen der gesetzlichen Vertretung oder der Aktiv- und Passivlegitimation.[360]

In der Mediation gibt es überwiegend nur zwei Parteien. Diese zwei Parteien können jedoch aus mehreren Personen bestehen, beispielsweise in einer Erbschaftsmediation, bei der die Stiefmutter eine Partei darstellt und die Kinder des verstorbenen Mannes die andere Partei. Daher ist der Begriff „Medianten" eindeutiger als der Parteibegriff des Mediationsgesetzes. Selbstverständlich gibt es aber auch sog. Mehrparteienmediationen, bei denen mehrere Parteien und auch mehrere Personen Teilnehmer sind.

3. Parteianwälte

Manche Medianten bevorzugen es, ihren Anwalt während eines Mediationsverfahrens bei sich zu haben. Gerade in Wirtschaftskonflikten ist dies üblich, sofern es sich nicht um interne Mitarbeiterstreitigkeiten handelt. Auch wenn es um beträchtliche Summen geht bzw. um rechtsstreitige Themen, die gewaltige Folgen nach sich ziehen. In diesen Fällen ist anzuraten, einen Parteianwalt zur Mediation hinzuzuziehen. Die Parteianwälte müssen nicht in jeder Sitzung anwesend sein.[361] Oftmals behindern sie das Verfahren sogar, wenn sie ständig anwesend sind, da die Konfliktparteien in eine passivere Rolle gedrängt werden, als wenn sie allein für sich sprechen. Gerade persönliche, emotionale Themen können häufig ohne Begleitung von Anwälten besser offen ausgesprochen werden.

Die Anwälte können daher auch nur punktuell oder an einzelnen Sitzungen teilnehmen, um ihren Mandanten rechtlich beiseitezustehen und sie gegebenenfalls zu beraten. Eine wichtige Rolle nimmt der Parteianwalt häufig bei der Prüfung der Abschlussvereinbarung ein. Viele Medianten beschreiten den Weg des Mediationsprozesses allein und lassen lediglich die Vereinbarung vor der Unterzeichnung prüfen. Ebenfalls kann der Anwalt hilfreich sein bei der Formulierung einer zukünftigen Mediationsklausel, falls die Medianten dies in ihren neu verfassten Verträgen oder Vereinbarungen so wünschen.[362]

Wichtig ist jedoch, dass der Parteianwalt in der Mediation eine „verstehende, zuhörende, beratende aber zurückhaltende" Rolle einnimmt und nicht eine „forsche, überzeugende".[363] Er ist sozusagen nur „Beisitzer" im Prozess und nicht Hauptvertreter. Die Parteien sollten, wenn möglich, selbst kommunizieren, der Anwalt nur, wenn er gefragt wird.

---

360 *Greger/Unberath*, MediationsG, 2013, § 1 Rn. 56 ff.
361 *Mattioli*, Mediation in der anwaltlichen Praxis, 2012, S. 19.
362 *Mattioli*, Mediation in der anwaltlichen Praxis, 2012, S. 19 f.
363 *Mattioli*, Mediation in der anwaltlichen Praxis, 2012, S. 27.

4. Dritte und Mehrparteienmediation

Die mögliche Anzahl der Parteien lässt das Mediationsgesetz offen. Je nach Konfliktfall kann die Zahl der beteiligten Personen schwanken. Entweder der Fall kann, beispielsweise bei Scheidungen, in den meisten Fällen zu zweit (plus Mediator) gelöst werden, oder man benötigt für die Konfliktlösung und Ergebnisfindung mehrere Personen.[364] Nicht selten stehen sich drei oder mehr gegensätzliche Interessen gegenüber, sodass es für die Lösungsfindung wichtig ist, alle Parteien zu hören. Im Vergleich zu einem Gerichtsverfahren können in einer Mediation in nur einem Verfahren viele divergierende Interessen befriedigt werden. Zwingend erforderlich ist die Zustimmung aller Parteien zur Teilnahme Dritter gemäß § 2 Abs. 4 MediationsG. Aufgrund der einverständlichen Verfahrensgestaltung muss auch der Mediator sein Einverständnis geben.[365]

Bei einer Mehrparteienmediation ist es für den Mediator unverzichtbar, das Machtgleichgewicht und die Redezeiten der einzelnen Parteien im Blick zu haben. Die Anforderungen an ein hoch strukturiertes Verfahren einzuhalten, ist unverzichtbar. Ebenfalls möglich sind Einzelgespräche mit den verschiedenen Parteien. Dies kann im Einzelfall zu besseren Ergebnissen führen, da jede Partei dem Mediator in aller Ruhe und in vertraulicher Atmosphäre ihre Interessen schildern kann. Vorteilhaft ist diese Art der Gesprächsführung vor allem, wenn nicht jede Partei an jedem Thema beteiligt ist. Einzelgespräche müssen aber Teil der gemeinsamen Vereinbarung sein und müssen gesondert von allen genehmigt werden (§ 2 Abs. 3 S. 3 MediationsG).[366]

Bei großen Gemeinschaften, beispielsweise einer Hausgemeinschaft mit gemeinsamen Interessen, ist empfehlenswert, einen Sprecher zu wählen, der die Gruppe im Mediationsverfahren vertritt. In diesem Fall kann eine Ausnahme vom Grundsatz der Höchstpersönlichkeit gemacht werden. Erforderlich sind dabei eine enge Zusammenarbeit und ein fortdauernder Austausch des Sprechers mit der Interessengruppe.

Zweckmäßig ist häufig auch die Einbeziehung von Dritten. Die Möglichkeit der Einbeziehung von Dritten stellt einen beachtenswerten Vorteil der Mediation gegenüber prozessrechtlichen Verfahren dar. Gerade im Hinblick auf die Nachhaltigkeit der gemeinsam gefundenen Lösung kann diese Hinzuziehung nicht nur zweckmäßig, sondern sogar notwendig sein. Bekannte Beispiele für die Nützlichkeit der Einbeziehung von Dritten sind: der Architekt bei einem Bauprojekt, Abteilungs- oder Personalleiter bei innerbetrieblichen Streitigkeiten oder Vertreter des Jugendamts bei einem Sorgerechtsstreit. Die Beteiligung eines Dritten kann auf zwei verschiedene Arten geregelt werden: Zum einen gibt es die Möglichkeit des Einstiegs als Partei im Verfahren. Auf diesem Wege tritt der Dritte in die vertraglichen Beziehungen der

---

364 *Fritz/Pielsticker*, Mediationsgesetz, 2013, § 1 Rn. 10 f.
365 *Greger/Unberath*, MediationsG, 2013, § 1 Rn. 65.
366 *Fritz/Pielsticker*, Mediationsgesetz, 2013, § 1 Rn. 97 ff.; *Greger/Unberath*, MediationsG, 2013, § 2 Rn. 145 ff.

bestehenden Parteien mit ein. Eine zweite Möglichkeit ist die informelle Drittbeteiligung am Mediationsverfahren. Der essenzielle Unterschied zur ersten Variante ist die in diesem Falle ausbleibende Vertragsbeziehung: Der Dritte wird nur unterstützend, informierend oder beratend tätig, wird aber nicht Vertragspartei. Er kann beispielsweise die Rolle des Rechtsbeistands, Coachs, Dolmetschers oder Therapeuten einnehmen. Entweder wird diese Person gemeinsam für beide Parteien tätig oder nur für eine. Es können Abreden getroffen werden, ob der Dritte ständig am Verfahren teilnimmt oder nur an speziellen Sitzungen. Die Vertraulichkeitsabrede im Sinne von § 4 MediationsG betrifft ihn genauso wie die Parteien.[367]

VI. Auswahl des Mediators

1. Freie Wahl des Mediators und Offenbarungspflichten

Ein Grundprinzip der Mediation ist die Freiwilligkeit der Teilnahme der Parteien, die auch in § 2 MediationsG verankert ist. Nach Absatz 2 der Vorschrift dürfen die Parteien den Mediator selbst wählen.[368]

Das Grundprinzip der Neutralität soll durch die Offenbarungspflichten und Tätigkeitsbeschränkungen nach § 3 MediationsG gesichert werden. Der Mediator muss auf Verlangen der Parteien seinen fachlichen Hintergrund, seine Ausbildung und seine Erfahrungen auf dem Gebiet der Mediation offenbaren. Sofern Umstände auftreten, die seine Unabhängigkeit oder Neutralität gefährden könnten, kann der Mediator nur tätig werden, wenn sich die Parteien ausdrücklich nach eingehender Information für ihn aussprechen (§ 3 Abs. 1 MediationsG). Ein absolut ausgeschlossener Fall für die Ausübung einer Mediation wäre beispielsweise der Umstand, dass der Mediator schon einmal für eine Partei in einer anderen Sache oder gar der gleichen tätig war (§ 3 Abs. 2 MediationsG). Sollte der Mediator mit einer Person in einer Bürogemeinschaft tätig sein, die mit dieser Sache schon einmal beauftragt wurde, so kann der Mediator die Mediation nur unter ausdrücklicher Zustimmung der Parteien durchführen, und, wenn Belange der Rechtspflege nicht entgegenstehen (§ 3 Abs. 3 und 4 MediationsG). Gerade die Wahl des Mediators stellt in der Praxis häufig eine Hürde dafür dar, sich überhaupt auf ein Mediationsverfahren einzulassen. Die Schwierigkeit dabei ist, dass sich beide Parteien auf einen Mediator einigen müssen, dem sie gleichermaßen vertrauen.[369]

Wichtig ist es, in einem Erstgespräch die Unsicherheiten der Parteien zu beseitigen und Vertrauen herzustellen. Dies kann durch eine offene Körperhaltung und Gesten gefördert werden. Ebenso positiv wirkt es sich aus, wenn die Mediatoren

---

367 *Wagner*, Vertraulichkeit der Mediation, in: Fischer/Unberath, Das neue Mediationsgesetz, 2013, S. 89 ff.
368 Siehe dazu *Ahrens*, NJW 2012, 2465.
369 *Greger/Unberath*, MediationsG, 2013, § 2 Rn. 2 ff.

ihre Allparteilichkeit im Erstgespräch offen ansprechen und dies mehrmals wiederholen.[370]

Es besteht die Möglichkeit der Eigeninitiative, das bedeutet, die Konfliktparteien wählen den Mediator selbst, oder sie entscheiden sich beispielsweise für einen Mediator, den das Gericht ihnen vorgeschlagen hat. Die Einigung erfolgt normalerweise erst nach einem persönlichen Kennenlernen und einem Vorgespräch oder Informationsgespräch. Bei der Empfehlung eines Mediators durch einen Dritten ist große Vorsicht geboten, dass sich die Parteien nicht verpflichtet fühlen, genau diesen für die Mediation zu wählen.[371]

Um die Auswahl zu erleichtern, haben sich bereits einige Vereinigungen gegründet, die einen Pool an Mediatoren aufweisen und im Internet in einem Profil anzeigen können, welchen Schwerpunkt der Mediator hat und welche Ausbildung er absolviert hat. Ein Beispiel hierfür ist das Mediatorenverzeichnis für Deutschland „Mediator finden" oder im kleinen regionalen Rahmen zum Beispiel das „Mediationszentrum Allgäu".[372]

Eine andere Herangehensweise bietet beispielsweise das „Europäische Institut für Conflict Management e.V." Diese Organisation verwaltet einen Mediatorenpool und empfiehlt Konfliktparteien konkret einen Mediator für jeden individuellen Fall. Die Auswahl trifft dort ein Gremium.[373] Ebenfalls kann mit einem Ranking vorgegangen werden, das nach den Präferenzen der Parteien die Auswahl erleichtert. Der Vorteil solcher Organisationen ist die Sicherstellung der Qualität der Mediatoren. Die drei erwähnten Institute haben alle interne Regelungen und Mindestanforderungen, welche ein Mediator erfüllen muss, um überhaupt als Mediator gelistet zu werden. Die Parteien können sich daher auf einen guten Qualitätsstandard verlassen.

Die Parteien können den Vorschlag einer dritten Person für die Wahl eines Mediators „konkludent" annehmen. Die Möglichkeit der konkludenten Wahl eines Mediators wird begründet mit der Eigenverantwortlichkeit der Entscheidung der Parteien und einer – nunmehr überholten – Verfahrensweise: Im Rahmen der, mittlerweile abgeschafften, gerichtsinternen Mediation gab es einen Geschäftsverteilungsplan der innergerichtlichen Mediatoren. Dessen „Empfehlung" eines Mediators sollte möglich sein, aber dennoch den Grundsatz der Eigenverantwortlichkeit der Mediatorenwahl nicht verletzen. Trotz der Abschaffung der gerichtsinternen Mediation haben diese allgemeinen Überlegungen zum Thema „Dritt-Empfehlung" weiter Bedeutung. Auch deshalb ist es wichtig, beide Parteien darüber zu informieren, dass diese selbstverantwortlich die Person des Mediators wählen (können). Sie sind nicht

---

370   *Weckert/Bähner/Oboth/Schmidt*, Praxis der Gruppen- und Teammediation, 2011, S. 57 ff.

371   *Fritz/Pielsticker*, Mediationsgesetz, 2013, § 2 Rn. 7 ff.

372   <www.mediator-finden.de> (abgerufen am 03.02.15) und <www.mediationszentrum-allgaeu.de> (abgerufen am 03.02.15).

373   <http://www.eucon-institut.de/index.html> (abgerufen am 03.02.15).

an eine Empfehlung gebunden. Nicht genannt werden müssen die Gründe für die Ablehnung. Dies soll Druck von den Parteien nehmen.[374]

Neben der Qualifikation muss auch auf die Haltung des Mediators geachtet werden. Nur das Zusammenspiel von Technik, die in Ausbildungen erlernt werden kann, und der richtigen Haltung, führt zu einem guten Mediator.[375]

Handelt es sich um eine Wirtschaftsmediation oder eine Mediation innerhalb einer Organisation, so stellt sich weiter die Frage, ob man einen internen Mediator wählt, falls vorhanden, oder ob man sich eines externen Mediators bedient. Der Vorteil eines internen Mediators in Wirtschaftsangelegenheiten ist beispielsweise die Kenntnis des Unternehmens, der Struktur der Organisation. Dadurch kann eine „Konfliktfestigkeit"[376] gelingen, die den Umgang mit zukünftigen Konflikten intelligenter gestaltet, aufgrund der Kenntnis, wie konkret mit schwierigen sozialen Situationen umzugehen ist und wie man einen bestimmten Nutzen aus den Spannungsfeldern ziehen kann.[377]

Ein Urteil des Landgerichts Frankfurt a.M. aus dem Jahre 2014[378] beschäftigte sich mit einem Fall, bei dem der Rechtsschutzversicherer DEURAG für seinen Versicherten lediglich die Kosten für einen von ihnen ausgewählten Mediator im „Tarif M-Aktiv" übernehmen wollte. Das LG Frankfurt urteilte, die einseitige Wahl des Mediators seitens der DEURAG verstoße gegen das Recht nach § 2 Abs. 1 MediationsG, den Mediator frei zu wählen. Unwirksam wird laut LG Frankfurt eine Klausel, die besagt, dass die Rechtsschutzversicherung die Kostenübernahme für die gerichtliche Konfliktbeilegungsvariante nur übernimmt, wenn vergeblich eine Streitschlichtung durchzuführen versucht wurde. Das Gleiche gilt, wenn die Rechtsschutzversicherung nur Kosten für den gerichtlichen Weg übernimmt, sofern ein Mediationsverfahren durchgeführt wurde.[379] Dieses Urteil ist ein Beleg für die Bedeutung des Grundsatzes der freien Wahl des Mediators.

2. Mediatoren-Zusammenschlüsse

Grundsätzlich kann eine Mediation von einem oder mehreren Mediatoren geleitet werden (§ 1 Abs. 1 MediationsG). Das Zusammenarbeiten mehrerer Mediatoren wird in der Praxis und ebenso im MediationsG auch „Co-Mediation"[380] oder

---

374 *Fritz/Pielsticker*, Mediationsgesetz, 2013, § 2 Rn. 7 ff.; *Greger/Unberath*, MediationsG, 2013, § 2 Rn. 3 ff.

375 *Koestler*, Mediation, 2010, S. 41 ff.

376 *Glasl*, Selbsthilfe in Konflikten: Konzepte, Übungen, Praktische Methoden., 2007.

377 *Ballreich/Glasl*, Konfliktmanagement und Mediation in Organisationen, 2011, S. 245 ff.

378 LG Frankfurt a.M. v. 07.05.2014, Az. 2–06 O 271/139.

379 LG Frankfurt a.M. v. 07.05.2014, Az. 2–06 O 271/139. *Bauer*, NJW 2015, 1651, 1652; *Röthemeyer*, ZKM 2014, 203 f.

380 *Greger/Unberath*, MediationsG, 2013, § 2 Rn. 273 ff.; *Fritz/Pielsticker*, Mediationsgesetz, 2013, § 1 Rn. 30.

„Team-Mediation"[381] genannt. Sinnvoll ist diese Art der Mediation vor allem bei
sog. Genderkonflikten, Familienkonflikten und Wirtschaftskonflikten sowie bei
Großgruppen. Die Verbindung kann zwischen zwei Berufssparten bestehen, zum
Beispiel in Familienmediationen, zwischen einem Familienmediator und einem
Psychologen, oder zwischen zwei Geschlechtern. Bei Scheidungsfällen wird gerne
auf einen männlichen und einen weiblichen Mediator zurückgegriffen, sodass die
Parteien das Gefühl haben, in einem neutralen Rahmen agieren zu können.
  Die Parteien erhoffen sich durch das gemeinschaftliche Mediatoren-Team einen
Vorteil. Daher haben die Mediatoren in der Regel auch die Pflicht, die Leistung ge-
meinsam zu erbringen, und sie tragen auch die Verantwortung für die Strukturierung
des Verfahrens (Inhalt und Rahmen) gemeinsam. Für Pflichtverletzungen wiederum
haften alle Mediatoren getrennt voneinander. Eine wechselseitige Zurechnung über
§ 278 BGB scheidet aus.[382]
  Probleme können sich in Bezug auf verschiedene Berufsordnungen ergeben.
Eine Bürogemeinschaft oder ein auf lange Zeit ausgerichteter Zusammenschluss
von Rechtsanwälten, Notaren und Steuerberatern auf der einen Seite und Psychologen, Pädagogen und Sozialpädagogen auf der anderen Seite, ist für Mediatoren
nicht möglich (siehe § 59a BRAO, § 9 BNotO, § 51 ff. BOStB). Möglich sind jedoch
verfestigte Kooperationen. Die Mitglieder empfehlen sich gegenseitig und dürfen
auch gemeinsam tätig werden. Zu beachten sind lediglich folgende Vorschriften:
§ 43b BRAO und § 8 BORA. Speziell zu beachten haben Rechtsanwälte, Notare und
Steuerberater die Vorschriften der §§ 33, 30 BORA und Psychologen, Psychotherapeuten § 9 der Muster-BO der BPtK).[383]
  Das Honorar wird im Regelfall mit jedem Mediator extra vereinbart. Im Einzelfall
kann ein Vertrag mit einer Mediatorengesellschaft geschlossen werden, die dann
auch die Rolle des Vertragspartners einnimmt.[384]
  Ob Konfliktparteien einen oder mehrere Mediatoren haben möchten, hängt allein
von ihnen selbst ab. Der Mediator hat lediglich die Pflicht, die Parteien darüber in
Kenntnis zu setzen, wenn seines Erachtens eine Co-Mediation notwendig oder sogar
unverzichtbar ist. Gründe für eine Co-Mediation sind vielschichtig: angefangen von
den einzelnen Bedürfnissen des Mediators über die Wahrung und Förderung der
Neutralität bis hin zu der speziellen Konfliktsituation, die es verlangt, mehrere Mediatoren zu beauftragen. Ein weiterer Vorteil ist, dass die Aufgaben, je nach Spezialge-
biet der Mediatoren verteilt werden können, sowie, dass Aufgaben danach getrennt
werden können, dass sie thematisch beispielsweise ein Jurist oder ein Psychologe

---

381 *Fritz/Pielsticker*, Mediationsgesetz, 2013, § 1 Rn. 30.
382 *Greger/Unberath*, MediationsG, 2013, § 2 Rn. 273 ff.; *Baechler/Frieden*, Schweizeri-
     sches Jahrbuch für Entwicklungspolitik (25) 2/2006, 189 *Fritz/Pielsticker*, Mediati-
     onsgesetz, 2013, § 1 Rn. 30 ff., Methodik IV. Rn 19 ff.
383 *Fritz/Pielsticker*, Mediationsgesetz, 2013, Methodik IV. Rn. 39 ff.
384 *Greger/Unberath*, MediationsG, 2013, § 3 Rn. 17 f.

besser wahrnehmen kann, oder strukturell besser bei einem ausgebildeten Mediator aufgehoben sind.[385]

3. Gerichtsempfehlung

Anders als beim Güterichterverfahren gibt es bei einem Mediationsverfahren keinen festgelegten Mediator. Allerdings kann das Gericht den Parteien einen Mediator empfehlen. Ob die Parteien diesen wählen, oder einen anderen, bleibt ganz ihnen überlassen. Eine gerichtsinterne Mediation gibt es in der bis dahin bestehenden Form seit dem neuen Gesetz zur Förderung der Mediation und anderer Verfahren der außergerichtlichen Konfliktbeilegung nicht mehr. Das heißt, wenn ein Gericht an einen Mediator verweisen möchte, ist dieser außergerichtlich tätig, es sei denn, es verweist an einen Güterichter, der sich der Mediation bedienen darf.[386]

VII. Abschluss der Mediation

Haben sich die Medianten auf ein Ergebnis geeinigt, so wird, wenn die Parteien zustimmen (§ 2 Abs. 6 MediationsG), als letzter Schritt in einer Mediation eine Abschlussvereinbarung angefertigt. Diese hat drei Aspekte zu berücksichtigen:

- Erstens sollen ethische Prinzipien für die Vereinbarung erläutert werden, beispielsweise die Gerechtigkeit des Vertrages. Entscheidend für dieses Merkmal ist zum einen die Freiheit, die Vereinbarung zu unterzeichnen, zum anderen müssen alle Parteien auf dem gleichen Informationsstand sein („consenti non fit iniuria"). Es dürfen zudem keine Vereinbarungen geschlossen werden, die Dritten oder der Allgemeinheit schaden könnten.
- Zweitens wird die Begleitung und Umsetzung der Lösung vereinbart. Zu berücksichtigen sind nicht nur die Inhalte der Lösung, sondern auch die Wege, die zu einer Lösung geführt haben. Die Aufgabe des Mediators ist hierbei die Klärung von unterschiedlichen Auffassungen des Vertrages. Ziel ist die einheitliche Anschauung.
- Drittens kann die Vereinbarung schriftlich fixiert und somit dokumentiert werden (§ 2 Abs. 6 S. 3 MediationsG), sodass beide Parteien daran gebunden sind. Es muss strengstens auf eine präzise Formulierung geachtet werden, die genaue Zeitpunkte und Fakten bestimmt, die auch nachprüfbar sind. Ein beliebtes Modell ist das SMART[387]-Modell von *Filner* und *O'Brien*. Diese Methode hilft den Medianten, nochmals zu prüfen, ob das Ergebnis, das vereinbart werden soll,

---

385   *Fritz/Pielsticker*, Mediationsgesetz, 2013, Methodik IV. Rn. 23 ff.
386   *Fritz/Pielsticker*, Mediationsgesetz, 2013, § 2 Rn. 7 ff.
387   *Kessen/Troja*, Die Phasen und Schritte der Mediation als Kommunikationsprozess, in Haft/Schlieffen, Handbuch Mediation, 2. Auflage 2009, S. 293 ff.

realistisch umsetzbar ist in der angegebenen Zeitspanne, ob es auch nachprüfbar und ausführbar ist und ob eventuelle Schwierigkeiten auftreten könnten.[388]

Abb. 6: SMART-Modell[389]

S	M	A	R	T
Specific *What, where, how?*	Measurable *From and to*	Assignable *Who?*	Realistic *Feasible*	Time-based *When?*

Je nach Situation muss der Mediator die Parteien darauf hinweisen, fachliche Beratung einzuholen (§ 2 Abs. 6 MediationsG). Ziel dessen ist, dass sich die Parteien
über die Auswirkungen der Vereinbarung im Klaren sind.

Anwaltliche Mediatoren können durch einen sog. Anwaltsvergleich gemäß § 796a
ZPO eine Ergebnis-Vereinbarung vollstreckbar machen. Nichtjuristen können dies
nicht. Eine Vereinbarung kann allerdings als Vergleich gemäß § 794 Abs. 1 ZPO vor
einer Gütestelle oder einer Schiedsstelle protokolliert werden oder gemäß § 796a
ZPO über einen Anwaltsvergleich vollstreckbar gemacht werden.

Außerdem stehen die Möglichkeiten der notariellen Beurkundung der Abschlussvereinbarung gemäß § 794 Abs. 1 Nr. 5 ZPO und ein „Pro forma"-Schiedsgerichts-
verfahren mit einem Titel gemäß § 1053 Abs. 1 S. 2 ZPO zur Verfügung.[390]

Die Form der Abschlussvereinbarung ist im Mediationsgesetz nicht geregelt.
Wenn ein Rechtsgeschäft mit speziellen gesetzlichen Anforderungen geregelt wurde,
muss die Vereinbarung allerdings diesen Anforderungen genügen. Typisches Beispiel
hierfür ist die Grundstücksübertragung, die einer notariellen Beurkundung bedarf.
Ob die Vereinbarung über den Postweg in Papierform versendet wird, oder per
E-Mail oder Fax, ist den Parteien freigestellt.

Generell unterscheidet das BGB verschiedene Formen der Abfassung:

1. Die Schriftform gemäß § 126 BGB: Eine Urkunde muss vom Aussteller eigenhän-
   dig unterzeichnet werden. Beispiel: unterschriebener Brief
2. Die elektronische Form gemäß § 126a BGB: In der Urkunde muss der Aussteller
   erkennbar sein und sie muss eine elektronische Signatur enthalten. Beispiel:
   elektronisches Dokument mit Signatur
3. Textform gemäß § 126b BGB: Eine Urkunde oder eine andere dauerhafte Wieder-
   gabe von Schriftzeichen, in der der Erklärende genannt wird und ein Abschluss
   einer Erklärung erkennbar ist. Beispiel: E-Mail, Fax

---

388   *Montada/Kals*, Mediation: Psychologische Grundlagen und Perspektiven, 3. Auf-
       lage 2013, S. 303 ff.
389   Angelehnt an: *Kessen/Troja* in: Haft/Schlieffen, 2009, S. 293 ff.
390   *Horstmeier*, Das neue Mediationsgesetz, 2013, S. 127 ff.

4. Notarielle Beurkundung gemäß § 128 BGB: Erklärung bei einem Notar in formalisierter Form und Angaben des Beurkundungsgesetzes. Beispiel: notarielle Beurkundung eines Grundstücks[391]

Die wichtigsten Formvorgaben für die Mediationspraxis sind folgende:

Tabelle 4: Wichtige Formvorgaben für die Mediationspraxis[392]

Rechtsgeschäft	Formvorgabe	Gesetzliche Regelung
Übertragung von Grundstücken	notarielle Beurkundung	§ 311 Abs. 1 S. 1 BGB
Übertragung gegenwärtiges oder zukünftiges Vermögen	notarielle Beurkundung	§ 311 Abs. 2 BGB
Erbvertrag	notarielle Beurkundung	§ 2276 Abs. 1 S. 1 BGB
Erbverzicht	notarielle Beurkundung	§ 2348 BGB
Ehevertrag	notarielle Beurkundung	§ 1410 BGB
Versorgungsausgleich	notarielle Beurkundung	§ 7 VersorgungsausglG
Nachehelicher Unterhalt	notarielle Beurkundung	§ 1585c BGB
Übertragung Gesellschaftsanteile	notarielle Beurkundung	§ 15 Abs. 3 GmbHG
Kündigung eines Mietverhältnisses	Schriftform	§ 568 Abs. 1 BGB
Anerkenntnis des Bestehens eines Schuldverhältnisses	Schriftform	§ 766 S. 1 BGB

VIII. Arten der Ausführung von Mediationsverfahren

In den letzten Jahren haben sich unterschiedliche Untergruppen und Unterarten von Mediationsverfahren entwickelt, zum Beispiel die Shuttle-Mediation, die Online-Mediation, die Kurzzeitmediation und die Peer-Mediation. Inwieweit diese Arten mit dem Begriff der Mediation laut Mediationsgesetz übereinstimmen, wird im Folgenden untersucht.

---

391 *Ropeter* in: Hinrichs, Praxishandbuch Mediationsgesetz, 2014, S. 213.
392 Angelehnt an: *Ropeter* in: Hinrichs, Praxishandbuch Mediationsgesetz, 2014, S. 213 f.

1. Shuttle-Mediation

Bei der Shuttle-Mediation handelt es sich um eine Verhandlungsmethode, bei der sich die Parteien an verschiedenen Standorten befinden und der Mediator zwischen den Orten hin- und herpendelt. Gerade im angelsächsischen Raum ist diese Art der Mediation, die auch „Pendelmediation" genannt wird, weit verbreitet. Nach Angaben deutscher Rechtsschutzversicherer werden von dieser Art der Mediation Tausende von Fällen jährlich an Mediatoren vermittelt.[393] Diese Mediationen werden meist aufgrund örtlicher oder zeitlicher Differenzen der Medianten in Form von Shuttle-Mediationen ausgetragen. Der Kommunikationsweg ist ausschließlich die Vermittlung durch den Mediator, vom Informationsgespräch bis zur Abschlussvereinbarung.

Abzugrenzen ist die Shuttle-Mediation von dem sog. Caucus, dem Einzelgespräch, das gern in einer Präsenz-Mediation als Methode verwendet wird. Hier werden die Parteien allerdings nur kurzfristig getrennt und kommen nach den Einzelgesprächen wieder gemeinsam an einen Tisch.

Die Vorteile einer Shuttle-Mediation liegen auf der Hand:

1. Logistische Schwierigkeiten können überwunden werden.
2. Hierarchische Konflikte können vermieden werden.
3. Hocheskalierte Konflikte können hiermit teilweise besser gelöst werden, da eine direkte Konfrontation vermieden wird.
4. Da dieses Verfahren häufig vereinfacht und verkürzt, größtenteils auf der Sachebene ausgetragen wird, fallen oft geringere Kosten an. Auch teure Reisekosten der Medianten bzw. Arbeitsausfall können so vermieden werden.[394]
5. Sprachbarrieren können ebenfalls verringert werden.

Es bestehen jedoch auch Nachteile, die nicht zu vernachlässigen sind:

1. Gerne wird diese Mediationsart mit einem Coaching oder einer Schlichtung verwechselt.
2. Es treten häufig Zweifel an der Allparteilichkeit auf.
3. Ebenso kann die Vertraulichkeit infrage gestellt werden.[395]
4. Die Medianten bekommen nur das Vermittelte mit, nicht die Gestik, Mimik und das Verhalten der Gegenpartei.

Die Shuttle-Mediation kann entweder durch Anwesenheit des Mediators erfolgen oder per Telefon-Shuttle. Die Variante, bei der die Parteien von vornherein an keiner unmittelbaren Kommunikation untereinander Interesse haben, ist keine Mediation

---

393 *Heim*, Shuttlemediation – Mediation oder Technik?, Teil 1, 2013, <https://www.mediationaktuell.de/news/shuttlemediation-mediation-oder-technik-teil-i> (abgerufen am 12.08.2015).

394 Ebd.

395 *Heim*, Shuttlemediation – Mediation oder Technik?, Teil 1, 2013, <https://www.mediationaktuell.de/news/shuttlemediation-mediation-oder-technik-teil-i> (abgerufen am 20.01.2016).

im Sinne des Mediationsgesetzes, sondern ist vielmehr als „Vermittlungsverfahren eigener Art" zu bezeichnen, das als „Unterstützung kompetitiven Verhandelns"[396] zu qualifizieren ist. Das Mediationsgesetz findet daher keine direkte Anwendung.[397]

2. Online-Mediation

Die Online-Mediation ist hauptsächlich durch die neue ADR-Richtlinie[398] bekannt geworden. Bei Verbraucherrechtsstreitigkeiten wird eine Mediation gerne über Online-Tools durchgeführt. Es gibt synchrone und asynchrone Tools, die bei einer Online-Mediation verwendet werden können. Während bei der synchronen Online-Mediation auf Tools wie Chats oder Videokonferenzen gesetzt wird, ist meistgenutztes Tool bei der asynchronen Online-Mediation der normale E-Mail-Verkehr. Eine Anwendungsform, die aus der Online-Mediation resultiert, ist die Cross-Border-Mediation[399].[400] Mittlerweile gibt es zahlreiche Tools, die speziell für eine Online-Mediation ausgelegt sind.

Sofern dieses Verfahren von einem Mediator geleitet wird, der zwischen den Parteien auf elektronischem Wege vermittelt, wirft dies keine rechtlichen Zweifel auf. Sollte jedoch der Vermittler nur im Auftrag einer Partei an eine andere herantreten, so sind Bedenken gegeben, ob es sich rechtlich um eine Mediation handelt. Es ist davon auszugehen, dass diese Vorgehensweise unter den Begriff „Online-Schlichter" fällt.[401]

3. Kurzzeitmediation

Bei einer Kurzzeitmediation liegt der Fokus aus Zeitmangel auf einer schnellen Lösung. Es werden zwar alle Phasen wie in einem normalen Mediationsprozess durchlaufen, allerdings geht dieses Verfahren nicht so weit in die Tiefe. „Man könnte auch sagen, dass in der Kurz-Zeit-Mediation der Prozess beendet, aber nicht vollendet wird."[402] Der Begriff „Kurzzeitmediation" ist nicht sehr glücklich gewählt

---

396 *Greger*, ZKM 2015, 173; a.A. *Eidenmüller/Wagner*, Mediationsrecht, 2015, Kap. 4 Rn. 68 f.
397 *Greger*, ZKM 2015, 173.
398 Richtlinie 2013/11/EU des Europäischen Parlaments und des Rates vom 21. Mai 2013 über die alternative Beilegung verbraucherrechtlicher Streitigkeiten und zur Änderung der Verordnung (EG) Nr. 2006/2004 und der Richtlinie 2009/22/ EG (Richtlinie über alternative Streitbeilegung in Verbraucherangelegenheiten), ABl. EU Nr. L 165 vom 18.6.2013, S. 63.
399 Cross-Border-Mediation befasst sich mit den Besonderheiten bei internationalen und interkulturellen Konflikten.
400 *Trossen*, Mediation (un)geregelt, 2014, S. 134.
401 *Greger*, ZKM 2015, 173.
402 *Krabbe*, Zeichen der Zeit – Die Kurz-Zeit-Mediation, <http://www.heiner-krabbe. de/fileadmin/daten/www.heiner-krabbe.de/Kurzzeit_Mediation.pdf> (abgerufen am 03.02.2016).

worden, da er Erwartungen an eine vollwertige Mediation suggeriert. Besser wäre die Bezeichnung „Konfliktmoderation"[403], da hier nicht von einer Mediation, sondern von der „kleinen Schwester", der Moderation die Rede ist. Bei höher eskalierten Konflikten sind Mediationen in Kurzform nicht möglich, da sie die Zeit benötigen um nachhaltig beigelegt zu werden.

Nachteile einer Kurzzeitmediation sind folgende:

1. Die Konflikte können nicht in der Tiefe analysiert und bearbeitet werden.
2. Die Parteien können sich unter Druck gesetzt fühlen in ihrer Lösungsfindung.
3. Die Parteien behalten gegebenenfalls aufgrund des Zeitmangels wichtige Informationen für sich, obwohl diese ausschlaggebend für das Verfahren sein können.
4. Der Mediator kann sich möglicherweise aufgrund des Zeitdrucks nicht intensiv genug mit den Parteien beschäftigen und wertvolle Tools und Methoden nicht anwenden.

Es gibt aber auch Vorteile: Die Kurzmediation ist eine kostengünstige, schnelle Alternative zur normalen Mediation. Sofern es sich nur um die Sachebene oder kleinere Konfliktthemen handelt, die nicht hoch eskaliert sind, ist eine Kurzzeitmediation sehr hilfreich. Diese Mediationsart ist aus der Nachfrage der Klienten entstanden, die eine kurzfristige, zeitlich und finanziell begrenzte Form der Mediation wünschten. *Krabbe* und *Fritz* sind der Meinung, dass eine solche Mediationsform dringend notwendig ist, um als Mediator dem Wettbewerb am Markt standzuhalten.[404] Ziel einer Kurzzeitmediation ist somit nicht die Lösung aller bestehenden Konflikte wie in einer Langzeitmediation, sondern einen Weg zu finden, hin zu einem „Lösungs-Gespräch" und weg von einem „Problem-Gespräch". Die Parteien sollen im Nachgang selbstverantwortlich an ihren weiteren Themen arbeiten können.[405]

4. Peer-Mediation

Die Peer-Mediation wird zumeist in Schulen angewandt, auch bekannt unter dem Begriff „Streitschlichter". Dieses pädagogische Konzept vermittelt Kindern und Jugendlichen soziale Handlungskompetenzen und verfolgt das Ziel, die Streitkultur in Schulen zu verändern. Schüler werden zu Streitschlichtern ausgebildet und helfen wiederum anderen Schülern bei der Lösung von Konflikten.[406] Die Peer-Mediation fällt nicht unter die Regelungen des Mediationsgesetzes. Es würde zu weit gehen, die Rechtspflichten und Vorschriften den Schülern aufzuerlegen, die ein Mediator laut Mediationsgesetz beachten muss.[407] Es wäre auch hier besser, einen anderen

---

403   *Greger*, ZKM 2015, 173. Kritisch auch *Jung*, ZKM 2013, 63 ff.
404   *Krabbe/Fritz*, ZKM 2013, 76 ff.
405   *Krabbe/Fritz*, ZKM 2013, 76 ff.
406   *Faller* in: Trenczek/Berning/Lenz, Mediation und Konfliktmanagement, 2013, Kap. 5.11.
407   *Greger*, ZKM 2015, 175.

Begriff zu wählen. Besser wäre der Begriff „Streitschlichtung an Schulen". Auch die Schüler selbst könnten mit diesem Begriff besser umgehen.

IX. Rechtliche Wirkungen und Grenzen der Mediation

In diesem Abschnitt werden die rechtlichen Auswirkungen einer Mediation erklärt, ebenso wie die Grenzen einer Mediation, die sich aufgrund des Mediationscharakters ergeben.

Generell treffen die Parteien ihre Abschlussvereinbarung (§ 2 Abs. 6 S. 3 MediationsG) selbstverantwortlich und losgelöst von den Vorstellungen des Mediators. Daher trifft den Mediator kaum ein Risiko. Sobald er allerdings aktiv an der Vereinbarung mitwirkt und diese gestaltet, erhöht sich sein Haftungsrisiko. Er muss darauf achten, dass eine formwirksame Vereinbarung zustande kommt. Sehr zu empfehlen ist die notarielle Beurkundung, da bei dieser Abschlussform ein Notar die Ergebnisse der Mediation prüft. Insbesondere bei Nichtjuristen ist diese Form der Vereinbarung zu empfehlen, sobald ein rechtliches Thema behandelt wird.

Die Ausformulierung der Vereinbarung sollte eine klare und unmissverständliche Struktur aufweisen und die Gegenseitigkeitsverhältnisse zwischen den Medianten wahren, sodass die Lösung nachhaltig ist. Nach Abschluss des Verfahrens muss die allseitige Vertraulichkeit bestehen bleiben. Andernfalls können Ersatzansprüche ausgelöst werden im Sinne von deliktischen oder vertraglichen Schadensersatzansprüchen (§§ 280, 823 BGB).[408] Denkbar ist eine Klausel im anfänglichen Mediationsvertrag die eine Frist enthält, dass beispielsweise nach drei Jahren Schadensersatzansprüche aus dem Mediationsverfahren verjähren. Auch Haftungsbegrenzungen seitens des Mediators sind vorstellbar, jedoch sollten diese so formuliert werden, dass sie einer AGB-Kontrolle nach §§ 305 ff. BGB standhalten.[409]

Grundsätzlich können Schadensersatzansprüche entstehen gemäß den §§ 280, 281, 276, 251 BGB, wenn der Mediator eine Nebenpflicht verletzt (siehe auch Kapitel D. V. 1. b.) oder wegen Nichterfüllung, oder auch schon im Vorfeld einer Vereinbarung gemäß §§ 311 Abs. 2, 241 Abs. 2 BGB, jedoch nur im Einzelfall. Ein Schadensersatzanspruch kann auch wegen Kündigung zur Unzeit entstehen (§§ 675 Abs. 2, 671 Abs. 2 BGB bzw. §§ 627 Abs. 2 S. 2, 628 Abs. 2 BGB). Denkbar ist auch eine deliktische Haftung gemäß § 823 Abs. 1, 823 Abs. 2 i.V.m. etwa § 203 StGB (Verletzung des Privatgeheimnisses).[410]

---

408   *Schneider*, Vertraulichkeit in der Mediation, S. 296.
409   So auch *Möhn/Siebel*, Mediation, 2014, S. 156 f.
410   *Horstmeier*, Das neue Mediationsgesetz, 2013, S. 73 f.; *Fritz/Pielsticker*, Mediationsgesetz, 2013, § 3 Rn. 19 ff.

1. Vollstreckbarkeit der Mediationsvereinbarung

Jeder Schuldvertrag ist materiell-rechtlich bindend, so auch die rechtswirksam geschlossene Abschlussvereinbarung. Diese Vereinbarung kann auch ohne Titel aus einem Gerichtsprozess vollstreckbar gemacht werden.

Zu unterscheiden sind Mediatoren mit juristischem Quellberuf von denen, die keine juristische Ausbildung haben. Mediatoren der ersten Kategorie, die mediierenden Rechtsanwälte, können ein Mediationsergebnis gemäß § 796a ZPO selbst als „Anwaltsvergleich" für vollstreckbar erklären lassen, während Nichtjuristen als Mediatoren sich dazu eben an einen Anwalt oder gemäß § 796c ZPO auch an einen Notar wenden müssen. Alle Mediatoren, egal welches Herkunftsberufs, müssen die Beteiligten darüber informieren, welche Wege ihnen für eine Vollstreckbarkeit offenstehen.[411]

Obwohl in Art. 6 Abs. 1 der Mediations-Richtlinie gefordert wird, dass eine Mediationsabschlussvereinbarung vollstreckbar sein muss, hat der Gesetzgeber in Deutschland nichts dazu im Gesetz zur Förderung der Mediation und anderer außergerichtlicher bestimmt. Begründet wird dies damit, dass es bereits Mittel und Wege gebe, über die man eine Vollstreckbarkeit herbeiführen kann.[412] Nach *Horstmeier* widerspricht die Tatsache, dass Medianten zwar grundsätzlich ihren Mediator frei wählen können, dieser aber nicht immer die gleichen Möglichkeiten zur Vollstreckbarmachung hat, der europarechtlichen Vorgabe nach Art. 6 Mediations-Richtlinie.[413]

Dass man als Nichtjurist eine juristische Dienstleistung hinzuziehen muss, wird einerseits kritisch betrachtet. Laut *Probst* sind Mediatoren, die selbst keinen vollstreckbaren Titel herbeiführen können, ohne Hinzuziehung von Juristen benachteiligt, da die Rolle des Rechts wieder in den Vordergrund tritt, die aber gerade in einem Mediationsverfahren hintergründig sein sollte. Eine weitere Gefahr sei, dass über die Ergebnisse der Mediation mit den Anwälten möglicherweise erneut diskutiert wird. Dies könnte der Mediation, die bereits fast abgeschlossen ist, erheblich schaden.[414]

Andererseits wird darauf hingewiesen, dass eine Vollstreckbarkeit von Titeln auch gefährlich sein kann, sofern sie nicht von Juristen initiiert wird. Zum einen wird hier auf die oftmals fehlende Haftpflichtversicherung von nichtanwaltlichen Mediatoren aufmerksam gemacht, zum anderen darauf, dass eine so folgenreiche Entscheidung juristisches Fachwissen voraussetzt. Es wird in diesem Zusammenhang sogar von Fahrlässigkeit gesprochen.[415]

---

411 *Horstmeier*, Das neue Mediationsgesetz, 2013, S. 79 f.
412 BT-Ausschussdrucksache Nr. 17(6)151, S. 26 ff.; *Risse/Bach*, SchiedsVZ 2011, 14 ff.
413 *Horstmeier*, Das neue Mediationsgesetz, 2013, S. 81 ff.
414 *Horstmeier*, Das neue Mediationsgesetz, 2013, S. 79 ff.; *Probst*, JR 2009, 265 ff.
415 BRAK, Stellungnahme der Bundesrechtsanwaltskammer zum Referentenentwurf eines Gesetzes zur Förderung der Mediation und anderer Verfahren der außergerichtlichen Konfliktbeilegung, Stellungnahme Nr. 27/2010, <http://www.brak.de/zur-rechtspolitik/stellungnahmen-pdf/stellungnahmen-deutschland/2010/oktober/stellungnahme-der-brak-2010-27.pdf> (abgerufen am 28.07.2015).

Mediationsvereinbarungen, die bei nichtjuristischen Mediatoren geschlossen wurden, können auf folgenden Wegen vollstreckbar gemacht werden:

1. durch Vergleich gemäß § 794 Abs. 1 ZPO vor einer Güte- oder Schiedsstelle oder per Prozessvergleich bei schon anhängigen Verfahren,
2. durch einen Anwaltsvergleich, §§ 796a, 796b ZPO,
3. durch einen „Notarvergleich" nach § 796c ZPO
4. durch notarielle Beurkundung gemäß § 794 Abs. 1 Nr. 5 ZPO.[416]

Gemäß § 767 Abs. 1 ZPO können materiell-rechtliche Einwendungen und Einreden geltend gemacht werden.[417]

Sofern Medianten aus mehreren Staaten involviert sind, empfiehlt es sich, die Tituliierung dort vornehmen zu lassen, wo eventuelle Konfliktfälle zur Vollstreckung führen könnten. Grundsätzlich sind die Parteien frei darin, den Ort der Tituliierung zu wählen. Es muss nicht zwangsläufig der Ort der Mediationsverhandlungen sein.[418]

Österreich hat in seiner Zivilprozessordnung einen „Mediationsvergleich" in § 433a ZPO normiert, der bestimmt, dass über den Inhalt der in einem Mediationsverfahren über eine Zivilsache erzielten schriftlichen Vereinbarung vor jedem Bezirksgericht ein gerichtlicher Vergleich geschlossen werden kann.[419] Eine derartige spezielle Vorschrift zur Mediationsvereinbarung und deren Vollstreckbarkeit sollte auch in Deutschland eingeführt werden, allerdings noch weiter gehend als in Österreich, sodass auch der Vergleich vor dem Notar oder der Anwaltsvergleich direkt in einer zusammenhängenden Vorschrift im Mediationsgesetz genannt wird.

2. Muster-Mediationsvertrag

Es gibt eine Vielzahl von Gestaltungen eines sog. Mediatoren- oder Mediationsvertrags. Gerade die Unterschiede zwischen den speziellen Berufsgruppen sind bemerkbar (juristische Mediatoren achten streng auf juristische Formulierungen und weisen gerne auf einige Gesetze hin; Nicht-Juristen fassen sich oftmals kürzer und schreiben in den Vertrag nur das juristisch „nötigste" hinein).

Rechtsanwalt *Ulrich Sefrin* hat versucht, einen einheitlichen Vertrag zur Mediation zu formulieren:[420]

---

416 *Horstmeier*, Das neue Mediationsgesetz, 2013, S. 83; *Greger/Unberath*, MediationsG, 2013, § 2 Rn 316.
417 *Greger/Unberath*, MediationsG, 2013, § 2 Rn 315.
418 *Greger/Unberath*, MediationsG, 2013, Teil 5 Rn 51 f.
419 *Scheuer*, Regelungen zur Mediation in Österreich nach Umsetzung der Mediations-Richtlinie, in: Fucik/Konecny/Oberhammer, Zivilverfahrensrecht, Jahrbuch 2011, S. 197, 201.
420 *Sefrin*, in: Beck´sche Online-Formulare Zivilrecht, 14. Edition 2015, Kapitel 1.17, <www.beck-online.de> (abgerufen am 01.01.2016).

„Vertrag zur Durchführung einer Mediation
Die Beteiligten
...
(Name und Anschrift des 1. Beteiligten)
und
...
(Name und Anschrift des 2. Beteiligten)
streben an, ihren Konflikt wegen
...
(Konfliktbeschreibung)
gütlich beizulegen.
Sie vereinbaren hierzu die Durchführung eines Mediationsverfahrens bei Herrn/Frau
Rechtsanwalt/Rechtsanwältin ...
als Mediator.

1. Zielsetzung
Das Mediationsverfahren hat zum Ziel, dass die Parteien in gemeinsamer Verhandlung eine umfassende und verbindliche Lösung für ihren Konflikt entwickeln. Hierbei werden sie von dem allparteilichen Mediator unterstützt. Wesentliche Grundlage des Verfahrens sind der faire, respektvolle und offene Umgang der Parteien miteinander.

2. Vertraulichkeit
Das Mediationsverfahren ist vertraulich. Alle Beteiligten sind zu einer dauerhaften und umfassenden Verschwiegenheit bezüglich aller aus Anlass des Verfahrens bekannt gewordenen Informationen verpflichtet.
Die Parteien verpflichten sich insbesondere, keinerlei aus Anlass dieses Verfahrens bekannt gewordenen Informationen in einem behördlichen, schiedsgerichtlichen oder gerichtlichem Verfahren einzubringen. Des Weiteren dürfen sie weder den Mediator oder die andere Partei noch sonstige Teilnehmer an diesem Verfahren als Zeugen für diesen Ablauf, Inhalt oder Ergebnis dieses Verfahrens benennen oder hierüber eine Parteivernehmung beantragen.
Der Mediator verpflichtet sich, von allen Aussagen- und Zeugnisverweigerungsrechten Gebrauch zu machen, die ihm im Bezug auf das Verfahren und die ihm aus seinem Anlass bekannt gewordenen Informationen in einem behördlichen, schiedsgerichtlichen oder gerichtlichem Verfahren zustehen.
Sämtliche Dokumente oder sonstige Materialien, die im Rahmen des Mediationsverfahrens übergeben oder geschaffen wurden, dürfen ausschließlich für die Zwecke des Mediationsverfahrens genutzt werden. Insbesondere darf keiner der Beteiligten diese als Beweismittel in einem behördlichen, schiedsgerichtlichen oder gerichtlichem Verfahren benennen, oder sie dort in irgendeiner Form einbringen.
Die Parteien können nur einstimmig hiervon abweichende Vereinbarungen treffen. Verweigert eine Partei ihre Zustimmung, darf dies nicht als Beweisvereitelung geltend gemacht werden.
Von der Vertraulichkeit ausgenommen sind solche Informationen, deren Beweis einem Beteiligten unabhängig von diesem Verfahren möglich war. In einem Verfahren, das der

Mediator zur Durchsetzung seines Vergütungsanspruches betreibt, sind all die Umstände von der Vertraulichkeit ausgenommen, die er zur Anspruchsbegründung benötigt.

3. Teilnehmer
Die Konfliktparteien verpflichten sich, an allen Terminen selbst teilzunehmen. Sollte eine Partei aus zwingenden Gründen verhindert sein, verpflichtet sie sich, den Mediator darüber frühestmöglich, spätestens jedoch 24 Stunden vor dem Termin zu informieren.

4. Aufgaben des Mediators
Der Mediator ist allparteilich und neutral. Er hilft den Parteien in gleichem Maße, in der Mediation eine faire und interessengerechte Lösung zu erreichen. Dazu wirkt er insbesondere auf die Offenlegung aller wesentlichen Informationen und Interessen der Beteiligten hin.
Der Mediator leitet die einzelnen Termine. Dabei sorgt er für eine sachgerechte und konstruktive Verhandlungsatmosphäre.
Der Mediator ist nicht befugt, den Konflikt ganz oder teilweise zu entscheiden. Er darf die Parteien jedoch auf die Vor- und Nachteile möglicher Lösungen hinweisen und selbst Lösungsvorschläge entwickeln. Die Befugnis, eine Entscheidung zu treffen, liegt allein in der Hand der Parteien.

5. Rechtsrat
Die Parteien werden darauf hingewiesen, dass in dem Mediationsverfahren eine individuelle Rechtsberatung durch den Mediator nicht stattfinden kann. Jede Partei kann aber jederzeit einen Rechtsanwalt, Steuerberater oder eine andere Vertrauensperson ihrer Wahl konsultieren und sich von diesem beraten lassen. Sie darf ferner, nach Absprache mit allen Beteiligten, diese Person zu den einzelnen Terminen hinzuziehen. Sie darf sich in den Terminen äußern und die Parteien beraten, die Vereinbarung zur Vertraulichkeit (Ziff. 2 dieses Vertrages) gelten auch für diesen Personenkreis.
Vor Abschluss einer den Konflikt beendenden Vereinbarung wird den Parteien empfohlen, diese mit einem Rechtsbeistand ihrer Wahl zu besprechen. Jede Partei ist jedoch allein und ausschließlich verantwortlich für alle Gebühren und sonstigen Aufwendungen, die ihr durch die Beauftragung von Vertretern, zusätzlichen Beratern oder Sachverständigen entstehen.

6. Durchführung des Mediationsverfahrens
Das Mediationsverfahren wird grundsätzlich in gemeinsamen Gesprächen unter der allparteilichen Leitung des Mediators durchgeführt.
Die Parteien werden von dem Mediator in das Mediationsverfahren eingeführt. Gemeinsam erarbeiten alle Beteiligten den organisatorischen und inhaltlichen Ablauf des Mediationsverfahrens.
Die Parteien erhalten die Gelegenheit, ihre jeweilige Sicht der Probleme umfassend darzustellen. Gemeinsamkeiten und Unterschiede werden festgestellt, bis eine gemeinsame Problembeschreibung als Arbeitsgrundlage entwickelt ist. Objektive Zweifelsfragen werden einvernehmlich geklärt.
Gemeinsam erarbeiten die Parteien alle ihre Interessen, denen die Lösung gerecht werden muss.

Sie suchen nach Lösungen, auf diese sie sich gemeinsam verständigen können. Wird eine solche Lösung gefunden, dann wird sie schriftlich festgehalten und von allen Beteiligten unterzeichnet. Die vertragliche Gestaltung erfolgt nach Wunsch der Parteien durch den Mediator, ihre rechtlichen Berater oder durch die Parteien selbst.

7. Einzelgespräche
Der Mediator kann im Einverständnis mit den Parteien Einzelgespräche führen. Die Einzelgespräche dienen dazu, Vertrauen zu vertiefen und größere Klarheit im Hinblick auf Gefühle, Wünsche, Befürchtungen, Interessen und Zielsetzungen der Parteien und auf denkbare Lösungsmöglichkeiten zu gewinnen. Die Einzelgespräche sind vertraulich. Der Mediator ist grundsätzlich nicht befugt, Inhalte oder Erkenntnisse anderer Personen mitzuteilen. Die Teilnehmer an dem Einzelgespräch können jedoch den Mediator ganz oder teilweise von dieser Vertraulichkeit entbinden. Dabei können die Teilnehmer auch bestimmen, wie er diese Informationen Dritten zugänglich macht.

8. Beendigung des Verfahrens
Das Mediationsverfahren endet, wenn die Parteien eine Vereinbarung zur Lösung ihres Konfliktes gefunden und unterzeichnet haben.
Während des Mediationsverfahrens kann jede Partei das Verfahren beenden. Sie hat dies allen Beteiligten und unter Angabe der Gründe schriftlich mitzuteilen.
Der Mediator ist berechtigt, das Verfahren nach einem vorherigen Gespräch mit den Parteien zu beenden. Er hat dieses Rechts insbesondere, wenn die Fortsetzung des Mediationsverfahrens einer wesentlichen Verletzung von Rechten, oder Interessen einer Partei führen würde, die aus seiner Sicht nicht hinnehmbar ist. Dass gleiche gilt, wenn eine Partei wiederholt und in erheblicher Weise gegen die Ziele des Mediationsverfahrens verstößt.

9. Vergütung
Der Mediator erhält für seine Tätigkeit eine Vergütung in Höhe von ... € zuzüglich Umsatzsteuer je Stunde.
Eine Mediationsstunde dauert 60 Minuten. Angebrochene Stunden werden anteilig berechnet.
Vergütet wird der Zeitaufwand für die Mediationsgespräche und für alle vorbereitenden und begleitenden Maßnahmen. Dieser Zeitaufwand wird in überprüfbarer Weise dokumentiert und nachgewiesen.
(Alternativ: Eine Tagesvergütung in Höhe von ... € zuzüglich Umsatzsteuer für jeden angefangenen Tag des Mediationsgespräches.)
(Alternativ: Eine Pauschalvergütung von ... € zuzüglich Umsatzsteuer für die Mediation einschließlich Vor- und Nacharbeit.)
Zusätzlich werden dem Mediator Auslagen (Reisekosten, Fahrtkosten etc.) nach tatsächlichem Anfall auf Nachweis erstattet.
Vereinbarte Termine sind 24 Stunden vor der Sitzung abzusagen. Sollten Termine nicht rechtzeitig abgesagt werden, so ist das Honorar für die vereinbarte Sitzung fällig.
Die Vergütung wird von den Parteien gesamtschuldnerisch je zur Hälfte getragen. Dabei wird im Innenverhältnis eine Verpflichtung von jeweils 50 % vereinbart. Vorbe-

haltlich einer anderen, von allen Beteiligten zu unterzeichnenden schriftlichen Vereinbarung.

Die Vergütung ist zum Ende einer jeden Sitzung fällig.

Für den Fall, dass der Mediator eine Abschlussvereinbarung erstellt, erhält er zusätzlich eine Geschäftsgebühr in Höhe von 1,5 gemäß § 34, 13 RVG, Nr 2300 VV RVG aus dem zu Grunde liegenden Gegenstandswert zuzüglich 19 % Umsatzsteuer.

..., den...

...

Unterschrift

...

Unterschrift"

3. Vorteile aus der Mediation für das Rechtssystem

Im Jahre 2007 fasste das Bundesverfassungsgericht die Entscheidung, einen Paradigmenwechsel in der Rechtspolitik einzuleiten: Eine einvernehmliche Lösung soll gegenüber einer richterlichen Streitentscheidung als vorzugswürdig gelten. Dies war auch der Anstoß für das Mediationsgesetz. Ein Mediationsverfahren bringt dem deutschen Rechtssystem einige Vorteile. Zum einen spart es Kosten in einem beträchtlichen Umfang, zum anderen entlastet es Gerichte und Anwälte.

a) Kostenersparnis für die Parteien

Eine Mediation kostet die Parteien im Regelfall weniger Geld als ein Gerichtsverfahren. Jedoch kann diese kostengünstige Variante oftmals aufgrund fehlender Kostenhilfe bei der Mediation scheitern. Sie wird daher auch das „Instrument der Besserverdienenden" genannt.

Abb. 7: Kostenvergleich Mediation – Gerichtsverfahren[421]

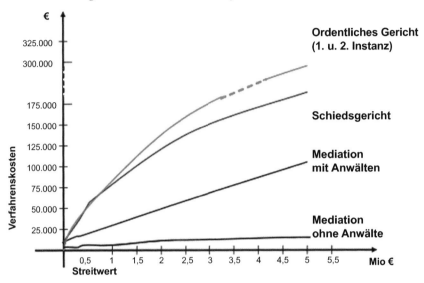

Die Grafik (Abb. 7) zeigt einen Vergleich der Verfahrenskosten in Abhängigkeit vom Streitwert bei gerichtlicher bzw. schiedsgerichtlicher Auseinandersetzung oder bei Einsatz einer klassischen Mediation und der Mediation ohne Anwälte, basierend auf der Gebührenordnung von 2004. Wie man dieser Grafik entnehmen kann, ist die Variante „Mediation ohne Anwälte" die günstigste. Jedoch muss beachtet werden, dass trotz der fehlenden Rechtsberatung das Recht sinnvoll eingebunden wird und, dass das Mediationsergebnis einer rechtlichen Prüfung standhält. Für Mediatoren gibt es keinen festen Stundensatz oder feste Gebühren abhängig vom Streitwert und damit ein breites Honorarspektrum. Es sollte nicht der Mediator gewählt werden, der seine Dienstleistung am günstigsten anbietet, sondern derjenige, der eine gute Ausbildung, Qualität und Erfahrung nachweisen kann.[422]

Jeder selbstständige Mediator kann seinen Lohn selbst bestimmen. Es besteht die Möglichkeit, sich entweder am Streitwert zu orientieren oder einen festen Stundensatz oder Pauschalhonorare oder sogar ein erfolgsabhängiges Honorar zu vereinbaren. Mediatoren bei der IHK München (Münchener Mediationszentrum)

---

421   Quelle: R. Ponschab, gwmk – Gesellschaft für Wirtschaftsmediation und Konflikt-management e.V., abrufbar unter <http://www.gpm-ipma.de/fileadmin/user_up-load/Know-How/Fachgruppen/FG_Kooperative_Konfliktloesung_Kosten-sparen. pdf> („Kosten sparen durch kooperative Konfliktlösung im Projektmanagement" – Ein Beitrag der Fachgruppe „Kooperative Konfliktlösung in Projekten").

422   *Greger/Unberath*, MediationsG, 2012, § 2 Rn. 212 ff.

nehmen beispielsweise zwischen 100 und 200 EUR[423], während bei der Handelskammer Hamburg (Hamburger Institut für Mediation e.V.) die Mediationsordnung für Wirtschaftskonflikte ein Stundenhonorar von 150 bis 350 EUR und einen Tagessatz von maximal 2.800 EUR vorschreibt.[424] In der Praxis werden in der Regel Stundensätze angesetzt und keine streitwertabhängigen Honorare.

Die folgende Grafik (Abb. 8) enthält einen Vergleich zwischen den Kosten vor Gericht einerseits und den Kosten eines Mediationsverfahrens andererseits anhand eines konkreten Beispiels.

Abb. 8: Kostenbeispiel[425]

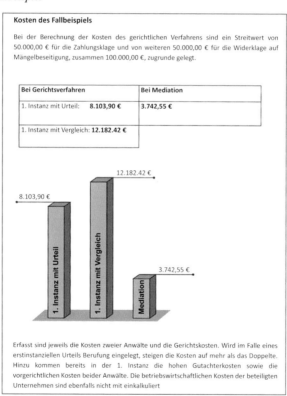

Kosten des Fallbeispiels

Bei der Berechnung der Kosten des gerichtlichen Verfahrens sind ein Streitwert von 50.000,00 € für die Zahlungsklage und von weiteren 50.000,00 € für die Widerklage auf Mängelbeseitigung, zusammen 100.000,00 €, zugrunde gelegt.

Bei Gerichtverfahren	Bei Mediation
1. Instanz mit Urteil: **8.103,90 €**	**3.742,55 €**
1. Instanz mit Vergleich: **12.182.42 €**	

Erfasst sind jeweils die Kosten zweier Anwälte und die Gerichtskosten. Wird im Falle eines erstinstanziellen Urteils Berufung eingelegt, steigen die Kosten auf mehr als das Doppelte. Hinzu kommen bereits in der 1. Instanz die hohen Gutachterkosten sowie die vorgerichtlichen Kosten beider Anwälte. Die betriebswirtschaftlichen Kosten der beteiligten Unternehmen sind ebenfalls nicht mit einkalkuliert

---

423 *Greger/Unberath*, Das neue Mediationsgesetz, 2013, § 2 Rn. 225.
424 Mediation GmbH, Was kostet eine Mediation?, <http://www.mediation.de/mediation/mediation-kosten> (abgerufen am 03.03.2016).
425 Quelle: *Grieger*, Mediation und Gerichtsverfahren im Vergleich, <http://www.mediation.de/images/Mediation_und_Gerichtsverfahren_im_Vergleich-data.pdf> (abgerufen am 11.11.2015).

Dieses Beispiel macht deutlich, dass in vielen Fällen Mediation das kostengünstigere Modell ist. Jedoch ist dies nicht immer der Fall. Gerade bei Streitigkeiten mit kleinen Beträgen und einer Rechtsschutzversicherung, die die Gerichtskosten übernimmt, die Mediationskosten allerdings nicht, kann ein Gerichtsverfahren günstiger sein. In aller Regel jedoch ist die kostengünstigere Variante die Mediation. Vergessen werden darf auch nicht deren Nachhaltigkeit, die sich ebenfalls kostensparend auswirkt.

b) Arbeitsentlastung der Gerichte und Anwälte

Das Ziel der Bundesregierung in ihrem Entwurf des Gesetzes zur Förderung der Mediation und anderer Verfahren der außergerichtlichen Konfliktbeilegung war u.a. die Entlastung der Justiz durch die Mediation.[426] Ebenfalls wollte man den Staatshaushalt entlasten.[427] Durch die Effizienz, die Nachhaltigkeit und die geringen Kosten der Mediation können die öffentlichen Kassen geschont werden.

Die folgende Tabelle (Abb. 9) gibt einen Überblick über die durchschnittliche Verfahrensdauer bei Gericht.

Abb. 9: Dauer von Gerichtsverfahren[428]

Übersicht: Dauer von Gerichtsverfahren – Länder 2008[1]

(Quellen: Statistisches Bundesamt Fachserien 10 - Reihe 2.1 [Zivilgerichte], 2.2 [Familiengerichte], 2.3 [Strafgerichte], 2.4 [Verwaltungsgerichte], 2.5 [Finanzgerichte], 2.6 [Sozialgerichte], 2.8 [Arbeitsgerichte])

Gerichtszweig / Instanz / Art des Gerichts — Durchschnittliche Verfahrensdauer in Monaten	Deutschland (soweit bekannt)	Baden-Württemberg	Bayern	Berlin	Brandenburg	Bremen	Hamburg	Hessen	Mecklenburg-Vorpommern	Niedersachsen	Nordrhein-Westfalen	Rheinland-Pfalz	Saarland	Sachsen	Sachsen-Anhalt	Schleswig-Holstein	Thüringen
Ordentliche Gerichtsbarkeit Zivilsachen (ohne Familiensachen)																	
Eingangsinstanz																	
Amtsgericht	4,5	3,7	3,9	3,9	5,1	4,3	4,2	5,2	5,2	4,2	5,0	4,5	5,3	4,1	5,3	4,4	5,5
Landgericht	8,1	5,9	7,6	8,2	9,6	9,5	7,1	8,9	9,6	7,9	8,5	9,9	9,2	7,5	8,8	8,7	9,2
Rechtsmittelinstanz																	
Landgericht	5,5	5,4	4,7	6,5	6,2	5,7	5,6	5,7	5,9	4,6	5,7	5,7	7,2	5,7	4,7	5,8	6,3
Oberlandesgericht	7,6	6,8	5,9	11,6	8,9	5,8	9,5	9,2	8,4	5,7	7,7	8,8	8,5	5,9	5,1	7,7	9,0
Ordentliche Gerichtsbarkeit Familiensachen																	
Eingangsinstanz																	
Amtsgericht	8,0	6,9	6,6	9,6	10,4	8,0	8,0	9,7	9,1	7,7	8,0	8,1	7,0	8,2	8,2	8,7	8,4
Rechtsmittelinstanz																	
Oberlandesgericht (Berufungen/Beschwerden gegen Endentscheidungen)	5,1	5,2	4,1	5,5	4,7	4,0	7,4	9,1	6,2	4,2	5,1	4,6	7,0	4,5	3,0	5,2	3,9

[1] Erledigungen insgesamt (Urteil, Beschluss, sonstige Erledigungen); soweit nicht anders gekennzeichnet inklusive Einstweiligem/Vorläufigem Rechtsschutz.

426   BT-Drucks. 17/5335, S. 10 ff.
427   BT-Drucks. 13/6398, S. 17 ff.
428   Deutscher Anwaltverein, <http://anwaltverein.de/downloads/Anwaltstag/DAT-2010/Anlage-PM-2.pdf> (abgerufen am 27.03.2016).

Wie man der Tabelle entnehmen kann, beträgt die Verfahrensdauer in Zivilsachen durchschnittlich mindestens 3,7 Monate (Baden-Württemberg) und in Familiensachen in der ordentlichen Gerichtsbarkeit mindestens 6,9 Monate (Baden-Württemberg). Diese langen Verfahrensdauern lassen auf eine Überlastung der Gerichte schließen. Das Bundesverfassungsgericht meldete 2013 so viele Klagen wie noch nie und sieht den Zustand kritisch.[429]

Die Dauer von gerichtsinternen Fällen, die mithilfe von Mediation gelöst wurden, wurde im Jahre 2011 vom Institut für Konfliktmanagement der Europa-Universität Viadrina Frankfurt (Oder) untersucht, mit folgendem Ergebnis (Abb. 10):

Abb. 10: Dauer von gerichtsinternen Mediationsverfahren[430]

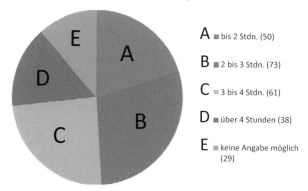

A ■ bis 2 Stdn. (50)

B ■ 2 bis 3 Stdn. (73)

C ■ 3 bis 4 Stdn. (61)

D ■ über 4 Stunden (38)

E ■ keine Angabe möglich (29)

Über die Hälfte der Konfliktfälle konnten mithilfe von Mediation in zwei bis drei bzw. zwei bis vier Stunden gelöst werden.[431] Auch die IHK Essen geht bei der Dauer der Mediation „von wenigen Tagen (1–3)" aus.[432]

---

429 Legal Tribune Online (LTO), Die Justiz an der Belastungsgrenze, Wenn weiter gespart wird, droht ein Deichbruch, 13.02.2014, <http://www.lto.de/recht/job-karriere/j/richterliche-unabhaengigkeit-ueberlastung-fallzahlen-aktenberge/> (abgerufen am 14.12.2015).

430 Abrufbar unter: <http://www.europa-uni.de/de/forschung/institut/institut_ikm/publikationen/Abschlussbericht_Evaluation-Ger_Med_Bbg_.pdf>, 23.09.2014, (abgerufen am 02.02.16).

431 Institut für Konfliktmanagement, Begleitforschung zur Pilotierungsphase der Gerichtlichen Mediation in Brandenburg, 2011, <https://www.ikm.europa-uni.de/de/publikationen/Abschlussbericht_Evaluation-Ger_Med_Bbg_.pdf> (abgerufen am 01.01.2015).

432 *Grieger*, Mediation und Gerichtsverfahren im Vergleich, http://www.essen.ihk24.de/linkableblob/eihk24/recht_und_steuern/downloads/1654916/.3./data/Mediation_und _Gerichtsverfahren_im_Vergleich-data.pdf> (abgerufen am 11.11.2015).

Mit der Methode der Mediation, speziell der außergerichtlichen Mediation, wird das Ziel verfolgt, die Gerichte zu entlasten. Konsequenz der zunehmenden Zahl von Gerichtsverfahren ist zudem ein wachsender Zulauf bei Anwälten. Diese können ebenfalls durch Mediation entlastet werden, sofern die Medianten auf Anwälte im Verfahren verzichten. Selbstverständlich muss an dieser Stelle die Frage gestellt werden, ob die Anwälte überhaupt eine Entlastung wünschen. Sicherlich gibt es hier verschiedene Ansichten. Gerade im Familienrecht ist in der Praxis jedoch häufig eine Entlastung sinnvoll.

E. Abgrenzung der Mediation und des Güterichterverfahrens von anderen Konfliktbeilegungsmethoden

Neben der außergerichtlichen Mediation und dem Güterichterverfahren bestehen weitere Konfliktlösungsmethoden. Unterschieden werden können Verfahren, bei denen ein Dritter den Konflikt entscheidet oder vermittelnd tätig ist (sog. triadische Verfahren[433]) von Verfahren ohne Beteiligung einer dritten unabhängigen Person. Im Folgenden werden näher erläutert:

- die bilaterale Verhandlung und die Anwaltsverhandlung
- das staatliche Gerichtsverfahren
- das Schiedgerichtsverfahren
- das Schlichtungsverfahren
- die Moderation
- die Ombudsperson
- das Collaborative Law
- der Mini-Trial
- die Michigan-Mediation
- die Early Neutral Evaluation
- das Coaching
- die Therapie

I. Bilaterale Verhandlung und Anwaltsverhandlung

Konfliktfälle können durch eine bilaterale Verhandlung beigelegt werden. In diesem Konfliktlösungsverfahren verhandeln die Parteien selbst miteinander, ohne Hinzuziehung eines Dritten.[434]

Eine weitere Art der Verhandlung ist die Anwaltsverhandlung. Die Parteien werden hier von ihren Anwälten vertreten. Die Rechtsanwälte übernehmen die Gesprächsführung, sodass die Parteien nicht direkt miteinander verhandeln, sondern über ihre Rechtsbeistände. Im Gegensatz zum Mediator, der eine neutrale, allparteiliche Rolle einnimmt, sind die Anwälte parteiisch und vertreten nur die Interessen ihrer Partei in der Verhandlung.[435]

Wenn eine Einigung unter den Parteien auf diese Art und Weise nicht möglich ist, so kommen die im Folgenden beschriebenen Verfahren infrage.

---

433 *Trossen*, Mediation (un)geregelt, 2014, S. 77.
434 *Horstmeier*, Das neue Mediationsgesetz, 2013, S. 120.
435 *Hohmann*, FRP 2004, 168.

II. Staatliches Gerichtsverfahren

Sollte Klage vor einem deutschen Gericht erhoben werden, entscheidet (abgesehen vom Güterichterverfahren und anderer alternativer Streitbeilegungsmethoden bei Gericht) der Streitrichter das Verfahren. Dies unterscheidet dieses Verfahren maßgeblich von einer Mediation und auch von einem Güterichterverfahren, bei dem eine eigenverantwortliche Lösung durch die Parteien selbst getroffen wird. Ebenfalls ein Unterschied zu den beiden letztgenannten Verfahren liegt im Freiwilligkeitsprinzip, das es im staatlichen Gerichtsverfahren nicht gibt. Aufgrund des Justizgewähranspruch steht es den Parteien frei, auch ohne Einwilligung des Gegners vor Gericht zu ziehen.[436]

Dieses Konfliktlösungsverfahren wird nach strengen Regeln und einer ganz bestimmten Verfahrensordnung durchgeführt. Schon zu Beginn versuchen die Parteien, den Richter von ihrer Sichtweise zu überzeugen, um ihre Rechte durchzusetzen.[437]

Im Vergleich zu einem Mediations- oder Güterichterverfahren wird im staatlichen Verfahren nur die Sach- und Rechtslage analysiert und nicht die psychologische und emotionale Seite. Dinge, die nicht entscheidungsrelevant sind, werden größtenteils außer acht gelassen.[438] Dies birgt allerdings die Gefahr, dass wichtige tiefergründige Informationen, die für das Verfahren nur indirekt wichtig wären, nicht an die Oberfläche gelangen und so nur über Positionen und nicht über die dahinterliegenden Interessen gesprochen wird.

Im Gerichtsverfahren nicht zugelassen sind zudem Personen, die nicht direkt im Verfahren involviert sind. Dies kann den Nachteil haben, dass eine umfassende, nachhaltige Lösung nicht erzielt werden kann, sofern diese Personen wichtig dafür wären.[439]

Die Dauer eines Gerichtsverfahrens kann die einer Mediation bzw. einer Güterichtermediation bei weitem übersteigen und ist auch finanziell gerade bei hohen Streitwerten gegenüber einer außergerichtlichen Mediation meist teurer (s.o. S. 115).[440] Zudem geht eine Partei meist als Sieger, die andere als Verlierer aus dem Verfahren.[441] Eine Win-win-Situation bleibt hier meistens aus.

Die Frage, wann ein staatliches Gerichtsverfahren gegenüber einer außergerichtlichen Mediation oder einer Güteverhandlung vorzugswürdig ist, ist nicht so einfach

---

436   *Bargen*, Gerichtsinterne Mediation, 2008, S. 47.
437   *Eisele*, JURA 2003, 656.
438   *Wenzel*, „Justita ohne Schwert" – Die neuere Entwicklung der außergerichtlichen und gerichtsbezogenen Entwicklung in Deutschland, 2014, S. 26.
439   *Bargen*, Gerichtsinterne Mediation, 2008, S. 48; *Horstmeier*, Das neue Mediationsgesetz, 2013, S. 122 f.
440   *Grieger*, Mediation und Gerichtsverfahren im Vergleich, <http://www.mediation.de/images/Mediation_und_Gerichtsverfahren_im_Vergleich-data.pdf> (abgerufen am 11.11.2015).
441   *Hohmann*, FRP 2004, 168.

zu beantworten. Allgemein gibt es aber Konstellationen, bei denen ein Gerichtsverfahren mehr zu empfehlen ist, zum Beispiel, wenn eine Partei der Meinung ist,
ihr Rechtsanspruch sei unbestreitbar, oder, wenn eine erhebliche Störung in der
Beziehung zur Gegenseite im Sinne einer starken Feindseligkeit vorliegt, oder wenn
das Vertrauen in die eigene Person dadurch herabgesetzt ist, dass man lieber den
Richter die Entscheidung treffen lassen möchte, oder die Streitgegenstände eine so
hohe Komplexität aufweisen, dass ein Mediations- oder Güterichterverfahren nahezu unmöglich erscheint. Ebenso sind psychische Störungen der Parteien oder das
mangelnde Vertrauen in die eigene Entscheidungsfähigkeit einer Partei ein Hemmnis
für ein Mediations- oder Güterichterverfahren.[442] Bei allen anderen Konfliktfällen
ist eine Mediation vorzugswürdig. Der Rechtsweg steht den Parteien auch danach
noch offen.

III. Schiedsgerichtsverfahren

Ebenfalls eine autoritative Form der Konfliktbeilegung ist das Schiedsgerichtsverfahren. Dennoch ist das Verfahren ein außergerichtliches Verfahren. Eine Besonderheit liegt darin, dass dieses nicht-staatliche Verfahren in der ZPO verankert ist
(§§ 1025 bis 1066 ZPO).[443]

Der Schiedsrichter wird von den Parteien gewählt und muss nicht zwingend
eine juristische Ausbildung haben. Jedoch muss das Gebot der „Überparteilichkeit
der Rechtspflege" beachtet werden.[444] Der Ausschluss des Rechtsweges zu den ordentlichen Gerichten (§ 1027a ZPO), die Schiedsfähigkeit des Streitgegenstandes
(§ 1025 Abs. 1 ZPO), die allgemeinen Verfahrensregelungen und die Unabhängigkeit
der Schiedsrichter mit der Möglichkeit der Ablehnung (§§ 1032, 1045 ZPO) sind
bedeutsam für dieses Verfahren.[445] Die Schiedsvereinbarung, die als selbstständige
Schiedsabrede oder als Schiedsklausel in einem Vertrag getroffen wird, ist als ein
Prozessvertrag[446] einzuordnen.[447]

Ähnlich wie in einem Schlichtungsverfahren haben die Parteien einen weiten
Gestaltungsspielraum bzgl. Ablauf und Struktur des Verfahrens. Es können auch
Methoden der Mediation eingeschlossen werden. Dennoch darf das Schiedsgerichts-
verfahren nicht mit einem Mediationsverfahren oder einer Güterichterverhandlung
verwechselt werden. Es handelt sich bei dem Schiedsverfahren um eine Art „privates
Gerichtsverfahren".[448] Es gibt jedoch auch Grenzen des Gestaltungsspielraums: das

---

442 *Montada/Kals*, Mediation: Psychologische Grundlagen und Perspektiven, 3. Auflage 2013, S. 46.
443 *Trossen*, Mediation (un)geregelt, 2014, S. 865.
444 *Bendtsen* in: Saenger, ZPO, 6. Auflage 2015, § 1035 ZPO Rn. 2f.
445 OLG Köln, Urteil vom 19.12.1990 – 24 U 51/90.
446 BGHZ 99, 143, 147.
447 *Bendtsen* in: Saenger, ZPO, 6. Auflage 2015, § 1029 ZPO Rn. 2, 3 ff.
448 *Hinrichs/ Ropeter/ Stoldt* in: Hinrichs, Praxishandbuch Mediationsgesetz, 2014,
S. 83.

Recht auf rechtliches Gehör (§ 1042 Abs. 1 S. 2 ZPO), das Recht auf Gleichbehandlung (§ 1042 Abs. 1 S. 1 ZPO). Der Schiedsrichter kann im Zweifel den Konfliktfall
entscheiden, allerdings dürfen Rechtsanwälte als Bevollmächtigte nicht ausgeschlossen werden, gemäß § 1042 Abs. 2 ZPO).[449]

Das Schiedsverfahren wird durch einen Schiedsspruch entschieden, den der
Schiedsrichter ausspricht, sofern kein Vergleich geschlossen wurde. Dieser Schiedsspruch ist bindend und kann für vollstreckbar erklärt werden. Der Schiedsspruch
kann nur ausnahmsweise vom Oberlandesgericht gemäß § 1062 Abs. 1 Nr. 4 ZPO
aufgehoben werden.[450]

Das Schiedsgerichtsverfahren beinhaltet nur eine Instanz und ist vom Anwendungsbereich des Rechtsdienstleistungsgesetzes ausgenommen. Die vertragliche
Vereinbarung eines solchen Verfahrens ist bindend. Meist wird zudem vereinbart,
dass der Rechtsweg ausgeschlossen ist.[451]

In einigen Ländern werden Schiedsgerichtsordnungen in Verträge mit einbezogen, bei denen Parteien aus unterschiedlichen Staaten zusammenarbeiten, wie zum
Beispiel UNCITRAL.[452] Unternehmer können zum Beispiel untereinander vereinbaren, dass sie im Konfliktfall auf die UNCITRAL-Rules zurückgreifen werden, bevor
sie den Rechtsweg einschlagen.

Weitere internationale Schiedsgerichtsordnungen finden sich unter anderem bei
der Internationalen Handelskammer (International Chamber of Commerce, ICC),
bei der American Arbitration Association (AAA) und dem International Institute
for Conflict Prevention & Resolution (CRP Institute).[453]

Ein in Deutschland anerkanntes Schiedsgerichtsverfahren ist dasjenige der Deutschen Institution für Schiedsgerichtsbarkeit (DIS).

IV. Schlichtungsverfahren

Ziel einer Schlichtung ist eine schnelle, günstige und in einem nicht öffentlichen
Rahmen stattfindende außergerichtliche Lösungsfindung. Der Schlichter ist wie
der Mediator ein allparteilicher, neutraler Vermittler, der keine eigene Entscheidung treffen darf.[454] Im Gegensatz zum Mediator, der gemäß § 5 MediationsG einige Ausbildungsanforderungen erfüllen muss, gibt es für den Schlichter keine
gesetzlich bestimmten Qualifikationen. Demnach steht es den Parteien frei, wen

---

449   *Hinrichs/ Ropeter/ Stoldt* in: Hinrichs, Praxishandbuch Mediationsgesetz, 2014,
       S. 83.
450   *Hinrichs/ Ropeter/ Stoldt* in: Hinrichs, Praxishandbuch Mediationsgesetz, 2014,
       S. 84.
451   *Trossen*, Mediation (un)geregelt, 2014, S. 865.
452   UNCITRAL, <http://www.uncitral.org/uncitral/en/uncitral_texts.html> (abgeru-
       fen am 06.03.2015).
453   *Trossen*, Mediation (un)geregelt, 2014, S. 865 f.
454   *Wenzel*, „Justita ohne Schwert" – Die neuere Entwicklung der außergerichtlichen
       und gerichtsbezogenen Entwicklung in Deutschland, 2014, S. 21 f.

sie wählen. Meist werden Schlichter nach ihrem Quellberuf und ihren Erfahrungen ausgewählt.[455]

Es lassen sich zwei Arten von Schlichtungsverfahren unterscheiden: zum einen das obligatorische Schlichtungsverfahren, zum anderen das freiwillige Schlichtungsverfahren.[456] Obligatorische Schlichtungsverfahren machen eine Klageerhebung vor dem Versuch einer Schlichtung unzulässig. Erst wenn dieser Versuch gescheitert ist, darf Klage erhoben werden. Die Nachholung im laufenden Prozess ist nicht gestattet.[457] Schlichtungsverfahren auf freiwilliger Basis finden auf der Grundlage privatrechtlicher Vereinbarungen statt. Die Parteien sind frei in ihrer Entscheidung, nach welchen Regeln die Schlichtung erfolgen soll. Gesetzliche Regelungen fehlen hier. In der Praxis werden aber gerne Verfahrensordnungen verwendet, die sich z.B. bei örtlichen Handelskammern finden.[458]

Wie die Mediation, fällt auch das Schlichtungsverfahren unter die gesetzlichen Regelungen des Mediationsgesetzes. Der Schlichter darf sich der Methoden der Mediation bedienen.[459] Jedoch wird diese Methode der Konfliktbeilegung hier nicht konkret geregelt. § 15a EGZPO ermächtigt die Länder, eine obligatorische Schlichtung einzuführen und die Klageerhebung erst dann zuzulassen, wenn ein Schlichtungsverfahren vor einer Gütestelle versucht wurde. Umfasst sind allerdings nur Klagen, die vermögensrechtlicher Natur sind, und Ansprüche, deren Gegenstand an Geld oder Geldeswert die Summe von 750 EUR nicht übersteigt. Ebenfalls betroffen sind Streitigkeiten aus dem Nachbarrecht (Ausnahme: Einwirkungen durch gewerbliche Betriebe), Streitigkeiten, die sich im Rahmen des Gleichbehandlungsgesetzes bewegen und Ansprüche von Beschäftigten. Da das Schlichtungsverfahren nicht während des laufenden Prozesses durchgeführt werden kann, muss vor Klageerhebung versucht werden, den Konflikt auf diese Weise einvernehmlich zu klären.[460]

Die obligatorische Streitschlichtung wurde bislang in den folgenden deutschen Bundesländern eingeführt: Baden-Württemberg, Bayern, Brandenburg, Hamburg, Hessen, Mecklenburg-Vorpommern, Niedersachsen, Rheinland-Pfalz, Saarland, Sachsen, Sachsen-Anhalt, Schleswig-Holstein.[461]

Seit der Gesetzesänderung im Jahre 2013 ist das Schlichtungsverfahren in Baden Württemberg auch dort nicht mehr obligatorisch, sondern freiwillig.[462]

---

455 *Hinrichs/ Ropeter/ Stoldt* in: Hinrichs, Praxishandbuch Mediationsgesetz, 2014, S. 81.
456 *Horst* in: Haft/Schlieffen, Handbuch Mediation, 2. Auflage 2009, § 47 Rn. 108 ff.
457 BGHZ 161, 145–151.
458 *Hinrichs/ Ropeter/ Stoldt* in: Hinrichs, Praxishandbuch Mediationsgesetz, 2014, S. 81.
459 *Trossen*, Mediation (un)geregelt, 2014, S. 867.
460 BGHZ 161, 145–151.
461 *Hinrichs/ Ropeter/ Stoldt* in: Hinrichs, Praxishandbuch Mediationsgesetz, 2014, S. 81.
462 Service Baden-Württemberg, Obligatorische Streitschlichtung/Schlichtungsmöglichkeiten, <http://service-bw.de/zfinder-bw-web/processes.do?vbid=945826&vbmid=0> (abgerufen am 11.12.15).

Schlichtungs- und Mediationsverfahren unterscheiden sich im Wesentlichen dadurch, dass der Schlichter eine Bewertung des Sachverhalts abgibt und eigene Lösungsvorschläge, meist Kompromissvorschläge, einbringen darf.[463] Dadurch hat der Schlichter eine gewisse Autorität[464], die bei den Parteien einen Einigungsdruck erzeugen kann, nicht zuletzt wegen der Veröffentlichung des Schlichtungsspruchs.[465]

Die Schlichtung kann gegenüber einer Mediation und einem Gerichtsverfahren deutlich differenziert werden. Zu unterscheiden sind insbesondere der zur Schlichtung „verpflichtende schuldrechtliche Vertrag als Causa" und der „regulierende Vollziehungsvertrag"[466]. Nicht zu verwechseln sind auch die zwei Vertragsarten: Schlichtungsdurchführungsvertrag, der einem Mediatorenvertrag gleichkommt, und Schlichtungsvertrag. Die vollumfängliche Vertraulichkeit muss gesondert im Vertrag aufgenommen werden. Die Schlichtung erweckt den Eindruck, eine Art „Auffangbecken"[467] zu sein, das im Schatten der Mediation steht.

In der Praxis finden sich einige erfolgreiche Schlichtungsverfahren, z.B. in dem Konflikt „Stuttgart 21", ebenso einige tarifvertragliche Schlichtungsverfahren. Zudem gibt es in Deutschland zahlreiche Schlichtungsstellen für Streitigkeiten mit Angehörigen bestimmter Berufsgruppen (z.B. Ärztekammern).[468] Seit Februar 2016 gibt es auch die Verbraucherschlichtungsstellen nach dem Verbraucherstreitbeilegungsgesetz (Gesetz zur Umsetzung der Richtlinie über alternative Streitbeilegung in Verbraucherangelegenheiten und zur Durchführung der Verordnung über Online-Streitbeilegung in Verbraucherangelegenheiten).

V. Moderation

Eine Moderation ist kein Konfliktlösungsverfahren im eigentlichen Sinne.[469] Die Moderation ist vielmehr ein Instrument der Verhandlungsführung, die von einem Moderator durchgeführt wird. Die Aufgabe des Moderators ist es, die Kommunikationsstruktur zwischen den Parteien oder innerhalb einer Gruppe zu verbessern (zum Beispiel innerhalb zwei Abteilungen eines Unternehmens). Die Methoden, deren sich der Moderator bedient, sind zumeist Visualisierungstechniken, die gezielt die Problemfelder aufzeigen, oder bestimmte Fragetechniken, die gezielte Themen bearbeiten.[470]

---

463   *Breidenbach/Perez*, SchiedsVZ 2010, 127 ff.
464   *Wenzel*, „Justita ohne Schwert" – Die neuere Entwicklung der außergerichtlichen und gerichtsbezogenen Entwicklung in Deutschland, 2014, S. 22.
465   *Bargen*, Gerichtsinterne Mediation, 2008, S. 55.
466   *Trossen*, Mediation (un)geregelt, 2014, S. 866.
467   *Trossen*, Mediation (un)geregelt, 2014, S. 867.
468   *Trossen*, Mediation (un)geregelt, 2014, S. 867 f.
469   *Eisele*, ZRP 2011, 113.
470   *Eisele*, ZRP 2011, 113; *Wenzel*, „Justita ohne Schwert" – Die neuere Entwicklung der außergerichtlichen und gerichtsbezogenen Entwicklung in Deutschland, 2014, S. 21.

Im Gegensatz zur Mediation gibt es bei einer Moderation keine klaren Strukturen im Verfahrensablauf oder festgesetzte Regeln. Als Ziel einer Moderation können ganz unterschiedliche Themen festgelegt werden, zum Beispiel die „Strukturierung eines Entscheidungsprozesses" oder die „Festlegung von Arbeitsprozessen", oder die Moderation dient lediglich dem Erfahrungsaustausch zwischen Personen.[471] Ebenfalls möglich ist eine Konfliktklärung, soweit die betroffene Gruppe dies wünscht. Dies kann jedoch nur in einem begrenzten Umfang stattfinden.[472] Bei höher eskalierten Konflikten ist eine Mediation angebracht.

VI. Ombudsperson

Von einem Mediator abzugrenzen ist die Ombudsperson oder der sog. Ombudsmann. Der Begriff stammt aus dem Schwedischen und beschreibt einen „Mann, der die Rechte der Bürgerinnen und Bürger gegenüber den Behörden wahrnimmt".[473] Bei näherer Betrachtung handelt es sich in Deutschland dabei allerdings um eine „außergerichtliche, aber behörden- oder organisationsinterne Streitschlichtungsstelle, die nach einem festgelegten Verfahrensablauf schriftlich entweder einen für beide Parteien unverbindlichen Vorschlag zur Streitschlichtung ausarbeitet oder aber einen Vorschlag, der nur für die Behörde oder Organisation einseitig bindend ist".[474]

Bislang fehlt es an einer gesetzlichen Grundlage, die die Tätigkeit eines Ombudsmanns näher beschreibt. Es fehlt auch an einem obligatorischen Ombudsverfahren. Ob eine Bindungswirkung im konkreten Fall besteht, hängt von den Regelungen der jeweiligen Behörde oder Organisation ab.[475] Ombudsstellen findet man häufig bei Banken, Versicherungen oder Universitäten.[476]

VII. Collaborative Law

Im Gegensatz zur Mediation oder zur Güterichterverhandlung kommt bei der Methode des Collaborative Law kein neutraler Dritter zum Einsatz, sondern dieses Verfahren wird durch eine beteiligte Berufsgruppe durchgeführt.[477] Collaborative Law bedeutet im deutschen so viel wie „kooperatives Anwaltsverfahren". Es beschreibt ein

---

471 *Rösch*, Verhandlung und Mediation in der Insolvenz, 2009, S. 47.
472 *Rösch*, Verhandlung und Mediation in der Insolvenz, 2009, S. 46 f.
473 Duden: „Ombudsmann", <http://www.duden.de/rechtschreibung/Ombudsmann> (abgerufen am 22.03.16).
474 *Trossen*, Mediation (un)geregelt, 2014, S. 870.
475 *Trossen*, Mediation (un)geregelt, 2014, S. 870.
476 Zum Beispiel: <http://www.versicherungsombudsmann.de/home.html> (abgerufen am 24.01.2016), <http://verbraucher.bankenverband.de/beschwerdestelle/> (abgerufen am 24.01.2016), <https://www.pkv-ombudsmann.de/> und <http://www.voeb.de/de/verband/ombudsmann> (abgerufen am 24.01.2016).
477 *Mähler/Mähler*, Außergerichtliche Streitbeilegung – Mediation, in: Beck'sches Rechtsanwalts-Handbuch, 10. Auflage 2011, § 47.

„klientenzentriertes, strukturiertes, außergerichtliches Konfliktlösungsverfahren"[478]. Während des gesamten Verfahrens werden die Parteien durch ihre Anwälte beraten und vertreten.[479] Scheitert das Verfahren, so dürfen die Rechtsanwälte, die sich um eine einvernehmliche Lösung bemüht haben, nicht bei Gericht die anwaltliche Vertretung der Parteien übernehmen. Dies bewirkt eine kooperative Verhaltensweise und eine auf Konsens gerichtete Arbeitstechnik der Anwälte während des Collaborativ-Law-Verfahrens.[480]

Collaborative Practice ist ein ähnliches Modell, das allerdings ein komplettes Team als Konfliktbegleitung vorsieht. Diese Personen können Rechtsanwälte, Psychologen, Psychotherapeuten, Steuerberater, Wirtschaftsprüfer u.a sein.[481] Dadurch können verschiedene Perspektiven des Konflikts betrachtet werden.[482]

VIII. Mini-Trial

Bei einem Mini-Trial handelt es sich um ein Verfahren, in dem es um einen Konflikt in der Wirtschaft geht, der vor einem Gremium vorgestellt wird. Die Präsentation übernimmt eine Person, die bis zu diesem Zeitpunkt unbeteiligt war.[483] Im Anschluss daran findet die Simulation eines Gerichtsverfahrens statt, das zeitlich gerafft wird und in dem eine Moderation zwischen den verschiedenen Parteien durchgeführt wird.[484] Eine weitere Möglichkeit ist, dass nur Vertreter der Konfliktparteien sich auf eine vergleichsweise Beilegung einigen.[485]

IX. Michigan-Mediation

Bei diesem Verfahren, das aus den USA stammt, handelt es sich um ein Mediationsverfahren, wie es auch in Deutschland durchgeführt wird. Die Besonderheit des Verfahrens ist jedoch, dass der Mediator, sofern keine Einigung zwischen den Parteien zustande kommt, einen Vergleichsvorschlag unterbreiten kann, der zwar unverbindlich ist, jedoch die ausschlagende Partei finanziell beeinträchtigt. Sofern eine Partei dem Vorschlag nicht zustimmt, muss sie die Kosten des Mediationsverfahrens sowie die Kosten des Prozesses übernehmen, sofern das Urteil des Richters nicht mindestens 10 % günstiger ist als der Vergleichsvorschlag des Mediators.[486]

---

478 *Schwarz*, Mediation – Collaborative Law – Collaborative Practice, 2010, S. 13.
479 *Schwarz*, Mediation – Collaborative Law – Collaborative Practice, 2010, S. 79.
480 *Schwarz*, Mediation – Collaborative Law – Collaborative Practice, 2010, S. 13, 79 ff.
481 *Bruhn*, NJOZ 2008, 1726, 1727.
482 *Schwarz*, Mediation – Collaborative Law – Collaborative Practice, 2010, S. 80.
483 *Risse/Wagner*, Mediation im Wirtschaftsrecht, in: Haft/Schlieffen, Handbuch Mediation, 2. Auflage 2009, § 23 Rn. 97 ff.
484 *Horstmeier*, Das neue Mediationsgesetz, 2013, S. 129.
485 *Risse/Wagner*, Mediation im Wirtschaftsrecht, in: Haft/Schlieffen, Handbuch Mediation, 2. Auflage 2009, § 23 Rn 97 ff.
486 *Risse*, BB-Beilage Heft 2, 2001, 16, 21 ff.

Die Frage, ob diese Regelung auch mit dem deutschen Mediationsgesetz zu vereinbaren wäre, bejaht *Horstmeier*. Er begründet dies damit, dass der Mediator keine Sachentscheidung trifft, sondern die Parteien über den Vorschlag verhandeln können.[487] Auch das Argument, dass das Kostenrisiko einen Druck auf die Parteien ausüben könnte, reicht für *Horstmeier* nicht.[488] Ob der dadurch implizierte Einigungsdruck die Parteien tatsächlich frei entscheiden lässt, ist fragwürdig und steht zumindest moralisch im Widerspruch mit dem wichtigen Freiwilligkeitsgrundsatz und dem Selbstverantwortungsgrundsatz der Mediation.

X. Early Neutral Evaluation

Beim Early-Neutral-Evaluation-Verfahren handelt es sich um ein Verfahren, dass ebenfalls von einem neutralen Dritten geführt wird. Dieser beurteilt die Prozesserfolgsaussichten der Beteiligten. Seine Beurteilungsgrundlage ist jedoch eingegrenzt und zeitlich gerafft.[489] Nach Erfragen der Vergleichsbereitschaft der Beteiligten trifft der Dritte eine Sachentscheidung, wenn auch unverbindlich. Dies ist mit dem Grundgedanken der Neutralität eines Mediators nicht vereinbar. Das Mediationsgesetz kann hier nicht zur Anwendung kommen, da die Early Neutral Evaluation keine Mediation im Sinne von § 1 Abs. 1 MediationsG ist und der Dritte kein Mediator im Sinne von § 2 MediationsG ist.[490]

XI. Coaching

„Coaching ist die professionelle Beratung, Begleitung und Unterstützung von Personen mit Führungs- und Steuerungsfunktion und von Experten in Unternehmen und Organisationen. Zielsetzung von Coaching ist die Weiterentwicklung von individuellen oder kollektiven Lern- und Leistungsprozessen bzgl. primär beruflicher Anliegen."[491] Es gibt aber auch Coachings im privaten Bereich oder in Mischbereichen. Beliebt ist ein Coaching zur persönlichen Zielerreichung, bei der sowohl der berufliche, wie auch der private Aspekt eine Rolle spielen.

Der Klient wird ähnlich wie bei einer Mediation, angeregt, eigene Lösungsoptionen zu entwickeln. Ziel des Coachingprozesses ist es, dass der Klient gelernt hat, Probleme eigenständig zu lösen, seine Interessen und Bedürfnisse herauszuarbeiten und effektive Ergebnisse zu erreichen.[492]

---

487 *Risse*, BB-Beilage Heft 2, 2001, 16, 21 ff.
488 *Horstmeier*, Das neue Mediationsgesetz, 2013, S. 132.
489 *Risse/Wagner*, Mediation im Wirtschaftsrecht, in: Haft/Schlieffen, Handbuch Mediation, 2. Auflage 2009, § 23 Rn. 105 ff.
490 *Horstmeier*, Das neue Mediationsgesetz, 2013, S. 130 f.
491 DBVC, Definition Coaching: <www.dbvc.de/der-verband/ueber-uns/definition-coaching.html> (abgerufen am 01.02.2016).
492 DBVC, Definition Coaching: <www.dbvc.de/der-verband/ueber-uns/definition-coaching.html> (abgerufen am 01.02.2016).

Der Unterschied zur Mediation besteht vor allem darin, dass im Coaching mit einer Person gearbeitet wird, während es in der Mediation immer mindestens zwei Personen- Parteien sind. Ein Coaching muss auch nicht zwangsläufig einen Konfliktfall betreffen. Hier geht es vor allem um die Weiterentwicklung eigener Ziele. Es finden sich sowohl beratende Coachs als auch Coachs mit systemischem Ansatz. Für den Coach gibt es nicht, wie für den Mediator, ein festes Regelwerk. Er hat einen großen Handlungsspielraum. Auch die Berufsbezeichnung ist bisher nicht geschützt.

XII. Therapie

Die Abgrenzung von Mediation und Therapie (insbesondere Paartherapie) ist sehr häufig Teil des Informationsgesprächs bei Mediationen, da einigen Interessenten der Unterschied nicht bewusst ist. Speziell in stark emotionalen und familiären Konflikten stellt sich häufig die Frage nach der richtigen Konfliktlösungsmethode.

Unter Therapie versteht man eine „Heilbehandlung"[493]. Definiert wird die Therapie wie folgt: „Die Psychotherapie ist ein bewusster und geplanter interaktioneller Prozess zur Beeinflussung von Verhaltensstörungen und Leidenszuständen, die in einem Konsensus (möglichst zwischen Patient, Therapeut und Bezugsgruppe) für behandlungsbedürftig gehalten werden, mit psychologischen Mitteln (durch Kommunikation), meist verbal, aber auch averbal, in Richtung auf ein definiertes, nach Möglichkeit gemeinsam erarbeitetes Ziel (Symptomminimalisierung und/oder Strukturänderung der Persönlichkeit), mittels lehrbarer Technik, auf der Basis einer Theorie des normalen und pathologischen Verhaltens."[494]

Gesetzlich definiert ist der Beruf des Psychotherapeuten in § 1 Abs. 1 S. 3 PsychthG. In der Psychotherapie geht man davon aus, dass sich ein leidender Mensch einer solchen Therapie unterwirft. Leidend ist er, wenn er einer psychischen Störung unterliegt.[495]

Ein Mediator darf sich nicht anmaßen, eine psychische Störung zu „behandeln". Er arbeitet lösungsorientiert mit „gesunden" Menschen. Sollten doch psychologische Probleme auftreten, so können sich die betreffenden Personen auch während der Mediation einer Therapie unterziehen. Die Mediation ist zukunftsorientiert und arbeitet im Gegensatz zur Therapie nicht in der Tiefe Vergangenes psychologisch auf.

---

493   Duden: „Therapie", <www.duden.de/rechtschreibung/Therapie> (abgerufen am 12.02.2016).
494   *Broda/Senf*, Praxis der Psychotherapie, 5. Auflage 2011, S. 2.
495   *Trossen*, Mediation (un)geregelt, 2014, S. 241 ff.

F. Spezielle Aspekte des Güterichterverfahrens im Vergleich mit der außergerichtlichen Mediation und rechtspolitische Vorschläge

Im Folgenden wird genauer untersucht, inwiefern das Gesetz zur Förderung von Mediation und anderer Verfahren der außergerichtlichen Konfliktbeilegung vom 21.07.2012 die Mediation tatsächlich fördert und wie harmonisch sich das Güterichterverfahren in das bestehende System der außergerichtlichen Mediation eingliedern lässt, bzw. ob sich die beiden Systeme ergänzen können.

Zu diesem Zweck werden die folgenden Aspekte untersucht:

- Freiwilligkeit der Teilnahme an den beiden Konfliktlösungsvarianten
- Vertraulichkeit im Güterichter- und außergerichtlichen Mediationsverfahren
- Umfang der Aufklärung über Methoden der alternativen Konfliktbeilegung
- Vereinbarkeit des Güterichterverfahrens mit dem Ziel der Europäischen Mediations-Richtlinie und Förderung des der Mediation durch das Gesetz zur Förderung von Mediation und anderer Verfahren der außergerichtlichen Konfliktbeilegung
- Vergleich der Kostenstruktur von Güterichterverfahren und außergerichtlichem Mediationsverfahren
- Vergleich der Qualität von Güterichterverfahren und außergerichtlichem Mediationsverfahren

Zu jedem Thema wird in einem ersten Schritt ein kurzer Überblick darüber gegeben, wie die Rechtslage und die bisherigen Erfahrungen sind. In einem zweiten Schritt werden zum Teil andere Staaten und deren Regelungen in den Blick genommen. Schließlich wird zu jedem Aspekt ein rechtspolitischer Vorschlag unterbreitet. Die Ergebnisse zu jedem thematischen Abschnitt werden im anschließenden Kapitel G zusammengefasst.

I. Freiwilligkeit der Teilnahme am Güterichter- und außergerichtlichen Mediationsverfahren

Da die Freiwilligkeit der Teilnahme im Mediations- wie auch im Güterichterverfahren zentral ist, wird im Folgenden beleuchtet, inwiefern diesem Grundsatz Rechnung getragen wird bzw. inwiefern es Einschränkungen der Freiwilligkeit gibt. Es soll untersucht werden, ob ein obligatorisches Informationsgespräch oder eine Pflichtmediation zielführend wäre, um die Mediation bzw. das Güterichterverfahren zu fördern.

1. Begriff und Bedeutung

Der Grundsatz der Freiwilligkeit ist sowohl in der Mediation als auch im Güterichtermodell eines der wichtigsten, wenn nicht sogar das wichtigste Merkmal. Genau dieses Merkmal grenzt die Konfliktlösungsverfahren Mediation und Güterichterverfahren vom streitigen Gerichtsverfahren ab. Freiwilligkeit bedeutet, dass die Konfliktparteien „selbst und ohne äußeren Zwang"[496] entscheiden dürfen, ob sie an solch einem Verfahren teilnehmen wollen oder nicht. Des Weiteren muss eine jederzeitige Ausstiegsmöglichkeit für die Medianten gegeben sein. Auch dies ist Teil der Freiwilligkeit an der Teilnahme.[497] Hinzu kommt die freie Wahl des Mediators.[498]

Das Mediationsgesetz geht an verschiedenen Stellen auf das Freiwilligkeitsprinzip ein. Nach § 1 Abs. 1 MediationsG ist die Mediation ein „vertrauliches, strukturiertes Verfahren, bei dem Parteien mithilfe eines oder mehrerer Mediatoren freiwillig und eigenverantwortlich die Beilegung ihres Konflikts anstreben". Gemäß § 2 Abs. 2 MediationsG hat der Mediator sich von der Freiwilligkeit der Teilnahme der Parteien an der Mediation zu vergewissern, und gemäß § 2 Abs. 5 S. 1 MediationsG haben diese das Recht, die Mediation jederzeit zu beenden. Der Grundsatz der Freiwilligkeit soll den „privatautonomen Charakter"[499] des Verfahrens zum Ausdruck bringen.

Dennoch gibt es zum Beispiel Mediationsklauseln, bei denen sich die Parteien verpflichten, eine Mediation durchzuführen, bevor sie den Weg zum Gericht suchen.[500] Wenn es in einem solchen Fall zu Streitigkeiten kommt, verwandelt sich die Freiwilligkeit in Zwang, an einem Mediationsverfahren teilzunehmen. Dennoch steht eine Mediationsklausel dem Prinzip der Freiwilligkeit nicht entgegen, da im Zeitpunkt der Vereinbarung dieser Klausel Freiwilligkeit bestand.[501] Die Bedeutung des Begriffs „freiwillig" ist in dieser Hinsicht teleologisch reduziert auszulegen.

Bezüglich der Freiwilligkeit im Güterichter-, bzw. Mediationsverfahren ist folgendes fragwürdig: Gemäß § 278 Abs. 5 ZPO kann das Gericht durch Beschluss die

---

496 *Fritz/Pielsticker*, Mediationsgesetz, 2013, § 1 Rn. 19; *Kracht*, Rolle und Aufgaben des Mediators – Prinzipien der Mediation, in: Haft/Schlieffen, Handbuch Mediation, 2. Auflage 2009, S. 267 ff.

497 *Greger* in: Fischer/Unberath, Das neue Mediationsgesetz, 2013, § 1 Rn. 31; *Kracht*, Rolle und Aufgaben des Mediators – Prinzipien der Mediation, in: Haft/Schlieffen, Handbuch Mediation, 2. Auflage 2009, S. 267 ff.

498 *Doench*, Mediation als kindgerechtes Verfahren, 2014, S. 162.

499 *Greger/Unberath*, MediationsG, 2013, § 1 Rn. 29.

500 *Greger/Unberath*, MediationsG, 2013, § 2 Rn. 13; *Fritz/Pielsticker*, Mediationsgesetz, 2013, § 1 Rn. 21.

501 *Unberath*, NJW 2011, 1320 ff. – Ob jedoch bei Vorliegen einer Mediationsklausel mit vorläufigem Klageverzicht einer gleichwohl erhobenen Klage das fehlende Rechtsschutzbedürfnis entgegensteht, ist eine andere Fragestellung. Das LG Heilbronn verneint dies (Urt. v. 10.09.2010, ZKM 2011, 29). Auch die BGH-Rechtsprechung spricht für eine Haltbarkeit dieser Klauseln (Urt. v. 23.11.1983, NJW 1984, 669; Urt. v. 18.11.1998, NJW 1999, 647). AGB-Kontrolle: *Unberath*, NJW 2011, 1320 ff.; *Wagner*, ZKM, 2011, 29 f.

Parteien an einen Güterichter verweisen. Der Beschluss muss keine Gründe enthalten und ist nicht selbstständig anfechtbar.[502] Die Durchführung eines Güterichterverfahrens kommt jedoch nur dann in Betracht, wenn alle Parteien einverstanden sind.[503] Für die Praxis heißt das: Entweder der Streitrichter klärt schon vor Verweisung die Freiwilligkeit der Parteien ab oder er verweist an den Güterichter und überantwortet ihm die Prüfung dieser Frage. Gerade im Hinblick auf den Grundsatz des rechtlichen Gehörs bietet sich die Vorgehensweise an, dass der Streitrichter die Parteien grundsätzlich über das Güterichterverfahren informiert, die letztliche Zustimmung zum Güterichterverfahren sollte aber erst der Güterichter einholen, wenn er die Parteien eingehend mit dem Verfahren vertraut gemacht hat.[504]

Eine Studie von *Greger* aus dem Jahre 2007 zeigt die Ergebnisse einer Befragung von Parteien, die an einem Güterichterverfahren (Pilotprojekt) teilgenommen haben, ob sie dem Vorschlag zu einer Verhandlung beim Güterichter zunächst ablehnend gegenüberstanden oder von vornherein zugestimmt haben (Abb. 11).

Die Befragung erbrachte folgendes Ergebnis:

Abb. 11: Anfängliche Haltung von Parteien zu einem Güterichterverfahren[505]

sofortige Zustimmung	345	Einigungsquote: 80%
anfängliche Ablehnung	64	Einigungsquote: 77%
keine Angabe	11	

Diese Umfrage hatte sich zum Ziel gesetzt, herauszufinden, ob es sinnvoll ist, auch Parteien mit zunächst ablehnender Haltung (gegenüber der Teilnahme am Güterichterverfahren) an einem solchen teilnehmen zu lassen. Wie man erkennt, unterscheidet sich die Einigungsquote kaum. Sie ist in beiden Fällen ausgesprochen hoch. Geht man von dieser Studie aus, so würde es sich lohnen, die Parteien von einem Güterichterverfahren zu überzeugen, auch diejenigen, die zunächst skeptisch reagieren. Denn wie folgende Grafik (Abb. 12) zeigt, bewerten 348 von 420 (3 Enthaltungen) das Verfahren des Güterichters positiv. 86 %[506] der Parteien, die bereits

---

502 *Baumbach/Lauterbach/Albers/Hartmann*, ZPO, 74. Auflage 2016, § 278 Rn. 41 ff.;
     Geisler (in: Prütting/Gehrlein, ZPO, 7. Auflage 2013, § 278 Rn. 6b) setzt einen
     Beschluss voraus.
503 *Ewig*, ZKM 2012, 4 ff.
504 *Greger/Unberath*, Das neue Mediationsgesetz, 2013, Teil 4 Rn 89 ff.
505 Quelle: *Greger*, Abschlussbericht zur Evaluation des Modellversuchs Güterichter,
     2007, S. 54,
506 *Greger*, Abschlussbericht zur Evaluation des Modellversuchs Güterichter, 2007,
     S. 53, <http://www.reinhard-greger.de/dateien/gueterichter-abschlussbericht.pdf>
     (abgerufen am 15.01.2016).

in ein Güterichterverfahren involviert waren, würden eine erneute Einschaltung eines Güterichters in Betracht ziehen.

Abb. 12: Gesamtbewertung der Parteien eines Güterichterverfahrens[507]

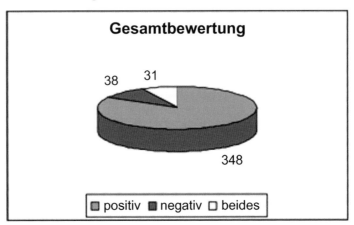

2. Eingeschränkte Freiwilligkeit der Parteien bei Verweisung durch den Prozessrichter an den Güterichter

Die These zur möglichen Fehleinschätzung der Freiwilligkeit der Teilnahme der Parteien an einem Güterichterverfahren lautet: Aufgrund der Möglichkeit der Verweisung zum Güterichter könnte es sein, dass einige Parteien nicht ausschließlich freiwillig am Güteverfahren teilnehmen, sondern nur aufgrund der Angst, bei Verweigerung der Zustimmung zu einem solchen Verfahren im Endeffekt benachteiligt zu werden. Dies würde sich auch auf das Ergebnis der Güterichterverhandlung auswirken.

Wie die Freiwilligkeit im Fall der Verweisung durch den Streitrichter zur Mediation, bzw. zum Güterichterverfahren einzuschätzen ist, ist schwierig zu beantworten, da es dazu bisher keine öffentlichen Studien gibt. Durch den Vorschlag des Gerichts, ein solches Verfahren durchzuführen, kann durchaus ein gewisser Druck bei den Parteien entstehen. Die Überlegungen gehen dahin, dass die Parteien hohe Kosten oder eine unfaire Entscheidung des Spruchrichters befürchten, sollten sie nicht „freiwillig" am Verfahren teilnehmen.[508]

---

507   Quelle: *Greger*, Abschlussbericht zur Evaluation des Modellversuchs Güterichter, 2007, S. 51, <http://www.reinhard-greger.de/dateien/gueterichter-abschlussbericht.pdf> (abgerufen am 15.01.2016).

508   *Peschke*, Familienmediation bei Trennung – Scheidung von Eltern: Ein Kann, Ein Soll, Ein Muss?, 2012, S. 178.

Wichtig ist, dass die Richter die Parteien nicht „nötigen", an einem Güterich-terverfahren mitzuwirken. Es könnten sonst Zweifel an der Rechtsstaatlichkeit des Verfahrens aufkommen und der Rechtsfrieden zwischen den Parteien könnte nachhaltig beeinträchtigt werden. Ebenfalls könnte das Klima des Prozesses in Mit-leidenschaft gezogen werden und Verärgerung aufkommen, sowohl bei den Parteien, wie auch bei den Anwälten.[509] Entscheidend ist die Betitelung des „Güterichters" als „nicht entscheidungsbefugter Richter". Dies muss deutlich erklärt und herausgestellt werden, sodass die Parteien keinerlei Druck verspüren, an einem Güterichterver-fahren teilzunehmen.

3. Sinnhaftigkeit eines obligatorischen Informationsgesprächs und einer Mediationspflicht in Deutschland

Ob ein obligatorisches Informationsgespräch oder eine Mediationspflicht in Deutschland sinnvoll sind, wurde schon mehrmals rechtspolitisch diskutiert. Das Ergebnis, das bisher erzielt wurde, war die Einführung des § 15a EGZPO und die §§ 135, 156 Abs. 1 S. 3 FamFG. Durch § 15a EGZPO werden die Landesgesetzgeber ermächtigt, in Nachbarschafts- und Bagatellstreitigkeiten die Durchführung eines außergerichtlichen Konfliktlösungsverfahrens verpflichtend vorzuschreiben. Durch Landesgesetz kann bestimmt werden, dass die Erhebung einer Klage erst dann zu-lässig ist, wenn eine einvernehmliche Lösungsfindung bei einer geeigneten Stelle versucht wurde. Dies betrifft vermögensrechtliche Streitigkeiten, Nachbarrecht, Streitigkeiten über Ansprüche wegen Verletzung der persönlichen Ehre, die nicht in Presse oder Rundfunk begangen worden sind, und Streitigkeiten über Ansprüche nach Abschnitt 3 des Allgemeinen Gleichbehandlungsgesetzes. In vielen Staaten innerhalb und außerhalb Europas haben sich mittlerweile die Pflichtmediation oder ähnliche Verfahren durchgesetzt.[510]

Aus § 135 FamFG geht hervor, dass das Gericht anordnen kann, dass die Ehe-gatten einzeln oder gemeinsam an einem kostenfreien Informationsgespräch über Mediation oder einer sonstigen Möglichkeit der außergerichtlichen Konfliktbeile-gung anhängiger Folgesachen bei einer von dem Gericht benannten Person oder Stelle teilnehmen und eine Bestätigung hierüber vorlegen. Das gleiche gilt für Kind-schaftssachen, die die elterliche Sorge bei Trennung und Scheidung, den Aufenthalt des Kindes, das Umgangsrecht oder die Herausgabe des Kindes betreffen, gemäß § 156 Abs. 1 S. 3 FamFG.

Über ein angeordnetes Informationsgespräch im Sinne der §§ 135, 156 Abs. 1 S. 3 FamFG geht jedoch die Pflicht zur Mediation in Deutschland nicht hinaus.

---

509   Vgl. *Prütting* in: MüKo-ZPO, 4. Auflage 2013, § 278 Rn. 46 ff.
510   Eine Übersicht der Modelle aus den USA, England, Wales, Australien, Norwegen und Kanada findet man bei *Lee/Lakhani*, International Journal of Law, Policy and the Family (3) 2012, S. 327 ff.

Rechtsstaaten, die nicht nur ein obligatorisches Informationsgespräch, sondern sogar eine Mediationspflicht eingeführt haben, sind zum Beispiel Australien, Italien und Liechtenstein. Anhand zwei dieser Länder soll im Folgenden dargestellt werden, wie solch ein Modell in der Praxis funktionieren kann.

a) Australien als Beispiel für ein funktionierendes System

In Australien müssen die Parteien vor Klageerhebung in familienrechtlichen Konfliktfällen einen Versuch bei dem *family dispute resolution*-Verfahren unternehmen, das im Wesentlichen Mediation durchführt. Im Allgemeinen wird in Australien viel häufiger von ADR-Verfahren Gebrauch gemacht als in Deutschland. Dies liegt nicht zuletzt an den unterschiedlichen Rechtssystemen, dem Common Law auf der einen und dem Civil Law auf der anderen Seite. Im Common Law, in dem die materiell-rechtliche Kodifizierung größtenteils fehlt (zumindest im Ursprungsgedanken) und das auf die Philosophie des Präjudizienrechts gestützt wird, ist der Gerechtigkeitsgedanke oftmals ein anderer als im Civil Law. Das Denken, dass nur bei einem gerechten Verfahren auch eine faire Lösung herauskommt, ist im Common Law weit verbreitet.

Abb. 13: Verhältnis der Konfliktlösungsmethoden in Australien[511]

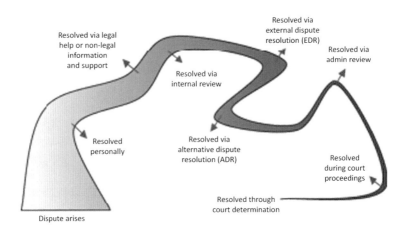

Resolved via legal help or non-legal information and support

Resolved via external dispute resolution (EDR)

Resolved via admin review

Resolved via internal review

Resolved personally

Resolved via alternative dispute resolution (ADR)

Resolved during court proceedings

Resolved through court determination

Dispute arises

**Quelle: Australian Government, Attorney-General's Department
Access to Justice Division: 2009)**

---

511   Quelle: *Trenczek*, Entwicklung und Situation der Mediation in Australien – Qualität oder Quantität?, ZKM 2012, 165.

Die Grafik zeigt, wie selten ein Konflikt in Australien wirklich durch einen Gerichtsprozess gelöst wird. Jedoch wird hierin kein neues Konfliktverständnis sichtbar, sondern lediglich Ressourcenprobleme des staatlichen Rechtssystems aufgrund der damit verbundenen Kosten. Es waren extrem lange Wartezeiten und eine Unterminierung des Rechtsgewährungsanspruchs zu beobachten. Daher haben die australische Bundesregierung und das Ministerium der Justiz verschiedene Maßnahmen ergriffen, die sich in außergerichtlichen Verfahren widerspiegeln.

Schließlich wurde am 01. August 2011 als Bundesgesetz der (Federal) Civil Dispute Resolution Act 2011 (CDRA 2011) verabschiedet. Dieses Gesetz verfolgt den Zweck, ein gerichtliches Klageverfahren möglichst ganz dadurch zu vermeiden, dass die Parteien dazu angehalten sind, alles zu tun, was in ihrer Macht steht, um einen Konflikt ohne Klageerhebung zu regeln (CDRA 2011 sec. 3).

Die ersten Erfolge waren schon ein Jahr später zu verzeichnen. Nicht nur ein Rückgang der gerichtlichen Verfahren war deutlich bemerkbar, sondern sogar 55 % der Konfliktfälle konnten über außergerichtliche Konfliktlösungsmechanismen gelöst werden. Auch die Wartezeit vor Gericht wurde spürbar gesenkt. Mittlerweile sind es durchschnittlich nur noch einige Monate und nicht mehr Jahre, bis eine Klage vor Gericht entschieden wird.

In den letzten Jahren wurden sowohl auf Bundesebene wie auch auf Bundesstaatenebene Bestimmungen entwickelt, die eine verpflichtende Mediation, die sog. „mandatory mediation", beinhalten. Diese kann entweder als Prozessvoraussetzung den Parteien auferlegt werden oder die Gerichte besitzen die Befugnis, Mediation verbindlich vorzuschreiben. Kriterien für die Verweisung an einen Mediator sind u.a. die Abwägung der Interessen der Öffentlichkeit in Bezug auf die Kosten, die im Falle eines Gerichtsverfahrens entstehen würden mit den Chancen auf eine einvernehmliche Lösung.

Interessant ist, dass es keine wesentlichen Abweichungen gibt, bezogen auf die Einigungsquote der freiwilligen und angeordneten Mediationsverfahren.[512]

Deutlich wird bei dem australischen Modell, dass das Ziel der Entlastung der Gerichte durch außergerichtliche, einvernehmliche Streitbeilegungsverfahren tatsächlich erreicht werden kann. Die Mediatoren sind ausschließlich extern gelistete Mediatoren, keine Richter. Einzige Ausnahme sind Justizbeamte („registrars"), die als eine Art Mediatoren in verwaltungs- und sozialrechtlichen Fällen fungieren.[513]

b) Italien als Beispiel für Scheitern und Erfolg der Mediationspflicht

Das *decreto legislativo no. 28/2010* war das italienische Mediationsgesetz, das seit dem 20. März 2011 galt. In Italien bestand bis zum Jahr 2012, anders als es die EU-Mediations-Richtlinie aus dem Jahre 2008 vorsieht, die Pflicht zur Mediation, sofern man später einen Zivilprozess anstrebte. Die positive Entwicklung wurde schnell

---

512   *Marx*, ZKM 2010, 132 ff.
513   *Trenczek*, ZKM 2012, 165 ff.

deutlich, die Mediation hat sich etabliert. Die 794 Mediationsstellen, die sich gegründet haben, konnten durchschnittlich 340 Mediationsverfahren pro Mediator pro
Jahr verzeichnen.[514] Die Aufteilung der freiwilligen Verfahren und Pflichtverfahren
zeigt die folgende Grafik (Abb. 14):

Abb. 14: Aufteilung freiwillige Verfahren und Pflichtverfahren in Italien[515]

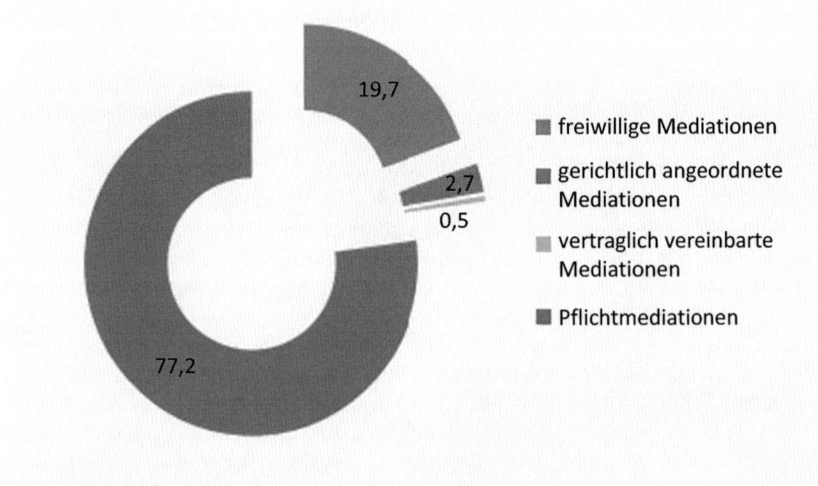

19,7

2,7

0,5

77,2

■ freiwillige Mediationen

■ gerichtlich angeordnete
Mediationen

■ vertraglich vereinbarte
Mediationen

■ Pflichtmediationen

(Quelle: Justizministerium Italien)

Eine beachtliche Zahl von 77,2 % an Pflichtmediationen hat sich in Italien innerhalb
eines Jahres ergeben. War eine Mediation nicht erfolgreich, führte dies zu zusätzlichen Kosten. Ebenfalls stand es dem Gericht frei, der Partei, die nicht ausreichend
am Mediationsverfahren mitgewirkt hat, die gesamten Prozesskosten aufzubürden,
unabhängig vom Ausgang des Gerichtsverfahrens. Einer Auswertung des italienischen Justizministeriums zufolge hat sich die Pflichtmediation insbesondere bei
kleineren Streitigkeiten mit Werten bis zu 5.000 EUR bezahlt gemacht. Hier liegt
die Einigungsquote bei über 50 %. Auffallend ist jedoch, dass die Erfolgsquote bei
Verfahren mit einem Streitwert über 5.000 EUR im Gegensatz zu darunter liegenden
Werten umso stärker nachließ, je höher die Werte lagen. Bei einem Wert von über
5.000.000 EUR scheiterten über 60 % der Mediationsverfahren. Die durchschnittliche
Länge des Mediationsverfahrens betrug 61 Tage (im Vergleich zu 1.066 Tagen bei

---

514   Ministerio della Giustizia.
515   Quelle: Justizministerium Italien.

einem durchschnittlichen Zivilgerichtsprozess). Das machte das Verfahren für den Bürger äußerst interessant.[516]

Doch am 24.10.2012 wurde das *decreto legislativo no. 28/2010* in Italien für verfassungswidrig erklärt.[517] Grund dafür war zum einen die fehlende Gesetzgebungskompetenz und die nationale Zuständigkeitsabgrenzung zwischen Parlament und Regierung. Weitere Themen wie die fehlende Freiwilligkeit am Verfahren und die Tatsache, dass Mediatoren Lösungsvorschläge machen durften, was im Falle der Nichtannahme zu einem Kostennachteil führen konnte, beschäftigten die Justiz. Eine weitere Kritik an der Pflichtmediation Italiens war die Erschwerung des Zugangs zum Gericht. Das Scheitern der Pflichtmediation kam überraschend.[518]

Genauso überraschend jedoch erfolgte die Wiedereinführung des *decreto del fare* am 20. September 2013. Größter Unterschied zwischen dem neuen und dem alten Gesetz ist sicherlich die starke Berücksichtigung der Rechtsanwälte im Regelwerk. Diese sollen schon aufgrund ihres Berufs als Mediatoren tätig sein dürfen, auch ohne spezielle Weiterbildung. In Artikel 5 des *decreto del fare* ist eine Liste der Streitgegenstände aufgeführt, die nach der Neu-Einführung nochmals ergänzt wurde, beispielsweise um den Familienvertrag und das Unternehmenserbrecht. Der Richter ist befugt, eine Mediation anzuordnen. Der Abschluss des Mediationsantrags muss zwingend unter Hinzuziehung eines Rechtsanwalts erfolgen, sofern die Mediation eine Pflichtmediation darstellt. Die Bearbeitungsfristen wurden auf 30 Tage erweitert und die Teilnahme der Parteianwälte im Mediationsverfahren ist zwingend. Sofern eine Partei der Mediation nicht zustimmt (ohne detaillierte Begründung) oder ohne Erklärung fernbleibt, ist der Richter befugt, eine Geldstrafe zu verhängen, die abhängig von der Gerichtsgebühr ist. Sanktioniert werden kann auch wieder die Tatsache, dass eine Partei den Vorschlag des Mediators nicht angenommen hat, jedoch im Gerichtsverfahren dasselbe Ergebnis erzielt wird. Dennoch liegen die Vorteile einer Pflichtmediation auf der Hand: Zum einen kann man einen vollstreckbaren Titel viel schneller erzielen als bei einem Gerichtsverfahren. Zum anderen winken steuerliche Begünstigungen und geringe Kosten des Mediationsverfahrens.[519]

Wie sich die Pflichtmediation in Italien entwickeln wird, bleibt offen. Jedoch kann eines definitiv schon heute festgestellt werden: Die Förderung der Mediation dürfte dadurch gelungen sein. Ob die Pflichtmediation dafür der beste Weg ist, bleibt Ansichtssache.

---

516 *Schäfer*, Die Wirtschaftsmediation, 2013, 57, 59.
517 Mediation aktuell, Pflichtmediation in Italien, Teil 1, 2013, <https://www.mediationaktuell.de/news/pflichtmediation-in-italien-teil-1> (abgerufen am 15.01.2016).
518 *Schäfer*, Die Wirtschaftsmediation, 2013, 57, 59.
519 Mediation aktuell, Pflichtmediation in Italien, Teil 1, 2013, <https://www.mediationaktuell.de/news/pflichtmediation-in-italien-teil-1> (abgerufen am 15.01.2016).

c) Aktuelle Neuregelung der Pflichtmediation in Liechtenstein in Kindschaftssachen

In Liechtenstein gibt es ebenfalls seit dem 01. Januar 2015 eine neue Regelung, welche die Mediation fördert, nämlich Art. 103a AussStrG. In Liechtenstein muss in einem ersten Schritt eines Verfahrens über einen Antrag auf Regelung der Obsorge, der Betreuung oder der Ausübung des Rechtes und der Pflicht zum persönlichen Kontakt mit einem minderjährigen Kind ein Erstgespräch anberaumt werden. In einem zweiten Schritt kann das Gericht sogar, wenn keine aussichtslosen Perspektiven vorliegen, eine Mediation nach den Regelungen des Zivilrechts-Mediations-Gesetzes anordnen. Auch in Liechtenstein hat man sich die Frage nach der Vereinbarkeit mit dem Grundsatz der Freiwilligkeit gestellt und ist zu folgendem Ergebnis gekommen: Die Regelung des Art. 103a AussStrG steht dem Freiwilligkeitsgrundsatz der Mediation nicht entgegen, da die Parteien weiterhin jederzeit das Verfahren beenden können; zudem steht es ihnen weiterhin frei zu entscheiden, welche Inhalte sie in die Vereinbarung aufnehmen möchten.

Die Voraussetzung für ein solches angeordnetes Mediationsverfahren ist ein anhängiges Scheidungs- oder Pflegschaftsverfahren bei Gericht, dessen Gegenstand auch die Obsorge, die Betreuung oder die Ausübung von Rechten und Pflichten zum persönlichen Kontakt betrifft.

Die Qualität der Mediationen wird dadurch sichergestellt, dass nur eingetragene Mediatoren diese Verfahren durchführen dürfen, die zudem ihre Ausbildung und Qualifikation nachgewiesen haben. Auch über die Kosten der gerichtlich angeordneten Mediation wurden Regelungen getroffen: Bis zu zehn Stunden übernimmt das Land Liechtenstein (Stundensatz bis maximal 150 CHF). Liechtenstein hat sich für eine einkommensunabhängige Kostenbefreiung entschieden. Jedoch muss der genannte Gegenstand der Mediation eingehalten werden.[520]

Ob sich die Regelungen als erfolgreich und mediationsfördernd erweisen, wird sich zeigen. Nicht zu unterschätzen ist die Entscheidungsmacht der Richter, die grundsätzlich allein nach ihrer Einschätzung und ihrer persönlichen Meinung zum Thema Mediation ein solches Verfahren anordnen können. Gerade in einem Kleinstaat wie Liechtenstein ist dieser Umstand aufgrund der geringen Anzahl der Richter bedenkenswert.

d) Rechtslage in Deutschland

Geht man gedanklich (vom obligatorischen Informationsgespräch) einen Schritt weiter und beschäftigt sich mit dem Thema Pflichtmediation in Deutschland, so trifft man sowohl auf Kritiker als auch auf Befürworter. Letztere sehen keinen Verstoß gegen den Grundsatz der Freiwilligkeit, sofern die Parteien jederzeit aus dem Mediationsverfahren aussteigen können. Es komme nicht darauf an, ob die Parteien

---

520   *Vogt*, LJZ 2014, 115 ff.

freiwillig kommen, sondern darauf, ob sie die freie Entscheidung treffen können, zu bleiben, oder das Verfahren zu beenden.[521] Des Weiteren lägen häufig äußere Einflüsse[522] vor, die die äußere Freiwilligkeit, an einem Mediationsverfahren teilzunehmen oder nicht, beeinflussen. Diese Entscheidung werde oftmals aus wirtschaftlichen oder sozialen oder moralischen Gründen getroffen.[523]

Kritiker der Einführung einer Mediationspflicht in Deutschland argumentieren, dass die Freiwilligkeit nicht durch äußere, staatliche Einflussnahme beschränkt werden könne. Mit einer solchen Einschränkung der Autonomie würden die Parteien nicht mehr selbstbestimmt handeln können.[524]

Die Mediations-Richtlinie 2008/52/EG steht einer gerichtlich auferlegten Mediation nicht im Weg. Sie erlaubt trotz des Freiwilligkeitsgebots die gesetzlich vorgeschriebene Mediation.[525] Daraus lässt sich ableiten, dass insofern auch in Deutschland eine Pflichtmediation, die von Gesetz wegen angeordnet wird, mit dem Freiwilligkeitsgrundsatz vereinbar wäre.

Eine weitere Frage, die sich in diesem Zusammenhang stellt, ist die Frage nach der Vereinbarkeit einer Pflichtmediation mit dem Justizgrundrecht Art. 101 GG, dem Anspruchs von jedermann auf den gesetzlichen Richter. Durch ein angeordnetes Mediationsverfahren würden den Parteien zusätzliche Kosten und Zeitaufwand entstehen. Der Gesetzgeber darf allerdings formelle Voraussetzungen für ein Rechtsschutzbegehren aufstellen, die sich auch einschränkend auswirken dürfen, sofern der Weg zur staatlichen Gerichtsbarkeit nicht verwehrt wird.[526] Zudem muss eine Verhältnismäßigkeitsprüfung erfolgen.[527] Ein finanzielles Interesse reicht nicht für eine Legitimation aus.[528] Eine Pflichtmediation würde diesem Grundrecht also nicht entgegenstehen, sofern der Weg zum Gericht nicht endgültig verwehrt wäre.

In der Entscheidung des BVerfG zur Verfassungsmäßigkeit eines Vorverfahrens gemäß § 15a EGZPO wird der Vorzug einvernehmlicher Konfliktbeilegungsverfahren erklärt, und es wird festgestellt, dass zeitliche Verzögerungen und finanzielle Nachteile grundsätzlich zumutbar sind. Begründet wird dies mit den einhergehenden Vorteilen: Kostenersparnisse und Entlastung der Ziviljustiz sowie die Erreichung dauerhaften Rechtsfriedens. Zudem könne man tiefer gehende Erkenntnisse gewinnen, da man in einem Schlichtungsverfahren mehr Umstände erfahre, die zu

---

521 *Zurmühl/Kiesewetter*, ZKM 2008, 107, 110.

522 *Kriegel*, ZKM 2006, 52, 53.

523 *Trenczek*, SchiedsVZ 2008, 135, 141.

524 *Haffke*, Legalität von Mediation im deutschen Rechtsraum, in: Duss-von Werdt/ Mähler/Mähler, 1995, S. 107; *Rafi*, Der Weg zur gemeinsamen Ent-Scheidung – Besonderheiten der Trennungs- und Scheidungsmediation, 2012, S. 137.

525 Art. 3 lit. a S. 2 der Richtlinie 2008/52/EG des Europäischen Parlaments und des Rates vom 21. Mai 2008 über bestimmte Aspekte der Mediation in Zivil- und Handelssachen (ABl. EU Nr. L 136 v. 24.5.2008, S. 3).

526 BVerfG, NJW-RR 2007, 1074.

527 *Doench*, Mediation als kindgerechtes Verfahren, 2014, S. 166.

528 *Risse*, Zwang zur Meditation?, in: FS Haase, 2007, S. 312 ff.

einer nachhaltigen Lösung beitragen können, und im Erfolgsfall seien die Kosten häufig viel geringer als die sonst zu begleichenden Gerichtskosten. Des Weiteren sei das Verfahren größtenteils schneller durchzuführen als ein Gerichtsprozess.[529] Eine andere Methode, die in gleichem Maße die Mediation fördern könnte, ist nicht erkennbar.[530]

Es gibt jedoch auch Gegenstimmen, die der Einführung einer obligatorischen Mediation kritisch gegenüberstehen.[531] Genannt werden Gründe, wie die Unvereinbarkeit einer gütlichen Lösungsfindung[532] mit einer erzwungenen Mediation, ebenso die fragwürdige Qualität der Ergebnisse bei einer solchen Methode[533]. Weiter wird angebracht, dass ein Mediationsverfahren nur infrage käme, wenn eine anfängliche Kooperationsbereitschaft signalisiert werde. Anderenfalls wäre dieses Verfahren sinnlos.[534] Dem halten die Befürworter entgegen, dass gerade die „Rückdelegation der Entscheidungsverantwortung"[535] für gute Ergebnisse sorgen sollte. Diese seien durch das Prinzip der Eigenverantwortlichkeit sehr nachhaltig. Die Freiwilligkeit des Verfahrens könne sich im Laufe der Mediation einstellen, sie müsse nicht zwangsläufig zu Beginn vorliegen.[536]

In Erbschaftssachen steht dem Erblasser gemäß § 1940 BGB schon jetzt die Möglichkeit offen, durch Testament den Erben eine Mediation aufzuerlegen. Dies könnte beispielsweise so aussehen:

„Die Bedachten sind verpflichtet, Streitigkeiten aus oder im Zusammenhang mit diesem Testament/Erbvertrag versuchsweise durch ein Mediationsverfahren beizulegen."[537]

Dass per Vermächtnis nur ein „Vorteil" (§ 1939 BGB) zugewandt werden darf, steht dem nicht entgegen, da dieser Begriff weit gefasst ist und auch nicht vermögenswerte Rechte hinzuzählen. In der Praxis spielt eine derartige Mediationsklausel jedoch noch keine große Rolle.[538]

---

529   BVerfG, NJW-RR 2007, 1074.

530   *Peschke*, Familienmediation bei Trennung – Scheidung von Eltern: Ein Kann, Ein Soll, Ein Muss?, 2012, S. 189; *Risse*, Zwang zur Meditation?, in: FS Haase, 2007, S. 312, 316.

531   Kritiker z.B.: *Decker-Theiss*, Rechtsprobleme der Trennungs-und Scheidungsmediation, 2004, 100; *Grillo*, STREIT 2001, 91 ff.; *Kilian*, FamRZ 2000, 1006 ff.; *Zylstra*, Am. Acad. Matrim. Law 2001, 69 ff.

532   *Haffke*, Legalität von Mediation im deutschen Rechtsraum, in: Duss-von Werdt/Mähler/Mähler, 1995, S. 107.

533   *Katzenmeier*, ZZP 2002, 51, 86 ff.

534   *Invantis*, Die Stellung des Kindes in auf Einvernehmen zielenden gerichtlichen und außergerichtlichen Verfahren in Kindschaftssachen, 2012, S. 169.

535   *Proksch*, Kon:Sens (Zeitschrift für Mediation) 1998, 7, 8.

536   *Kriegel*, ZKM 2006, 52, 53 ff.

537   *Töben*, RNotZ 2013, 321 ff.

538   *Leipold* in: MüKo-BGB, Band 9, 6. Auflage 2013, § 1939 Rn. 6 f.; *Töben*, RNotZ 2013, 321 ff.

4. Rechtspolitischer Vorschlag

Nach den Ausführungen zum australischen, italienischen und liechtensteinischen Modell stellt sich die Frage, ob auch in Deutschland die Pflichtmediation zum Ziel der Mediations-Richtlinie von 2008, der Förderung der Mediation, führen würde. (Weiteres zur Vereinbarkeit des Gesetzes zur Förderung der Mediation und anderer Verfahren der außergerichtlichen Konfliktbeilegung mit dem Ziel der Europäischen Mediations-Richtlinie siehe unten IV.).

Gerade hinsichtlich Familienstreitigkeiten und Scheidungen wird in der Literatur die Frage nach der Sinnhaftigkeit der Einführung der Pflichtmediation gestellt.[539] Bei Konfliktfällen, bei denen Kinder mittelbarer oder unmittelbarer Streitgegenstand sind, ist ein Versuch der Mediation empfehlenswert. Für Kinder ist es schon schwer genug, eine Scheidung oder Konfliktfälle innerhalb der Familie mitzuerleben. Eine Kommunikation über Anwälte ist hier nicht unbedingt förderlich für die Entwicklung des Kindes. Erste Schritte wurden hier bereits unternommen, die genau diesen Bereich des Rechts mithilfe der Mediation fördern möchten. Dies spiegelt sich im Familienrecht in den §§ 23, 28, 36a, 81, 135, 150, 155 und 156 FamFG wieder. Nach § 23 Abs. 1 S. 2 FamFG soll verfahrenseinleitender Antrag in geeigneten Fällen auch die Angabe enthalten, ob der Antragsteller den Versuch einer Mediation oder eines anderen Verfahrens der außergerichtlichen Konfliktbeilegung unternommen hat. Des Weiteren soll der Antragsteller sich zu den Gründen äußern, sollte er von solch einem Verfahren abgesehen haben.

Wäre hier daher eine obligatorische Mediation sinnvoll, um tatsächlich die Mediation zu fördern? Gemäß den §§ 36, 36a und 135 FamG wird die Mediation bereits insoweit unterstützt, als der Richter den Parteien eine Mediation oder ein Mediationsverfahren empfehlen kann und sogar in einigen Fällen ein Informationsgespräch anordnen kann.

Diese Vorschriften sind wertvoll, da sich in der Mediationspraxis die meisten Parteien, deren Informationsgespräch angeordnet wurde oder die eine Richter-Empfehlung ausgesprochen bekamen, tatsächlich für den Weg der Mediation entschließen und eine einvernehmliche Lösung finden. Auch die Einbeziehung der Kinder ist hier wesentlich angenehmer und entspannter zu gestalten, da die Räumlichkeiten, der freiwillige Charakter und die flexiblen Zeiten den Kindern weniger beunruhigend erscheinen als ein Gerichtsverfahren.

Ein Beispiel könnte sich Deutschland an dem österreichischen Modell nehmen: Dort wurde schon im Jahre 2003 eine Regelung getroffen, die im Falle der Diskriminierung behinderter Menschen am Arbeitsplatz zu einem Schlichtungsverfahren oder wahlweise zu einer Mediation verpflichtet. Die Mediation wurde 2008 ebenfalls in § 15a Bundesausbildungsgesetz (Österreich BGBl. I 2008/82) implementiert. Bei

---

539 So auch *Klüber*, Scheidung. Das ganz normale Trauma., Stuttgarter-Zeitung.de, 04.11.2012, <http://www.stuttgarter-zeitung.de/inhalt.essay-scheidung-das-ganz-normale-trauma.25f71e3f-6847-491b-8eb3-dae4bb1b2d67.html> (abgerufen am 14.03.2016); *Kriegel*, ZKM 2006, 52.

einer außerordentlichen Auflösung des Lehrverhältnisses wird ein Mediationsverfahren angeboten, das für den Arbeitgeber obligatorisch ist. Ziel ist das Vermeiden von Willkür. Daher ist dieses Verfahren an konkrete Fristen und Regelungen gebunden. Ob sich dieser Ansatz mit dem Grundsatz der Freiwilligkeit verbinden lässt, ist fraglich. Zumindest der Lehrling hat jedoch die Möglichkeit, das Verfahren jederzeit zu beenden oder sogar schon vor Beginn abzulehnen.[540] Auch die Schweiz zeigt gute Ansätze zur Friedensvermittlung. Sie schreibt für die meisten zivilrechtlichen Angelegenheiten eine Schlichtung (die auch durch eine Mediation ersetzt werden kann) vor, bevor die Parteien das Recht haben, ein Streitverfahren zu beginnen. Diese Vorgehensweise verzeichnet große Erfolge. So haben 65 % aller Parteien ihren Konflikt in einem Schlichtungsverfahren beilegen können.[541]

Zusammenfassend geht der rechtspolitische Vorschlag zum Thema „Freiwilligkeit in der Mediation" in Deutschland dahin, das Informationsgespräch für ein Verfahren im Familienrecht, bis auf wenige Ausnahmen, bei denen die Aussicht auf eine einvernehmliche Lösung nicht besteht, zur Pflicht zu machen. Nach dem Informationsgespräch können sich die Parteien selbst überlegen, welches Verfahren für sie das richtige ist. Auf diese Art und Weise würden die Streitrichter entlastet werden, da die Entscheidung, einen Fall zum Güterichter oder zum Mediator zu verweisen bzw. zu empfehlen, weg fiele und sie den erheblichen Informations- und Weiterbildungsaufwand nicht leisten müssten. Im familienrechtlichen Bereich sollte ein gewisser Kostenanteil von der Rechtsschutzversicherung für Mediation übernommen werden. Eine komplette Pflichtmediation würde jedoch zum momentanen Zeitpunkt noch zu weit führen. Hierfür bräuchte man repräsentative Studien, die belegen, dass die Mediation tatsächlich im Familienrecht die beste Alternative zur Streitbeilegung ist. Es wird sich jedoch nicht jeder Fall für eine Mediation oder ein Güterichterverfahren eignen.

In anderen Rechtsbereichen, wie der Wirtschaftsmediation, ist es empfehlenswert, die Aufklärung über die außergerichtliche Konfliktlösung voranzutreiben (Siehe unten III.), jedoch sollte das Thema Pflichtmediation in diesem Bereich eher mit Abstand betrachtet werden, da sich einige Konfliktthemen nur eingeschränkt für die Mediation eignen. Zum Beispiel bei dem Thema Steuerhinterziehung in großen Konzernen, oder bei dem Thema Produkthaftung mit immensen Folgen, kommt die Mediation schnell an ihre Grenzen. Sinnvoll sind Mediationen in der Wirtschaft gerade im Hinblick auf die Kosten und eine gütliche Einigung zum Zwecke der weiteren Arbeitsbeziehung der Parteien. Hier ist die Empfehlung, selbstbestimmt über die Mediationspflicht in den anfänglich geschlossenen Verträgen der Geschäftspartner zu bestimmen. Es gibt sog. Mediationsklauseln, die eine Mediation im Falle des Konflikts zwischen Gesellschaftern zur Pflicht machen, bevor der Rechtsweg

---

540   *Schäfer*, Die Wirtschaftsmediation 2013, 57.
541   *Lienhard*, SJZ 2014, 621 ff.

beschritten werden kann. Es sollten auch hier Ausnahmen, beispielsweise bei grober Pflichtverletzung oder Betrug, in den jeweiligen Vertrag aufgenommen werden. Eine Mediationsklausel in einem Gesellschaftsvertrag könnte wie folgt aussehen:

Mediationsklausel
Bei Meinungsverschiedenheiten zwischen den Vertragspartnern, die die Vertragsgestaltung oder die Zusammenarbeit betreffen, wird ein Mediationsverfahren versucht. Ein neutraler, allparteilicher Mediator erarbeitet dabei gemeinsam mit den Konfliktparteien eine interessengerechte Vereinbarung, die auch die wirtschaftliche Lage des Unternehmens und persönliche Lage jeder Partei berücksichtigt. Die Lösungsfindung ist dabei jedoch selbstbestimmt. Der Mediator übernimmt lediglich eine vermittelnde und verfahrensstrukturierende Rolle. Der Mediator wird von den Vertragspartnern gemeinschaftlich bestimmt. Die Kosten der Mediation werden hälftig durch die Konfliktparteien übernommen. Sofern die Mediation binnen einer angemessenen Frist von 50 Tagen keine Lösung des Konflikts erreicht, ist jede Konfliktpartei berechtigt, ein Gerichtsverfahren anzustreben. Ausnahme dieser Regelung sind grobe Pflichtverletzungen und strafrechtliche Vorfälle.[542]

Zu beachten ist zudem, dass es gerade bei häufig prozessierenden Parteien belastend wirkt, wenn jedes Mal das persönliche Erscheinen bei einer Güteverhandlung angeordnet wird.[543] Das Güterichterverfahren bzw. die Mediation werden also zwar in sehr vielen Fällen richtig und sinnvoll sein, es gibt jedoch Grenzen. Hier zählt das Ermessen des Streitrichters, wenn er an einen Güterichter verweist.

II. Vertraulichkeit im Güterichter- und außergerichtlichen Mediationsverfahren

Ein weiteres wesentliches Merkmal in der Mediation wie auch im Güterichterverfahren ist die Vertraulichkeit. Auch dieses Merkmal soll aufgrund einiger besonderer Kennzeichen näher untersucht werden.

1. Begriff und Bedeutung

Die Vertraulichkeit wird als das „oberste Gebot" der Mediation beschrieben, da andernfalls jegliches Aufeinanderzugehen verhindert würde.[544] Die Vertraulichkeit wird in der Literatur als „notwendiger Pfeiler"[545] oder auch als „Achillesferse"[546] bezeichnet.

---

542   Angelehnt an *Doench*, Mediation als kindgerechtes Verfahren, 2014, S. 170 ff.
543   *Prütting* in: MüKo-ZPO, 4. Auflage 2013, § 278 Rn. 30.
544   *Groth/Bubnoff*, NJW 2001, 338.
545   *Neuhaus*, ZKM 2002, 8.
546   *Hartmann* in: Haft/Schlieffen, Handbuch Mediation, 2. Auflage 2009, § 44 Rd. 3.

Die Funktion der Vertraulichkeit im Mediationsverfahren ergibt sich aus dessen Ziel. Dieses besteht in einer umfassenden, interessengerechten und nachhaltigen Konfliktlösung. Voraussetzung für die Erreichung dieses Ziels ist wiederum eine offene Kommunikation. Medianten sollen alle wesentlichen Tatsachen, die für den Konflikt ausschlaggebend sind, sowie ihre Motivation, die hinter der angestrebten Lösungsfindung liegt, offenlegen. Gefördert werden sollen damit das gegenseitige Verständnis und ein respektvoller Umgang miteinander. Nur so kann eine zufriedenstellende Win-win-Lösung erreicht werden.[547]

Die Mediations-Richtlinie 2008/52/EG besagt in Artikel 7, dass die Vertraulichkeit der Mediation weitestgehend gewahrt werden soll und keine Partei gezwungen werden kann, Aussagen zu Informationen zu machen, die sich aus dem Mediationsverfahren ergeben haben oder im Zusammenhang damit. Weitestgehend deshalb, da die Vorschrift auch Ausnahmen formuliert, wie beispielsweise Gründe der öffentlichen Ordnung oder des Kindeswohls oder eine Beeinträchtigung der physischen oder psychischen Integrität einer Person. In diesen Fällen soll von der strengen Vertraulichkeit abgesehen werden können.[548]

In Deutschland wurde 2012 in § 4 MediationsG die Vertraulichkeit wie folgt geregelt:

§ 4 Verschwiegenheitspflicht
Der Mediator und die in die Durchführung des Mediationsverfahrens eingebundenen Personen sind zur Verschwiegenheit verpflichtet, soweit gesetzlich nichts anderes geregelt ist. Diese Pflicht bezieht sich auf alles, was ihnen in Ausübung ihrer Tätigkeit bekannt geworden ist. Ungeachtet anderer gesetzlicher Regelungen über die Verschwiegenheitspflicht gilt sie nicht, soweit
1. die Offenlegung des Inhalts der im Mediationsverfahren erzielten Vereinbarung zur Umsetzung oder Vollstreckung dieser Vereinbarung erforderlich ist,
2. die Offenlegung aus vorrangigen Gründen der öffentlichen Ordnung (ordre public) geboten ist, insbesondere um eine Gefährdung des Wohles eines Kindes oder eine schwerwiegende Beeinträchtigung der physischen oder psychischen Integrität einer Person abzuwenden, oder
3. es sich um Tatsachen handelt, die offenkundig sind oder ihrer Bedeutung nach keiner Geheimhaltung bedürfen.
Der Mediator hat die Parteien über den Umfang seiner Verschwiegenheitspflicht zu informieren.

Wie man dieser Vorschrift entnehmen kann, regelt sie zwar die Verschwiegenheitspflicht des Mediators und seiner Hilfspersonen sowie die Ausnahmen von

547   *Hartmann* in: Haft/Schlieffen, Handbuch Mediation, 2. Auflage 2009, § 44 Rd. 2; *Kirchhoff*, ZKM 2008, 138.
548   Richtlinie 2008/52/EG des Europäischen Parlaments und des Rates vom 21. Mai 2008 über bestimmte Aspekte der Mediation in Zivil- und Handelssachen (ABl. EU Nr. L 136 v. 24.5.2008, S. 3).

der Verschwiegenheitspflicht, beispielsweise Gründe der öffentlichen Ordnung. Offen bleibt jedoch die Pflicht zur Verschwiegenheitsregelung der weiteren am Mediationsverfahren beteiligten Personen. Dies wurde bewusst so gehalten, um den Parteien durch Abreden den Freiraum zu geben, selbst den Umfang der Diskretion zu bestimmen.[549]

Grundvoraussetzung für einen offenen Austausch ist ein sicherer Rahmen. Es gilt daher, Vertrauen zu den Medianten aufzubauen, damit diese auch Fehler oder Schwächen eingestehen. Was sie dafür brauchen, ist die Sicherheit, dass ihre Aussagen sie später nicht belasten, falls sie doch noch den herkömmlichen Gerichtsweg wählen.[550] Einige Medianten entschließen sich sogar bewusst für eine Mediation, um keine Details in einem Gerichtsverfahren öffentlich zu machen.[551]

Für ein gutes Mediationsergebnis ist die Offenheit der Parteien zwingende Voraussetzung. Diese wiederum wird nur erreicht, wenn die Parteien nicht nur zueinander und zum Mediator vollstes Vertrauen haben, sondern die Vertraulichkeit auch vertraglich in einem Mediatorenvertrag gesichert ist. Sicherzustellen ist daher, dass keine Informationen, die während der Mediation offengelegt werden, später gegen die Parteien verwendet werden. Der Vertraulichkeit schaden würde es, wenn die Medianten später Zeugenaussagen zum Inhalt der Mediation befürchten müssten.[552]

Zu unterscheiden ist die Vertraulichkeit nach innen und nach außen. Erstere bedeutet, dass der Mediator in der Mediation und in Einzelgesprächen Vertraulichkeit zusichert. Letztere bedeutet, dass Verschwiegenheit in Bezug auf Dritte garantiert wird.[553]

Der Gedanke der Vertraulichkeit ist in der EU-Mediations-Richtlinie von 2008 wie folgt geregelt:

Artikel 7 Vertraulichkeit der Mediation

(1) Da die Mediation in einer Weise erfolgen soll, die die Vertraulichkeit wahrt, gewährleisten die Mitgliedstaaten, sofern die Parteien nichts anderes vereinbaren, dass weder Mediatoren noch in die Durchführung des Mediationsverfahrens eingebundene Personen gezwungen sind, in Gerichts- oder Schiedsverfahren in Zivil- und Handelssachen Aussagen zu Informationen zu machen, die sich aus einem Mediationsverfahren oder im Zusammenhang mit einem solchen ergeben, es sei denn,

a) dies ist aus vorrangigen Gründen der öffentlichen Ordnung (ordre public) des betreffenden Mitgliedstaats geboten, um insbesondere den Schutz des Kindeswohls zu gewährleisten oder eine Beeinträchtigung der physischen oder psychischen Integrität einer Person abzuwenden, oder

---

549   *Hinrichs* in: Hinrichs, Praxishandbuch Mediationsgesetz, 2014, S. 305.
550   *Trenczek*, ZRP 2008, 186; *Kracht* in: Haft/Schlieffen, Handbuch Mediation, 2. Auflage 2002, § 12 Rd. 120.
551   *Risse/Wagner* in: Haft/Schlieffen, Handbuch Mediation, 2. Auflage 2009, § 23 Rd. 44.
552   *Groth/Bubnoff*, NJW 2001, 338, 339.
553   *Beck*, Mediation und Vertraulichkeit, 2009.

b) die Offenlegung des Inhalts der im Mediationsverfahren erzielten Vereinbarung ist zur Umsetzung oder Vollstreckung dieser Vereinbarung erforderlich.

(2) Absatz 1 steht dem Erlass strengerer Maßnahmen durch die Mitgliedstaaten zum Schutz der Vertraulichkeit der Mediation nicht entgegen.

Wie Artikel 7 der Mediations-Richtlinie zeigt, muss die Vertraulichkeit nur unter ganz bestimmten Voraussetzungen nicht gewahrt werden. Der Mediator und seine Hilfspersonen haben ein Zeugnisverweigerungsrecht im Rahmen von Gerichts- und Schiedsverfahren. Es existiert allerdings keine präzise Normierung einer allgemeinen materiellrechtlichen Vertrauenspflicht. Der Umgang mit Unterlagen, die mit dem Mediationsverfahren zusammenhängen, ist ebenfalls nicht geregelt. Wichtig ist, zu betonen, dass nur Zivil- und Handelssachen vom Zeugnisverweigerungsrecht umfasst sind, nicht jedoch Strafsachen.[554] Auch Anwälte haben die Vertraulichkeit zu wahren. Dies ergibt sich jedoch nicht aus dem anwaltlichen Berufsrecht, da der Rechtsanwalt laut Gesetz nur die Interessen seines Mandanten vertreten muss. Schadensersatz kann jedoch aus § 280 BGB verlangt werden, sofern der Anwalt gegen die Vertraulichkeitsvereinbarung verstößt, die im Vorfeld von allen Verfahrensbeteiligten unterzeichnet wurde.[555]

Die Mediations-Richtlinie spricht nur davon, dass die Parteien nicht gezwungen werden können, etwas über das Gesprochene zu erzählen. Sie regelt nicht den Fall, dass die Parteien freiwillig etwas aus dem Verfahren im Prozess erzählen möchten. Es gibt also keine Pflicht zur Zeugnisverweigerung, sondern nur das Recht dazu.[556] Ebenso weist die Richtlinie in Bezug auf die Vertraulichkeit Lücken auf im Bereich des Zoll-, Steuer- und Verwaltungsrechts sowie in Streitigkeiten über Rechte und Pflichten, über welche die Parteien nicht selbst verfügen können. Denn hier kommt die Richtlinie nicht zur Anwendung.[557]

2. Der Vertraulichkeitsgrundsatz im Berufsrecht

Neben dem Mediationsgesetz kann die Pflicht des Mediators zur Vertraulichkeit aus seinem Berufsrecht und aus einer vertraglichen Vereinbarung hergeleitet werden.[558] Das Mediationsgesetz ist allerdings *lex specialis* zum Berufsrecht, denn Mediatoren sollen die gleichen Rechte bzw. die gleichen Pflichten haben, auch wenn sie aus unterschiedlichen Berufen kommen.[559]

Unklar ist, was genau in § 4 S. 2 MediationsG mit „in Ausübung der Tätigkeit" gemeint ist. Betrifft dies alle Unterlagen, die während der Mediation erstellt wurden,

---

554   *Schneider*, Vertraulichkeit der Mediation, 2014, S. 35 f.
555   *Hinrichs* in: Hinrichs, Praxishandbuch Mediationsgesetz, 2014, S. 75.
556   *Wagner*, ZKM 2011, 164, 168.
557   *Trenczek*, ZRP 2008, 186, 188; *Wagner/Thole*, ZKM 2008, 36, 40.
558   *Schneider*, Vertraulichkeit der Mediation, 2014, S. 44 f.
559   *Henssler/Deckenbrock*, Das neue Mediationsgesetz, 2014, S. 159 ff., <http://www.der-betrieb.de/content/dft,222,464855> (abgerufen am 12.01.2016).

ebenso wie Dateien und Schriftstücke, die der Mediator verfasst hat, und wie sieht es aus mit Dokumenten, die von den Anwälten stammen? In der Begründung zum Mediationsgesetz wird die Formulierung nicht präzisiert. In der Literatur wird ein konkreter Zusammenhang zwischen der Kenntnis und der Tätigkeit als Mediator oder als dessen Hilfsperson[560] gefordert. Folge daraus ist, dass wohl auch der Umstand der Durchführung des Mediationsverfahrens an sich schon darunter fällt. Dies lässt sich auch dem Europäischen Verhaltenskodex für Mediatoren entnehmen, der eine Richtschnur und Anhaltspunkte für ein professionelles Verhalten für Mediatoren enthält.[561] Auch aus praxisrelevanten Gründen sollte dieser Meinung gefolgt werden, um keine Situation zu erlangen, die Beweise erfordert.

Im Mediationsgesetz wird nur die Vertraulichkeit des Mediators und der zur Durchführung des Mediationsverfahrens eingebundenen Personen geregelt. Nicht geregelt ist jedoch eine Pflicht der Parteien und deren Beistände zur Vertraulichkeit. Das wird in der Literatur[562] und in der Praxis[563] kritisch bewertet.[564] Der gesetzliche Vertrauensschutz wird als lückenhaft bezeichnet.[565] Durch Parteivortrag können alle wichtigen Informationen in den Mediationsprozess eingeführt werden. Es besteht auch die Gefahr, dass sich die gegnerische Partei in der Mediation Informationen

---

560   *Golterman*, SchiedsVZ, 2013, 41, 44.
561   Europäischer Verhaltenskodex für Mediatoren, <http://ec.europa.eu/civiljustice/adr/adr_ec_code_conduct_de.pdf> (abgerufen am 04.03.16).
562   *Eidenmüller/Prause*, NJW 2008, 2737, 2742; Round Table Mediation & Konfliktmanagement der Deutschen wirtschaft, Positionspapier der deutschen Wirtschaft zur Umsetzung der EU-Mediations-Richtlinie, ZKM, 2009, 147, 152, <https://www.ikm.europa-uni.de/de/publikationen/Positionspapier_Round_Table_09.pdf> (abgerufen am 10.02.2016); Wagner, ZKM 2011, 164, 168.
563   Round Table Mediation & Konfliktmanagement der Deutschen Wirtschaft, Positionspapier der deutschen Wirtschaft zur Umsetzung der EU-Mediations-Richtlinie, ZKM, 2009, 147, 152, <https://www.ikm.europa-uni.de/de/publikationen/Positionspapier_Round_Table_09.pdf> (abgerufen am 10.02.2016); – BRAK, Stellungnahme der Bundesrechtsanwaltskammer zum Referentenentwurf eines Gesetzes zur Förderung der Mediation und anderer Verfahren der außergerichtlichen Konfliktbeilegung, Stellungnahme Nr. 27/2010, S. 11 ff., <http://www.brak.de/zur-rechtspolitik/stellungnahmen-pdf/stellungnahmen-deutschland/2010/oktober/stellungnahme-der-brak-2010-27.pdf> (abgerufen am 28.07.2015); – DAV, Stellungnahme (SN 58/10) des Deutschen Anwaltvereins durch die Ausschüsse Außergerichtliche Konfliktbeilegung (unter Mitwirkung des Geschäftsführenden Ausschusses der Arbeitsgemeinschaft Mediation), Steuerrecht und Zivilverfahrensrecht zum Referentenentwurf des Bundesministeriums der Justiz Gesetz zur Förderung der Mediation und anderer Verfahren der außergerichtlichen Konfliktbeilegung (Mediationsgesetz) Aktenzeichen: R A 7 – 9340/17-2-R4 554/2010, 2010, S. 5 f., abrufbar im Internet unter <http://anwaltverein.de/de/newsroom?newscategories=3&startDate=&endDate=11.02.2016&searchKeywords=Mediationsgeset> (abgerufen am 10.02.2016).
564   *Wagner*, ZKM 2011, 111;
565   *Goltermann u.a.*, SchiedsVZ 2013, 41, 44.

beschafft, um diese in ein späteres Gerichtsverfahren einzubringen. Es ist daher empfehlenswert, die Vertraulichkeit gesondert in den Mediatorenvertrag aufzunehmen.[566] Auch *Risse* sah schon vor einigen Jahren die Gefahr, dass Parteien die Mediation dazu nutzen könnten, an sonst unzugängliche Informationen heranzukommen.[567] Gerade in Mediationen, in denen Anwälte beisitzen, sollte besondere Vorsicht herrschen, da die Offenheit der Parteien taktisch zur „Beweiserhaschung" ausgenutzt werden könnte. Es ist nicht auszuschließen, dass die Beweise, wenn sie einmal im Mediationsverfahren offenkundig sind, auf die eine oder andere Weise besorgt werden können,[568] allerdings nur aufgrund der Kenntnis aus dem Mediationsverfahren. Dies muss strengstens unterbunden werden, um die Offenheit der Parteien zu fördern. Daher sollte der Mediator schon vor Beginn der ersten Sitzung, also im Vorgespräch, einen Vertrag von den Medianten unterschreiben lassen, dass keinerlei Informationen, die im Mediationsverfahren offengelegt werden und die nicht schon im vorigen Verfahren bekannt waren, publiziert werden und gegen eine der Parteien verwendet werden.[569]

Allerdings muss auch darauf geachtet werden, dass sich die Parteien nicht in die Mediation „flüchten"[570]. Daher ist es zu empfehlen, dass alle Informationen, die auch ohne ein Mediationsverfahren offenkundig wären oder beweisbar sind, oder diejenigen Informationen, auf die ein Auskunftsanspruch besteht, im Vertrag von der Vertraulichkeit ausgeschlossen werden. Gerade im Bereich der Gewaltanwendung gegen Kinder bestünden sonst Gefahren, dass der Täter ungestraft bliebe und das Kind ausgeliefert wäre. Es soll verhindert werden, dass nachteilige Informationen, die aber ausschlaggebend für ein weiteres Verfahren wären, nicht preisgegeben werden dürfen.[571] Sofern es keine Vertragsklausel gibt, die diese Beschränkung vorsieht, kann ein Vertrag auch entsprechend im Interesse der Parteien ausgelegt werden.[572] Wichtig ist, dass keine Partei nach dem Mediationsverfahren schlechter gestellt ist als vor dem Prozess. Die Klausel im Vertrag zur Vertraulichkeit erfüllt nur folgenden Zweck: Sie soll verhindern, dass Informationen offengelegt werden können, die man ohne ein Mediationsverfahren nicht haben würde, ausgenommen solche, die man sich auch in sonstiger Form beschaffen könnte. Durch die Mediation sollen keine Beweise unverwertbar werden.[573] Das Problem ist allerdings: Vertrauliche Informationen dürfen im Prozess nur sehr eingeschränkt berücksichtigt werden. Um Berücksichtigung vor

---

566   *Wagner*, ZKM 2011, 164, 168. *Wagner* in: Fischer/Unberath, Das neue Mediationsgesetz, 2012, S. 102; *Greger/Unberath*, MediationsG, 2013, § 4; *Goltermann u.a.*, SchiedsVZ, 2013, 41, 44.
567   *Risse*, NJW 2000, 1614, 1620.
568   *Bielecke* in: Glässer/Schröter, Gerichtliche Mediation: Grundsatzfragen, Etablierungserfahrungen und Zukunftsperspektiven, S. 314 ff.
569   *Oldenbruch*, Die Vertraulichkeit im Mediationsverfahren, 2006, S. 120.
570   *Graf- Schlicker*, ZKM 2009, 83, 85.
571   *Nelle/Hacke*, ZKM 2002, 257, 260.
572   *Beck*, Mediation und Vertraulichkeit, 2009, 3. Kapitel.
573   *Beck*, Mediation und Vertraulichkeit, 2009, S. 215.

Gericht zu finden, muss man sich auf prozessuales Fehlverhalten berufen. Daher handelt es sich um eine Einrede.[574] Die Beweislast hat grundsätzlich derjenige, der sich auf die Einrede beruft, das heißt, er müsste beweisen, dass die Information nicht aus dem Mediationsverfahren stammt.[575] Gegen diese Ansicht spricht, dass es eine zu große Hürde darstellt, diesen Beweis zu erbringen.[576] Daher sollte vor Beginn der Mediation auch eine Beweislastregelung in den Mediatorenvertrag aufgenommen werden.

Mit Blick auf das sozialgerichtliche Verfahren stellt sich die Frage des Verhältnisses von Amtsermittlungsgrundsatz und Vertraulichkeitsgrundsatz. Der Amtsermittlungsgrundsatz ist sozusagen das Pendant zur Vertraulichkeit. Im Gegensatz zum streitigen Verfahren gilt der Amtsermittlungsgrundsatz im Güterichterverfahren nicht. Da sich der Güterichter allerdings gemäß § 278 Abs. 5 S. 2 ZPO auch der Mediation bedienen darf, entsteht in diesem Fall ein Spannungsverhältnis zwischen den beiden Grundsätzen, das durch den Gesetzgeber nicht klar geregelt wurde.[577]

3. Akteneinsicht im Güterichterverfahren und im Mediationsverfahren

Für die Mediation im Güterichterverfahren gilt ebenfalls, wie im außergerichtlichen Mediationsverfahren, die Verschwiegenheitspflicht des Mediators, jedoch ergibt sich hieraus keine Beschränkung des Rechts auf Akteneinsicht gemäß § 299 ZPO.[578] Es könnte also der Fall eintreten, dass trotz § 4 MediationsG den Parteien die Möglichkeit gegeben wird, in die Güterichterakten Einsicht zu nehmen und die Informationen zu ihrem eigenen Vorteil für das weitere Verfahren vor Gericht zu verwenden.[579]

Das hierdurch enstehnde Dilemma zwischen Akteneinsichtsrecht einerseits und der Notwendigkeit der Vertraulichkeit wird derzeit sehr unterschiedlich gelöst. Eine einheitliche Praxis existiert noch nicht.

Nachdem an bayerischen Gerichten Kritik in Hinsicht auf die mit Wirkung vom 1. Januar 2014 in die Aktenordnung eingefügten Regelungen laut wurde (insbesondere bzgl. § 8a Abs. 3 Satz 3 AktO gab es Kritik, da diese Regelung außer Betracht lasse, dass ebenfalls in einem Parteiantrag gemäß § 159 Abs. 2 Satz 2 ZPO erstellten

---

574 *Hartmann* in: Haft/Schlieffen, Handbuch Mediation, 2. Auflage 2009, § 44 Rn. 33; *Rauscher* in: MüKo-ZPO, 4. Auflage 2013, Einl. §§ 1025 ff. Rn. 313.

575 *Hofmann*, SchiedsVZ 2011, 148, 152.

576 *Hofmann*, SchiedsVZ 2011, 148, 152; *Beck*, Mediation und Vertraulichkeit, 2009, 3. Kapitel.

577 *Dürschke*, NZS 2013, 41, 48.

578 OLG München, Beschl. vom 20.05.2009, Az. 9 VA 5/09. Kritisch dazu: *Kurzweil*, ZZP (123) 2010, 77.

579 *Wenzel*, „Justita ohne Schwert" – Die neuere Entwicklung der außergerichtlichen und gerichtsbezogenen Entwicklung in Deutschland, 2014, S. 108.

Protokoll der Güterichterverhandlung vertrauliche Informationen Inhalt sein können) findet sich beispielsweise folgende Handhabung[580]:

Zukünftig soll im rein formellen Protokoll der Güteverhandlung lediglich das Stattfinden eines Gütetermins festgehalten werden und dessen Ausgang. Ein inhaltliches Protokoll ist hier nicht anzufertigen. Informationen, die sich der Güterichter aufschreiben möchte sind als „gesonderte vertrauliche Notizen"[581] zu bezeichnen, die nach erfolglosem Abschluss der Güterichtersitzungen vernichtet werden können. Des Weiteren ist es auch möglich, vertrauliche Informationen, die an das Prozessgericht zurückgegeben werden, zu schwärzen.

Weiterhin praktiziert werden kann die Handhabung, dass die Blattsammlung des Güterichterverfahrens erst bei Erledigung des Herkunftsverfahrens mit der Prozessakte zusammengeführt wird. Dies widerspricht nicht § 8a Abs. 3 Satz 3 AktO und bedarf auch keiner Änderung.[582]

Ein anderes Beispiel findet sich in der sehr umfangreichen Verschwiegenheitsvereinbarung der Güterichtervereinbarung des Landesarbeitsgerichts Düsseldorf:

„Der Güterichter behandelt mündliche Äußerungen während und nach Abschluss des Güterichterverfahrens vertraulich. Der Güterichter ist insbesondere nicht befugt, Informationen über den Inhalt der Güterichterverhandlung an das Prozessgericht oder an Dritte weiterzugeben. Der Güterichter verpflichtet sich – soweit gesetzlich unter Ausschöpfung aller bestehenden Zeugnis- und Aussageverweigerungsrechte zulässig –, in einem Schieds- oder Gerichtsverfahren nicht als Zeuge oder Sachverständiger auszusagen, sofern er nicht ausdrücklich von beiden Parteien von seiner Pflicht zur Verschwiegenheit entbunden wird.

Mir ist bekannt, dass die im Rahmen eines Güterichterverfahrens angelegten gesonderten Akten nur bis zum Abschluss des Güterichterverfahrens separat und ohne Einsichtmöglichkeit für Dritte aufbewahrt werden. Nach Beendigung des Güterichterverfahrens wird das in der Akte befindliche Schriftgut bei den Akten des Herkunftsverfahrens aufbewahrt.

Die von mir oder den weiteren Beteiligten oder dem Güterichter ausdrücklich als vertraulich bezeichneten Schriftstücke werden dagegen in einem besonderen Umschlag aufbewahrt und nach der Beendigung des Güterichterverfahrens vernichtet oder, wenn dies gewünscht wird, zurückgegeben.

---

580 Bayerisches Staatsministerium der Justiz, Nachricht an die bayerischen Mediationsbeauftragten zum Thema: Gesetz zur Förderung der Mediation und anderer Verfahren der außergerichtlichen Streitbeilegung vom 28.08.2014.

581 Bayerisches Staatsministerium der Justiz, Nachricht an die bayerischen Mediationsbeauftragten zum Thema: Gesetz zur Förderung der Mediation und anderer Verfahren der außergerichtlichen Streitbeilegung vom 28.08.2014, S. 2.

582 Bayerisches Staatsministerium der Justiz, Nachricht an die bayerischen Mediationsbeauftragten zum Thema: Gesetz zur Förderung der Mediation und anderer Verfahren der außergerichtlichen Streitbeilegung vom 28.08.2014.

Ich verpflichte mich, über den Inhalt und Ablauf der Güterichterverhandlung Stillschweigen zu bewahren. Informationen über Inhalt und Ablauf der Güterichterverhandlung werde ich nicht an Dritte weitergeben, sofern die Parteien keine andere Vereinbarung treffen.

Ich verpflichte mich, im gerichtlichen oder schiedsgerichtlichen Verfahren Tatsachen, die mündlich geäußert oder als vertraulich bezeichnet wurden, und mir ausschließlich im Zusammenhang mit dem Güterichterverfahren bekannt geworden sind, weder dazulegen noch diesbezüglich Beweis anzubieten. Ich werde insbesondere den Güterichter oder am Güterichterverfahren Beteiligte nicht als Zeugen benennen.

Sollte ich aufgrund eines besonderen Rechtsverhältnisses verpflichtet sein, Dritte über Angelegenheiten des Güterichterverfahrens zu informieren, so lege ich dies den Beteiligten und dem Güterichter vor Abschluss dieser Vereinbarung offen."[583]

In dieser Vereinbarung werden alle wichtigen Punkte geregelt, insbesondere die Verschwiegenheit der Parteien und der Umgang mit den Akten. Diese äußerst präzise Vereinbarung ist ein gutes Vorbild für die Gestaltung von Güterichtervereinbarungen sowie ein Anhaltspunkt für Mediatorenverträge.

Aufgrund der Kritik an der praktischen Umsetzung der bisherigen Regelungen zum Akteneinsichtsrecht im Güterichterverfahren, ist es empfehlenswert, dass sich das Bundesministerium nochmals gesondert Gedanken zur Handhabung dieses Themas macht und einheitlich an alle Güterichter, bzw. Mediationsbeauftragten an den deutschen Gerichten aussendet.

4. Zeugnisverweigerungsrecht

Dem Mediator und den eingebundenen Personen im Mediationsverfahren steht ein Zeugnisverweigerungsrecht im Zivilprozess nach § 4 S. 1 MediationsG und § 383 Abs. 1 Nr. 6 ZPO unabhängig von deren Quellberuf zu. Ebenso gilt dies für alle auf die Zivilprozessordnung verweisenden Verfahrensordnungen.[584] Sofern das gegenseitige Einvernehmen herrscht, diese Personen von der Verschwiegenheitspflicht zu entbinden, ist dies möglich.[585] Zu beachten sind des Weiteren die abweichenden gesetzlichen Regelungen, beispielsweise nach §§ 807, 836 Abs. 2, 840 ZPO (Auskunftspflichten bei der Zwangsvollstreckung), oder die Pflicht zur Anzeige schwerer Straftaten im Rahmen von § 138 StGB. Weitere Beispiele sind der rechtfertigende Notstand gemäß § 34 StGB, § 228 BGB, oder der Grundsatz der Wahrnehmung

---

583 LAG Düsseldorf, Güterichtervereinbarung, <http://www.lag-duesseldorf.nrw.de/aufgaben/gueterichterverfahren_lagd/info_gueterichterverfahren/index.php> (abgerufen am 28.03.2016).

584 LAG Düsseldorf, Güterichtervereinbarung, <http://www.lag-duesseldorf.nrw.de/aufgaben/gueterichterverfahren_lagd/info_gueterichterverfahren/index.php> (abgerufen am 28.03.2016).

585 BT Drucks. 17/5335, S. 17.

berechtigter Interessen, der sich aus § 193 StGB ergibt. Weitere Ausnahmen von der Verschwiegenheitspflicht sind in § 4 S. 3 Nr. 1–3 MediationsG geregelt. Dies betrifft die Fälle, dass eine Offenlegung des Inhalts der erzielten Einigung in der Mediation zu deren Umsetzung oder Vollstreckung erforderlich ist oder Gründe der öffentlichen Ordnung vorrangig sind. Außerdem unterliegen offenkundige oder ihrer Bedeutung nach nicht geheimhaltungsbedürftige Tatsachen nicht der Verschwiegenheitspflicht (§ 4 Nr. 3 MediationsG). Der letzte Fall könnte zu Problemen führen, da auf eine subjektive Beurteilung der Parteien abzustellen ist und nicht auf eine objektive Geheimhaltungsbedürftigkeit.[586]

Problematisch sein könnte außerdem die strafprozessuale Seite des Zeugnisverweigerungsrechts. Dieses Recht ist im Strafprozess für den Mediator nicht vorgesehen. Es kann auch nicht vertraglich begründet werden. Anwendung findet nur das Zeugnisverweigerungsrecht, das sich aus § 53 Abs. 1 Nr. 3 StPO ergibt. Demnach können Rechtsanwälte, Patentanwälte, Notare, Wirtschaftsprüfer, vereidigte Buchprüfer, Steuerberater und Steuerbevollmächtigte, Ärzte, Zahnärzte, Psychologische Psychotherapeuten, Kinder- und Jugendlichenpsychotherapeuten, Apotheker und Hebammen von ihrem Zeugnisverweigerungsrecht Gebrauch machen, aber lediglich bei solchen Tatsachen, die ihnen in dieser Eigenschaft bekannt wurden. Alle anderen Berufsgruppen müssen sich an Ihrem Quellberuf orientieren.[587]

So zum Beispiel der „Rechtsanwalt": Ein Rechtsanwalt, der eine Mediation durchführen möchte, ist in der Funktion als Mediator tätig, nicht als Rechtsanwalt. Das bedeutet, die Verschwiegenheit ist in § 4 MediationsG geregelt.[588] Er könnte nur gemeinsam von den Parteien von der Schweigepflicht entbunden werden.[589]

Wie auch *Dennis Wenzel* und *Silke Schneider* 2014 festgestellt haben, hat der Gesetzgeber bei der Ausgestaltung des Zeugnisverweigerungsrechts noch kein zufriedenstellendes Ergebnis in der Praxis erreicht. Vielmehr gebe es noch einige Vertraulichkeitslücken. Diese könnten aber größtenteils in Mediatorenverträgen bzw. Güterichtervereinbarungen mit entsprechenden Klauseln gefüllt werden, sodass ein nahezu vollumfänglicher Vertraulichkeitsschutz gewahrt werden kann. Dennoch bleiben gewisse Fragen im Raum (zum Beispiel: Welche Vertraulichkeit müssen die Medianten wahren, wenn kein gesonderter Vertrag besteht?), die der Gesetzgeber in Zukunft überdenken sollte, spätestens bei der Evaluierung des Mediationsgesetzes im Jahre 2017, dann wird voraussichtlich auch die Vertraulichkeitsregel bewertet werden.

---

586   Bundesrechtsanwaltsordnung. Greger/Unberath, MediationsG, 2013, § 4 Rn. 27;. a.A. in Hinblick auf Steuerberater und Wirtschaftsprüfer: *Hartmann* in: Haft/Schlieffen, Handbuch Mediation, 2. Auflage 2009, § 44 Rn. 51.

587   *Greger/Unberath*, MediationsG, 2013, § 4 Rn. 27;. a.A. in Hinblick auf Steuerberater und Wirtschaftsprüfer: *Hartmann* in: Haft/Schlieffen, Handbuch Mediation, 2. Auflage 2009, § 44 Rn. 51.

588   *Trossen*, Mediation (un)geregelt, 2014, S. 625.

589   *Winkler*, Das Vertrauensverhältnis zwischen Anwalt und Mandant, 2014, S. 266.

5. Der Umgang mit Einzelgesprächen im Güterichterverfahren und im Mediationsverfahren

Besondere Probleme entstehen hinsichtlich der Vertraulichkeit in Einzelgesprächen, da hier der Mediator mit den Parteien getrennt Gespräche führt und fraglich ist, inwieweit dieser Inhalt gegenüber der anderen Partei, die nicht am Gespräch teilnimmt, mitgeteilt werden darf.

Gemäß § 2 Abs. 3 MediationsG kann der Mediator getrennte Gespräche mit den Parteien führen, wenn alle Parteien zustimmen. Die Literatur verwendet fast ausnahmslos den Begriff „Einzelgespräche". Dieser ist aber oftmals nicht weit genug, da auch getrennte Gespräche in einer Mehrparteienmediation mit mehr als nur einer Partei durchgeführt werden können. Allerdings ist der Begriff „Einzelgespräch" offensichtlich nur eine unglückliche Wortwahl mit demselben Sinn.[590] Ob diese Einzelgespräche überhaupt ins Mediationsgesetz aufzunehmen seien, war lange in der Diskussion.[591] Manche bezeichneten sie als „Wunderwaffe", manche eher als „Geheimnisverrat".[592] Letztlich hat sich der Gesetzgeber aber für die Einbeziehung der Einzelgespräche in das Gesetz entschieden. Es handelt sich bei den getrennten Gesprächen, auch Caucus genannt, um Gespräche, die der Mediator mit nur einer Partei oder mehreren Parteien, aber nicht mit allen gemeinsam führt, weil die Partei nur dem Mediator bestimmte Informationen mitteilen möchte, nicht aber dem Streitgegner.[593] Ein Grund dafür, dass die Person/Partei eine Information nicht vor allen Mediationsparteien preisgeben möchte, kann in der Angst liegen, dass die Information ungünstig für die eigene Person ist und von der anderen Partei nach dem Mediationsverfahren als Beweis in einem Gerichtsverfahren gegen sie genutzt werden könnte.[594]

Ob diese Einzelgespräche überhaupt mit dem Grundsatz der Gewährung des rechtlichen Gehörs vereinbar sind, wird in der Literatur und unter Experten kontrovers diskutiert.[595] Generell kann sich dem Gesetzentwurf der Bundesregierung angeschlossen werden, der Einzelgespräche generell zulässt, wenn die Parteien ihr Einverständnis dazu geben. Problematisch ist aber vielmehr, wie der Mediator mit der Situation umgeht, wenn die Informationen aus dem Einzelgespräch nicht an die andere Partei weitergegeben werden sollen, dies aber unter Umständen wichtig

---

590 *Fritz/Pielsticker*, Mediationsgesetz, 2013, § 2 Rn. 95: Sogar der Gesetzgeber nutze das Wort „Einzelgespräche", daher sei nur eine redaktionelle Unsauberkeit festzustellen.

591 *Driehaus*, Gemeinsame Gespräche und Einzelgespräche, 2005, S. 99: in persönlich emotional belasteten Beziehungen eher von Einzelgesprächen absehen; *Duve/Zürn*, ZKM, 2001, 108 f.; *Beck*, Mediation und Vertraulichkeit, Frankfurt 2009, 3. Kapitel.

592 *Schmitt*, Stufen einer Güteverhandlung, 2014, S. 143.

593 *Leiss*, ZKM 2006, 74, 77.

594 *Fritz/Pielsticker*, Mediationsgesetz, 2013, § 2 Rn. 97.

595 Dagegen: *Hess* in: Haft/Schlieffen, Handbuch Mediation, 2. Auflage 2009, § 43 Rn. 53 ff.; dafür: Breidenbach u.a. 2001, S. 45, 76.

wäre für das Verfahren und auch für die Unbefangenheit des Mediators.[596] Dieser hat seine Neutralität bzw. Allparteilichkeit zu wahren. Sollte er einseitige Informationen bekommen, die nicht im Mediationsverfahren für allen Beteiligten offengelegt werden können, so besteht die Gefahr, dass er befangen ist, sofern es sich um wichtige, zentrale Informationen zum Sachverhalt handelt. Weniger problematisch ist es, wenn der Mediant dem Mediator erlaubt, Teile der Information oder alles an die Parteien weiterzugeben. Oftmals benötigt er nur Gehör und möchte die Informationen aus persönlichen Gründen, beispielsweise Angst, nicht selbst erzählen. Erfolgt diese Zustimmung, so löst sich auch das Vertraulichkeitsproblem. Es ist ratsam, sich im Vorfeld über diese Situation und darüber Gedanken zu machen, wie man mit ihr umgehen möchte. Der Mediator hat im Zweifelsfall eine strenge Vertraulichkeitspflicht, wie sich aus dem Mediationsgesetz und den allgemeinen Grundsätzen der Mediation (siehe Kapitel D. Abschnitt III.) ergibt. Gibt der Mediant die Informationen nicht preis, so muss auch der Mediator schweigen. Dies hätte allerdings zur Folge, dass die Gefahr für den Mediator besteht, seine Neutralität zu verlieren, da die andere ahnungslose Partei ihre Sicht des Sachverhalts nicht darlegen und der Mediator so einseitig beeinflusst werden kann.[597] Auch kann ein Verlust des Vertrauens in den Mediator durch Einzelgespräche nicht ausgeschlossen werden, sowohl mit Blick auf die interne als auch die externe Vertraulichkeit. Bei der externen Vertraulichkeit handelt es sich um die Verschwiegenheit gegenüber Dritten oder der Öffentlichkeit. Die interne Vertraulichkeit bezieht sich auf Informationen in Einzelgesprächen, die der Partei, die beim getrennten Gespräch nicht anwesend war, vom Mediator/Güterichter aufgrund der ausdrücklichen Bitte der anwesenden Partei nicht unterbreitet werden dürfen.[598]

6. Internationaler Vergleich

Um eine Empfehlung für die weitere Ausgestaltung bzw. den Umgang mit der Vertraulichkeit geben zu können, wird im Folgenden ein Blick auf verschiedene Konzepte anderer Länder geworfen. Die nachfolgend genannten Länder wurden ausgewählt aufgrund ihres verschiedenen bzw. sehr ähnlichen Umgangs mit dem Vertraulichkeitsgrundsatz. Österreich und die Schweiz wurden als Nachbarländer auserkoren, die Vereinten Nationen aufgrund des weitreichenden Umfangs und schließlich das American Legal System aufgrund des Umgangs mit Einzelgesprächen.

Österreich: Im Zivilprozess gibt es ein Vernehmungsverbot gemäß § 320 Z. 4 ZPO und im Strafprozess ein Aussageverweigerungsrecht gemäß § 157 Abs. 1 Z. 3 StPO. Auch im Gerichtsverfahren ist dies anerkannt.[599] Das österreichische Zivilrechts-Mediationsgesetz enthält in § 18 folgende Regelung:

---

596   *Leiss*, ZKM 2006, 74, 77.
597   *Kracht* in: Haft/Schlieffen, Handbuch Mediation, 2. Auflage 2009, § 12 Rn. 122.
598   *Beck*, Mediation und Vertraulichkeit, 2009, 3. Kapitel.
599   *Frauenberger-Pfeiler/Schuster*, Mediator 2014, S. 20, 21.

§ 18 Verschwiegenheit, Vertraulichkeit

Der Mediator ist zur Verschwiegenheit über die Tatsachen verpflichtet, die ihm im Rahmen der Mediation anvertraut oder sonst bekannt wurden. Er hat die im Rahmen der Mediation erstellten oder ihm übergebenen Unterlagen vertraulich zu behandeln. Gleiches gilt für Hilfspersonen des Mediators sowie für Personen, die im Rahmen einer Praxisausbildung bei einem Mediator unter dessen Anleitung tätig sind.

Der erste Teil der Vorschrift ist ähnlich derjenigen in § 4 MediationsG im deutschen Recht. Was jedoch hinzukommt, sind die Personen, die im Rahmen einer Praxisausbildung bei einem Mediator unter dessen Anleitung tätig sind. Allerdings fehlt ein an die Medianten gerichtetes Vertraulichkeitsgebot. In Österreich ist die Verschwiegenheitspflicht eine absolute Pflicht, das heißt, sie kann durch keinen Vorbehalt, auch nicht beispielsweise durch das Interesse der Rechtspflege, umgangen werden. Verletzt der Mediator die Verschwiegenheitspflicht, droht ihm eine Freiheitsstrafe von bis zu sechs Monaten oder eine Geldstrafe von bis zu 360 Tagessätzen. Mediatoren dürfen im Zivilprozess nicht vernommen werden. Auch im Strafprozess sind sie nach § 152 StPO von der Verbindlichkeit der Ablegung eines Zeugnisses befreit.[600]

Schweiz: Die Schweizer Zivilprozessordnung besagt in Art. 216 dass „die Mediation von der Schlichtungsbehörde und vom Gericht unabhängig und vertraulich (ist)." Und in Satz 2: „Die Aussagen der Parteien dürfen in gerichtlichen Verfahren nicht verwendet werden.".

Insofern ist die Schweizer Regelung teilweise weitreichender als die deutsche[601], da das deutsche Mediationsgesetz das Thema Vertraulichkeit der Parteien (Medianten) oder Dritten offen lässt.

Vereinte Nationen: Ein letzter Blick soll den Vereinten Nationen gewidmet sein. Die United Nations Commission on International Trade Law (UNCITRAL) in New York hat im Jahre 2002 ein internationales Mediationsgesetz in Form eines Regelwerkes entworfen. Dieses ist inzwischen in über 30 Ländern umgesetzt worden.[602] In Artikel 9 dieses Gesetzes ist die Vertraulichkeit und Verschwiegenheitspflicht geregelt:

Article 9. Confidentiality

Unless otherwise agreed by the parties, all information relating to the conciliation proceedings shall be kept confidential, except where disclosure is required under the law or for the purposes of implementation or enforcement of a settlement agreement."

Nach dieser Regelung sollen Informationen im Zusammenhang mit einer Schlichtung oder einem Güteverfahren vertraulich behandelt werden, es sei denn, eine Offenlegung ist erforderlich aufgrund Gesetzes oder zur Umsetzung oder Vollstre-

---

600   *Miklautsch*, Das österreichische Zivilrechts-Mediations-Gesetz, 2005, <http://www.km-kongress.de/konfliktmanagement//Module/Media/2005_vortrag_miklautsch[1]_37.pdf> (abgerufen am 01.03.2016).
601   *Schütz*, AJP 2015, 106, 122.
602   *Hess*, Beilage zur NJW, Heft 21/2008, 26, 27.

ckung einer Schlichtungs-/Gütevereinbarung.[603] Die Vorschrift erwähnt zwar nicht den Mediator, ist aber inhaltlich vergleichbar mit den europäischen Regelungen.

Im *American Legal System* sind Einzelgespräche, sogenannte *ex parte communications*, sogar fester Bestandteil einer Mediation. Nachdem beide Parteien zu Wort kamen und ihre *story* erzählt haben, geht der Mediator getrennt mit den Parteien in Einzelgespräche. Dies wird als wesentlicher Vorteil gegenüber einem Gerichtsverfahren bezeichnet, bei dem es dem Richter nicht erlaubt ist, Einzelgespräche zu führen. Sollte das Mediationsverfahren nicht erfolgreich sein, kann ein zweites angestrebt werden oder das erste als abgeschlossen angesehen werden. Der nächste Weg ist grundsätzlich das Schiedsgerichtsverfahren.[604]

7. Rechtspolitischer Vorschlag

Wie auch aus dem Blick auf Regelungen anderer Staaten ersichtlich ist, sind die Regelungen zur Vertraulichkeit nicht sehr detailliert und sie unterscheiden sich inhaltlich wenig. Auch wenn die wichtigsten Elemente der Vertraulichkeit in den Regelwerken normiert und die Ausnahmen des Zeugnisverweigerungsrechts (in einigen Staaten) festgelegt wurden, ist doch anzuraten, die Vertraulichkeit zusätzlich in einem gesonderten Mediatorenvertrag (Prozessvertrag[605]) für alle Vertragsparteien, die in einem Mediations- oder Güterichterverfahren beteiligt sind (gegebenenfalls auch Anwälte), zu vereinbaren. Eine solche freiwillige Beschränkung auf bestimmte Beweismittel ist in Deutschland anerkannt, sofern es keine Amtsermittlungs- oder Strafverfahren sind.[606]

Für ein Mediationsverfahren, egal ob beim Güterichter oder beim außergerichtlichen Mediator, ist es essenziell, dass ein Vertrauensschutz auch bei einem Scheitern des Verfahrens existiert. Ein wichtiges und unausweichliches Element, das keinesfalls fehlen darf, sind die strafrechtlichen Maßgaben oder der Schutz des Kindeswohls, wie derzeit im Mediationsgesetz im § 4 S. 3 Nr. 1–3 bereits verankert. Dennoch gilt, wie in diesem Kapitel bereits beschrieben: Die Regelung zur Vertraulichkeit im Mediationsgesetz ist verbesserungsbedürftig, um einen sicheren, vertraulichen Rahmen für die Parteien zu garantieren. Erforderlich ist eine erweiterte Regelung zum Thema Verschwiegenheit der Parteien. Diese könnte folgendermaßen aussehen:

> *„Die Vertragsparteien verpflichten sich ausdrücklich zur Verschwiegenheit über alles, was ihnen im Rahmen des Mediationsverfahrens bekannt geworden ist."*

Beachtet werden sollte dabei, dass im Vertraulichkeitsschutz der Mediation und des Güterichterverfahrens auch eine Gefahr liegt. Durch die Offenheit und Informiertheit könnte der Vertraulichkeitsschutz auch missbraucht werden. Gerade wenn es

---

603   UNCITRAL, <http://www.uncitral.org/uncitral/en/uncitral_texts.html> (abgerufen am 06.03.2015).
604   *Billings*, The American Legal System, S. 56 f. ff.
605   *Trossen*, Mediation (un)geregelt, 2014, S. 618.
606   *Prütting* in: MüKo-ZPO, 4. Auflage 2013, § 286 Rn.

um Wirtschaftskonflikte geht, bei denen Geschäftsstrategien offengelegt werden, könnte die Gegenpartei, ohne den Vertrauensschutz faktisch zu missbrauchen, als Wettbewerber Missbrauch begehen und beispielsweise selbst die gleiche Geschäftsstrategie verfolgen. Gerade auch die Anwaltshaftung stellt ein mögliches Thema dar, was bislang in Literatur und Rechtsprechung eher untergegangen ist. Hierbei stellt sich die Frage, wie die Vertraulichkeit der Rechtsvertreter noch weiter beschränkt werden kann, um eine vertrauensvolle, offene Basis für eine Mediation zu schaffen. Die Parteien könnten gemeinsam mit dem Mediator eine engere Fassung einer Vertraulichkeitsabrede in den anfänglichen Vertrag mitaufnehmen. Eine hinreichende Aufklärung der Vertraulichkeitsabrede ist daher dringend anzuraten, da sich eine konkrete Rechtsprechung in den nächsten Jahren erst etablieren wird.[607] Dies betrifft sowohl die Mediation als auch das Güterichterverfahren.

III. Umfang der Aufklärung über Methoden der alternativen Konfliktbeilegung

Da es sowohl der Mediation wie auch dem Güterichterverfahren noch immer an Bekanntheit fehlt, wird im Folgenden untersucht, inwieweit eine größere Aufklärungsarbeit, sowohl in der Gesellschaft und in der Richterschaft als auch in der Anwaltschaft sinnvoll oder gar notwendig ist, um die Verfahren bekannter zu machen.

1. Richterschaft

Aus dem aktuellen Geschäftsbericht (2014) des Landes Baden-Württemberg für die Arbeitsgerichtsbarkeit geht hervor, dass bei 42.246 Verfahrenseingängen nur 0,18 %, also 75 Streitigkeiten, an einen Güterichter verwiesen wurden.[608] Die Bundesstatistik für Arbeitsgerichtsbarkeit aus dem Vorjahr weist ebenfalls nur 0,11 % Verweisungen an den Güterichter aus. Das sind im gesamten Bund lediglich 438 Verweisungen an den Güterichter, von insgesamt über 400.000 Verfahrenseingängen.[609] Diese Zahlen lassen vermuten, dass zu wenig über das Güterichterverfahren und außergerichtliche Streitbeilegungsmethoden aufgeklärt wurde.

Eine Auswertung von Interviews mit Familienrichtern vor der Einführung des Güterichtermodells, allerdings schon zu Zeiten der Pilotprojekte der sog. internen Gerichtsmediation, haben ergeben, dass ein Bedürfnis nach konkreten und

---

607   *Bösch/Lobschat*, SchiedsVZ 2014, 190 ff.

608   LAG Baden-Württemberg, Geschäftsbericht 2014 v. 06.03.2015 für die Arbeitsgerichtsbarkeit Baden-Württemberg, abrufbar auf der Website <http://www.lag-baden-wuerttemberg.de/pb/,Lde/Startseite/Medien/Aktuelle+Medienmitteilungen> (abgerufen am 11.12.2015).

609   Bundesministerium für Arbeit und Soziales, Statistik der Arbeitsgerichtsbarkeit 2013, abrufbar auf der Webseite <http://www.bmas.de/DE/Themen/Arbeitsrecht/Statistik-zur-Arbeitsgerichtsbarkeit/statistik-zur-arbeitsgerichtsbarkeit.html> (abgerufen am 10.12.2015).

praktischen Informationen bestand, die eine Beratung der Parteien hinsichtlich der möglichen Konfliktlösungsverfahren erst ermöglichen. Eine solche Beratung setzt die Kenntnis über die verschiedenen Verfahren der Konfliktlösung voraus, wie deren Mehrwert für die Parteien, die Vor- und Nachteile sowie die Kosten der verschiedenen Methoden. Bezogen auf die außergerichtliche Mediation bedeutet dies: Nur wer das Verfahren wirklich kennt, wird auch im konkreten Fall weiterempfehlen. Der Richter würde an dieser Stelle die Rolle des „Konfliktberaters" einnehmen. Um ein großes Wissen über die verschiedenen Konfliktlösungsansätze zu bekommen, ist es empfehlenswert, einen ständigen Austausch und eine enge Vernetzung mit Experten zu pflegen.

Gerade der Trugschluss, das Ergebnis einer Mediation oder eines Güterichterverfahren sei mit einem Vergleich im Streitverfahren identisch, ist gefährlich, aber weitverbreitet. Ein Kompromissvergleich kann keineswegs mit einem Konsensvergleich gleichgestellt werden[610], da im letztgenannten Verfahren alle Interessen, Gefühle und Bedürfnisse abgewogen wurden und die Parteien selbst zu Lösungsvorschlägen gekommen sind, die im Nachhinein nachweislich nachhaltiger sind.[611]

Erleben die Parteien einen kooperativen Weg als nicht zielführend und wenden sich daher an das Gericht, können Sie dennoch davon überzeugt werden, dass der Weg der alternativen Streitbeilegung der richtige sein könnte. Sie sollten über alle möglichen Verfahren der Konfliktbeilegung aufgeklärt werden, um das passende Verfahren wählen zu können. Die beste Möglichkeit, eine alternative Konfliktbeilegung zu fördern, ist, den Parteien mithilfe der Mäeutik, einen Vertrauensvorschuss zu geben, indem man ihnen verdeutlicht, dass dieses Verfahren ein vertrauensvolles Konfliktlösungsverfahren ist und sie damit sicherlich zu einer guten Lösung gelangen werden[612] und vor allem ihre eigenen Lösungen verfolgen können, sodass die Chance auf die Nachhaltigkeit der gefundenen Lösung hoch ist.

Ein weiterer Ansatz zur Förderung und Aufklärung über die alternativen Streitbeilegungsverfahren ist die Verteilung von verschiedenen Flyern zu den unterschiedlichen Verfahren, oder, ähnlich dem österreichischen Modell, der Besuch eines außergerichtlichen Mediators bei Gericht als Informationsveranstaltung.[613]

Ein fester Mediatorenpool würde hier die Auswahl des Mediators erleichtern. In einem Rotationsverfahren könnten Mediatoren die Fälle bearbeiten, die vom Gericht verwiesen werden. So entstünde auch kein großer Konkurrenzdruck, sondern eine kooperative Partnerschaft, und ein Austausch könnte unter den Mediatoren regional gefördert werden. Dieses Netzwerk wäre letztlich für alle Parteien sinnvoll und

---

610   *Trossen*, Mediation variantenreich, 2008, S. 21.
611   *Schüddekopf*, Zur Nachhaltigkeit einvernehmlicher Konfliktbeilegung, 2013, S. 149 ff. *Dörflinger-Khashman*, Nachhaltige Gewinne aus der Mediation für Individuum und Organisation, 2010.
612   *Trossen*, ZRP 2012, 23, 25.
613   *Pramhofer*, ZKM 2014, 79, 80.

nützlich, da ein breites Wissen und Erfahrungen ausgetauscht werden könnten, die die Qualität der Mediationen verbessern.

Wichtig ist dabei die kurze, unbürokratische Arbeitsweise zwischen Richtern, Anwälten und außergerichtlichen Mediatoren. Ebenso sollte das Güterichterverfahren ausführlich dargestellt werden und von der Methode der außergerichtlichen Mediation abgegrenzt werden. Nur wenn die Parteien einen informativen Überblick über alle möglichen Verfahren erhalten haben, können sie sich für das richtige Verfahren entscheiden.

Um die Richterschaft eingehend über alle alternativen Streitbeilegungsverfahren zu informieren, ist es ratsam, Informationsveranstaltungen für die gesamte Richterschaft zu organisieren. Denn in Österreich, zum Beispiel, hat ein Informationsdefizit bei der Richterschaft in Bezug auf die Mediation sogar zur grundsätzlichen Ablehnung dieser Konfliktlösungsmethode geführt.[614] Anbieten würden sich halbtägige Veranstaltungen, bei denen umfassende Informationen zu allen Methoden gegeben werden, deren sich ein Güterichter bedienen kann. Unter anderem sollte die Mediation mit ihren Grundsätzen und ihrem Phasenmodell erklärt werden.[615] Ziel ist, dass jeder Richter am Ende dieser Veranstaltung einen Einblick in alle vorgestellten Verfahren bekommen hat und die Vor- und Nachteile sowie die verschiedenen Einsatzbereiche kennt.

2. Anwaltschaft

Die eher zurückhaltende Entwicklung und Bekanntheit der Mediation wird unter anderem den Rechtsberatern, der Anwaltschaft, zugeschrieben. Ein Grund dafür könnten die Widerstände[616] sein, die teilweise von Anwälten aufgrund von Konkurrenzdenken ausgehen.

Das Honorar eines Anwalts kann in einem Mediationsverfahren um einiges geringer ausfallen als in einem Streitprozess, wie folgende Statistik zeigt (Abb. 15):

---

614   *Pramhofer*, ZKM 2014, 79, 80.
615   *Krabbe/Fritz*, NVwZ 2013, 29, 31; *Fritz*, BDVR-Rundschreiben 2013, 6.
616   *Hammcher*, SchiedsVZ 2008, 30.

Abb. 15: Vergütungspotenzial eines Anwalts in einer Mediaton bzw. in einem Gerichtsverfahren[617]

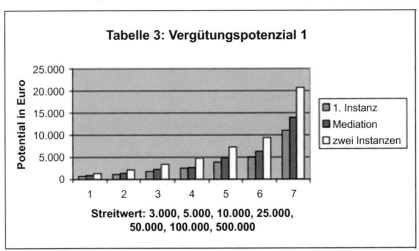

Anwälte verdienen im Vergleich zur Mediation also nur dann mehr, wenn sie eine Prozessführung durch zwei Instanzen begleiten. Betrachtet man als Beispiel das OLG Karlsruhe, so kann festgestellt werden, dass im Jahr 2014 an den Amts- und Landgerichten 15.262 Klagen eingegangen sind und lediglich 2.749 in der zweiten Instanz entschieden wurden.[618] Folgt man dieser Statistik, so wäre die Mediation sogar grundsätzlich lukrativer für Anwälte, da sie damit mehr einnehmen als in Streitsachen mit nur einer Instanz. Warum empfehlen also viele Anwälte keine Mediation?

Eine Erklärung könnte sein, dass die Anwälte nicht genügend aufgeklärt sind. Dafür würde sprechen, dass sie nur zu solchen Verfahren beraten bzw. diese weiterempfehlen können, die sie kennen. Eine Statistik zeigt jedoch, dass nach Einführung des Gesetzes zur Förderung der Mediation und anderer Verfahren der außergerichtlichen Konfliktbeilegung im Jahre 2012 nur eine geringe Stärkung der Bedeutung von Mediation in der Berufspraxis durch dieses Gesetz empfunden wird. Lediglich 14 % der befragten Anwälte bejahten eine Stärkung der Mediation, während 46 % keine Stärkung empfanden. Auffällig an dieser Statistik ist die Anzahl der Anwälte, die sich für „Kann ich nicht beurteilen" mit 40 % entschieden haben.[619] Dies lässt

---

617   Quelle: *Monßen*, Kammer-Mitteilungen, RAK Düsseldorf, 4/06.
618   OLG Karlsruhe, Statisiken zu dem Pressegespräch am 23.04.2015, <http://www.olg-karlsruhe.de/pb/,Lde/Statistiken+zu+dem+Pressegespraech+am+23_04_2015/?LISTPAGE=1149539> (abgerufen am 03.12.2015).
619   *Kilian/Hoffmann*, ZKM 2015, 176, 177.

den Schluss zu, dass eine Aufklärung notwendig ist, damit diese Frage definitiv mit ja oder nein beantwortet werden kann.

Anwälten in der Ausbildung müsste der Begriff „Mediation" durchaus bekannt sein, doch was ist mit Anwälten, die seit Jahren praktizieren und keinerlei Berührung mit diesem Thema hatten? Der Anwalt wird darin ausgebildet, eine „kämpferische Haltung"[620] anzunehmen. Die Mediation ist genau das Gegenteil. Bei diesem Verfahren soll ein Dritter vermitteln und nicht nur Interessen einer Seite vertreten. Es geht hier nicht um Kampf, sondern um friedliche Vermittlung. Sicherlich muss hier zwischen den verschiedenen Rechtsthemen unterschieden werden. Im Familienrecht ist die Mediation deutlich bekannter als beispielsweise in haftungsrechtlichen Angelegenheiten. Der Anwalt sollte einen Weitblick dafür bekommen, wann welches Verfahren zu empfehlen ist, und zwar mit Blick auf die Parteien und nicht aus persönlichem Profitdenken. Sicherlich lässt eine große Anwaltskanzlei eine solche Denkweise eher zu als eine Ein-Mann-Kanzlei. Dennoch geht es hier um menschliche Beziehungen, die es verdienen, möglichst schonend und nachhaltig gelöst zu werden.

Entscheiden sich die Parteien für ein Streitverfahren, so kann der Anwalt selbst auch mediative Elemente in seiner Anwaltspraxis einsetzen. Nicht verwechselt werden darf ein Einsatz mediativer Elemente, der im Erfolgsfall zum Vergleich führt, mit einer „echten" Mediation nach dem Mediationsgesetz. Gerade die Selbstverantwortlichkeit der Lösungsfindung durch eigene Ideen und Interessen bleibt bei einem herkömmlichen Vergleich oft aus. Viele Mandanten ernennen ihren Anwalt als Verhandlungsführer und sind selbst nur noch im Hintergrund tätig. Dieses Verhalten kann nicht einem eigenen Handeln gleichgesetzt werden. Das Ergebnis einer Mediation beinhaltet im Erfolgsfall viel mehr als die Abschlussvereinbarung. Die Parteien haben sich persönlich miteinander auseinandergesetzt, Probleme wurden nachhaltig gelöst und die Interessen der anderen Partei wurden erhellt und ihr wurde Verständnis entgegengebracht. Beide Verfahren haben ihre Vorteile und ihre Berechtigung. Es kommt nur auf die richtige Verfahrenswahl im individuellen Fall an.[621]

Betrachtet man das Thema „Anwalt-Mediator" von psychologischer Seite, so ist festzustellen, dass der Anwalt anstrebt, für den Mandanten unentbehrlich zu sein. Durch ihn soll sich der Mandant sicher fühlen, selbst bei Ergebnisoffenheit. Er hat eine sehr starke Position, die durch das abstrakte und komplizierte Streitverfahren häufig undurchsichtig ist. Ein Mediator wiederum verhilft den Parteien zu mehr Eigenverantwortung. Sein Ziel ist es, die Parteien möglichst so zu unterstützen, dass sie selbst zu einer Lösung kommen, ganz ohne das Fachwissen des Mediators. Auch die einfache Sprache, die in einer Mediation gesprochen wird, macht das Verfahren für die Medianten verständlich. Ist der Anwalt „nur" noch Beteiligter in einem Mediationsverfahren, so wird er zum „Coach und Berater" des Mandanten, er nimmt jedoch nicht mehr die gleiche Rolle ein wie in einem Streitverfahren, er

---

620   *Hammcher*, SchiedsVZ 2008, 30.
621   *Hammcher*, SchiedsVZ 2008, 30 f.; *Neuenhahn/Neuenhahn*, NJW 2007, 1851.

tritt hier beiseite. Der Mediator nimmt die Rolle des Verhandlungsführers ein. Dies kann aber für den Anwalt ebenfalls entlastend sein, der in dieser Situation voll und ganz seinem Mandanten zur Seite stehen kann.[622]

Im Rahmen der Einführung des Gesetzes zur Förderung der Mediation und anderer Verfahren der außergerichtlichen Streitbeilegung wurde auch § 253 Abs. 3 Nr. 1 ZPO (korrespondierend § 23 Abs. 1 Nr. 3 FamFG) wie folgt gefasst:

> (3) Die Klageschrift soll ferner enthalten:
> 1. Die Angabe, ob der Klageerhebung der Versuch einer Mediation oder eines anderen Verfahrens der außergerichtlichen Konfliktbeilegung vorausgegangen ist, sowie eine Äußerung dazu, ob einem solchem Verfahren Gründe entgegenstehen;
> [...].

Dieser dritte Absatz des § 253 ZPO ist vielversprechend für die Mediation, jedoch wird er in der Praxis kaum umgesetzt. Die Vorschrift scheint in der praktischen Umsetzung weitestgehend unbekannt zu sein. Allerdings sollten Rechtsanwälte schon aufgrund ihrer Berufsordnung immer auch die konsensuale Streitbeilegung im Auge haben und ihren Mandanten vorstellen, um ihnen die Entscheidung offen zu lassen, welche Variante, die konsensuale oder die konfrontative, sie gerne wählen möchten.[623] Wenn Anwälte und deren Parteien bei Klageerhebung selbstständig auf eine konsensuale Konfliktbeilegung hinweisen, ist der Weg dorthin um einiges leichter und der Richter hätte schon einen Hinweis. Dies sollte in Zukunft gefördert werden. Eine Möglichkeit, dies zu fordern, wäre beispielsweise, Briefe an Anwaltskammern zu versenden oder Informationsveranstaltungen zu organisieren.

Eine aktuelle Statistik zeigt, dass ein Anwalt im Durchschnitt auf 1,6 Mediationsmandate im Jahr 2015 kommt.[624] Diese Zahl ist ausbaufähig, zumal die Erfolgschancen einer Mediation mit 75–90 % als sehr hoch eingestuft werden. Die Erfolgschancen sprechen für eine nachhaltige Zufriedenheit der Mandanten und sind eine gute Grundlage für Folgeaufträge. Eine Empfehlung nach einer Mediation ist wahrscheinlicher als nach einem Streitverfahren, das die Parteien in eine Gewinner-Verlierer-Situation bringt und wenig bis gar nicht nachhaltig ist. Die Wahrscheinlichkeit, im Streitverfahren zu einem Vergleich zu gelangen, ist um einiges geringer (beim AG bei 14,3 %, beim LG in erster Instanz bei 24,1 %). Des Weiteren kann ein geringerer Arbeitsaufwand des Anwalts bei Mediationen, im Vergleich zu streitigen Prozessverfahren, beobachtet werden, da der Aufwand, einen Mandanten nur zu einem Mediationsverfahren zu begleiten, weniger Zeit in Anspruch nimmt, als sich auf ein streitiges Gerichtsverfahren vorzubereiten.[625]

---

622 *Hammcher*, SchiedsVZ 2008, 31.
623 *Fritz/Schröder*, NJW 2014, 1925; *Ortloff*, NVwZ 2013, 992; *Schmidt/Lapp/Monßen*, Mediation in der Praxis des Anwalts, 2012.
624 *Kilian/Hoffmann*, ZKM 2015, 176, 177.
625 *Mattioli*, Mediation in der anwaltlichen Praxis, 2012, S. 39 f.

Interessant ist auch die Betrachtung der Mandatsverteilung, bezogen auf die Kanzleigröße: Kanzleien mit mehr als fünf Rechtsanwälten haben durchschnittlich acht Mediationsmandate im Jahr, im Gegensatz zu Einzelanwälten mit nur 0,9 Mediationsmandaten.[626] Gerade Kleinkanzleien müssten mehr bei der Aufklärungsarbeit Beachtung finden.

Dennoch darf nicht vergessen werden, dass einige Mediationen ohne Anwälte durchgeführt werden und die Anwaltschaft durch die Empfehlung einer Mediation in diesem Falle Mandanten und Aufträge verlieren könnte. Eine Abwägung aus Anwaltssicht ist daher nachvollziehbar. Allerdings hat der Anwalt die Mandanten auch ausreichend über außergerichtliche Konfliktlösungsinstrumente zu informieren, sofern er sein Honorar vom Gegenstandswert abhängig macht, da er die Pflicht hat, die Mandanten bezüglich möglichen Kostenrisiken zu informieren.[627] Da eine Mediation, bzw. ein Güterichterverfahren in einigen Fällen günstiger als ein Prozessverfahren (je nach Ausgang) sein kann, muss er auch auf diese Methoden hinweisen, sofern diese möglich sind. Er darf seinen eigenen Profit nicht über die Zufriedenheit der Mandanten stellen. So auch das Bundesverfassungsgericht:

> „Eine zunächst streitige Problemlage durch eine einverständliche Lösung zu bewältigen, ist auch in einem Rechtsstaat grundsätzlich vorzugswürdig gegenüber einer richterlichen Streitentscheidung."[628]

Der Anwalt sollte bei folgenden Punkten zur Verbesserung der Konfliktkultur beitragen:

1. Aufklärung des Mandanten über alle infrage kommenden Konfliktlösungsverfahren;
2. Empfehlung eines Verfahrens, das für den Mandanten am sinnvollsten ist;
3. Information über Kosten und deren eventuelle Übernahme durch die Rechtsschutzversicherung;
4. sofern ein Mediationsverfahren oder ein Güterichterverfahren empfohlen wird, beschreiben, wie eine Zusammenarbeit mit dem Anwalt aussehen könnte;
5. Information über die Möglichkeit von Mediationsklauseln;
6. kooperative Verhandlungsweise.[629]

3. Bevölkerung

Vor ein paar Jahren noch wurde der Begriff „Mediation" gerne mit „Meditation" verwechselt. Diese Phase scheint weitgehend überwunden zu sein. Laut einem Rechtsreport liegt die Bekanntheitsquote von Mediationsverfahren (im Sinne „Habe

---

626 *Kilian/Hoffmann*, ZKM 2015, 176, 177.
627 *Bundesrechtsanwaltskammer*, Rechtsanwaltsvergütung, <http://www.brak.de/fuer-verbraucher/kosten/anwaltsverguetung/> (abgerufen am 20.03.2016).
628 BVerfG, Beschl. v. 14.02.2007, Az. 1 BvR 1351/01, Rn. 35.
629 *Mattioli*, Mediation in der anwaltlichen Praxis, 2012, S. 63.

davon gehört") in Deutschland im Jahre 2014 bei 68 %. Im Vergleich zum Jahr 2010 ist die Bekanntheit der Mediation um 11 % gestiegen.[630] Fraglich ist jedoch, ob die Menschen nur den Begriff schon gehört haben oder tatsächlich wissen, um was für ein Verfahren es sich im Detail handelt. Gerade die Skepsis, die diese Menschen in Bezug auf eine gute Lösung anhand einer Mediation äußern, ist 38 % hoch. Leider gab es keine Befragung zu den Gründen für die skeptische Haltung. Diese Antwort wäre aber aufschlussreich für die Fortentwicklung der Mediation. Mögliche Gründe könnten die derzeit häufig auftretenden Shuttle- oder Kurzzeitmediationen sein, die gerne von Rechtsschutzversicherungen vorgeschlagen und durchgeführt werden.[631] Diese Art der Konfliktlösung entspricht allerdings oft nicht dem wahren Wert der Mediation. Ebenso werden Konfliktlösungsverfahren als Mediation bezeichnet, die keine Mediationen im wirklichen Sinne sind, wie beispielsweise „Stuttgart 21".[632] Auffällig ist jedoch, dass sich nach Einführung der Mediation im Jahre 2012, im Gegensatz zum Vorjahr, überhaupt nichts an der Bekanntheit geändert hat. Diese Tatsache lässt den Schluss zu, dass die Einführung des Gesetzes zur Förderung der Mediation und anderer Verfahren der außergerichtlichen Konfliktbeilegung kaum in der Öffentlichkeit publiziert oder wahrgenommen wurde. Folgendes Schaubild zeigt die Bekanntheit von Mediationsverfahren, abhängig vom Bildungsniveau (Abb. 16):

---

630   Roland Rechtsreport, Vertrauen in Gesetze und Gericht auf hohem Niveau leicht gesunken im Vergleich zum Vorjahr, 2015, <https://www.roland-rechtsschutz.de/media/rechtsschutz/pdf/unternehmen_1/ROLAND_Rechtsreport_2015.pdf> (abgerufen am 07.12.2015).

631   Roland Rechtsreport, Vertrauen in Gesetze und Gericht auf hohem Niveau leicht gesunken im Vergleich zum Vorjahr, 2015, <https://www.roland-rechtsschutz.de/media/rechtsschutz/pdf/unternehmen_1/ROLAND_Rechtsreport_2015.pdf> (abgerufen am 07.12.2015).

632   Roland Rechtsreport, Vertrauen in Gesetze und Gericht auf hohem Niveau leicht gesunken im Vergleich zum Vorjahr, 2015, <https://www.roland-rechtsschutz.de/media/rechtsschutz/pdf/unternehmen_1/ROLAND_Rechtsreport_2015.pdf> (abgerufen am 07.12.2015).

Abb. 16: Bekanntheit in Abhängigkeit des Bildungsniveaus[633]

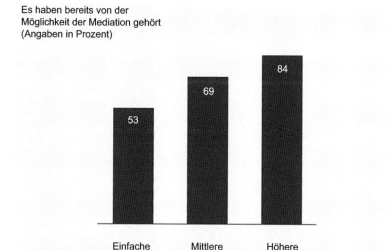

Es haben bereits von der
Möglichkeit der Mediation gehört
(Angaben in Prozent)

84

69

53

Einfache   Mittlere   Höhere

Schulbildung

Basis: Bundesrepublik Deutschland, Bevölkerung ab 16 jahren; Quelle: Allensbacher Archiv, IfD-Umfrage 11032 (November 2014)

Daraus könnte gefolgert werden, dass in der Vergangenheit eher Aufklärung in den oberen Bildungsschichten geleistet wurde. Schaut man sich jedoch die Mediationsteilnehmer an, so ist das Bildungsniveau ganz gemischt. Empfehlenswert ist daher dringend eine Aufklärung in der gesamten Bevölkerung.

Wie schon bei dem Kapitel „Mangelnde Aufklärung in der Richterschaft" (Kapitel F. III. 1.) ist auch hier der Vorschlag angebracht, Flyer zu konzipieren, die bei Gericht ausgelegt werden, um die verschiedenen Konfliktlösungsverfahren verständlich zu machen und die Unterschiede darzustellen. Gerade im familienrechtlichen Bereich könnte dies hilfreich sein, da hier die emotionale, psychologische Seite eine wesentliche Rolle spielt und mit Blick auf das Kindeswohl ein Gerichtsverfahren im Sinne eines Streitverfahrens in vielen Fällen umgangen werden kann.

Eine weitere Empfehlung sind jeweils konkrete Ansprechpartner für die verschiedenen Verfahren bei Gericht zu benennen, die über die jeweiligen Methoden informieren und Auskunft geben.

In Familiensachen, gerade bei einer Trennung (Scheidung) der Eltern, ist an einen verpflichtenden Beratungskurs, ähnlich wie im englischsprachigen Raum (z.B. „Divorce-Education-Programs" oder „Co-Paranting-Classes") zu denken. Ziel eines solchen Kurses soll die Begleitung einer Veränderungsphase im Leben der Kinder

---

633   Quelle: Roland Rechtsreport 2015.

und der Eltern sein, bei der sie Wissen über die Auswirkungen ihres Verhaltens während und nach der Trennung vermittelt bekommen.[634] Gerade bei emotional aufgeladenen Konfliktfällen ist es sehr wichtig, eine gute Betreuung zu haben, sodass die Kinder nicht noch mehr unter der ohnehin schon schwierigen Trennungssituation leiden müssen.

Die USA dienen hier als Vorbild. Dort werden zur Information der Parteien verschiedene Kurse, Seminare, Filme und Literatur bereitgestellt.[635] Eine Möglichkeit, ein ähnliches Angebot auch in Deutschland zu schaffen, wäre die Einführung eines Familienzentrums bei Gericht. In beispielsweise drei verpflichtenden Terminen könnten Mediatoren, Psychologen und Experten auf dem Gebiet Scheidung und Trennung die Familien beraten und unterstützen. Dies wäre nicht gleichzusetzen mit einer Pflichtmediation, sondern würde weitergehen, nämlich eine neutrale Beratung beinhalten. Ein Teil dieser Gespräche könnte ein verpflichtendes Mediations-Informationsgespräch sein, im Sinne der §§ 135, 156 Abs. 1 S. 3 FamFG.[636]

Auch außerhalb des Gerichts wären eine Beratung und Information über das Mediationsangebot sinnvoll, zum Beispiel bei den Kommunen, Jugendämtern oder kommunalen Informationszentren.

Beim Güterichterverfahren an sich stellt sich die Frage, inwieweit die Parteien wissen, was ein Güterichter überhaupt ist, und ob sie diesen Begriff richtig einordnen können. Bei dem Begriff „Güterichter" werden wahrscheinlich die meisten an einen Richter denken, der eine bestimmte Aufgabe wahrnimmt. Dies entspricht auch der Wahrheit. Doch ist der Begriff „Richter" hier angebracht? Ein Richter ist laut Duden „jemand, der die Rechtsprechung ausübt"[637]. Güte wiederum wird wie folgt beschrieben: „freundlich-nachsichtige Einstellung gegenüber jemandem; das Gütigsein"[638]. Setzt man diese zwei Begriffe zusammen, würde man zu einer Person kommen, die eine freundliche Einstellung gegenüber jemandem hat, aber auch die Rechtsprechung ausübt. Auch *Trenczek* und *Mattioli* sind der Auffassung (noch in der Zeit vor der Einführung des Güterichters), dass von vielen Richter-Mediatoren eine rechtliche Einschätzung erwartet wird.[639] Um genau diesen Irrtum in Bezug auf den Richterbegriff beim Güterichterverfahren vorzubeugen, ist Aufklärung wichtig.

634   *Kelly*, Psychological and legal interventions for parents and children in custody and access disputes – current research and practice, 2002/2003, Virginia Journal of Social Policy & the Law, 10, 129, 134.
635   *Marx*, ZKJ 2010, 300, 302.
636   *Doench*, Mediation als kindgerechtes Verfahren, 2014, S. 190 ff.
637   Duden: „Richter", <http://www.duden.de/suchen/dudenonline/Richter> (abgerufen am 17.03.2016).
638   Duden: „Güte", <http://www.duden.de/suchen/dudenonline/Güte> (abgerufen am 17.03.2016).
639   *Trenczek/Mattioli*, Spektrum der Mediation 2010, 4, 5.

4. Empfehlungen

Eine Aufklärung in der Richter- und Anwaltschaft sowie in der Bevölkerung ist, wie gesehen, wichtig, um die konsensuale Streitbeilegung zu fördern und zu stärken. Die Aufklärung kann auf verschiedenen Wege stattfinden, sei es durch eigene Werbung der Mediatoren, durch Vorträge von öffentlichen Institutionen oder durch Schulung von Juristen im Gerichts- und Anwaltsbereich. Alle diese Kanäle sollten genutzt werden, um eine spürbare Veränderung zu bewirken.

Nachdem die Einführung des Güterichterverfahrens letztlich sehr schnell vonstatten ging, wurden bei einigen Gerichten mehr oder weniger gute Vorbereitungen getroffen, dieses Modell schnellstmöglich umsetzen zu können. Diese Phase der informativen Aufklärung wurde bei einigen Gerichten verpasst, sodass fraglich ist, ob eine Empfehlung an dieser Stelle wirklich von Streitrichtern geleistet werden kann. Diese Informationen sollten in den betreffenden Gerichten schnell und intensiv nachgeholt werden, um Mediation zu fördern und den Parteien das richtige Verfahren in jedem individuellen Fall empfehlen zu können. Anbieten würden sich dazu zum Beispiel Veranstaltungen und schriftliche Aufklärungsdokumente, sowie eine bundesweite Kampagne zum Thema „konsenuale alternative Streitbeilegung in und außerhalb der Gerichte". Der Zeitpunkt, nach drei bis vier Jahren, damit zu beginnen, ist wertvoll, da schon erste positive wie negative Erfahrungen von Güterichtern gesammelt werden konnten, die diese sogleich publizieren können. Anhand von Praxisfällen wird diese Aufklärung dem ein oder anderen deutlicher werden, als die bloße Theorie zu erklären. Denn nur eine gute Empfehlung des Richters wird letztlich auf fruchtbaren Boden fallen und für eine höhere Zustimmungsquote sorgen.

Die Zustimmungsquote der Parteien zu einem vom Richter vorgeschlagenen Güterichterverfahren liegt derzeit bei Landgerichten bei ca. 75 % und am Oberlandesgericht bei ca. 50 %.[640] Dies zeigt deutlich, dass eine Empfehlung bzw. eine Verweisung in den meisten Fällen zielführend ist.

Schlussendlich liegt es an vielen guten Empfehlungen und einem Publikmachen in der gesamten Bevölkerung, Richterschaft und Anwaltschaft, die alternative Streitbeilegung zu fördern und voranzutreiben. Zu bedenken wäre auch eine andere Wortwahl, als nur von „Mediation" zu sprechen, damit man sich unter dem Begriff mehr vorstellen kann. Beispiele hierfür wären „Konfliktmanagement", „gütliche Einigung" oder „Konfliktvermittlung".

Wichtig ist auch eine enge Zusammenarbeit zwischen Richtern, Anwälten und Mediatoren. Ein regelmäßiger Erfahrungsaustausch wird auf Dauer von Vorteil sein, gerade wenn es um den Zeitpunkt, Falleignungskriterien der Empfehlung und die Einschätzung der Eskalationsstufe eines Konflikts geht. Wenn alle miteinander in Kontakt stehen, kann langfristig auch eine Art „Liste" entstehen, die Punkte enthält, wann eine Mediationsempfehlung bzw. Güterichterempfehlung sinnvoll ist

---

640   *Götz von Olenhusen*, Mediation beim Güterichter, 2014, S. 177.

und wann nicht. Jeder Fall ist jedoch individuell zu beurteilen, nötig ist daher ein großer Ermessensspielraum.

IV. Vereinbarkeit des Güterichterverfahrens mit dem Ziel der EU-Richtlinie 2008/52/EG und Förderung der Mediation durch das „Gesetz zur Förderung der Mediation und anderer Verfahren der außergerichtlichen Konfliktbeilegung"

Im Rahmen des Gesetzes zur Förderung von Mediation und anderer Verfahren der außergerichtlichen Konfliktbeilegung, das im Jahre 2012 aufgrund der Richtlinie 2008/52/EG in Deutschland eingeführt wurde, wurde auch das Güterichterverfahren in Deutschland eingeführt. Im Folgenden soll auf die Umsetzung der Richtlinie und deren Ziele näher eingegangen werden.

1. Die Ziele der Europäischen Mediations-Richtlinie und des Gesetzes zur Förderung von Mediation und anderer Verfahren der außergerichtlichen Konfliktbeilegung

Die Richtlinie 2008/52/EG wird in der Praxis „Mediations-Richtlinie" genannt. Sie hat gemäß Artikel 1 zum Ziel, „den Zugang zur alternativen Streitbeilegung zu erleichtern und die gütliche Beilegung von Streitigkeiten zu fördern, indem zur Nutzung der Mediation angehalten und für ein ausgewogenes Verhältnis zwischen Mediation und Gerichtsverfahren gesorgt wird."[641] Was das genau bedeutet, wird in den Artikeln 2 ff. der Richtlinie beschrieben. Gelten soll sie bei Streitigkeiten im Zivil- und Handelsbereich, die grenzüberschreitender Natur sind. Eine Ausnahme sollen jedoch Rechte sein, über die die Parteien nach dem einschlägigen anwendbaren Recht nicht verfügen können.

Diese Begriffsbestimmung von Mediation in der Richtlinie macht deutlich: Es soll zwar ein ausgewogenes Verhältnis zwischen Mediation und Gerichtsverfahren erreicht werden, dies heißt jedoch nicht, dass mit „außergerichtlicher" Mediation nur eine solche ohne Richter gemeint wäre. Art. 3 lit. a) S. 3 der Mediations-Richtlinie verdeutlicht vielmehr, dass auch eine Mediation durch einen Richter möglich ist, der nicht für ein Streitverfahren in dieser Sache zuständig ist. Dies wurde in § 278 Abs. 5 ZPO umgesetzt. Das Mediationsverfahren kann gemäß diesen Vorschriften freiwillig angeregt werden oder vom Gericht vorgeschlagen oder sogar angeordnet sein. Je nach mitgliedstaatlichem Recht kann die Mediation auch vorgeschrieben sein.

---

641   Richtlinie 2008/52/EG des Europäischen Parlaments und des Rates vom 21. Mai 2008 über bestimmte Aspekte der Mediation in Zivil- und Handelssachen (ABl. EU Nr. L 136 v. 24.5.2008, S. 3).

Das Gesetz zur Förderung von Mediation und anderer Verfahren der außergerichtlichen Konfliktbeilegung hat den Zweck, eine verbraucherfreundliche, konsensuale Konfliktlösung anzubieten, und Einspareffekte im Bereich der Prozesskostenhilfe zu erzielen. Des Weiteren soll eine Entlastung der Justiz durch die Einführung des Gesetzes gefördert werden.[642]

2. Konkurrenz zwischen Güterichterverfahren und Mediationsverfahren

Um herauszufinden in welchem Verhältnis die beiden Konfliktlösungsverfahren (das Güterichterverfahren und das Mediationsverfahren) zueinander stehen, ob kooperierend oder konkurrierend und ob das Gesetz zur Förderung von Mediation und anderer Verfahren der außergerichtlichen Konfliktbeilegung die Mediation tatsächlich nur fördert oder sogar teilweise behindert, werden anhand der folgende Thesen untersucht:

- **1. These:** Die Einführung des Güterichterverfahrens stellt ein Hindernis für die Verweisung an einen außergerichtlichen Mediator dar. Dazu unten a).
- **2. These:** Durch die Formalisierung der Mediation wird das Verfahren komplex und lässt wenig Spielraum für Mediatoren. Dazu unten b).

a) Güterichterverfahren als Hindernis für die Verweisung an einen außergerichtlichen Mediator?

Stellt die Einführung des Güterichterverfahrens ein Hindernis für die Verweisung an einen außergerichtlichen Mediator dar (1. These)?

Kann also die außergerichtliche Mediation erkennbar vorangetrieben werden, wenn es das Güterichterverfahren als Alternative gibt? Nicht nur aufgrund des kurzen Weges im Gericht liegt es nahe, dass ein Güterichterverfahren schneller empfohlen wird als eine außergerichtliche Mediation. Was allerdings sicherlich einen großen Vorteil des Güterichtermodells darstellt, ist die Kosten-„Freiheit" (siehe Kapitel F. V.). Den Parteien wird nicht das Gefühl gegeben, sie würden wieder „weggeschickt". Daher könnte es leichter sein, eine Zustimmung der Beteiligten zu erreichen. Eine Untersuchung, die vor der Einführung des Güterichtermodells am Familiengericht Tempelhof-Kreuzberg durchgeführt wurde, hat nach Einstellung der gerichtlichen Mediation ein gemischtes Bild ergeben, bezogen auf die außergerichtliche Mediations-Verweisung: Zunächst konnte keine Veränderung im Hinblick auf die Verweisungspraxis im außergerichtlichen Mediationsbereich festgestellt werden. Allerdings, so einige Richter, war die Absicht ausgeprägter, zukünftig mehr an außergerichtliche Mediatoren zu verweisen. Es wurden jedoch Zweifel am Erfolg der außergerichtlichen Mediation geäußert. Der andere Teil der Richter war sich unschlüssig, ob die Einstellung der gerichtlichen Mediation überhaupt etwas an

---

642   BT-Drucks. 17/5335, S. 10 f.

ihrem Verhalten gegenüber der außergerichtlichen Mediation verändern würde. Die befragten Richter würden die gerichtsinterne Mediation (vergleichbar mit heutigem Güterichterverfahren) aus folgenden Gründen vorziehen: zum einen aus Kostengründen, zum anderen aus zeitlichen Gründen. Man könne die Mediation zudem direkt anbieten. Dieses Angebot sei angeblich „zu gut", als dass es ernsthafte Konkurrenz hätte.[643] Die Vorteile der außergerichtlichen Mediation, wie beispielsweise die zeitliche und räumliche Flexibilität, werden hier außer Acht gelassen. Ebenso die mögliche bessere Betreuung durch einen Mediator, der psychologisches Hintergrundwissen hat und zum Beispiel die Kinder in einer angenehmeren Atmosphäre als vor Gericht bei Scheidungsfällen befragen kann.

Die Vermutung, dass das Gericht die alternative Streitbeilegung nicht aus der Hand geben möchte, liegt daher nahe. Solange sich Richter und Anwälte lieber auf das Güterichterverfahren beschränken, sofern sie überhaupt eine konsensuale alternative Methode in Betracht ziehen, wird die außergerichtliche Mediation vernachlässigt. Dass Richter lieber an Kollegen verweisen, die sie seit Jahren kennen, mag auch daran liegen, dass sie auf diese Weise eine gewisse Kontrolle über den Fortgang des Verfahrens behalten, als wenn sie an außergerichtliche Mediatoren verweisen, die sie noch nie gesehen haben und von denen sie auch keinen Ausbildungsstand oder Erfahrungswerte kennen. Diese Herangehensweise wäre nachvollziehbar. Jedoch ist zu empfehlen, genau an diesem Punkt Aufklärungsarbeit (siehe oben III.) zu leisten und einheitliche, strenge Ausbildungsstandards festzulegen (siehe unten VII.), sodass Fälle, je nach Eignung, fairer verteilt werden. Betrachtet man die Vorgehensweise der Entstehung und Einführung des Güterichtermodells genauer, so lässt sich Folgendes feststellen:

Die interne Mediation wurde als Versuchsobjekt an einigen Gerichten eingeführt und positiv beurteilt, obwohl es noch keinerlei Gesetzgebung dazu gab. Diese positive Entwicklung der Methode, bei Gericht aufzugeben, wäre schade gewesen, daher wurde zum Teil gefordert, die „gerichtsinterne" Mediation weiterzuentwickeln. Nachdem jedoch aufgrund der gesetzgeberischen Aktivitäten zur Umsetzung der Mediations-Richtlinie eine gerichtsinterne Mediation nicht mehr in gleichem Maße wie zuvor möglich war, liegt es nahe, dass das „Kind" einfach umgetauft wurde.

Guido Rasche geht sogar einen Schritt weiter und betitelt die Einführung des Güterichterverfahrens als „erstickend" für die Mediation.[644] Die „Türöffner-Funktion", die man der außergerichtlichen Mediation durch die Einführung des Güterichtermodells und des Mediationsgesetzes zugeschrieben habe, könne stark bezweifelt werden, da die Tür sich nicht „geöffnet" habe, sondern in vielerlei Hinsicht sogar noch ein „Sicherheitsschloss" hinzugekommen sei, da die innergerichtliche Mediation beim Güterichter kostenfrei sei, hingegen die außergerichtliche Mediation

---

643   *Nicole Etscheit* in: Glässer/Schroeter, Gerichtliche Mediation: Grundsatzfragen, Etablierungserfahrungen und Zukunftsperspektiven, 2011, S. 143 ff.

644   *Rasche*, Kritik an der Gerichtsmediation, in: Glässer/Schroeter, Gerichtliche Mediation, 2011, S. 159, 165.

mit Honoraren verbunden sei.[645] Der Kostenaspekt sei aber entscheidend für viele Menschen. Dass man den Güterichter meist nicht selbst bestimmen könne und es häufig keine zeitliche Flexibilität gebe, rücke somit schnell in den Hintergrund.[646]

Doch genau diese Grundsätze der Mediation, wie die freiwillige und selbstverantwortliche Beauftragung eines Mediators und die äußerst flexible Zeitgestaltung, sind mindestens so wichtig wie die Kosten der Mediation. Da die Parteien dies aber vor der Mediation noch nicht wissen können, entscheiden sie sich gerne aus Kostengründen direkt für ein Güterichterverfahren, ohne vorher über mögliche Vor- und Nachteile der außergerichtlichen Mediation nachzudenken.

b) Wenig Spielraum für Mediatoren durch die Formalisierung der Mediation?

Wird durch die Formalisierung der Mediation das Verfahren komplex, und lässt es wenig Spielraum für Mediatoren (2. These)?

Im Folgenden soll untersucht werden, ob durch das Mediationsgesetz der Mediation ein zu enges „Korsett" angelegt wurde, oder ob diese Vorschriften nur förderlich für die Implementation der Mediation in Deutschland sind. Gerade der Umfang und der Inhalt des Mediationsgesetzes, die in den verschiedenen Kommentierungen detailliert beschrieben werden, könnten die Mediationspraxis einengen (z.B. Vorschriften über die Rechte und Pflichten des Mediators, sowie seine Aufgaben).

Das Kernelement der Mediation ist ihr spezielles Wesen, das sich von anderen Konfliktlösungsverfahren durch die verschiedenen Grundsätze unterscheidet. Dieses Wesen war vor der Einführung des Gesetzes zur Förderung von Mediation und anderer Verfahren der außergerichtlichen Konfliktbeilegung vom 21.07.2012, zwar von einigen (ungeschriebenen) Regeln und Ablaufstrukturen gekennzeichnet, jedoch war der Mediator in der Gestaltung des Prozesses (abgesehen vom Phasenmodell) relativ frei und flexibel. Es stellt sich also die Frage, inwieweit sich das Wesen der Mediation durch das Gesetz zur Förderung von Mediation und anderer Verfahren der außergerichtlichen Konfliktbeilegung vom 21.07.2012 verändert hat.

Ein bestehendes, funktionierendes System zu formalisieren, ist keine einfache Aufgabe für den Gesetzgeber. Er muss die richtige Mischung aus weiterhin bestehendem Freiraum der Mediatoren und wichtigen Regelungen zu Formalia und zur Verfahrensstruktur finden. Der ein oder andere Mediator könnte bei zu wenigen Regeln die Gestaltungsfreiheit auch zu Ungunsten der Parteien ausnutzen. Daher ist ein gewisser Standard sinnvoll und notwendig, um die Mediation auf eine professionelle Stufe zu heben.

Wie *Towfigh* treffend formuliert: „Es ist ein seit Jahrzehnten in Politik und Gesellschaft gepflegtes ‚ceterum censeo', die zunehmende Komplexität der Lebens-

---

645   *Rüstow*, NJ 2008, 385; *Jung/Kill*, Konfliktdynamik 2013, 312, 314.
646   *Jung/Kill*, Konfliktdynamik 2013, 312, 314.

sachverhalte zu bedauern und die mit ihr verbundene zunehmende Komplexität des Rechts zu geißeln."[647]

Am vorteilhaftesten wäre eine gesetzliche Grundlage, die dem Wesen der Mediation vollständig gerecht wird, d.h. die Autonomie der Parteien und auch den Gestaltungsfreiraum des Mediators nicht zu sehr einengt. Es muss dennoch verbindlich genug sein, nicht zuletzt, um Rechtssicherheit herbeizuführen, z.B. in Haftungsfällen.

Im Gesetz zur Förderung von Mediation und anderer Verfahren der außergerichtlichen Konfliktbeilegung wurden das Verfahrensrecht und das Berufsrecht sowie Teile der Anwendungsvoraussetzungen formalisiert (z.B. § 3 MediationsG, der die Tätigkeitsbeschränkungen eines Mediators beschreibt). Offen bleibt zum großen Teil die Abschlussvereinbarung eines Mediationsprozesses.

Das Gesetz zur Förderung von Mediation und anderer Verfahren der außergerichtlichen Konfliktbeilegung als solches wird gern als ein Verfahrensgesetz oder ein Berufsgesetz bezeichnet.[648] Da allerdings konkrete berufsrechtliche Vorschriften fehlen, zielt das Gesetz eher auf eine professionelle „Regelung" der Mediation ab, die sich an die Professionen richtet und nicht an die Medianten. Der Gesetzgeber hat das dieses Gesetz nicht grundlos „Gesetz zur Förderung der Mediation [...])" genannt. Es war sein Ansinnen, die Mediation auf eigene, professionelle Beine zu stellen, aber trotz allem ihr Wesen zu fördern und in dieser Hinsicht nicht zu tief einzugreifen. Aus dem Gesetz selbst geht nicht hervor, welche Rechtsgrundlage die Mediation hat. Ausgenommen von der Auskunftspflicht des Mediators nach § 2 Abs. 6 MediationsG können die Parteien nicht ohne weiteren Rechtsgrund Rechte und Pflichten ableiten.[649]

Zusammenfassend kann gesagt werden, dass trotz der ausführlichen Regelungen, die auch nötig sind, um eine gewisse Professionalität der Mediation zu fördern, immer noch genug Spielraum ist für die Mediatoren, um ihre eigene Note in das Verfahren einfließen zu lassen, ohne dass sie sich eingeengt fühlen müssen. Ganz im Gegenteil: Sie haben in einigen Punkten Rechtssicherheit hinzugewonnen. Ebenso sollten sich Mediatoren an den Regelungen des MediationsG orientieren, um ein sauberes Verfahren durchzuführen, das keinerlei Haftungsfragen oder ähnliches aufwirft. Die letztliche Ausgestaltung der Mediation, welche Methode wann angewandt wird, ist den Mediatoren nach wie vor freigestellt und sollte es auch bleiben. Als Orientierung für die Praxis dient das Phasenmodell der Mediation (siehe oben IV.).

Insbesondere Regelungen zur Verschwiegenheit, zur Verweisung an den Mediator und den Güterichter sind wertvolle Regelungen, von denen ein Mediator bzw. ein Güterichter nur profitieren kann. Nur durch diese Professionalisierung kann die Mediation ihren „Kinderschuhen" entwachsen und können sich die Mediatoren

---

647 *Towfigh*, Der Staat 2009, 29 ff.
648 *Prütting*, AnwBl. 2012, 204; *Ortloff*, NJW-Editorial Heft 3, 2012; *Henssler/Deckenbrock*, DB 2012, 159; *Carl*, ZKM 2012, 16.
649 *Trossen*, Mediation (un)geregelt, 2014, S. 54 ff.

als qualifizierte Berufsgruppe darstellen, in welcher sich (nach Veröffentlichung der Ausbildungsstandards für zertifizierte Mediatoren, siehe unten VI.) auch keine „schwarzen Schafe" mehr befinden. Dies wird zu einem Vertrauensvorschuss aufseiten der Richter und Anwälte führen.

3. Entlastung der Gerichte durch das Güterichtermodell und die außergerichtliche Mediation

Ein weiteres Ziel der Europäischen Richtlinie 2008/EG/52 ist die Entlastung der Gerichte in Europa durch Mediation. Im Folgenden soll untersucht werden, ob dieses Ziel durch das Gesetz zur Förderung von Mediation und anderer Verfahren der außergerichtlichen Konfliktbeilegung vom 21.07.2012 verfolgt wird.

In den vergangen Jahren war häufig der Begriff „Prozessflut" zu vernehmen. Dieser sollte die Überlastung der Gerichte verdeutlichen. Doch diese Überlastung ist mit Zahlen nicht zu belegen. Ganz im Gegenteil: Es wird sogar von „einer zum Prozessschwund führenden Privatisierung der Justiz" gesprochen.[650] Es ist ein Rückgang der Verfahrenseingänge bei den Amtsgerichten seit 1995 von 34,3 % zu verzeichnen und bei den Landgerichten um 15,09 %. Bei den Kammern für Handelssachen ist sogar ein Rückgang von 44,1 % im Jahr 2012 im Vergleich zum Jahr 1995 zu beobachten. Diese Rückgänge lassen sich nicht einfach erklären, sie hängen von mehreren Faktoren ab, wie beispielsweise der Zinsentwicklung (besonders bei Handelsstreitigkeiten zu beachten), der personellen Zusammensetzung bei Gericht und dem Wandel der Streitkultur im letzten Jahrzehnt, das unter dem Motto steht: „Lieber schlichten statt richten".[651]

Nachdem die Projekte zur „gerichtsinternen Mediation" in den Jahren vor Umsetzung der Mediations-Richtlinie in Deutschland jedoch gut liefen, lag es nahe, dieses Verfahren nicht gänzlich abzuschaffen. Wie schwer nun diese „Umbenennung" den Richtern fällt, wird im „Thesenpapier der Berliner Richtermediatoren"[652] deutlich: Sie bezeichnen sich dort immer noch als „Richtermediatoren". Die Bezeichnung „Güterichter" hat sich also noch nicht durchgesetzt. Ebenfalls ist laut diesem Artikel die Mediation diejenige Methode, die nahezu ausschließlich von den Güterichtern eingesetzt wird. Dies entspricht aber nicht dem Sinn des § 278 Abs. 5 ZPO, der viele Methoden bereithält. Die Mediation ist davon nur eine Konfliktlösungsmethode, deren sich die Güterichter bedienen können, sie soll aber keinen Vorrang genießen.[653]

Ebenso findet man im Internetauftritt des Landgerichts Göttingen den Titel „Mediation durch den Güterichter beim Landgericht Göttingen" gefolgt von den Fragen „Was ist Mediation durch Güterichter?", „Welche Rolle hat der Güterichter bei der

650   *Hirtz*, NJW 2014, 2529.
651   *Wolf*, Zivilprozess in Zahlen, IPA Workingpaper 1/2014, <www.jura.uni-hannover.de/fileadmin/fakultaet/Institute/Wolf/pdfs/2014/IPA_working_Paper_1-2014.pdf.> (abgerufen am 08.03.2016).
652   *Klamt/Moltmann-Willisch*, ZKM, 2013, 112.
653   *Spangenberg*, ZKM 2013, 162.

Mediation?", „Welche Vorteile bietet die Mediation durch Güterichter?", „Wie läuft die Mediation durch Güterichter am Landgericht Göttingen ab?" und ähnliche Fragen. Alle haben eines gemeinsam: Sie sprechen konkret von der Mediation durch den Güterichter, nicht von einem Güterichterverfahren, das viel weiter geht als sich nur der Methode der Mediation zu bedienen.[654]

Auch das Kammergericht Berlin stellt folgenden Satz auf seine Website „Die Güterichterinnen und Güterichter des Kammergerichts haben als Gerichtsmediatorinnen und Gerichtsmediatoren gute Erfahrungen mit der Methode der Mediation gemacht und wenden diese daher weiterhin an."[655]

Diese Beispiele geben Anlass zu der Frage, ob die Gerichte überhaupt möchten, dass die Konfliktfälle außerhalb des Gerichts ausgetragen werden. Nachdem es einen Rückgang der Eingangsfälle bei Gericht zu verzeichnen gab (s.o. S. 205), ist diese Frage begründet, sie könnte darauf hinweisen, dass das Güterichtermodell in Deutschland als Ersatz für die vorherige „gerichtsinterne Mediation" eingeführt wurde. Ist das Güterichtermodell also nur „alter Wein in neuen Schläuchen"?[656]

Dass die Gerichte eine Entlastung durch die außergerichtliche Mediation erfahren, ist sicherlich richtig. In den letzten Jahren hat sich die außergerichtliche Mediation in Deutschland einen Namen gemacht und ist mittlerweile nicht mehr wegzudenken. Doch warum wird im Zuge der Richtlinie auch bei den deutschen Gerichten eine Art interne „Mediationsstelle" geschaffen? Vor der Umsetzung der Richtlinie gab es zahlreiche Pilotprojekte in Deutschland, die sehr erfolgreich waren (Siehe Kapitel A. VI. 2.). Wollte man die" gerichtsinterne Mediation" nur umtaufen, sodass man sie nicht endgültig verbannen muss aus dem Gerichtswesen? Hat man nur die Bezeichnung „Mediation" aufgrund von Marketingargumenten beibehalten oder ist die Mediation bei Gericht die tatsächlich am häufigsten verwendete Methode des Güterichterverfahrens? Sollte dies der Fall sein und würde man Mediation nur mit außergerichtlicher Mediation gleichsetzen, so könnte das dem Ziel der EU-Richtlinie aus dem Jahre 2008, „die Ausgewogenheit zwischen Mediation und Gerichtsverfahren"[657] zu fördern, widersprechen. Diese Frage kann nicht abschließend geklärt werden, da es noch keine ausgereiften repräsentativen Studien gibt, die über Jahre die Entwicklung und die Methodenauswahl von Güterichtern verfolgen.

---

654   Landgericht Göttingen, Mediation durch Güterichter beim Landgericht Göttingen, abrufbar unter <http://www.landgericht-goettingen.niedersachsen.de/portal/live.php?navigation_id=17029&article_id=99384&_psmand=102> (abgerufen am 28.03.2016).

655   Landgericht Göttingen, Mediation durch Güterichter beim Landgericht Göttingen, abrufbar unter <http://www.landgericht-goettingen.niedersachsen.de/portal/live.php?navigation_id=17029&article_id=99384&_psmand=102> (abgerufen am 28.03.2016).

656   *Fritz/Schröder*, NJW 2014, 1910.

657   Richtlinie 2008/52/EG des Europäischen Parlaments und des Rates vom 21. Mai 2008 über bestimmte Aspekte der Mediation in Zivil- und Handelssachen (ABl. EU Nr. L 136 v. 24.5.2008, S. 3.

Ein weiterer Indikator für die Förderung der gerichtsinternen Mediation, jedoch nicht der außergerichtlichen ist folgender: In der Praxis hört man als Mediator von den Mediations-Interessenten häufig die Aussage: „Vor Gericht bekommen wir die Mediation gratis". Diese Meinung entsteht häufig durch Aussagen auf den Internetseiten der Gerichte, wie beispielsweise auf derjenigen des Landesarbeitsgerichts Baden-Württemberg:

> „8. Kosten
> Besondere Gerichts- oder Anwaltsgebühren löst das Güterichterverfahren nicht aus. Wird ein Vergleich protokolliert, fallen die anwaltlichen Gebühren wie im streitigen Verfahren an."[658]

Oder des Landesarbeitsgerichts Bayern:

> „kostenneutral:
> Für das Güterichterverfahren fallen keine zusätzlichen Gerichtsgebühren an. Wird eine Einigung als Vergleich protokolliert, entstehen die verfahrensüblichen anwaltlichen Gebühren."

Diese Aussagen sind zwar richtig und die Gebühren eines außergerichtlichen Mediators sehen schlechter aus. Dieser kann nicht damit werben, dass die Kosten neutral sind, da er sein Honorar erheben muss, zusätzlich zu den (meist ohnehin anfallenden) Gerichts- und Anwaltsgebühren.

Durch die Einführung des Güterichtermodells wurde eine kostengünstige Alternative zur außergerichtlichen Mediation geschaffen, die teilweise in Konkurrenz zu dieser steht und daher letztlich auch den Gang zum Gericht fördern kann. Dennoch kommt es auf die Verweisung bzw. den Rat der Richter im Streitverfahren oder die anwaltliche Beratung an, bei wem der Konflikt „verhandelt" wird: dem Güterichter oder dem außergerichtlichen Mediator. Sicherlich ist es auch eine Frage der finanziellen Möglichkeiten der Parteien. Es ist nicht jedem möglich, einen außergerichtlichen Mediator zu bezahlen, jedoch ist es durch Prozesskostenhilfe möglich, an einem Güterichterverfahren teilzunehmen, sofern ein strittiges Verfahren anhängig ist und der Richter an den Güterichter verweist (gemäß § 278 V ZPO). Eine Mediation sollte von einem Güterichterverfahren auch insofern unterschieden werden, als Erstere nicht zwangsläufig einen Mediator benötigt, der eine juristische Ausbildung genossen hat.[659] Die außergerichtliche Mediation ist für viele Berufsgruppen offen, und dies ist auch sinnvoll, da beispielsweise auch Psychologen oder Pädagogen, genauso wie Betriebswirte und Steuerberater, gute Mediatoren sein können. Diese Berufsgruppen sind je nach Konflikt sogar mehr gefragt als ein Jurist, zum Beispiel

---

658   Landgericht Göttingen, Mediation durch Güterichter beim Landgericht Göttingen, abrufbar unter <http://www.landgericht-goettingen.niedersachsen.de/portal/live.php?navigation_id=17029&article_id=99384&_psmand=102> (abgerufen am 28.03.2016).

659   *Spangenberg*, ZKM 2013, 162.

in einem Wirtschaftskonflikt, bei dem sich Parteien um die Fehlerhaftigkeit eines Produkts streiten, ist z.b. ein Wirtschaftsingenieur als Mediator empfehlenswerter als ein juristischer Mediator, aufgrund der speziellen Fachbegriffe und seiner Kenntnis der wirtschaftlichen Zusammenhänge. Zu empfehlen ist jedoch die Hinzuziehung eines Juristen bei der Ausgestaltung der Abschlussvereinbarung.

4. Ein Blick auf andere Staaten

Im Folgenden werden die beiden Nachbarländer Österreich und die Schweiz bezüglich ihres Umgangs mit inner- und außergerichtlicher Mediation näher beleuchtet. Sowohl in Österreich, als auch in der Schweiz gibt es kein Güterichterverfahren. Fraglich ist, ob damit die außergerichtliche Mediation besser gefödert wird als in Deutschland.

a) Österreich

In Österreich gibt es keine Güterichterverhandlung wie sie in Deutschland existiert (zumindest noch nicht, denn eine solche Entwicklung ist nicht ausgeschlossen). Dennoch können österreichische Gerichte in ihren Verfahren auch einen gewissen Anteil mediativer Elemente mit einfließen lassen. Sie sind und bleiben aber Prozessrichter und entscheiden das Verfahren. Projekte wie beispielsweise eines am Handelsgericht Wien zeigen deutlich, dass „gerichtsnahe Mediation" (entspricht der deutschen außergerichtlichen Mediation, die sich aber am Gericht orientiert, jedoch nicht von Richtern durchgeführt wird, sondern von Mediatoren) und Prozessverfahren gut harmonieren können. In diesem Projekt, das zwischenzeitlich in weiteren österreichischen Gerichten eingeführt wurde, entwickelte sich eine Vorgehensweise, die es den Parteien ermöglicht, sich über die Verfahrensvarianten informieren zu lassen. Der Prozessrichter schildert in einer Informationsveranstaltung das Prozessverfahren vor Gericht und ein eingeladener Mediator erläutert das Verfahren der Mediation. Diese Vorgehensweise gibt es in Deutschland nicht. Es zeigt sich in Österreich jedoch, dass genau diese Vorgehensweise großen Erfolg verspricht, denn auch wenn ein Verfahren schon gerichtsanhängig ist, gibt es immer noch Möglichkeiten, die Parteien zu einer Konsenslösung zu bewegen. Dies wiederum entlastet das Gericht.[660]

Die Vorstellung der Mediation vor Gericht fördert die außergerichtliche Mediation enorm. Es wird hier ein großer Schritt in Richtung dieser Förderung unternommen, die sich ohne dieses Projekt nicht in gleichem Maße hätte etablieren können.

b) Schweiz

Die Schweiz ist als Nicht-EU-Staat nicht verpflichtet, die Europäische Mediations-Richtlinie umzusetzen und somit nicht direkt von ihr betroffen. Es gibt in der Schweiz bisher kein spezielles „Mediationsgesetz". Dennoch entwickelt sich das

---

660 *Pramhofer*, ZKM 2014, 79 ff.

Schweizer Recht in einigen Gebieten in eine ähnliche Richtung wie in Deutschland. In der schweizerischen Zivilprozessordnung ist eine Regelung zum Verhältnis der Mediation zu zivilprozessualen Schlichtungs- und Entscheidungsverfahren enthalten. Die Zivilprozessordnung enthält im zweiten Titel die gerichtsnahe Mediation vor den Regelungen zum ordentlichen Verfahren.

Das Mediationsverfahren steht neben dem Schlichtungsverfahren und ist auch eine Alternative zum Entscheidverfahren. In der Schweiz kennt man bisher nur die gerichtsnahe Mediation (entspricht der deutschen außergerichtlichen Mediation, die sich aber am Gericht orientiert, jedoch nicht von Richtern durchgeführt wird, sondern von Mediatoren). Eine gerichtsferne oder gerichtsinterne Mediation ist bisher nicht im Gesetz geregelt worden. Den Kantonen soll jedoch gemäß Art. 401 ZPO-CH gestattet werden, Pilotprojekte durchzuführen.

Im Großen und Ganzen decken sich die Regelungen zur Mediation in der Schweiz mit den Regelungen in der Europäischen Mediations-Richtlinie, nicht zuletzt mit der laufenden Revision des Verjährungsrechts.[661]

5. Rechtspolitischer Vorschlag

Nachdem die Europäische Mediations-Richtlinie in Artikel 3 den Mitgliedstaaten gestattet, dass ihre Gerichte ein Mediationsverfahren empfehlen oder anordnen können, stehen die Möglichkeiten offen, das Verfahren der Mediation auf diesem Wege zu fördern.

Deutschland ist, im Gegensatz zu Österreich und der Schweiz das einzige Land, das ein gerichtsinternes Güterichtersystem eingeführt hat. In jenen drei Ländern beschränkt man sich dagegen auf die gerichtsnahe Mediation.

Würde man auch in Deutschland nur eine gerichtsnahe Mediation zulassen, hätte das unter anderem zwei wesentliche Folgen: Zum einen würden die Gerichte entlastet werden, zum anderen würden die außergerichtlichen Mediatoren mehr Aufträge bekommen. Dies hätte wiederum zur Folge, dass Justizkapazitäten für die Fälle freigehalten werden könnten, die wirklich eine Streitentscheidung benötigen[662], und eine solche würde auch schneller erreicht werden. Dennoch ist ein Nachteil für die außergerichtliche Mediation zu benennen: In Deutschland werden die Kosten einer außergerichtlichen Mediation nicht vom Staat getragen. Dementsprechend würde man vor allem den einkommensschwachen Parteien die Möglichkeit eines „kostenneutralen" Güterichterverfahrens nehmen (sofern diese schon ein anhängiges Verfahren vor Gericht haben). Sollte man sich in Deutschland also zukünftig ebenfalls exklusiv für die außergerichtliche Variante entscheiden (was momentan nicht absehbar ist), wäre dies unter Kostenaspekten zu diskutieren. Unter momentanen Gesichtspunkten wäre das eine Verschlechterung für die Bevölkerung, da das Güterichterverfahren

---

661   *Schütz*, AJP 2015, 106 ff.
662   *Trenczek/Mattioli*, Spektrum der Mediation 2010, 4, 10.

auf kostenneutraler Basis durchgeführt werden kann (sofern schon eine Klage am Gericht anhängig ist).

Wenn auch die Mediations-Richtlinie die Mediation innerhalb Europas fördert, indem sie gewisse Grundvoraussetzungen vorgibt, ist zu bemängeln, dass es in Europa keine einheitlichen Mindeststandards der Qualität für Mediatoren und Mediationsverfahren gibt. Gerade in Wirtschaftsmediationen, die oftmals grenzüberschreitend abgehalten werden, wären diese Mindeststandards der Qualität von Mediationen förderlich, auch um sich Vorgespräche diesbezüglich zu sparen. Auch für Mediatoren, die gern grenzüberschreitend arbeiten möchten, erschwert die momentane Gesetzeslage deren Arbeit. Einige Mitgliedstaaten haben sehr enge Maßstäbe angesetzt und die Anforderungen der Mediations-Richtlinie sogar weit übertroffen, einige halten sich an die Mindestangaben.

Wünschenswert wäre daher ein einheitlicher, zwingend zu beachtender Europäischer Kodex. Ziel wäre ein kooperatives Verhalten zwischen Gericht und außergerichtlicher Mediation, das fallspezifisch zwischen Güterichterverfahren, außergerichtlicher Mediation und Entscheidverfahren bzw. Streitverfahren unterscheidet und über Richter empfohlen wird.[663] In Anlehnung an das österreichische Modell, das eine Vorstellung der Mediation durch einen Mediator im Gericht unterstützt, sollte auch in Deutschland überlegt werden, inwiefern solch eine Informationsvorstellung sinnvoll wäre. Selbstverständlich müssen hier auch Kostenaspekte berücksichtigt werden, die ein Mediator für die Informationsgespräche benötigt, jedoch fielen dann Kosten weg, die derzeit für die Informationsveranstaltungen der Streitrichter anfallen. Es könnten sich noch weitere Kostenvorteile für das Gericht ergeben, zum Beispiel dadurch, dass der Mediator in geeigneten Fällen die Parteien von einer außergerichtlichen konsensualen Konfliktlösung überzeugen kann und so weniger Richtereinsatz und Zeit im Gericht notwendig wird.

Eine zweite Alternative wären sogenannte Court-Dispute-Manager, wie sie auch in den USA bekannt sind. Diese stellen besonders geschulte Koordinatoren bei Gericht dar.[664] Sie sollen durch ihren breiten Kenntnisstand und ihren Erfahrungswert die Fälle vor Gericht genau einschätzen können und eine konkrete, individuelle Stellungnahme abgeben und Empfehlung aussprechen, für welche Art der Konfliktlösung sich der jeweilige Fall am besten eignet. Sie sollen zudem den Parteien Vor- und Nachteile nennen können und sie intensiv und neutral beraten. Diese Aufgabe könnte ein Rechtspfleger oder ein Beamter des mittleren Dienstes übernehmen, der in diesem Fall eine richterassistierende Tätigkeit übernehmen würde.[665] Allerdings gibt uns *Jan Malte von Bargen* auch Warnungen aus den USA mit: Es gibt hier viele Mediatoren, die aus den unterschiedlichsten Gründen (insbesondere aus Ausbildungsgründen) keine gute Mediation leisten können. Die Tatsache, dass in den USA

---

663   Ähnlich auch *Trenczek/Mattioli*, Spektrum der Mediation 2010, 4, 10.
664   *Fritz*, BDVR-Rundschreiben 2013, 4, 6; BT-Drucks. 17/5335, S. 17.
665   *Fritz*, BDVR-Rundschreiben 2013, 4, 8.

die Mediation verpflichtend sein kann, auch bei Niedrigverdienern, ist förderlich für „schwarze Schafe" in diesem Bereich.[666]

Fazit dieses Unterkapitels ist folgendes: Zwar könnte die außergerichtliche Mediation ohne das Güterichterverfahren besser gefördert werden, da mehr Fälle auf außergerichtliche Mediatoren fallen könnten, jedoch würden auch erhebliche Nachteile durch die Abschaffung des Güterichtermodells entstehen, vor allem aus Kostengesichtspunkten (siehe folgenden Abschnitt V.).

V. Vergleich der Kostenstruktur von Güterichterverfahren und außergerichtlichem Mediationsverfahren

Der Kostenaspekt der beiden Verfahren wird teilweise konträr diskutiert. Eine außergerichtliche Mediation wird gern als „günstiger" als ein Gerichtsverfahren bezeichnet, da man sich in vielen Fällen Anwaltsgebühren und Gerichtskosten spart. Jedoch wirbt vor allem die Justiz damit, dass ein Güterichterverfahren keine zusätzlichen Kosten verursacht, die außergerichtliche Mediation jedoch schon.

Die Kosten einer Güterichterverhandlung und die einer außergerichtlichen Mediation unterscheiden sich in Ihrer Bemessungsgrundlage und hängen von verschiedenen Faktoren ab. Daher wird im Folgenden analysiert, welches Verfahren welche Kosten aufweist und wovon diese abhängig sind. Angefangen wird mit dem Güterichterverfahren, dessen Kosten klar definiert sind.

1. Kosten der Güterichterverhandlung

a) Allgemeines

Da ein Güterichterverfahren nur stattfindet, wenn bereits ein Gerichtsprozess anhängig ist, wird das Güterichterverfahren als Bestandteil des Prozesses angesehen. Den Parteien entstehen daher für die Güterichterverhandlung keine weiteren Gerichtskosten.[667] Berücksichtigt werden müssen allerdings die Anwaltskosten und die eigenen Aufwendungen. Güterichterverhandlungen, die außerhalb des Gerichtsgebäudes stattfinden, können weitere Kosten verursachen (z.B. Raumkosten, Anfahrtskosten).[668] Die Kosten eines Gerichtsprozesses bemessen sich am Streitwert.

---

666 *Pabst*, Tagungsbericht: Symposium zu einem Frankfurter Streitschlichtungszentrum, Tag 2, 2013, <http://pabstblog.de/2013/09/tagungsbericht-symposium-zu-einem-frankfurter-streitschlichtungszentrum-tag-2/> (abgerufen am 07.12.2015).

667 Landessozialgericht Niedersachsen-Bremen, Mediation beim Güterichter, <http://www.landessozialgericht.niedersachsen.de/portal/live.php?navigation_id=32479&article_id=65221&_psmand=100> (abgerufen am 18.12.2015).

668 LAG Köln, „Häufig gestellte Fragen – Antworten auf häufig gestellte Fragen im Güterichterverfahren", <http://www.lag-koeln.nrw.de/aufgaben/gueterichter/handzettel/FAQs/index.php> (abgerufen am 18.02.2016).

Sollte sich der Konfliktfall im Güterichterverfahren unstreitig lösen lassen, so verringert sich der Gebührensatz von 3,0 auf 1,0 (Nr. 1210, 1211 KV-GKG). In einem Berufungsverfahren ermäßigt sich der Gebührensatz um die Hälfte von 4,0 auf 2,0 (Nr. 1220, 1222 KV-GKG). Bei einem abgeschlossenen Prozessvergleich in der Güteverhandlung, der den Wert des Verfahrensgegenstands übersteigt, fallen Gebühren von 0,25 an (Nr. 1900 KV-GKG). Diese Kosten sind in familienrechtlichen Streitigkeiten nahezu gleich.[669]

b) Rechtsanwaltsgebühren

Nicht zu vernachlässigen sind die Rechtsanwaltsgebühren. Gemäß der Vorbemerkung des § 3 Abs. 3 zu Teil 3 VV-RVG fällt in der Güterichterverhandlung eine 1,2-Terminsgebühr an. Allerdings fällt diese nicht an, soweit schon eine Terminsgebühr im vorangegangen Verfahren entstanden ist. Erreichen die Parteien in der Güterichterverhandlung eine Einigung, so fällt eine Einigungsgebühr in Höhe von 1,0 (Nr. 1003 VV-RVG) an. Im Falle von nicht rechtshängigen Verfahrensgegenständen, mit denen der Rechtsanwalt aber ebenfalls mandatiert wurde, fällt für diese Gegenstände eine Gebühr von 0,8 an. Er ist jedoch gemäß § 15 Abs. 3 RVG i.V.m. Nr. 3101 Nr. 2 VV-RVG nicht befugt, insgesamt eine 1,3-Verfahrensgebühr aus der Summe der rechtshängigen und nicht rechtshängigen Ansprüche zu berechnen, sonst bekommt er die Geschäftsgebühr im Rahmen von 0,5 bis 2,5 (Nr. 2300 VV-RVG). Zu berücksichtigen ist zudem, dass eine Terminsgebühr von 1,2 anfällt, soweit bei einem bestehenden Prozessmandat Verhandlungen zur Vermeidung eines Rechtsstreits bereits geführt wurden (Vorbem. 3 Abs. 3 i.V.m. Nr. 3104 VV-RVG). Eine zumindest teilweise anrechenbare Geschäftsgebühr fällt ebenfalls an, sofern der Rechtsanwalt vor dem Gerichtsverfahren schon mit der außergerichtlichen Vertretung in derselben Sache beauftragt war. Eine Einigungsgebühr von 1,5 entsteht, wenn es zu einer Einigung kommt, die nicht zwingend in einem Vergleich enden muss (Nr. 1000 VV-RVG). Maximal kann es zu einer Einigungsgebühr von 1,5 kommen, aus der Summe von Verfahrensstreitwert und verglichenem Streitstoff (§ 15 Abs. 3 RVG). Wird zusätzlich ein in der Berufung schwebendes Verfahren erledigt, so müssen die Parteien mit einer Einigungsgebühr von 1,3 rechnen (Nr. 1004 VV-RVG). In Rechnung stellen können Rechtsanwälte auch Kosten für Auslagen wie Reisekosten oder Abwesenheitsgeld.[670]

c) Streitwert

Abgesehen von den Rechtsanwaltsgebühren muss der Güterichter für miterledigte nicht rechtshängige Ansprüche eine neue Kostenberechnung ansetzen, die

---

669   *Greger*, Thema: Kosten, <http://www.gueterichter-forum.de/themen-fragen-meinungen/kosten/> (abgerufen am 18.02.2016).

670   *Greger*, Thema: Kosten, <http://www.gueterichter-forum.de/themen-fragen-meinungen/kosten/> (abgerufen am 18.02.2016).

einen erhöhten Streitwert beinhaltet.[671] Die Zuständigkeit des Güterichters dafür ergibt sich aus § 63 Abs. 2 GKG aufgrund der Tatsache, dass der Güterichter für nicht rechtshängige Gegenstände die Position des „Prozessgerichts" einnimmt und Vertraulichkeit bestehen bleiben muss. Einigkeit und Rechtsmittelverzicht sollten ebenfalls beim Streitwert berücksichtigt werden.[672]

d) Prozess- und Verfahrenskostenhilfe

Bei einem gerichtlichen Vergleich stehen die Beiordnung eines Rechtsanwalts und die Gewährung von Prozess- oder Verfahrenskostenhilfe nicht infrage (sofern gewisse Voraussetzungen erfüllt sind). Doch wie ist es, wenn ein außergerichtliches Verfahren beigelegt wird? Dies ist umstritten. Festzuhalten ist jedenfalls, dass ein Vergleich, der über den Streitgegenstand hinausgeht, nicht von der Prozesskostenhilfe umfasst wird.[673]

Wiederum streitig ist, welche Kosten von der Staatskasse übernommen werden können. Fest steht, dass nach § 48 Abs. 3 VVG das Ziel verfolgt werden muss, die Gerichte zu entlasten. Sofern eine Kostenübernahme nicht möglich ist, wären die Anwälte aufgrund ihrer Pflicht, die Parteien nach Vergütungsinteressen zu beraten, daran gehindert, eine außergerichtliche Mediation vorzuschlagen.[674]

Die Prozess- bzw. Verfahrenskostenhilfe bedarf der Bewilligung durch das Prozessgericht. Im Hinblick auf nicht rechtshängige Konfliktgegenstände muss vor dessen Abschluss die Entscheidung des Prozessgerichts herbeigeführt werden. Sofern die Prozesskostenhilfe und die Anwaltsbeiordnung bewilligt werden, umfasst die Bewilligung auch das Güterichterverfahren.

Gemäß § 46 Abs. 1 RVG müssen Reisekosten des Rechtsanwalts erforderlich „zur sachgemäßen Durchführung der Angelegenheit" sein, um vergütet zu werden. Dies kann durch ein Prozessgericht festgestellt werden (§ 46 Abs. 2 RVG) und der Güterichter kann sich dazu äußern. Die Beiordnung eines Dolmetschers ist nicht möglich[675], jedoch ist die Erstattung von Detektiv- oder Ermittlungskosten in Betracht zu ziehen.[676]

Die „Kosten der Wahrnehmung des Güterichtertermins i.S.v. § 91 Abs. 1 ZPO, also insb. die Reisekosten, (sind) von den Gerichten in der Regel als notwendige und damit erstattungsfähige Kosten i.S.v. § 91 Abs. 1 ZPO" zu behandeln. Von Auslagen für Reise, Abwesenheits- und Tagegeld zu unterscheiden sind Pauschalen für Post- und

---

671 Vgl. BT-Drucks. 17/5335, S. 20.
672 *Greger*, Thema: Kosten, <http://www.gueterichter-forum.de/themen-fragen-meinungen/kosten/> (abgerufen am 18.02.2016).
673 BAG, NJW 2012, 2828; OLG Hamm, NJOZ 2012, 1948; LAG Nürnberg, JurBüro 2009, 262.
674 *Fischer* in: Musielak, ZPO, 10. Auflage 2013, § 119 ZPO Rn. 4–9a.
675 OLG Hamm, FamRZ 2008, 1463.
676 KG, Rpfleger 1993, 74.

Telekommunikationsdienstleistungen. Werden Kosten eines weiteren Gerichtstermins geltend gemacht, so sind diese Pauschalen und Gebühren bereits abgedeckt.[677]

2. Kosten der außergerichtlichen Mediation

Die Kosten im außergerichtlichen Mediationsverfahren richten sich vor allem nach dem Honorar des Mediators. Im Gegensatz zum Güterichterverfahren werden die Kosten einer außergerichtlichen Mediation normalerweise nicht am Streitwert bemessen. Außergerichtliche Mediatoren setzen im Regelfall Stundenhonorare an. Eine Kostenverteilung, die sich am Prozessausgang orientiert (obsiegensabhängig), wie dies im juristischen Verfahren üblich ist, würde dem Konzept der Mediation widersprechen. Stellt man nämlich auf eine Win-win-Lösung ab, so sollte im Idealfall keine Partei als Verlierer übrig bleiben. Es soll in einer Mediation kein Wettbewerb entstehen. Ebenso untypisch sind Erfolgshonorare in der Mediation. Der Erfolg einer Mediation besteht nicht nur darin, eine gute Abschlussvereinbarung zu erreichen, sondern auch schon im gegenseitigen Verständnis und in der Kommunikation untereinander, die durch ein Mediationsverfahren erreicht werden kann. Es geht im Ergebnis um die Vermittlung des Verständnisses und nicht um die Vermittlung einer bestimmten Lösung.[678]

Die Bandbreite der Honorare von Mediatoren ist groß. Das Ergebnis einer Studie, bei der Anwaltsmediatoren nach ihrem Honorar gefragt wurden, ergab Folgendes: Am häufigsten wurden 150 EUR pro Stunde genannt. Insgesamt lagen die Antworten zwischen 20 und 400 EUR.[679] In anderen Quellen werden Honorare für Mediatoren mit Werten zwischen 200 und 400 EUR genannt.[680] Tendenziell kann in der Praxis beobachtet werden, dass Wirtschaftsmediatoren ein höheres Honorar haben als Mediatoren im Ehe- und Familienbereich.

Um spätere Unstimmigkeiten zu vermeiden, ist zu empfehlen die Kosten für den Mediator gleich mit in die Anfangsvereinbarung (Mediatorenvertrag) aufzunehmen. Im Zweifel haften die Parteien dem Mediator als Gesamtschuldner.[681] Im Regelfall wird die Vergütung erst nach Erbringung der Mediations-Dienstleistung fällig (§ 614 S. 1 BGB). Ein Vorschuss, eine Vorauszahlung oder eine Abrechnung nach Zeitabschnitten sind jedoch auch nicht unüblich, laut § 614 BGB steht dem nichts

677 OLG Rostock vom 05.01.2007, Az. 8 W 67/ 06; *Fritz*, NVwZ 2013, 379.
678 *Trossen*, Mediation (un)geregelt, 2014, S. 60 f., 273.
679 *Hommerich/Kriele*, Marketing für Mediation: Ergebnisse einer Befragung der Mitglieder der Arbeitsgemeinschaft Mediation im Deutschen Anwaltverein, 2004.
680 *Gerold/Schmidt u.a.*, Rechtsanwaltsvergütungsgesetz, 2015; *Dralle*, Berliner Anwaltsblatt 2012, 263 ff.; Handelskammer Hamburg, Honorarordnung, <http://www.hk24.de/recht_und_steuern/schiedsgerichtemediationschlichtung/mediation/mediationsstelle/regularien/363566/honorarordnung.html> (abgerufen am 30.12.2015).
681 *Horstmeier*, Das neue Mediationsgesetz, 2013, S. 189 ff.

entgegen.[682] Inwiefern auch außerhalb der Mediation Kosten für den Mediator (z.b. Protokollerstellung) anfallen können, sollte vorab geklärt werden. Empfehlenswert ist eine gleichmäßige Aufteilung der Kosten zwischen den Parteien. Diese Verteilung ist gerecht und es gibt kein Risiko von Abhängigkeitsverhältnissen oder Neutralitätsproblemen des Mediators. Wichtig ist zudem, dass nicht der Eindruck eines Positivsummenspiels von der Regelung der Kosten (bzw. des Honorars) getrübt wird.[683]

Sofern Anwälte in außergerichtliche Mediationen eingebunden werden, fallen zusätzliche Kosten an. Allerdings gehört die Teilnahme des Prozessbevollmächtigten an der Mediation gebührenrechtlich gemäß § 15 Abs. 1 RVG zur selben Angelegenheit, gemäß § 19 Abs. 1 S. 2 Nr. 2 RVG zum selben Rechtszug, was insgesamt eine Einheit bildet. Der Anwalt kann daher nur einmal Gebühren im Sinne von § 15 Abs. 2 RVG verlangen.[684] Allerdings können im Rahmen einer außergerichtlichen Mediation weitere Kosten anfallen, zum Beispiel eine Terminsgebühr nach Nr. 3104 VV-RVG oder eine Einigungsgebühr nach Nr. 1000, 1003 VV-RVG.[685] Die Tatsache, dass der Termin ohne eine Beteiligung des Gerichts stattfindet, ist nicht relevant (Vorbemerkung 3 Abs. 3 VV-RVG).[686]

Ein Blick auf die Kosten der Mediation in anderen Ländern wie Australien oder den USA macht deutlich, warum die Mediation in diesen Ländern so erfolgreich ist. Den Erfolg, den beispielsweise Australien mit der Mediation verzeichnet, liegt sicherlich auch an der Kostenbelastung im Rechtsstreit. In Australien gibt es kein vergleichbares Kostensystem im Sinne der deutschen Prozess- und Verfahrenskostenhilfe wie in Deutschland, daher bleiben die Menschen oft auf vielen Kosten, trotz eines positiv ausgehenden Verfahrens sitzen. Auch die Justiz selbst steht der Mediation offen gegenüber. Weiterer kostentechnischer Unterschied zwischen Australien und Deutschland ist die Bezahlung der Mediatoren.[687] Bei einer innerfamiliären Mediation wird oftmals nur ein Stundensatz von 40 bis 80 australischen Dollar (circa 30–50 EUR) angesetzt. Mediatoren, die nicht gleichzeitig Juristen sind, haben meist einen sehr geringen Stundensatz. Dadurch sind die Mediatoren gezwungen, viele Mediationen gleichzeitig anzunehmen, da sie ansonsten ihren Lebensunterhalt nicht finanzieren könnten. Dies wiederum lässt weniger Spielraum für Supervisionen und Fortbildungen zu. Es leidet die Qualität der Mediationen.[688] Dennoch kann beobachtet werden, dass die Mediation in diesem Land an Bekanntheit und Beliebtheit gewinnt. Der Grund für dieses Phänomen sind allerdings die hohen Gerichtskosten, die die Parteien vor Gericht alternativ zu tragen hätten. Diese Kosten sind nicht vergleichbar

---

682 *Greger/Unberath*, MediationsG, 2013, § 2 Rn. 216 f.
683 *Trossen*, Mediation (un)geregelt, 2014, S. 271 ff.
684 KG, NJW 2009, 2754 f.; *Effer-Uhe*, NJW 2013, 3333.
685 *Endres*, JurBüro 2013, 227; *Effer-Uhe*, NJW 2013, 3333.
686 KG, NJW 2009, 2755; OLG Zelle, NJW 2009, 1219.
687 *Trenczek*, Spektrum der Mediation 2007, 57.
688 *Trenczek*, ZKM 2012, 165.

mit den deutschen Gerichtskosten, die nicht zuletzt in vielen Fällen von einer Rechtsschutzversicherung oder der Prozess- und Verfahrenskostenhilfe getragen werden.

3. Kostenübernahme durch Rechtsschutzversicherungen

„Wir haben festgestellt, dass unsere Kunden selbst nach einem gewonnenen Prozess noch lange nicht in Frieden mit dem Kontrahenten leben", so *Christine Lewetz* von der D.A.S. Rechtsschutzversicherung.[689] Die Nachhaltigkeit der Fälle bei Mediationsverfahren ist eine der wichtigen Erkenntnisse der Rechtsschutzversicherer, die zu einer Stärkung ihres Mediationsangebots in den letzten Jahren geführt haben. Auch über den Gesamtverband der Deutschen Versicherungswirtschaft wird die Mediation gefördert. Laut einer Studie[690] eines Internetportals für Mediatorensuche übernehmen mittlerweile knapp 85 % der Rechtsschutzversicherungen in Deutschland die Kosten für ein Mediationsverfahren für ihre Kunden.

Fraglich ist jedoch, ob die Rechtsschutzversicherungen hier immer nur im Interesse ihrer Kunden die Mediation vorschlagen oder ob sie teilweise auch an den eigenen Profit denken, der über den Wegfall der Gerichtskosten gesteigert wird, und hierbei die Interessen der Kunden hintanstellen. Dies kann nicht eindeutig geklärt werden. Die Förderung der Mediation durch die Rechtsschutzversicherungen kann aber als wertvoll für die Förderung der Mediationsbranche gesehen werden. Scheitert das Mediationsverfahren, tragen die Versicherungen trotzdem die Prozesskosten. So entstehen den Kunden keine Nachteile, sollten sie sich zunächst für das Mediationsverfahren als Konfliktlösungsmethode entscheiden.

Zu beobachten sind drei Arten von Rechtsschutzversicherungen:

1. diejenigen, die keine Mediation in ihrem Leistungsspektrum anbieten,
2. diejenigen, die Mediation als Alternative zum Anwalt und dem Gerichtsverfahren anbieten, und
3. diejenigen, die zwingend eine Mediation dem Rechtsweg vorschalten.

Dieses dritte Modell fördert zudem die Beachtung des § 253 Abs. 3 ZPO, wonach eine Klageschrift Ausführungen dazu beinhalten soll, ob eine außergerichtliche Konfliktlösung schon angestrebt wurde, und, wenn nicht, Gründe dafür nennen soll. Sicherlich müssen bei der Voraussetzung, dass ein Mediationsverfahren zwingend durchlaufen werden muss, bevor ein Gerichtsverfahren mit Anwälten angestrebt werden kann, die

---

689   *Much/Roth u.a.*, Wir sehen uns nicht vor Gericht, 2009, <http://www.gdv. de/2009/09/titel-wir-sehen-uns-nicht-vor-gericht/> (abgerufen am 15.12.2015).

690   Mediation GmbH, Welche Rechtsschutzversicherung trägt die Kosten einer Mediation?, Studie zum Angebot der Rechtsschutzversicherungen im Bereich Mediation vom Februar/März 2013, <http://www.mediation.de/mediation/mediation-und-rechtsschutz> (abgerufen am 18.07.2015).

Fristen berücksichtigt werden, die die Klienten unter Umständen bei einer Klageein-reichung einzuhalten haben, beispielsweise bei Kündigungsschutzklagen.[691]
Eine der drei größten Rechtsschutzversicherer Deutschlands, die D.A.S., hat be-reits 2007 als einer der ersten Versicherer der Branche erkannt, welche Vorteile ein Mediationsverfahren für die Versicherung und ihre Kunden mit sich bringt. Mittlerweile werden laut Auskunft der D.A.S. in deren Hause die Kosten von circa 10.000 Mediationen im Jahr erstattet.[692] Die DEURAG gibt an, jährlich circa 4.000 von insgesamt 100.000 Schadensfällen mit Mediation beizulegen.[693]
Nicht alle Rechtsschutzversicherer haben die Mediation in die Tarife mit einge-baut. Sie bieten den Schutz des Mediationsverfahrens nur zusätzlich zu einigen spe-ziellen Tarifen an. Die Leistungen der Rechtsschutzversicherer unterscheiden sich zudem wesentlich. Abb. 17 gibt einen Überblick über die verschiedenen Angebote der größten deutschen Rechtsschutzversicherungen in Bezug auf ihr Mediations-angebot. Zu beachten sind vorrangig die Unterschiede bei der Kostenübernahme (feste Mediationssätze oder Zahlung bis zu festen Obergrenzen) und bei der Ein-schränkung der Wahl des Mediators.

---

691 Blog Mediation, DAV, Vorsicht bei Mogelpackungen in der Rechtsschutzversiche-rung, 28.10.2011, DAV-P<http://blog.mediation.de/2011/10/vorsicht-bei-mogelpa-ckungen-in-der-rechtsschutzversicherung/> (abgerufen am 12.01.2016).
692 D.A.S. Telefonauskunft, Herr Wegener vom 16.01.2015.
693 *Henniges*, Mediator 2014, 16.

Abb. 17: Private Rechtsschutzversicherungen und Mediation, Stand: März 2013[694]

Private Rechtsschutzversicherungen und Mediation					Gesamtbewertung der Mediation GmbH**
Anbieter	Tarif	Leistungsarten	Auswahl Mediator	Kostenübernahme für Mediation	
ADAC Rechtsschutz	Verkehrs-Rechtsschutz	3	A	bis zu 300.000 € je Rechtsschutzfall	(+++)*
Advocard	Privat-Rechtsschutz	2	A	bis zu 8 Sitzungsstunden á 180 €, keine Jahresgrenze	+
Allianz	Allianz Rechtsschutz	1	B	Gebühren bis zu 1. Instanz Gerichtsverfahren	++
ALLRECHT	Privat Rechtsschutz	1	A	bis zu 1.500 € je Mediation, keine Jahresgrenze	+
ARAG	Aktiv-Rechtsschutz-Komfort/Premium	2	A	bis zu 1.500 € je Mediation, bis zu max 3.000 €/Jahr	+
Auxilia	JurPrivat / Mediation Pro	1	A*	bis zu 2.000 € je Mediation, bis zu max 6.000 €/Jahr	++
Badische Versicherungen BGV	proComfort	1	A	bis zu 8 Sitzungsstunden á 180 €, keine Jahresgrenze	+
Bayerische Hausbesitzervers.		keine Mediation versichert			-
BBV - die Bayerische	Kompakt / SecurFlex	1	B	bis zu zweifache Gebühren, Gerichtsverfahren 1. Instanz[4]	+++
Bruderhilfe	Privat-Rechtsschutz	1	B**	bis zur Höhe der gesetzlichen Vergütung	+
Concordia	Privat- „Berufs-, Verkehrsrechtsschutz	1	A*	bis zu 2.000 € je Mediation[1], bis zu max 4.000 €/Jahr	++
Continentale	ConJure	2	B	bis zu 500 € je Fall, 1.000 €/Jahr	+
DA direkt	Privat- „Berufs-, Verkehrsrechtsschutz	2	B	bis zu 500 € je Versicherungsjahr und Fall	+
D.A.S.	Basis, Komfort, Premium	2	A	bis zu 2.000 € je Mediation, bis zu max 4.000 €/Jahr	++
Debeka	Privat-, „Berufs-, Verkehrsrechtsschutz	1	B	bis zu zweifache Gebühren, Gerichtsverfahren 1. Instanz	+++
DEURAG	SB-Vario	1	A	bis zu 8 Sitzungsstunden á 180 €, keine Jahresgrenze	+
DEVK	Aktiv / Komfort / Premium	1	A	bis zu 150.000 €[1] / 300.000€ /unbegrenzt	+++
DFV		keine Mediation versichert		entfällt	-
direct line		keine Mediation versichert		entfällt	-
DMB	EXPERT	1	A	bis zu 1.500 € je Mediation[1], bis zu max 3.000 €/Jahr	+
GVO	ViT	1	B	bis zu 8 Sitzungsstunden á 180 €, keine Jahresgrenze	+
HUK Coburg /HUK24	Privat-, Berufs-, Verkehrsrechtsschutz	1	A	bis zu 1 Mio €[2]	+++
Itzehoer		keine Mediation versichert		entfällt	-
Jurpartner		keine Mediation versichert		entfällt	-
LVM	Privat-Kombi-Rechtsschutz	1	A	bis zu 1.500 € je Mediation[1], bis zu max 3.000 €/Jahr	+
LSH		keine Mediation versichert		entfällt	-
Mecklenburgische	Privat-Rechtsschutz	2	A	bis zu 1.000 € pro Mediation	+
Medien-Versicherung	Privat-Rechtsschutz	1	B	bis zu 700 € je Versicherungsfall	+
NRV	Privat-, Berufs-, Verkehrsrechtsschutz	1	A	bis zu 2.000 € je Mediation, bis zu max 4.000 €/Jahr	++
ÖRAG	PVHB-Schutz	2	A	bis zu 2.000 € je Mediation, bis zu max 4.000 €/Jahr	++
R+V	Privat-, Berufs-, Verkehrsrechtsschutz	1	A	bis zu 1.500 € je Mediation, bis zu max 3.000 €/Jahr	+
Rechtsschutz Union/Alte Leipziger	Top 150	1	B	bis zu zweifache Gebühren, bis zu Gerichtsverfahren 1. Instanz[4]	+++
Roland Rechtsschutz	Kompakt-Rechtsschutz	1	A	bis zu 2.000 € je Mediation[1], bis zu max 4.000 €/Jahr	++
VHV	Klassik Garant	1	A	unbegrenzt	+++
WGV	BASIS / OPTIMAL	1	A	bis zu 1.500 € je Mediation, bis zu max 3.000 €/Jahr	+
Württembergische Versicherung	alle Tarife	1	A**	bis zu 1.000 € je Rechtsschutzfall	++
Zürich Versicherung	Privat-, Berufs-, Verkehrsrechtsschutz	1	B	Gebühren bis zu 1. Instanz Gerichtsverfahren	++

Stand März 2013
© Mediation GmbH fairmitteln & fairfinden

aufgeführt sind nur Versicherer, die eigenständig Rechtsschutzversicherungen anbieten

www.mediator-finden.de
www.mediation.de/rechtsschutz

1 - Alle Leistungsarten
2 - Alle bis auf Ausnahmen
3 - spezielle Leistungsarten
A - Vermittlung durch Versicherer
B - Auswahl durch Kunde
* Versicherer benennt Mediator
** nur Anwaltsmediator

1)In Fällen des Familien-, Lebenspartnerschafts- und Erbrechts bis zu 1.000 € je Mediation
2)Wenn im Familien- und Ehe/Partnerschaft nur einmalig in Anspruch genommen werden
3)In Fällen des Familien-, Lebenspartnerschafts- und Erbrechts nur telefonisch
bis zu 250 € je Mediation
4)sofern durch keinen der Beteiligten ein staatliches Gericht angerufen wird

* Angebot nur Verkehrsrechtsschutz
** Bewertung bezieht sich ausschließlich auf Abdeckung von Mediation.

Abdruck auch auszugsweise erlaubt, bei Nennung des Herausgebers www.mediator-finden.de und der Webadresse www.mediation.de/rechtsschutz zum Abruf der ausführlichen Studie

Rechtsschutzversicherungen übernehmen nur dann die Kosten einer Mediation, wenn in rechtlicher Hinsicht ein Schadensfall Konfliktgegenstand ist. Die Mediation in familiären Fällen (wie Scheidungs- oder Sorgerechtsfälle) werden kaum durch Rechtsschutzversicherungen getragen. Die Wahl des Mediators bleibt zudem nicht immer den Parteien vorbehalten. Es gibt unterschiedliche Systeme der Auswahl, von Mediatorenlisten bis hin zu festgelegten Personen.[695] Meist sind diese Rechtsanwälte.

---

694 Quelle: Mediation GmbH, <http://www.mediation.de/images/Private-Rechtsschutzversicherungen-und-Mediation.pdf>.

695 Mediation GmbH, Welche Rechtsschutzversicherung trägt die Kosten einer Mediation?, Studie zum Angebot der Rechtsschutzversicherungen im Bereich Mediation vom Februar/März 2013, S. 4, 5, <http://www.mediation.de/mediation/mediation-und-rechtsschutz> (abgerufen am 18.03.2016).

Überlegungen beispielweise der DEURAG Rechtsschutzversicherung waren folgende:

• Wie findet man den „richtigen Mediator", um die Leistung auch bundesweit anbieten zu können?
• Wie kann die Qualifikation der Mediatoren gesichert werden?
• Wie identifizieren wir mediationsgeeignete Streitfälle in der Leistungssachbearbeitung?
• Wie überzeugen wir unsere Versicherungsnehmer von dem Angebot der Mediation?"[696]

Nachdem diese Fragen gemeinsam mit Experten geklärt waren, wurde die Telefonmediation ins Leben gerufen. Geworben wird dafür gern damit, dass die Parteien nicht reisen und nicht direkt mit der gegnerischen Seite sprechen müssten.[697]

Ob eine „Telefonmediation" oder „Shuttlemediation" eine „echte" Mediation ist, wird diskutiert (siehe auch Kapitel D. VIII. 1.). Im Gegensatz zu einer Präsenzmediation sind die Parteien bei einer Shuttlemediation nicht an einem Ort. Hier wird ausschließlich auf die Vermittlung des Mediators gesetzt. Entweder durch Telefon oder durch internetgestützte Kommunikationsmittel kann der Mediator mit den Parteien einzeln oder gemeinsam sprechen und versuchen, eine einvernehmliche Lösung herbeizuführen. Die Konfliktparteien selbst hören sich gegenseitig jedoch normalerweise nicht. Davon abzugrenzen ist die Online-Mediation, die keine Shuttlemediation in diesem Sinne darstellt. Bei dieser Art von Mediation sehen sich die Parteien nämlich oder sie hören sich zumindest gegenseitig. Die Online-Mediation ersetzt lediglich die Reise an einen gemeinsamen Ort und ermöglicht eine Mediation von zuhause oder vom Arbeitsplatz aus.[698]

Die DEURAG hat große Erfolge mit der Telefonmediation, möchte jedoch auch die Präsenzmediation weiter ausbauen. Dies ist ihnen seit dem Jahre 2013 auch schon gelungen. Bereits 2014 hat sich die Zahl der Präsenzmediationen mehr als verdoppelt.[699]

Während der kompletten Zeit, nämlich vor, während und nach der Mediation, steht die Versicherungsgesellschaft telefonisch zur Seite. Bei der DEURAG beispielsweise sind die Versicherungsnehmer sogar befugt, neben der Mediation einen Rechtsanwalt aufzusuchen, der sie rechtlich berät. Die DEURAG erfährt am Ende des Mediationsverfahrens nur, ob eine Mediation erfolgreich war oder nicht. Eine Umfrage unter den Versicherungsnehmern ergab, dass viele ein Mediationsverfahren

---

696   *Henniges*, Mediator 2014, 16.
697   Stiftung Warentest, Finanztest 2013, 16.
698   Mediation aktuell, Shuttlemediation – Mediation oder Technik? – Teil I, 2013, <https://www.mediationaktuell.de/news/shuttlemediation-mediation-oder-technik-teil-i> (abgerufen am 03.03.2016).
699   *Henniges*, Mediator 2014, 16.

„leichter zugänglich, weniger formal, schneller und damit als effizienter wahrgenommen" haben.[700]
Es gibt aber auch Kritik an der Telefonmediation. Sie wird als „lösungsfokussierte
Beratungs- oder Coachingform oder eine Schlichtung" beschrieben, bei der Zweifel
an Neutralität und Vertraulichkeit vorliegen könnten.[701] Befürworter der Shuttle-
mediation entgegnen dem jedoch, dass man bei einer großen Sensibilität und einer
klaren Abgrenzung, welche Teile der Kommunikation vertraulich sind und welche
nicht, keine große Gefahr besteht, die Grundsätze der Mediation zu verletzen.[702]
Selbstverständlich ist auch eine Rechtsschutzversicherung ein Unternehmen,
das wirtschaften muss. Das Ziel ist jedoch, eine Win-win-Situation zu erreichen.
Damit sollen nicht Rechtsanwälte und Gerichte durch Mediatoren ersetzt werden,
sondern fallgerecht Möglichkeiten angeboten werden, die gegebenenfalls zielfüh-
render sind. Die Mediation soll als Alternative zu den traditionellen Rechtswegen
etabliert werden, um die Kundenzufriedenheit durch ein breites Angebot zu steigern
oder zu erhalten.

4. Gleichbehandlungsgrundsatz

Die Anwaltskosten, Gerichtskosten und Gerichtsvollzieherkosten sind, laut Urteil
des OLG Dresden vom 09. Oktober 2006,[703] von der Prozess- und Verfahrenskostenhilfe gedeckt.[704] Strittig ist dagegen die Übernahme der Kosten des außergerichtlichen Mediators durch die Prozesskostenhilfe (§ 34 Abs. 1 S. 1, 2 RVG). Aus
verfassungsrechtlichen Gründen, so das OLG Köln, müsse auch einem Mittellosen
die Möglichkeit einer Mediation eingeräumt werden, zumindest sofern das Gericht
eine außergerichtliche Mediation empfohlen hat und diese demnach als das best-
geeignete Verfahren ansieht. Die Rechtsverfolgung dürfe nicht unverhältnismäßig
erschwert werden.[705] Auch das AG Eilenburg spricht sich für eine Übernahme der
Kosten der Mediatorleistung aus, indem es den Mediator dem Prozesskostenhilfe-
Berechtigten beiordnet. Demnach wären die Gebühren gemäß § 32 RVG analog
§ 45 RVG zu übernehmen. Auch das Argument, dass ein Mediator ähnlich einem
Sachverständigen arbeitet, bestätigt diese Meinung.[706]

700 *Henniges*, Mediator 2014, 16.
701 Mediation aktuell, Shuttlemediation – Mediation oder Technik? – Teil I, 2013, <ht-
     tps://www.mediationaktuell.de/news/shuttlemediation-mediation-oder-technik-
     teil-i> (abgerufen am 03.03.2016).
702 Mediation aktuell, Shuttlemediation – Mediation oder Technik? – Teil II, 2013,
     <https://www.mediationaktuell.de/news/shuttlemediation-mediation-oder-tech-
     nik-teil-ii> (abgerufen am 03.03.2016).
703 OLG Dresden, NJW-RR 2007, 80.
704 So auch: OLG Köln, FamRZ 2011, 1743; AG Eilenburg, FamRZ 2007, 1670; *Span-
     genberg*, FamRZ 2009, 834, 835.
705 OLG Köln, FamRZ 2011, 1743 f.; ähnlich: *Spangenberg*, FamRZ 2009, 834, 835 f.
706 AG Eilenburg, FamRZ 2007, 1670 f.

Eine andere Sichtweise, die stark verbreitet ist, gesteht dem außergerichtlichen Mediator keine Übernahme der Kosten durch die Prozesskostenhilfe zu. Dies ist auch daran zu erkennen, dass beispielsweise das OLG Dresden diese Kosten nicht zu den in § 122 Abs. 1 ZPO genannten Kosten rechnet.[707] Fraglich ist, ob der Gesetzgeber sich aktiv gegen eine Kostenübernahme entschieden hat oder ob hier eine Regelungslücke vorliegt. Nachdem der Referentenentwurf des Gesetzes zur Förderung der Mediation und anderer Verfahren der außergerichtlichen Konfliktbeilegung schon damals wegen der fehlenden Mediationskosten-Übernahme-Regelung angegriffen[708] wurde, liegt es auf der Hand, dass hier keine Regelungslücke vorliegt, sondern die Kostenübernahme durch die Prozesskostenhilfe tatsächlich nicht gewollt ist. Eine finanzielle Förderung der Mediation ist vorgesehen nur im Rahmen des § 7 MediationsG, nämlich im Rahmen wissenschaftlicher Vorhaben, und mit § 69b GKG, einer Verordnungsermächtigung, (hier kann die Landesregierung Gerichtskosten unter bestimmten Umständen ermäßigen oder gar entfallen lassen für Parteien, die der Mediation gegenüber offen sind).[709] Eine allumfassende Mediationskostenhilfe[710] ist aber nicht angedacht.

Ein Argument gegen die verfassungsrechtlichen Bedenken ist zudem, dass die außergerichtliche Mediation nur ein „Bonus-Angebot" für den Bürger ist. Es wird ihm durch ein Mediationsverfahren nicht der Weg zum streitigen Verfahren verwehrt. Daher ist eine Ausweitung des Justizgewähranspruchs aus verfassungsrechtlichen Gründen nicht zwingend notwendig.[711] Zudem scheidet eine Übernahme der Kosten auf diesem Ansatz *de lege lata* aus.

Andererseits wäre, *de lege ferenda*, der Ersatz der Kosten des Mediators gerade in Familiensachen sinnvoll. Betrachtet man § 135 FamFG näher, so würde dieser ins Leere laufen, wenn die Parteien zwar nach dem Informationsgespräch von dem Verfahren einer Mediation überzeugt wären, aber aus Geldmangel diese Methode nicht wählen können.[712]

Parallel zu der Aussage eines Rechtsreports aus dem Jahre 2015, dass 67 % der Befragten der Meinung sind, mit einem bekannten und demnach teureren Anwalt mehr Chancen vor Gericht zu haben und damit eine Drei-Klassen-Gesellschaft im

---

707 OLG Dresden, NJW-RR 2007, 81.

708 Öffentliche Anhörung vor dem Rechtsausschuss des Deutschen Bundestages am 25.05.2011 zum Entwurf der Bundesregierung für ein Gesetz zur Förderung der Mediation und anderer Verfahren der außergerichtlichen Konfliktbeilegung (BT-Drucks. 17/5335), <http://webarchiv.bundestag.de/archive/2011/1205/bundestag/ausschuesse17/a06/anhoerungen/archiv/10_Mediation/index.html> (abgerufen am 16.02.2016).

709 *Möbius*, Das Prinzip der Rechtsschutzgleichheit im Recht der Prozesskostenhilfe, 2014, S. 317.

710 *Plassmann*, AnwBl. 2011, 123; *von Seltmann*, NJW-Spezial 2011, 126.

711 *Dürschke/Friedrich*, Sozialrecht aktuell 1/2013, 13 ff.

712 *Spangenberg*, FamRZ 2009, 834, 835.

Streitbeilegungsverfahren sehen, könnte man auch die Mediation als Streitbeilegungsmethode der „Besserverdiener" sehen.[713] Auf dem Ludwigsburger Kongress der Mediationsverbände BM, BMWA und BAFM im Jahre 2012 meinte die Staatssekretärin des Bundesministeriums der Justiz *Birgit Grundmann* sogar, dass es aus ihrer Sicht zwar wünschenswert wäre, eine solche Hilfe anzubieten, um die Verbreitung der Mediation weiter zu fördern, jedoch sei dies bei der aktuellen angespannten Situation der öffentlichen Haushalte und der Notwendigkeit einer Haushaltskonsolidierung nicht möglich.[714] Betrachtet man die aktuelle Situation der Flüchtlingsströme, kann man von keiner Verbesserung der finanziellen Situation des öffentlichen Haushalts ausgehen.

Ob die momentane Verweigerung von Prozess- und Verfahrenskostenhilfe für Mediationsverfahren (egal, ob vom Gericht empfohlen oder nicht) mit dem Gleichbehandlungsgrundsatz in Einklang steht, sollte dringend geklärt werden. Nach derzeitiger Gesetzeslage gibt es keine Grundlage für den Ersatz von Mediationskosten durch die Prozess- und Verfahrenskostenhilfe. Daher sind auch Rechtsanwälte, da sie ihre Mandanten über Kostenrisiken aufklären müssen, vorsichtig, die außergerichtliche Mediation zu empfehlen. Aus Haftungsgründen lautet ihr Rat oftmals deshalb, keine außergerichtliche Mediation zu nutzen.[715]

5. Rechtspolitischer Vorschlag: Gleichstellung der Kosten in beiden Verfahren

Zur Erreichung des Ziels der Förderung der Mediation spricht vieles dafür, das außergerichtliche Mediationsverfahren auch aus Kostengesichtspunkten zu fördern. Die außergerichtliche Mediation sollte im Grundsatz nicht schlechter gestellt werden als das Güterichterverfahren bei Gericht. Das Thema „Kostenübernahme für die Gebühren des Mediators" müsste in Folge dessen mehr Aufmerksamkeit erhalten. Gerade im Familienbereich hat sich das Mediationsverfahren mittlerweile bewährt. Allerdings sind die Kosten einer Scheidung oder Trennung sehr hoch, zum Beispiel wenn das Haus aufgeteilt werden muss. Zudem übernehmen nur wenige Rechtsschutzversicherungen Teile der Scheidungskosten. Die Kosten für den Gang zum außergerichtlichen Mediator, die selbst getragen werden müssen, stellen hier daher eine zusätzliche Hürde dar. Der Gang zu einem Güterichter ist daher even-

---

713   Roland Rechtsreport, Vertrauen in Gesetze und Gericht auf hohem Niveau leicht gesunken im Vergleich zum Vorjahr, 2015, S. 18 <https://www.roland-rechtsschutz. de/media/rechtsschutz/pdf/unternehmen_1/ROLAND_Rechtsreport_2015.pdf> (abgerufen am 07.12.2015).

714   *Grundmann*, Eröffnung des ersten gemeinsamen Mediationskongresses, Rede der Staatssekretärin des Bundesministeriums der Justiz Dr. Birgit Grundmann zur Eröffnung des ersten gemeinsamen Mediationskongresses am 16. November 2012 in Ludwigsburg, 2012, <http://www.mediation-erleben.de/data/_uploaded/image/ Rede_Grundmann_Ludwigsburg.pdf> (abgerufen am 15.01.2016).

715   *Jung/Kill*, Konfliktdynamik 2013, 312, 316.

tuell der vermeintlich günstigere, jedoch nur sofern die Parteien schon eine Klage
bei Gericht eingereicht haben bzw. im Wissen sind, dass einer Scheidung letztlich
ohnehin vom Gericht zugestimmt werden muss. Dass jedoch auch beim außergerichtlichen Mediator eine vorbereitende Scheidungsvereinbarung getroffen werden
kann, die nur noch vom Gericht „abgesegnet" werden muss und sie diese Lösung
weitaus günstiger kommen kann, wird häufig nicht erläutert.

Der besondere Fall, dass nach § 135 S. 1 FamFG ein kostenfreies Informationsgespräch angeordnet werden kann, zeigt einen gewissen Widerspruch in der momentanen Gesetzeslage. Den Parteien wird zwar die Möglichkeit gegeben, sich über
ein Mediationsverfahren zu informieren, jedoch entscheidet letztlich nicht nur der
Wille, ein solches Verfahren durchzuführen, sondern auch die wirtschaftliche Lage
der Mandanten, sollten sie sich für ein außergerichtliches Verfahren entscheiden. Des
Weiteren kann ein nicht entschuldigtes Fernbleiben gemäß § 150 Abs. 4 S. 2 FamFG
für Kosten sorgen. Das Gleiche gilt für Kindschaftssachen gemäß § 156 Abs. 1 S. 3
FamFG. Daher wäre eine Mediationskostenhilfe gerade im Familienrecht sinnvoll.
Zumindest ist es empfehlenswert, die Anordnung gut zu überdenken und den wirtschaftlichen Verhältnissen anzupassen, sodass sie keine bloße „Gängelei"[716] darstellt.
Die Ungleichbehandlung von wirtschaftlich stärkeren und schwächeren Parteien
wäre nicht mit dem Grundsatz der Angleichung von Bemittelten und Unbemittelten
und damit dem Rechtsschutz dieser Personen vereinbar.[717] Vergleicht man die Kosten
eines Gerichtsverfahrens in Sorge- und Umgangsrechtkonflikten mit denen einer
außergerichtlichen Mediation, wie es eine Pilotstudie aus dem Jahre 2009 gemacht
hat, ist festzustellen, dass die Kosten der Mediation geringer sind als die Gerichtskosten (800–1.200 EUR im Gegensatz zu 3.370 EUR).[718] Berücksichtigt man nun die
Kostenhilfe bei Gericht, minimieren sich die Kosten eines Gerichtsverfahrens pro
Partei. Jedoch müssen die Kosten trotzdem aufgewendet werden. Diese bleiben dann
„versteckt" zurück und werden häufig nicht von den Parteien, sondern von den
Rechtsschutzversicherungen übernommen. Diese Kosten zahlt also wiederum der
Steuerzahler (die Gemeinschaft der Versicherten) indirekt.

Anzuraten wäre ein der Schweizer Zivilprozessordnung ähnliches Gesetz (vgl.
Art. 213 ZPO-CH), wonach sich die Parteien die Kosten einer Mediation normalerweise teilen, außer in kindesrechtlichen Angelegenheiten, sofern die erforderlichen finanziellen Mittel fehlen oder das Gericht die Durchführung einer Mediation
empfiehlt. Ebenso sind die einzelnen Kantone berechtigt, weitere Kostenvorteile
anzubieten. Wenn man dieses Gesetz in Deutschland beispielsweise auf das gesamte Familien- und Kindschaftsrecht anwenden könnte, wäre dies schon ein großer

---

716 *Möbius*, Das Prinzip der Rechtsschutzgleichheit im Recht der Prozesskostenhilfe,
     2014, S. 319.

717 *Spangenberg*, FamRZ 2009, 834 f.; *Möbius*, Das Prinzip der Rechtsschutzgleichheit
     im Recht der Prozesskostenhilfe, 2014, S. 320.

718 *Greger*, Mediation und Gerichtsverfahren in Sorge- und Umgangsrechtskonflikten,
     2010, S. 110 ff., <http://www.reinhard-greger.de/dateien/ikv3.pdf> (abgerufen am
     23.02.2016).

Erfolg für die Förderung der Mediation. Noch besser wäre es, beide Verfahren, die außergerichtliche Mediation sowie das Güterichterverfahren, aus Kostengesichtspunkten gleichzustellen, um jedem individuellen Fall die bestmögliche Konfliktlösungsmethode zugänglich zu machen.

Einigkeit besteht darin, dass nach Nr. 1003 VV-RVG für die anwaltliche Vergleichsgebühr Prozesskostenhilfe bewilligt werden muss. Daher wäre es nur gerecht, auch für den Mediator die Kostenhilfe parallel zu der Übernahme der Kosten der Parteibegleitung zu gestatten. Im Ergebnis empfiehlt sich eine Aufnahme einer Schlichtungs- oder Konfliktbeilegungsmöglichkeit in § 118 ZPO und im gleichen Zuge eine Reform von § 15 EGZPO.[719] Damit könnten Anreize für die konsensuale, außergerichtliche Konfliktlösung geschaffen werden.

Wie ein Konzept für die Einführung einer Kostenhilfe für die außergerichtliche Streitbeilegung aussehen könnte, hat die Bundes-Arbeitsgemeinschaft für Familien-Mediation (BAFM) bereits im Jahre 2006 in einem Entwurf vorgestellt.[720] Dieser Entwurf könnte mit geringen Anpassungen aufgrund des später eingeführten Gesetzes zur Förderung der Mediation und anderer Verfahren der außergerichtlichen Konfliktbeilegung eine große Hilfe dabei sein, die Kostenhilfe für außergerichtliche Mediation auszugestalten.

Ein weiterer Gedanke ist die Senkung von Gerichtskosten, sofern die außergerichtliche Konfliktbeilegung erfolgreich gewesen ist. Dies würde einen bestmöglichen Anreiz für die Parteien darstellen, das Mediationsverfahren oder andere außergerichtliche Konfliktbeilegungsverfahren zu wählen. Zudem würde dies zu einer Entlastung der Justiz führen, da davon auszugehen ist, dass ein Großteil der außergerichtlichen Konfliktlösungsverfahren erfolgreich ist.[721] Jedoch sollte hier auf die richtige Ausgestaltung einer solchen Regelung geachtet werden, da sonst damit auch Missbrauch getrieben werden kann, indem Parteien nur die Kostenvergünstigung sehen und demnach eine falsche Motivation für das Verfahren erweckt werden würde.[722]

Die schlichtweg einfachere und gerechtere Lösung ist sicherlich die Variante der Mediationskostenhilfe. So gibt es keine Ungleichheiten in Bezug auf die Möglichkeit der Inanspruchnahme der außergerichtlichen Mediation. Das Güterichterverfahren und die außergerichtliche Mediation würden im Wege dieser Lösung gleichwertig, parallel nebeneinander existieren. Auch der Gefahr, dass gerade kleinere und mittlere Streitwerte direkt als Klage erhoben werden, um Mediationskosten zu sparen, könnte so gemindert werden.

---

719   So auch *Möbius*, Das Prinzip der Rechtsschutzgleichheit im Recht der Prozesskostenhilfe, 2014, S. 320 f.

720   *Bundes-Arbeitsgemeinschaft für Familien-Mediation*, Mediationskostenhilfe, 2006, abrufbar unter <bafm-mediation.de/wichtige-texte>.

721   *Plassmann*, AnwBl. 2011, 123 f.

722   *Möbius*, Das Prinzip der Rechtsschutzgleichheit im Recht der Prozesskostenhilfe, 2014, S. 320 f.

Nicht zu vergessen ist auch der Aspekt der bislang individuellen Honorarge-staltung außergerichtlicher Mediatoren. Gerade aufgrund der hohen Anzahl von Mediatoren[723] wäre es empfehlenswert, eine Honorarordnung einzuführen, um den Konkurrenzdruck zwischen den außergerichtlichen Mediatoren zu minimieren und die Mediatorentätigkeit als einen vollwertigen, eigenständigen und zukunftsträch-tigen Beruf zu etablieren. Es sollte in Zukunft eine Harmonie zwischen Mediati-onsausbildungen und nachgefragten Mediatoren, d.h. anfallenden Fällen (Angebot und Nachfrage) herrschen.[724]

VI. Vergleich der Qualität von Güterichterverfahren und außergerichtlichem Mediationsverfahren

Ein Ziel des Güterichterverfahrens (ebenso wie der außergerichtlichen Mediation) ist die Entlastung der Justiz. Aufgrund der begrenzten Dauer einer Güterichterver-handlung (das AG Salzgitter geht beispielsweise von ein bis drei Stunden aus[725]) stellt sich jedoch die Frage, wie qualitativ hochwertig ein Güterichterverfahren sein kann. Bei einem Mediationsverfahren wird von Tagen oder Monaten gesprochen.[726] Erfahrungsgemäß dauern außergerichtliche Mediationen zwischen drei und sieben Sitzungen à eineinhalb Stunden. Der Durchschnittswert läge also bei Weitem über drei Stunden.

Das zeitintensive Element der Mediation ist vor allem die intensive Betrachtung von Interessen, Gefühlen und Bedürfnissen, die in einem Gerichtsverfahren, wenn überhaupt, nur am Rande eine Rolle spielen. Kürzt man die Zeit, so verkürzen sich Phase 3 und 4 einer Mediation (s.o. S. 91 f.). Das bedeutet, dass die Parteien in einer kurzen Güterichterverhandlung nicht ausgiebig von ihren Gefühlen oder ihren Bedürfnissen erzählen können, oder es können keine weitere Streitthemen, außer dem primären Thema, behandelt werden. Sie werden zielgerichtet auf die Lösungs-phase zugesteuert. Während der Richter meist nur ein geringes Zeitbudget für die Güterichterverhandlungen ansetzt, kommt einem außergerichtlichen Mediator eine längere Verfahrensdauer entgegen, da er meist per Stundensatz bezahlt wird. Hier besteht wiederum die Gefahr, dass der Mediator das Verfahren unnötig verlängert.

---

723 Eine genaue Statistik fehlt. Die Zahlen reichen von 15.000 (*Jung/Kill*, Konflikt-dynamik 2013, 312) bis hin zu 50.000 Mediatoren (Frankfurter Rundschau vom 03.04.2013, http://www.bmev.de/fileadmin/downloads/presse/fr-online_RV_Me-diation_statt_Prozess_20130403_.pdf> (abgerufen am 08.02.2016).

724 *Jung/Kill*, Konfliktdynamik 2013, 312, 317.

725 Amtsgericht Salzgitter, Güterichterverhandlung im Gerichtsverfahren, <http://www.amtsgericht-salzgitter.niedersachsen.de/portal/live.php?navigation_id=17292&article_id=65840&_psmand=106> (abgerufen am 28.03.2016).

726 IHK Niederrhein, Merkblatt Außergerichtliche Streitbeilegung, <http://www.ihk-niederrhein.de/downloads/ihk/Merkblatt_Aussergerichtliche_Streitbeilegung.pdf> (abgerufen am 28.03.2016).

Eine Nachhaltigkeit der Konfliktlösung, ähnlich wie bei einem außergerichtlichen Mediationsverfahren, wird man aufgrund der Kürze der Zeit bei einem Güterichterverfahren häufig infrage stellen können. Im Rahmen einer Begleitforschung wurde festgestellt, dass ein nachhaltiges Win-win-Ergebnis eher in einer außergerichtlichen Mediation zu erzielen ist.[727]

Was also macht eine gute Qualität einer Mediation aus und wie wird ihr „Erfolg" definiert?

In der Literatur ist die Rede von Erfolgsquoten. Diese liegt bei einer Mediation bei bis zu 80 %.[728] Beim Güterichterverfahren liegt diese Quote im Jahr 2014 bei rund 46,3 %[729], ein Verlust gegenüber dem Vorjahr von rund 24 %.[730] Gründe für diesen Rückgang sind bisher nicht bekannt. Allerdings kann die (höhere) Erfolgsquote der Mediation nicht in gleicher Weise sicher verifiziert werden wie die des Güterichterverfahrens, da es keine wissenschaftliche Umfrage unter allen Mediatoren gibt. Daher kann die Frage, ob eine Güterichterverhandlung oder eine Mediation mehr Erfolg versprechen, in statistischer Hinsicht nicht eindeutig beantwortet werden.

Ursachen könnten zum einen die zeitlichen Unterschiede sein, die im Güterichterverfahren möglicherweise Druck erzeugen, zum anderen könnten es aber auch Ursachen sein, die in der Eskalationsstufe des Falles liegen. Ein Güterichterverfahren kann erst angestrebt werden, wenn durch die Parteien schon Klage erhoben wurde. Das bedeutet, dass zu Beginn des Güterichterverfahrens eine gewisse Stufe an Eskalation bereits erreicht ist. In die Mediation können dagegen auch Parteien ohne vorherige Klageerhebung kommen, die sich also eventuell noch in einem viel früheren Konfliktstadium befinden und daher noch kooperativer verhandeln.

Die Frage, was Erfolg ist, kann jedoch nicht lediglich mit Quoten beantwortet werden. Erfolg kann auch schon angenommen werden, wenn die Parteien gemeinsam an einen „Tisch" kommen, um miteinander zu kommunizieren. Gerade bei Fällen, bei denen die Personen schon Jahre lang nicht mehr kommuniziert haben, ist auch diese Tatsache schon ein großer Erfolg. Jede Partei und jeder Mediator bzw. Güterichter wird „Erfolg" anders definieren. Daher wird hier nicht die Frage nach dem Erfolg gestellt, sondern diejenige nach der Qualität eines Güterichterverfahrens im Vergleich mit derjenigen einer außergerichtlichen Mediation. Untersucht wird dafür die Ausbildung der jeweiligen „Verfahrenslenker", denn diese entscheidet maßgeblich über die Qualität der beiden Methoden.

---

727 *Zenk*, Gerichtsnahe Mediation in Niedersachsen, 2007, S. 116, 165 ff.

728 *Insam/Lichtenauer u.a.*, Best Practice Konflikt(kosten)-Management, Unternehmerschaft Düsseldorf, 2012.

729 Statistisches Bundesamt, Fachserie 10 Reihe 2.1, 2014, <http://www.gueterichter-forum.de/wp-content/uploads/2015/12/Statistik-2014.pdf> (abgerufen am 10.01.2016).

730 Statistisches Bundesamt, Gerichtsmediation*/Güterichterverfahren 2013, 2013, <http://www.gueterichter.de/wp-content/uploads/2015/03/Bundesstatistik_2013. pdf> (abgerufen am 10.01.2016).

1. Die Ausbildung der Güterichter und der außergerichtlichen Mediatoren im Vergleich

Die Ausbildung der Güterichter unterscheidet sich wesentlich von derjenigen der außergerichtlichen Mediatoren.

Nicht nur bei einem außergerichtlichen Mediator dürfen die Parteien erwarten, einen gut ausgebildeten „Vermittler" zu finden, sondern auch bei einem Güterichter. Auch dieser sollte sowohl die Theorie der verschiedenen Konfliktbeilegungsmethoden ausreichend studiert haben, wie auch genügend Erfahrung aufweisen, um die Parteien bei ihrem Fall mit den passenden Methoden der Konfliktbeilegung zu unterstützen. Ebenfalls ist eine sachkundige, ständige Fort- und Weiterbildung von ihm zu erwarten. Die Ausbildung des Güterichters muss über die reinen Mediationskenntnisse hinausgehen. Er muss über weitere Konfliktbeilegungsverfahren wie Moderation, Schlichtung oder andere hybride Formen Bescheid wissen und diese anwenden können. Auch die Kurzzeit-Mediation und die Supervision gehören zum notwendigen Repertoire des Güterichters.[731]

a) Mediatorenausbildung

Die Aus- und Fortbildung des Mediators ist in § 5 MediationsG geregelt, ebenso wie die Zertifizierung des Mediators. Demnach muss ein Mediator in eigener Verantwortung sicherstellen, dass er über eine geeignete Ausbildung und eine regelmäßige Fortbildung, theoretische Kenntnisse sowie praktische Erfahrungen verfügt, um die Parteien in sachkundiger Weise durch die Mediation zu begleiten. Durch Co-Mediationen und Hospitationen sollen praktische Erfahrungen gesammelt werden.[732] Die Ausbildung soll nach § 5 Abs. 1 S. 2 MediationsG Kenntnisse über Grundlagen der Mediation sowie deren Ablauf und Rahmenbedingungen, Verhandlungs- und Kommunikationstechniken, Konfliktkompetenz, Kenntnisse über das Recht der Mediation sowie über die Rolle des Rechts in der Mediation sowie praktische Übungen, Rollenspiele und Supervision beinhalten. Ein Mediator darf sich dann als zertifizierter Mediator bezeichnen, wenn er über eine Ausbildung gemäß § 5 MediationsG verfügt und die Anforderungen gemäß § 6 MediationsG erfüllt. Ebenso hat er sich fortzubilden. In § 6 MediationsG wird das Bundesministerium der Justiz ermächtigt, durch Rechtsverordnung nähere Bestimmungen über die Ausbildung zu erlassen.

In der Rechtsverordnung können nach § 6 MediationsG insbesondere festgelegt werden:

1. nähere Bestimmungen über die Inhalte der Ausbildung, wobei eine Ausbildung zum zertifizierten Mediator die in § 5 Absatz 1 Satz 2 aufgeführten Ausbildungsinhalte zu vermitteln hat, und über die erforderliche Praxiserfahrung;
2. nähere Bestimmungen über die Inhalte der Fortbildung;

---

731 *Krabbe/Fritz*, NVwZ 2013, 29 ff.
732 *Ropeter* in: Hinrichs, Praxishandbuch Mediationsgesetz, 2014, S. 334.

3. Mindeststundenzahl für die Aus- und Fortbildung;
4. Zeitliche Abstände, in denen eine Fortbildung zu erfolgen hat;
5. Anforderungen an die in Aus- und Fortbildungseinrichtungen eingesetzten Lehrkräfte;
6. Bestimmungen darüber, dass und in welcher Weise eine Aus- und Fortbildungseinrichtung die Teilnahme an einer Aus- und Fortbildungsveranstaltung zu zertifizieren hat;
7. Regelungen über den Abschluss der Ausbildung;
8. Übergangsbestimmungen für Personen, die bereits vor Inkrafttreten dieses Gesetzes als Mediatoren tätig sind.

Betrachtet man zwei der größten deutschen Mediationsverbände, den BM e.V. (Bundesverband Mediation) und den BMWA (Bundesverband Mediation in Wirtschaft und Arbeitswelt), so wird deutlich, dass die Vereine für eine Mitgliedschaft mindestens 200 Stunden Mediationsausbildung vorweisen müssen. Das sind 80 Stunden mehr, als es momentan der Verordnungsentwurf des Bundesministeriums der Justiz und für Verbraucherschutz von Januar 2014 vorschreibt.[733] Des Weiteren werden vier dokumentierte und teilweise inter- oder supervidierte Fälle verlangt, die keine Rollenspiele sein dürfen. Auch eine gewisse Stundenanzahl an Super- und Intervision ist nachzuweisen.[734] Diese Anforderungen dienen einem hohen Qualitätsstandard, der beispielsweise zur Führung des Titels „Mediator BM®" oder „Mediator BMWA®" berechtigt.

Die zahlreichen Ausbildungsangebote in Deutschland schließen alle mit dem Titel „Mediator" ab, bzw. im Masterstudium mit dem Titel „Master of Mediation". Bei der Wahl der Ausbildung muss primär darauf geachtet werden, welche Ausbildung für wen geeignet ist, und nicht nur auf Kostenaspekte.

b) Güterichterausbildung

Für Güterichter gibt es keine dem Gesetz zur Förderung der Mediation und anderer Verfahren der außergerichtlichen Konfliktbeilegung identischen Vorschriften, jedoch sollten zeitnah nach Einführung des Gesetzes Güterichter über eine erforderliche Qualifikation verfügen. Sie benötigen allerdings keine Zertifizierung nach §§ 5 Abs. 2, 6 MediationsG.[735] Daher ist davon auszugehen, dass man sich an der bisherigen Ausbildung der gerichtsinternen Mediatoren (Pilotprojekte)

---

733   Verordnungsentwurf des Bunderministeriums der Justiz und für Verbraucherschutz von Januar 2014 http://www.bmjv.de/SharedDocs/Archiv/Downloads/Verordnungsentwurf_ueber_die_Aus_und_Fortbildung_von_zertifizierten_Mediatoren1.pdf?__blob=publicationFile&v=3 (abgerufen am 24.03.2016).
734   Bundesverband Mediation e.V., Checkliste für den Antrag auf Anerkennung als Mediator BM / Mediatorin BM, <http://www.bmev.de/fileadmin/downloads/anerkennung/bm_mediator_bm_checkliste.pdf>; <http://www.bmwa-deutschland.de/uploads/28d1f432cdcbf4954e7116b99c14d24f.pdf> (abgerufen am 02.01.2016).
735   *Schreiber*, BJ 2012, 337; *Röthemeyer*, ZKM 2012, 116 ff.

orientieren[736] und die Ausbildungsinhalte bezüglich der Mediation an denen des Gesetzes zur Förderung der Mediation und anderer Verfahren der außergerichtlichen Konfliktbeilegung anlehnen kann.

Zu unterscheiden sind neu ernannte Güterichter von solchen, die schon als gerichtsinterne Mediatoren gearbeitet haben. Bei Letzteren soll laut Prof. Dr. Fritz und Herrn Krabbe, die im Bereich Mediation und Güterichterverfahren Spezialisten sind, eine zweitägige Fortbildung mit insgesamt 16 Stunden ausreichend sein, während bei neu ernannten Güterichtern eine Ausbildungsdauer von 60 Stunden (drei Drei-Tages-Seminare) als sinnvoll erachtet wird. Zudem sollen Peergroup-Erfahrungen und Eigenstudium mit einem Umfang von 20 Stunden hinzukommen.[737] *Greger* empfiehlt sogar eine sechstägige Ausbildung in zwei bis drei Blöcken und eine zweitägige Nachschulung der Güterichter nach ein bis zwei Praxisjahren.

Insbesondere empfiehlt *Gregers*[738] folgende Themen in der Ausbildung zu behandeln:

* Prinzipien der Mediation
* Rollenverständnis (Allparteilichkeit, Neutralität, Empathie und professionelle Distanz, Rechtswahrung)
* Struktur des Mediationsverfahrens
* Visualisierung
* Kernkompetenzen: Umformulieren von Positionen in neutrale Themen, aktives Zuhören (paraphrasieren, verbalisieren), Fragetechnik, Klärung und ggf. Bereinigung der Beziehungsebene, Interessenklärung, Kreativität bei der Lösungssuche, Reframing, integratives Verhandeln
* Einzelgespräche
* Umgang mit schwierigen Situationen (Interventionstechniken)
* das Verfahren der Fallzuweisung
* Vorbereitung und äußerer Rahmen der Verhandlung
* Sicherung der Vertraulichkeit
* Flexibilität der Methodenwahl
* Besonderheiten bei Familiensachen
* Verknüpfung mit außergerichtlicher Mediation
* Abschlussvereinbarung, Prozessbeendigung
* Streitwert- und Kostenfragen
* Entstehung und Entwicklung von Konflikten
* Konfliktanalyse
* menschliches Konfliktverhalten

736 *Fritz*, BDVR-Rundschreiben 2013, 6.
737 *Krabbe/Fritz*, NVwZ 2013, 29, 31.
738 *Greger*, Empfehlungen zur Organisation des Güterichterverfahrens und zur Aus- und Fortbildung der Güterichter, <http://www.gueterichter-forum.de/gueterichter-konzept/praktische-umsetzung/bayern-empfehlungen-der-ag/> (abgerufen am 01.12.2015).

- Formen des Verhandelns (kompetitiv, distributiv, kooperativ)
- Subjektivität der Wahrnehmung
- Vorgang und Störungen der Kommunikation

2. Ausblick: zertifizierter Mediator

Der Verordnungsentwurf des Bundesministeriums der Justiz und für Verbraucherschutz von Januar 2014 hat sich zum Ziel gesetzt, im Sinne des § 6 MediationsG gewisse Mindeststandards für die Ausbildung von zertifizierten Mediatoren festzusetzen, sodass später der Begriff „zertifizierter Mediator" definiert ist. Die Verordnung regelt die Aus- und Fortbildung von zertifizierten Mediatoren sowie die Anforderungen an die Einrichtungen zur Aus- und Fortbildung.

Neben einem berufsqualifizierenden Abschluss einer Berufsausbildung oder eines Hochschulstudiums und mindestens zweijähriger Berufspraxis muss der Mediator eine Ausbildung von mindestens 120 Zeitstunden vorweisen können.

Folgende Ausbildungsinhalte werden gefordert (Abb. 18):

Abb. 18: Inhalte der Ausbildung zum zertifizierten Mediator nach dem Entwurf einer Verordnung über die Aus- und Fortbildung von zertifizierten Mediatoren [Zertifizierte-Mediatoren-Ausbildungs-Verordnung – ZMediatAusbV] vom 31.03.2014 auf der Grundlage der Ermächtigung nach § 6 MediationsG[739]

Nummer	Ausbildungsinhalt	Stundenzahl (Zeitstunden)
I	II	III
1.	**Einführung und Grundlagen der Mediation**	18 Stunden
	a) Grundlagen der Mediation aa) Überblick über Prinzipien, Verfahrensablauf und Phasen der Mediation bb) Überblick über Kommunikations- und Arbeitstechniken in der Mediation	
	b) Abgrenzung der Mediation zum streitigen Verfahren und zu anderen alternativen Konfliktbeilegungsverfahren	
	c) Überblick über die Anwendungsfelder der Mediation	
2.	**Ablauf und Rahmenbedingungen der Mediation**	30 Stunden
	a) Einzelheiten zu den Phasen der Mediation aa) Mediationsvertrag bb) Stoffsammlung cc) Interessenerforschung dd) Sammlung und Bewertung von Optionen ee) Abschlussvereinbarung	

---

739 Quelle: Bundesministeriums der Justiz und für Verbraucherschutz.

Nummer	Ausbildungsinhalt	Stundenzahl (Zeitstunden)
I	II	III
	b) Besonderheiten unterschiedlicher Settings in der Mediation aa) Einzelgespräche bb) Co-/Teammediation, Mehrparteienmediation, Shuttle-Mediation cc) Einbeziehung Dritter	
	c) Weitere Rahmenbedingungen aa) Vor- und Nachbereitung von Mediationsverfahren bb) Dokumentation/Protokollführung	
3.	**Verhandlungstechniken und -kompetenz** a) Grundlagen der Verhandlungsanalyse b) Verhandlungsführung und Verhandlungsmanagement: intuitives Verhandeln, Verhandlung nach dem Harvard-Konzept/integrative Verhandlungstechniken, distributive Verhandlungstechniken	12 Stunden
4.	**Gesprächsführung, Kommunikationstechniken** a) Grundlagen der Kommunikation b) Kommunikationstechniken (z. B. aktives Zuhören, Paraphrasieren, Fragetechniken, Verbalisieren, Reframing, verbale und nonverbale Kommunikation) c) Techniken zur Entwicklung und Bewertung von Lösungen (z. B. Brainstorming, Mindmapping, sonstige Kreativitätstechniken, Risikoanalyse) d) Visualisierungs- und Moderationstechniken e) Umgang mit schwierigen Situationen (z. B. Blockaden, Widerstände, Eskalationen, Machtungleichgewichte)	18 Stunden

Nummer	Ausbildungsinhalt	Stundenzahl (Zeitstunden)
I	II	III
5.	**Konfliktkompetenz** a) Konflikttheorie (Konfliktfaktoren, Konfliktdynamik und Konfliktanalyse; Eskalationsstufen; Konflikttypen) b) Erkennen von Konfliktdynamiken c) Interventionstechniken	12 Stunden
6.	**Recht der Mediation** a) Rechtliche Rahmenbedingungen: Mediatorvertrag, Berufsrecht, Verschwiegenheit, Vergütungsfragen, Haftung und Versicherung b) Einbettung in das Recht des jeweiligen Grundberufs c) Grundzüge des Rechtsdienstleistungsgesetzes	6 Stunden
7.	**Recht in der Mediation** a) Rolle des Rechts in der Mediation b) Abgrenzung von zulässiger rechtlicher Information und unzulässiger Rechtsberatung in der Mediation durch den Mediator c) Rolle des Mediators in Abgrenzung zu den Aufgaben des Parteianwalts d) Sensibilisierung für das Erkennen von rechtlich relevanten Sachverhalten bzw. von Situationen, in denen den Medianden die Inanspruchnahme externer rechtlicher Beratung zu empfehlen ist, um eine informierte Entscheidung zu treffen e) Mitwirkung externer Berater in der Mediation f) Rechtliche Besonderheiten der Mitwirkung des Mediators bei der Abschlussvereinbarung g) Rechtliche Bedeutung und Durchsetzbarkeit der Abschlussvereinbarung unter Berücksichtigung der Vollstreckbarkeit	12 Stunden

Nummer	Ausbildungsinhalt	Stundenzahl (Zeitstunden)
I	II	III
8.	**Persönliche Kompetenz, Haltung und Rollenverständnis**	12 Stunden
	a) Rollendefinition, Rollenkonflikte	
	b) Aufgabe und Selbstverständnis des Mediators (insbesondere Wertschätzung, Respekt und innere Haltung)	
	c) Allparteilichkeit, Neutralität und professionelle Distanz zu den Medianden und zum Konflikt	
	d) Macht und Fairness in der Mediation	
	e) Umgang mit eigenen Gefühlen	
	f) Selbstreflexion (z. B. Bewusstheit über die eigenen Grenzen aufgrund der beruflichen Prägung und Sozialisation)	
Gesamt:		120 Stunden

Die Fortbildungsanforderung an einen zertifizierten Mediator betragen 20 Zeitstunden innerhalb von zwei Jahren. Auf diese Weise soll eine Vertiefung und Aktualisierung des allgemeinen Wissens vermittelt werden und die Mediatoren können sich in Spezialgebieten vertieft ausbilden lassen, wie beispielsweise in der Familien- oder Wirtschaftsmediation. Es ist darauf zu achten, dass sich die Fortbildungsmaßnahmen nicht auf den Quellberuf des Mediators beziehen. Auch an die Aus- und Fortbildungseinrichtungen sind in § 7 des Verordnungsentwurfs detailliert Anforderungen gestellt.

Des Weiteren wird kontinuierlich ein praktischer Erfahrungsnachweis verlangt. Es muss innerhalb von zwei Jahren die Teilnahme an mindestens vier Mediationsverfahren nachgewiesen werden können, entweder als Mediator oder als Co-Mediator. Intervision, Supervision und Co-Vision sind ebenfalls angedacht. Am Schluss des Verordnungsentwurfs sind Vorschriften zur Anerkennung ausländischer Mediationsausbildungen und Übergangsbestimmungen enthalten. Auch ein Mediator, der vor dem 26. Juli 2012 eine Mediationsausbildung von mindestens 90 Zeitstunden absolviert hat und anschließend als Mediator oder Co-Mediator durch mindestens vier Mediationen geführt hat, darf sich „zertifizierter Mediator" nennen.

In Bezug auf die Kostenbelastung rechnet das Bundesministerium mit Bürokratiekosten von circa 730.000 EUR jährlich aufgrund des Erfüllungsaufwands und circa 2.000 EUR einmaligen Umstellungskosten.[740]

Bis zum Inkrafttreten der Rechtsverordnung nach § 6 MediationsG ist es im Geschäftsgebrauch der Mediatoren unzulässig, die Bezeichnung „zertifizierter Mediator" zu nutzen. Dies gilt auch dann, wenn formell bereits alle Voraussetzungen des Verordnungsentwurfs erfüllt werden. Es stehen zwar keine direkten Sanktionen im Gesetz, jedoch sollte insbesondere aus wettbewerbsrechtlicher Sicht auf diesen irreführenden Zusatz verzichtet werden.[741]

3. Reformvorschläge

a) Europäische Mindestvorgaben zur Ausbildung von Mediatoren

Die Europäische Mediations-Richtlinie fördert die Mediation innerhalb Europas, indem sie gewisse Grundvoraussetzungen vorgibt. Leider enthält die Richtlinie keine Mindeststandards zur Ausbildung von Mediatoren in Europa, die ein Mindestmaß an Qualität in der Mediation garantieren würden.[742] Gerade in Wirtschaftsmediationen, die oftmals grenzüberschreitend durchgeführt werden, wären diese Mindeststandards der Qualität hilfreich, um sich diesbezüglich Absprachen zwischen Unternehmern verschiedener Länder zu ersparen. Auch für Mediatoren, die gern grenzüberschreitend arbeiten möchten, erschwert sich die Lage mit der momentanen Gesetzeslage. Einige Mitgliedstaaten haben sehr enge Maßstäbe angesetzt und die Anforderungen der Mediations-Richtlinie sogar weit übertroffen, einige halten sich an die Mindestangaben. Wünschenswert wäre daher einheitlicher, zwingend zu beachtender Europäischer Kodex.

b) Ausbildung von Mediatoren in Deutschland

Die rechtlichen Grundkenntnisse sind laut Ausbildungsinhaltsübersicht aus dem Entwurf einer Verordnung über die Aus- und Fortbildung von zertifizierten Mediatoren (Zertifizierte-Mediatoren-Ausbildungs-Verordnung – ZmediatAusbV) vom 31.03.2014 ausreichend, um eine Mediation nach der Ausbildung rechtmäßig abhalten zu können (s.o. S. 227 f.). Erweiterungsbedarf gibt es aber im Bereich Psychologie. Die meisten Mediatoren sind keine ausgebildeten Psychologen, sondern

---

740 Bundesministeriums der Justiz und für Verbraucherschutz, Entwrf einer Verordnung über die Aus- und Fortbildung von zertifizierten Mediatoren (Zertifizierte-Mediatoren-Ausbildungs-Verordnung – ZMediatAusbV), 2014, <http://blog. mediation.de/wp-content/uploads/2014/02/Verordnungsentwurf_ueber_die_Aus _und_Fortbildung_von_zertifizierten_Mediatoren.pdf> (abgerufen am 29.01.2016).

741 *Klowait*, ZKM 2015, 194 ff.

742 So auch *Scheuer*, Regelungen zur Mediation in Österreich nach Umsetzung der Mediations-Richtlinie, in: Fucik/Konecny/Oberhammer, Zivilverfahrensrecht, Jahrbuch 2011, S. 197, 213.

kommen aus juristischen oder sozialen Berufen. Doch gerade wenn es um die emotionale Seite eines Konflikts geht, ist es unabdingbar, sich auch mit der Psychologie des Menschen zu beschäftigen. Die psychologische Seite der Ausbildung sollte demnach erweitert werden. Auch sachliche Konflikte haben meist eine persönliche Konfliktseite, die sich erst im Laufe des Mediationsprozesses zeigt. Sofern Emotionen ausbrechen, muss der Mediator schnell reagieren können, um die Parteien gegebenenfalls aufzufangen. Gerade an dieser Stelle des Prozesses zeigt sich, wer ein „guter" Mediator ist. Zu seinen Aufgaben gehört es, einerseits die Parteien angemessen emotional zu begleiten und aufzufangen, andererseits aber allparteilich zu bleiben und das Verfahren nach einem roten Faden zu strukturieren und nicht in die Rolle des Therapeuten zu gehen. Diese Grenze muss klar in den Ausbildungen deutlich gemacht werden und es ist empfehlenswert verschiedene Situationen in Rollenspielen zu durchlaufen. Nur so kann der Mediator nach seiner Ausbildung auch angemessen reagieren. Die konkrete Empfehlung wären zwei bis drei Tagesseminare, die sich ausschließlich um das Thema Psychologie in der Mediation drehen und von einem studierten, erfahrenen Psychologen und Mediator abgehalten werden. Gerade im familiären Bereich haben Mediatoren oftmals eine große Verantwortung zu tragen, insbesondere bei Fällen, in denen Kinder involviert sind. Die psychologischen Folgen einer Mediation dürfen nicht unterschätzt werden.

Eine Angleichung der Ausbildungen von außergerichtlichen Mediatoren und Güterichtern ist wünschenswert. Die große Differenz zwischen einer Güterichterausbildung für schon amtierende Richter mit 16 Stunden ist im Umfang nahezu um das Zehnfache geringer als eine Mediationsausbildung für außergerichtliche Mediatoren und nahezu das 100-Fache weniger als der Umfang einer Master-Ausbildung an einer Universität[743]. Richter sind juristisch sowie in ihrer verhandlungsspezifischen Grundhaltung schon sehr gut ausgebildet, es fehlen jedoch (ebenso wie dem angehenden außergerichtlichen Mediator) vor allem psychologische Grundkenntnisse, Methoden in der Mediation, das Rollen- und Haltungsverständnis eines Mediators sowie vor allem praktische Erfahrung. Dieses Element der praktischen Erfahrung kann den Richtern nicht in 16 Stunden mitsamt dem kompletten Mediationsverfahren, den Grundsätzen und den übrigen Verfahrenselementen beigebracht werden. Da das Verfahren der Mediation wesentlich von der Erfahrung und dem „Tun" lebt, muss speziell auf eine reichliche Übung der Auszubildenden Wert gelegt werden. Hier ist ein Mindestmaß an drei Rollenspielen anzusetzen, um im Ansatz das Verfahren auch praktisch zu „verstehen".

Eine Angleichung der Ausbildungen ist anzuregen, allein aus Fairnessgründen und mit Blick auf das Vertrauen in der Bevölkerung, sich darauf verlassen zu können, sowohl außergerichtlich als auch gerichtsintern eine qualitativ hochwertige Mediation mit erfahrenen Spezialisten zu bekommen.

---

743   Siehe hierzu <https://www.fernuni-hagen.de/ls_schlieffen/mediation/master_cur. shtml> (abgerufen am 12.02.2016).

Zu empfehlen ist ebenfalls das „Reißverschlusssystem"[744] der Europa Universität Viadrina: Durch den Einsatz von mindestens zwei Ausbildern bzw. Dozenten pro Seminar möchte die Universität zum einen verschiedene Mediationsstile lehren und zum anderen durch den Verbleib eines Dozenten sicherstellen, dass der Transfer zum nächsten Seminar oder zum nächsten Themenfeld gesichert ist und keine Lücken entstehen. Dieser Ausbildungsansatz hat gerade hinsichtlich der Vielfältigkeit und des Methodenreichtums der Mediationslehre einen großen Vorteil: Jeder Auszubildende hat die Möglichkeit, sich aus einem großen Fachwissen und vielzähliger Methodentools und Stile das zu wählen, was seiner Art von Persönlichkeit, seinen Werten und und seinem Vermittlungsstil entspricht.

Eine Gefahr dieser Lehrart liegt allerdings darin, dass die Auszubildenden aufgrund der Vielzahl von Möglichkeiten und Alternativen der Mediationsumsetzung den Blick fürs Wesentliche verlieren und verwirrt werden. Hier muss darauf geachtet werden, dass die Auszubildenden den roten Faden nicht aus den Augen verlieren und erst ab einem gewissen Zeitpunkt (nach der kompletten Lehre der Mediationsgrundsätze und der verbreiteten Umsetzung) mit der Lehre der Methodenvielfalt begonnen wird. Des Weiteren muss in der Ausbildung der Dozent oder der Ausbilder stets empathisch auf seine Schüler eingehen und versuchen, zu spüren, wann das Maß an Vielfalt genug ist, die Schüler aber trotzdem genug Variabilität gelernt haben. Je nach Gruppe wird dieser Zeitpunkt ein anderer sein. Dies hängt sehr von den Persönlichkeiten der Teilnehmer ab. Manche Menschen kommen gut mit einem großen Spielraum an Methoden und einem hohen Grad an Selbstverantwortlichkeit in der Methodenwahl aus, manche mögen hingegen lieber eine Richtschnur und sind überfordert damit, die richtige Auswahl an Methoden zu treffen, zumindest zu Beginn der Umsetzung der Mediation.

Ein Beispiel könnte sich Deutschland auch an der österreichischen Regelung zur Eintragung von Mediatoren auf einer Liste nehmen.[745] Wenn Mediatoren in Österreich tätig werden möchten, müssen sie sich in die „Mediatorenliste" eintragen lassen. Die Voraussetzungen für dieses „Gütesiegel"[746] sind im österreichischen Zivilrechts-Mediations-Gesetz geregelt (§§ 10, 29 ZivMediatG). Die Eintragung gilt fünf Jahre und kann danach nur aufrechterhalten werden, sofern die Fortbildungsanforderungen eingehalten werden.[747] Diese Vorgehensweise ähnelt zwar dem deutschen „zertifizierten Mediator", würde diesen jedoch konkretisieren und vor allem für die Öffentlichkeit greifbarer machen.

---

744 Siehe hierzu <https://www.rewi.europa-uni.de/de/studium/master/mediation/studium/Qualitaetssicherung/Reissverschluss-System.html> (abgerufen am 12.02.2016).
745 *Bundesministerium für Jusitz Österreich*, Mediatorenliste, <http://www.mediatoren.justiz.gv.at/mediatoren/mediatorenliste.nsf/docs/home> (abgerufen am 29.03.2016).
746 *Hopf*, ÖJZ 2004, 41 ff.
747 *Trenczek/Berning/Lenz*, Mediation und Konfliktmanagement, 2013, Kapitel 1.2 Rn. 6.

VII. Zusammenfassung der Ergebnisse

1. Freiwilligkeit der Teilnahme am Güterichter- und außergerichtlichen Mediationsverfahren

Der Freiwilligkeitsgrundsatz hat in Deutschland im Mediationsumfeld eine große Bedeutung. Untersucht wurde in Kapitel F. I., ob es sinnvoll wäre, in Deutschland eine Mediationspflicht ähnlich dem liechtensteinischen oder italienischen Modell einzuführen. Richtlinien- und verfassungskonform wäre eine gesetzliche Pflicht, zunächst eine Mediation zu beginnen, da die Medianten jederzeit das Verfahren verlassen könnten.

Empfehlenswert ist eine Verpflichtung zum Informationsgespräch über das Mediationsverfahren im Familienrecht. Gerade in Anbetracht des Wohls der oftmals involvierten Kinder und der hohen Emotionalität einiger Fälle wäre diese Mediationspflicht sehr sinnvoll. In der Wirtschaftsmediation bieten sich sogenannte Mediationsklauseln an, die freiwillig in die anfänglichen Geschäftsverträge aufgenommen werden und die Geschäftspartner bei Konfliktfällen zu einer Mediation verpflichten.

Des Weiteren wurde die Frage behandelt, ob sich die Parteien nach einer Verweisung des Streitrichters an den Güterichter wirklich frei fühlen, an dieser Verhandlung teilzunehmen, ohne Angst vor Benachteiligung zu haben, wenn sie sich gegen dieses Verfahren entscheiden. Diese Frage konnte nicht abschließend geklärt werden aufgrund mangelnder Studien. Es ist jedoch sehr zu empfehlen, die Stellung des Güterichters und das Prinzip der Freiwilligkeit deutlich herauszustellen und darüber eingehend zu informieren, sodass die Parteien selbstverantwortlich das für sie richtige Verfahren wählen können.

2. Vertraulichkeit im Güterichter- und außergerichtlichen Mediationsverfahren

Die Vertraulichkeit bezüglich eines Mediations- und Güterichterverfahrens (Kapitel F. II) ist in den meisten Staaten, so auch in Deutschland, vom Gesetzgeber nicht detailliert geregelt. Lediglich die Verschwiegenheit des Mediators und der in die Durchführung des Mediationsverfahrens eingebundenen Personen ist im Gesetz zur Förderung der Mediation und anderer Verfahren der außergerichtlichen Konfliktbeilegung verankert. Ungeklärt bleibt jedoch die Verschwiegenheit der Parteien und der am Verfahren teilnehmenden Dritten. Um eine umfassende Vertraulichkeit zu gewährleisten, ist es ratsam, dass der Mediator zu Beginn des Verfahrens eine gesonderte Verschwiegenheitsvereinbarung unter allen Beteiligten unterschreiben lässt. In der gesonderten Vertraulichkeitsabrede enthalten sein müssen Ausnahmen zum Schutz des Kindeswohls oder der Öffentlichkeit sowie strafrechtliche Aspekte.

Besondere Beachtung verlangt auch der Schutz vor Missbrauch der Offenheit und Informiertheit der Parteien untereinander. Trotz einer Vertraulichkeitsabrede kommt es immer wieder vor, dass gerade in Wirtschaftsfällen die offene Kommunikation zum Nachteil wird. Auch wenn keine vertraulichen Informationen weitergegeben werden dürfen, so profitieren doch zum Beispiel Wettbewerber von der offengelegten Struktur des Konkurrenzunternehmens oder von der Offenlegung von Zahlen. Diese Gefahr wird in Literatur und Rechtsprechung bisher größtenteils verkannt.

Bezüglich der Umsetzung des Akteneinsichtrechts wurde bislang noch kein zufriedenstellendes Ergebnis in der Praxis erreicht. Dieses wird in den Bundesländern teilweise sehr unterschiedlich gehandhabt.

3. Umfang der Aufklärung über Methoden der alternativen Konfliktbeilegung

In Kapitel F. III ging es um die Aufklärungsarbeit im Bereich „alternative Konfliktlösungsmethoden". Untersucht wurde der derzeitige Bekanntheitsgrad von außergerichtlicher Mediation und Güterichterverfahren.

Die Bekanntheit ist zwar in den letzten zehn Jahren gewachsen, jedoch wurde gerade nach der Einführung des Gesetzes zur Förderung der Mediation und anderer Verfahren der außergerichtlichen Konfliktbeilegung im Jahre 2012 kein großer Zuwachs an Bekanntheit der Mediation verzeichnet. Dies deutet darauf hin, dass noch viel Potenzial für Aufklärungsarbeit vorhanden ist. Die Aufklärung sollte sich an drei Gruppen richten: die Richterschaft, die Bevölkerung und die Anwaltschaft. Diese Aufklärungsarbeit ist wichtig, um die konsensualen Streitbeilegungsmethoden in Deutschland zu fördern. Die Aufklärung kann durch verschiedene Informationskanäle gestreut werden.

Bei der Richterschaft wären große Informationsveranstaltungen oder Informationsschreiben geeignet, um den Richter auch auf eine angemessene Verweisungsmöglichkeit zum Güterichter oder zum außergerichtlichen Mediator vorzubereiten. Zu empfehlen sind bundesweite Kampagnen, die gerichtsintern Aufklärung im Bereich alternative Konfliktlösung leisten könnten. Ein großer Vorteil einer baldigen Kampagne wären die Erfahrungswerte, die die Güterichter und Streitrichter in den letzten drei Jahren sammeln konnten.

In der Anwaltschaft gibt es in der Praxis oft die alternative Darstellung: „Entweder zum Anwalt oder zum Mediator". Diese Auffassung ist zwar an und für sich richtig, jedoch darf der Mediator nicht als Konkurrent zum Anwalt gesehen werden, sondern als Ergänzung. Ein Fall eignet sich in den allermeisten Fällen entweder gut für eine Mediation (zum Beispiel bei einer Mehrzahl an emotionalen Themen, bei denen die Sachebene eher im Hintergrund verbleibt) oder für ein Anwaltsverfahren (insbesondere bei strittigen Sachfragen). Es ist daher ebenfalls zu empfehlen, Informationsveranstaltungen oder Informationsschreiben bezüglich der alternativen Konfliktbeilegungsmethoden durchzuführen sowie einen Austausch zwischen Mediatoren und Anwälten zu fördern.

In der Bevölkerung ist es ratsam Aufklärungsarbeit bezüglich der verschiedenen Konfliktbeilegungsmethoden zu leisten, um eine mögliche Empfehlung der Richter- oder Anwaltschaft angemessen verstehen zu können. Jeder Person sollte die Möglichkeit gegeben werden, sich individuell für das richtige Verfahren zum konkreten Fall zu entscheiden. Nachgedacht werden sollte bei der Aufklärungsarbeit über die richtige Kommunikation und Wortwahl, da die Begriffe „Mediation" und „Güterichter" nicht sehr geläufig sind.

Letztlich ist eine gute Zusammenarbeit, Kooperation und Erfahrungsaustausch zwischen Richtern, Anwälten und Mediatoren von großem Vorteil für die gesamte Förderung der alternativen Streitbeilegung. Ziel sollte es sein, eine gemeinsame „Liste" zu entwerfen, die der Richter als Verweisungsgrundlage nehmen kann. Aus dieser Liste geht hervor, wann eine Empfehlung zum Güterichter oder zum außergerichtlichen Mediator sinnvoll ist, wie hoch die Eskalationsstufen sein dürfen und inwiefern beispielsweise das Machtgleichgewicht und Kosten eine Rolle spielen.

4. Vereinbarkeit des Güterichterverfahrens mit dem Ziel der EU-Richtlinie 2008/52/EG und Förderung der Mediation durch das Gesetz zur Förderung der Mediation und anderer Verfahren der außergerichtlichen Konfliktbeilegung

Unter dem Gesichtspunkt des Wunsches nach Entlastung der Gerichte ist die Einführung des Güterichterverfahrens nur teilweise sinnvoll.

In Kapitel F. IV wurden zwei Thesen untersucht:

- **1. These:** Die Einführung des Güterichterverfahrens stellt ein Hindernis für die Verweisung an einen außergerichtlichen Mediator dar.
- **2. These:** Durch die Formalisierung der Mediation wird das Verfahren komplex und lässt wenig Spielraum für Mediatoren.

Ergebnis zur 1. These: Im Gegensatz zu den Nachbarländern Österreich, Liechtenstein und der Schweiz ist Deutschland das einzige Land, das ein gerichtsinternes Güterichterverfahren eingeführt hat, in dem Mediation eine wesentliche Rolle spielt. Die aufgeführten Nachbarländer konzentrieren sich auf die außergerichtliche Mediation. Die EU-Mediations-Richtlinie lässt offen, auf welchem Wege (gerichtsintern oder außergerichtlich) die Mediation gefördert wird. Angesichts des Wunsches deutscher Gerichte, eine Entlastung zu erfahren, ist die Einführung des Güterichterverfahrens nicht ganz verständlich. Wäre auch in Deutschland nur die außergerichtliche Mediation gefördert worden, so könnten Gerichte entlastet und außergerichtliche Mediatoren (die momentan einen Angebotsüberschuss verzeichnen) stärker unterstützt werden. Die Justiz könnte so mehr Kapazitäten für anhängige Verfahren freiräumen und die Wartezeiten verkürzen. Daher stellt zwar das Güterichterverfahren gewissermaßen ein Hindernis für die Verweisung zum außergerichtlichen Mediator dar. Jedoch ist der Kostenaspekt einer außergerichtlichen Mediation für die Parteien nicht zu vernachlässigen. Während ein Güterichterverfahren „kostenneutral" für bereits anhängige Verfahren ist, verlangt der außergerichtliche Mediator zusätzliches Honorar. Solange dieser Zustand anhält, ist das Güterichterverfahren wertvoll, um auch weniger gut verdienenden Personen ein alternatives Konfliktlösungsinstrument zum Prozessverfahren anbieten zu können.

Ergebnis zur 2. These: Das Gesetz zur Förderung der Mediation und anderer Verfahren der außergerichtlichen Konfliktbeilegung, das im Jahre 2012 in Deutschland eingeführt wurde, legt den Mediatoren einige Pflichten auf. Fraglich ist, ob diese Formalisierung wirklich als Förderung der Mediation anzusehen ist oder als Komplexität, die eher hinderlich ist. Diese Frage kann eindeutig beantwortet werden: Das Gesetz zur Förderung der Mediation und anderer Verfahren der außergerichtlichen Konfliktbeilegung fördert die Mediation. Es bleibt trotz vieler Formalien noch genügend Gestaltungsspielraum für Mediatoren, das Mediationsverfahren nach Belieben zu gestalten. Der Gesetzesinhalt dient der Vereinheitlichung und der rechtlichen Fixierung der Mediation in Deutschland. Diese Grundlage ist wichtig, um die Förderung der Mediation zukünftig vorantreiben zu können. Die Mindeststandards sind hilfreich, um innerhalb Deutschlands eine qualitativ hochwertige Mediationsleistung zu gewährleisten. Außerhalb Deutschlands wurden die Maßstäbe bei der Umsetzung der EU-Mediations-Richtlinie teilweise enger, teilweise weiter angesetzt. Wünschenswert ist eine einheitliche Festlegung von Mindeststandards an Mediatoren, sodass sich Parteien bei grenzüberschreitenden Konfliktfällen nicht erst über die Qualitätsstandards austauschen müssen.

Ein übergeordnetes Ziel ist eine gute Kooperation zwischen Güterichtern und außergerichtlichen Mediatoren sowie ein Erfahrungsaustausch. Empfehlenswert ist eine kurze Information eines Mediators vor Gericht, ebenso wie eines Güterichters (ähnlich dem österreichischen Modell) oder die Einführung von sog. Court-Dispute-Managern (ähnlich dem US-Modell), die besonders geschulte Koordinatoren bei Gericht darstellen. Hierdurch könnte eine neutrale, individuelle Information gegeben werden, sodass sich die Parteien möglichst zielgerichtet auf eine der alternativen Streitbeilegungsmethoden entscheiden können.

5. Vergleich der Kostenstruktur von Güterichterverfahren und außergerichtlichem Mediationsverfahren

Die Kostenstrukturen eines Güterichterverfahrens und eines außergerichtlichen Mediationsverfahrens unterscheiden sich wesentlich (Kapitel F. V.). Während ein außergerichtlicher Mediator Honorare für seine Leistung verlangt, wird das Güterichtermodell als „kostenneutral" angesehen, sofern schon eine Klage bei Gericht eingegangen ist. Diese Gegenüberstellung ist für den außergerichtlichen Mediator wenig vorteilhaft. Nicht vergessen werden dürfen die Kosten für das anhängige Gerichtsverfahren, die sich zwar durch ein Güterichterverfahren nicht vermehren, jedoch auch bezahlt werden müssen.

Gerade in Bezug auf die Möglichkeit der Anordnung eines kostenfreien Informationsgesprächs bei einem außergerichtlichen Mediator, gemäß § 135 S. 1 FamFG, stellt sich die Frage, ob diese Darstellung als „kostenneutral" wirklich sinnvoll ist. Sollten sich Parteien für ein außergerichtliches Mediationsverfahren entscheiden, so können sie dieses nur durchführen, sofern sie ausreichend finanzielle Mittel aufbringen können. Es ist daher sinnvoll, das Güterichterverfahren und das außergerichtliche Mediationsverfahren in Kostengesichtspunkten anzugleichen, zum Beispiel auch dadurch, dass die Kosten (Teilkosten) einer außergerichtlichen Mediation in Familienrechtsstreitigkeiten durch die Prozess- und Verfahrenskostenhilfe übernommen werden. Zu denken ist auch an eine weitere Senkung der Gerichtskosten, sollte ein außergerichtliches Verfahren erfolgreich verlaufen. Auf diese Weise wären die Parteien motiviert, zu einem außergerichtlichen Mediator zu gehen und damit die Justiz zu entlasten. Hilfreich wäre auch eine Vereinheitlichung der Honorare von deutschen Mediatoren durch eine Honorarordnung.

6. Vergleich der Qualität von Güterichterverfahren und außergerichtlichem Mediationsverfahren

In Kapitel F. VI. ging es um die Frage nach der Qualität einer Güterichterverhandlung. „Qualität" ist in diesem Zusammenhang schwer zu prüfen. Jedoch sind einige Ergebnisse, von zentraler Bedeutung festzuhalten:

1. Die Ausbildung von Güterichtern ist sehr knapp gehalten. Im Gegensatz zu einer außergerichtlichen Mediatorenausbildung umfasst die Güterichterausbildung lediglich ca. 10 % der Ausbildungsstunden. Daher stellt sich die Frage, ob die Güterichterausbildung eine vergleichbare Qualität aufweisen kann. Dies kann nicht abschließend geklärt werden, da man nicht feststellen kann, was die Richter in ihrer juristischen Ausbildung und in ihrer Berufspraxis bereits gelernt haben. Jedoch ist es empfehlenswert, die Ausbildung der Güterichter inhaltlich und auch bezogen auf den Umfang an eine Mediatorenausbildung anzugleichen.
2. Die Ausbildungen von Mediatoren und Güterichtern weisen nur wenige psychologische Inhalte auf. Daher ist anzuraten, mehr Gewicht auf Psychologie in den Ausbildungen zu legen, um der Verantwortung, die ein Mediator bzw. Güterichter im Verfahren mit seinen Parteien hat, besser gerecht werden zu können.
3. Wünschenswert ist eine Vereinheitlichung der Ausbildungen europaweit, um einen Qualitätsstandard garantieren zu können.
4. Empfehlenswert ist zudem ein „Reißverschlusssystem" (ähnlich der Ausbildung an der Europa Universität Viadrina), bei dem mehrere Ausbilder/Dozenten in einer Mediationsausbildung tätig sind, um ihr jeweiliges Wissen und ihre Erfahrungen an die Teilnehmer weiterzugeben. Ratsam sind Dozenten aus verschiedenen Berufsfeldern, sodass ein umfassender Blick auf die Mediationskultur gewährleistet werden kann. Wichtig ist jedoch, dass sich die Dozenten strukturell untereinander absprechen, sodass die Teilnehmer den roten Faden nicht verlieren und keine Verwirrung aufkommt.
5. Für eine sichtbare Qualität von Mediatoren wird die Verordnung über die Aus- und Fortbildung von zertifizierten Mediatoren (Zertifizierte-Mediatoren-Ausbildungs-Verordnung – ZmediatAusbV) sorgen, die in den nächsten Jahren in Kraft treten soll. Sinnvoll ist eine Liste, in der sich Mediatoren eintragen lassen können[748], die gewisse Mindeststandards einhalten. So könnten Suchende sogleich Mediatoren mit einer Art „Qualitätssiegel" finden.

---

748   Ähnlich dem Österreichischen Modell: Bundesministerium für Jusitz Österreich, Mediatorenliste, <http://www.mediatoren.justiz.gv.at/mediatoren/mediatorenliste. nsf/docs/home> (abgerufen am 29.03.2016).

G. Ausblick

„Die Mediation sollte nicht als geringerwertige Alternative zu Gerichtsverfahren betrachtet werden".[749] In diesem Satz von Erwägungsgrund 19 der Mediations-Richtlinie kommt deutlich das Ziel zum Ausdruck, die Mediation im Vergleich zum Gerichtsverfahren auf eine gleiche Ebene zu bringen. Dieses Ziel ist formell auch im „Gesetz zur Förderung von Mediation und anderer Verfahren der außergerichtlichen Konfliktbeilegung" vom 21.07.2012 verankert, jedoch sieht man in der Praxis noch keine gleichwertige Behandlung der Mediation. Das Gerichtsverfahren steht nach wie vor an erster Stelle. Gerade die außergerichtliche Mediation, die in der Richtlinie häufig angesprochen wird, hat noch lange nicht die Anerkennung und Bekanntheit erlangt, die sie erreichen könnte, sofern sie stärker gefördert würde. Die aktuellen Zahlen beweisen, dass sowohl außergerichtliche Mediationen[750] wie auch Güterichterverfahren weniger als 2 %[751] der anhängigen Familienrechtsverfahren ausmachen. Fraglich ist, warum diese Zahlen so gering sind, da die Erfolgsquoten vielversprechend sind.

Um die Mediation tatsächlich voranzutreiben, sind Soll- und Kann-Vorschriften wie beispielsweise in § 278 Abs. 1 und 5, § 278a oder § 253 Abs. 3 ZPO nicht ausreichend. Diese Vorschriften werden, wie die Praxis zeigt, gern vernachlässigt bzw. ignoriert.[752] Der Gesetzgeber lässt den Richtern einen weiten Spielraum bei der Entscheidung, ob sie überhaupt ein Güteverfahren empfehlen wollen oder nicht. Die Vermutung liegt daher nahe, dass Richter, die schon in den letzten Jahren keine gerichtsinterne und außergerichtliche Mediation unterstützt haben, auch trotz Einführung des neuen Gesetzes keine Änderungen ihres Verhaltens zeigen werden.

Auch *Greger* erwartete von dem „Gesetz zur Förderung von Mediation und anderer Verfahren der außergerichtlichen Konfliktbeilegung" keinen einschneidenden Wandel der Rechtskultur. Hintergrund dafür sind seiner Meinung nach die lange Zeit und die heftigen Diskussionen mit Interessengruppen, die es bis zur Umsetzung der Europäischen Richtlinie gebraucht habe. Deutschland sei ein stark justizorientiertes Rechtssystem, bei dem sich nur mühsam neue Methoden der Konfliktlösung integrieren ließen.[753]

Positiv ist jedoch die verbesserte Streitkultur, die sich durch die Mediation und andere außergerichtliche Konfliktbeilegungsverfahren ergibt. Auch Güterichter

---

749 Erwägungsgrund 19 der Richtlinie 2008/52/EG des Europäischen Parlaments und des Rates vom 21. Mai 2008 über bestimmte Aspekte der Mediation in Zivil- und Handelssachen (ABl. EU Nr. L 136 v. 24.5.2008, S. 3, 4).
750 Geschätzter Erfahrungswert.
751 Statistisches Bundesamt, Fachserie 10 Reihe 2.1 (2014), <http://www.gueterichter-forum.de/wp-content/uploads/2015/12/Statistik-2014.pdf> (abgerufen am 10.01.2016).
752 Rücksprache mit einigen Richtern und Anwälten im Raum Allgäu.
753 *Greger/Unberath*, MediationsG, 2013, Einleitung, Rn. 126.

können dazu beitragen, dass in Deutschland eine einvernehmliche Streitbeilegung vorangetrieben wird. Dadurch wird wiederum die außergerichtliche Mediation gefördert, da die Menschen bei ihren folgenden Konflikten eher den Mut haben werden, direkt einen Mediator aufzusuchen, bevor der Fall wieder vor Gericht landet.[754]

Dass durch das neue Gesetz kein Berufsrecht für Mediatoren entstanden ist, führt zu Diskussionen. Ein Großteil der bekannten Autoren für Mediationsliteratur sieht darin einen Vorteil wegen der andernfalls eingeschränkteren Möglichkeit zur Ausbreitung von Mediation, wenn nur bestimmte Berufsgruppen und Zertifizierungen zum Berufsrecht gehören würden.[755]

Ein Thema, das zukünftig zu großen Schwierigkeiten bei der Förderung von Mediation führen könnte, ist der Kostenaspekt. Der Gesetzgeber hat eine gesetzliche Regelung zu diesem Aspekt nicht hinreichend ausgeführt. Daher ist zu vermuten, dass die Mediation als Streitbeilegungsinstrument so lange nicht an Bedeutung gewinnen wird, wie die Medianten die Kosten selbst tragen müssen, während bei einem Gerichtsprozess häufig eine Rechtsschutzversicherung oder eine andere Kostenhilfe greift. Die deutschen Rechtsschutzversicherungen sind zwar bereits offen für Mediationsanliegen, allerdings werden nur die wenigsten Fälle übernommen bzw. nur unter ganz speziellen Voraussetzungen.[756] Es besteht hier großer Bedarf an einer rechtspolitischen Entscheidung, wie es in anderen Ländern (u.a. Österreich, Frankreich, Schweiz) bereits geschehen ist. Obwohl diese Länder die Mediation finanziell gefördert haben, kam es zu keiner unverhältnismäßigen Belastung der Staatskasse.[757]

Wichtig für die Förderung von Mediation ist sicherlich, das Güterichtermodell und das außergerichtliche Mediationsverfahren nicht als konkurrierende, sondern als sich gegenseitig fördernde Verfahren darzustellen. Die Modelle dürfen nicht gegeneinander ausgespielt werden, sondern sollten vielmehr miteinander wachsen. Ein Austausch unter Güterichtern und Mediatoren wäre von großem Vorteil, ebenso wie die gegenseitige Empfehlung.[758]

Durch die neue Richtlinie 2013/11/EU des Europäischen Parlaments und des Rates vom 21. Mai 2013 über die alternative Beilegung verbraucherrechtlicher Streitigkeiten und zur Änderung der Verordnung (EG) Nr. 2006/2004 und der Richtlinie 2009/22/EG[759] hat der Gesetzgeber einen weiteren Schritt in Richtung alternative Konfliktlösung gemacht. Der Gesetzentwurf des Deutschen Bundestags zur

---

754 *Ortloff*, NVwZ 2012, 1057.
755 *Greger* in: Schlieffen, Professionalisierung und Mediation, 2010, S. 91 ff.
756 Mediation GmbH, Welche Rechtsschutzversicherung trägt die Kosten einer Mediation?, Studie zum Angebot der Rechtsschutzversicherungen im Bereich Mediation vom Februar/März 2013, <http://www.mediation.de/mediation/mediation-und-rechtsschutz> (abgerufen am 18.03.2016).
757 *Greger/Unberath*, MediationsG, 2013, Einleitung, Rn. 130; *Greger*, ZRP 2010, 209, 213.
758 *Ortloff*, NVwZ 2012, 1057.
759 Richtlinie 2013/11/ EU, http://eur-lex.europa.eu/legal-content/DE/TXT/?uri=CELEX%3A32013L0011 (abgerufen am 25.03.2016).

Richtlinie 2013/11/EU[760] ist vielversprechend in Bezug auf Konsumenten-Unternehmens-Konflikte. Es stellt sich jedoch die Frage, ob die Umsetzung dieser Richtlinie in Deutschland die Mediation eher fördert oder ob das Gesetz eine Art Seitenhieb[761] darstellt. Nachdem der Gesetzgeber die Einigungsstellen nicht mit Mediatoren gleichgesetzt hat, ist es nun Aufgabe der Mediationsszene, sich hiervon abzugrenzen bzw. zu integrieren. Die Differenzierung für den Konsumenten zwischen Mediation und Verbraucherschlichtungsstellen wird nicht gerade einfach werden und ist nicht besonders zielführend für eine schnelle Integration in das bestehende Gefüge. Ein Schlichter kann als „Lösungsvermittler" gesehen werden, während der Mediator eher die Rolle eines „Verstehensvermittlers" einnimmt. Diese Unterscheidung ist jedoch auch eine der wenigen, die man pauschal über die Mediation und die Schlichtung treffen kann. Hier bedarf es der Aufklärung in der Bevölkerung. Denn auch eine Verbraucherschlichtungsstelle kann Mediation anbieten.[762] Ein weiteres Abgrenzungsmerkmal ist der „Schlichtungsvorschlag", den es in dieser Art und Weise in der Mediation nicht gibt. Dennoch ist das „Verbraucherstreitbeilegungsgesetz" als ein positiver Schritt in die richtige Richtung (nämlich die Förderung der alternativen Konfliktbeilegung) zu sehen. Fraglich bleibt jedoch, ob bei dieser Kostenstruktur wirklich ein finanzieller Mehrwert für eine Verbraucherschlichtungsstelle übrig bleibt. Gerade Konflikte mit geringem Streitwert könnten sogar häufig bei Gericht günstiger entschieden werden.

Um diese zweite alternative Konfliktlösungsinstitution nach der Mediation (dem Güterichterverfahren) zu stärken, wären gerade bei Konsumenten-Unternehmer-Angelegenheiten weltweite einheitliche Regelungen wünschenswert, wenn nicht sogar notwendig.[763]

Das „Gesetz zur Förderung von Mediation und anderer Verfahren der außergerichtlichen Konfliktbeilegung" hat sicherlich bisher keine großen Wunder vollbracht und die Frage, ob es tatsächlich die Mediation in ausreichendem Maße gefördert hat, lässt sich nicht abschließend klären. Fest steht, dass es noch großes Potenzial nach oben gibt. Das Gesetz macht eher den Eindruck, als ob es zum Ziel gehabt hätte, die Professionalisierung des Mediationsberufs zu fördern. Doch auch dieses Ziel ist noch nicht erreicht, da die Verordnung (siehe Kapitel F. VI. 2.) noch nicht publik gemacht wurde.[764]

---

760   BT 18/5089.
761   *Trossen*, SchiedsVZ 2015, 187, 188.
762   *Trossen*, SchiedsVZ 2015, 187 ff.
763   *Jahn*, Schlichter statt Richter, FAZ.net, 12.01.2016, <http://www.faz.net/aktuell/wirtschaft/recht-steuern/kommentar-schlichter-statt-richter-14006794.html> (abgerufen am 17.01.2016).
764   *Kilian/Hoffmann*, ZKM 2015, 176, 178.

Anhang

A. Europäische Mediations-Richtlinie

RICHTLINIE 2008/52/EG DES EUROPÄISCHEN PARLAMENTS UND DES RATES

vom 21. Mai 2008

über bestimmte Aspekte der Mediation in Zivil- und Handelssachen

DAS EUROPÄISCHE PARLAMENT UND DER RAT DER EUROPÄISCHEN UNION gestützt auf den Vertrag zur Gründung der Europäischen Gemeinschaft, insbesondere auf Artikel 61 Buchstabe c und Artikel 67 Absatz 5 zweiter Gedankenstrich, auf Vorschlag der Kommission, nach Stellungnahme des Europäischen Wirtschafts- und Sozialausschusses ([765]), gemäß dem Verfahren des Artikels 251 des Vertrags ([766]), in Erwägung nachstehender Gründe:

(1) Die Gemeinschaft hat sich zum Ziel gesetzt, einen Raum der Freiheit, der Sicherheit und des Rechts, in dem der freie Personenverkehr gewährleistet ist, zu erhalten und weiterzuentwickeln. Hierzu muss die Gemeinschaft unter anderem im Bereich der justiziellen Zusammenarbeit in Zivilsachen die für das reibungslose Funktionieren des Binnenmarkts erforderlichen Maßnahmen erlassen.

(2) Das Prinzip des Zugangs zum Recht ist von grundlegender Bedeutung; im Hinblick auf die Erleichterung eines besseren Zugangs zum Recht hat der Europäische Rat die Mitgliedstaaten auf seiner Tagung in Tampere am 15. und 16. Oktober 1999 aufgefordert, alternative außergerichtliche Verfahren zu schaffen.

(3) Im Mai 2000 nahm der Rat Schlussfolgerungen über alternative Streitbeilegungsverfahren im Zivil- und Handelsrecht an, in denen er festhielt, dass die Aufstellung grundlegender Prinzipien in diesem Bereich einen wesentlichen Schritt darstellt, der die Entwicklung und angemessene Anwendung außergerichtlicher Streitbeilegungsverfahren in Zivil- und Handelssachen und somit einen einfacheren und verbesserten Zugang zum Recht ermöglichen soll.

(4) Im April 2002 legte die Kommission ein Grünbuch über alternative Verfahren zur Streitbeilegung im Zivil- und Handelsrecht vor, in dem die bestehende Situation im Bereich der alternativen Verfahren der Streitbeilegung in der Europäischen Union darlegt wird und mit dem umfassende Konsultationen mit den Mitgliedstaaten und interessierten Parteien über mögliche Maßnahmen zur Förderung der Nutzung der Mediation eingeleitet werden.

---

765 ABl. C 286 vom 17.11.2005, S. 1.
766 Stellungnahme des Europäischen Parlaments vom 29. März 2007 (ABl. C 27 E vom 31.1.2008, S. 129), Gemeinsamer Standpunkt des Rates vom 28. Februar 2008 (noch nicht im Amtsblatt veröffentlicht) und Standpunkt des Europäischen Parlaments vom 23. April 2008 (noch nicht im Amtsblatt veröffentlicht).

(5) Das Ziel der Sicherstellung eines besseren Zugangs zum Recht als Teil der
Strategie der Europäischen Union zur Schaffung eines Raums der Freiheit, der
Sicherheit und des Rechts sollte den Zugang sowohl zu gerichtlichen als auch
zu außergerichtlichen Verfahren der Streitbeilegung umfassen. Diese Richtlinie
sollte insbesondere in Bezug auf die Verfügbarkeit von Mediationsdiensten zum
reibungslosen Funktionieren des Binnenmarkts beitragen.

(6) Die Mediation kann durch auf die Bedürfnisse der Parteien zugeschnittene
Verfahren eine kostengünstige und rasche außergerichtliche Streitbeilegung in
Zivil- und Handelssachen bieten. Vereinbarungen, die im Mediationsverfahren
erzielt wurden, werden eher freiwillig eingehalten und wahren eher eine wohl-
wollende und zukunftsfähige Beziehung zwischen den Parteien. Diese Vorteile
werden in Fällen mit grenzüberschreitenden Elementen noch deutlicher.

(7) Um die Nutzung der Mediation weiter zu fördern und sicherzustellen, dass die
Parteien, die die Mediation in Anspruch nehmen, sich auf einen vorhersehbaren
rechtlichen Rahmen verlassen können, ist es erforderlich, Rahmenregeln einzuführen, in denen insbesondere die wesentlichen Aspekte des Zivilprozessrechts
behandelt werden.

(8) Die Bestimmungen dieser Richtlinie sollten nur für die Mediation bei grenzüberschreitenden Streitigkeiten gelten; den Mitgliedstaaten sollte es jedoch
freistehen, diese Bestimmungen auch auf interne Mediationsverfahren anzuwenden.

(9) Diese Richtlinie sollte dem Einsatz moderner Kommunikationstechnologien im
Mediationsverfahren in keiner Weise entgegenstehen.

(10) Diese Richtlinie sollte für Verfahren gelten, bei denen zwei oder mehr Parteien
einer grenzüberschreitenden Streitigkeit mit Hilfe eines Mediators auf freiwilliger
Basis selbst versuchen, eine gütliche Einigung über die Beilegung ihrer Streitigkeit zu erzielen. Sie sollte für Zivil- und Handelssachen gelten. Sie sollte jedoch
nicht für Rechte und Pflichten gelten, über die die Parteien nach dem einschlägigen anwendbaren Recht nicht selbst verfügen können. Derartige Rechte und
Pflichten finden sich besonders häufig im Familienrecht und im Arbeitsrecht.

(11) Diese Richtlinie sollte weder für vorvertragliche Verhandlungen gelten noch
für schiedsrichterliche Verfahren, wie beispielsweise bestimmte gerichtliche
Schlichtungsverfahren, Verbraucherbeschwerdeverfahren, Schiedsverfahren
oder Schiedsgutachten, noch für Verfahren, die von Personen oder Stellen ab-
gewickelt werden, die eine förmliche Empfehlung zur Streitbeilegung abgeben,
unabhängig davon, ob diese rechtlich verbindlich ist oder nicht.

(12) Diese Richtlinie sollte für Fälle gelten, in denen ein Gericht die Parteien auf die
Mediation verweist oder in denen nach nationalem Recht die Mediation vorgeschrieben ist. Ferner sollte diese Richtlinie dort, wo nach nationalem Recht
ein Richter als Mediator tätig werden kann, auch für die Mediation durch einen
Richter gelten, der nicht für ein Gerichtsverfahren in der oder den Streitsachen
zuständig ist. Diese Richtlinie sollte sich jedoch nicht auf Bemühungen zur
Streitbelegung durch das angerufene Gericht oder den angerufenen Richter
im Rahmen des Gerichtsverfahrens über die betreffende Streitsache oder auf

Fälle erstrecken, in denen das befasste Gericht oder der befasste Richter eine sachkundige Person zur Unterstützung oder Beratung heranzieht.

(13) Die in dieser Richtlinie vorgesehene Mediation sollte ein auf Freiwilligkeit beruhendes Verfahren in dem Sinne sein, dass die Parteien selbst für das Verfahren verantwortlich sind und es nach ihrer eigenen Vorstellung organisieren und jederzeit beenden können. Nach nationalem Recht sollte es den Gerichten jedoch möglich sein, Fristen für ein Mediationsverfahren zu setzen. Außerdem sollten die Gerichte die Parteien auf die Möglichkeit der Mediation hinweisen können, wann immer dies zweckmäßig ist.

(14) Diese Richtlinie sollte nationale Rechtsvorschriften, nach denen die Inanspruchnahme der Mediation verpflichtend oder mit Anreizen oder Sanktionen verbunden ist, unberührt lassen, sofern diese Rechtsvorschriften die Parteien nicht daran hindern, ihr Recht auf Zugang zum Gerichtssystem wahrzunehmen. Ebenso sollte diese Richtlinie bestehende, auf Selbstverantwortlichkeit der Parteien beruhende Mediationssysteme unberührt lassen, insoweit sie Aspekte betreffen, die nicht unter diese Richtlinie fallen.

(15) Im Interesse der Rechtssicherheit sollte in dieser Richtlinie angegeben werden, welcher Zeitpunkt für die Feststellung maßgeblich ist, ob eine Streitigkeit, die die Parteien durch Mediation beizulegen versuchen, eine grenzüberschreitende Streitigkeit ist. Wurde keine schriftliche Vereinbarung getroffen, so sollte davon ausgegangen werden, dass die Parteien zu dem Zeitpunkt einer Inanspruchnahme der Mediation zustimmen, zu dem sie spezifische Schritte unternehmen, um das Mediationsverfahren einzuleiten.

(16) Um das nötige gegenseitige Vertrauen in Bezug auf die Vertraulichkeit, die Wirkung auf Verjährungsfristen sowie die Anerkennung und Vollstreckung von im Mediationsverfahren erzielten Vereinbarungen sicherzustellen, sollten die Mitgliedstaaten die Aus- und Fortbildung von Mediatoren und die Einrichtung wirksamer Mechanismen zur Qualitätskontrolle in Bezug auf die Erbringung von Mediationsdiensten mit allen ihnen geeignet erscheinenden Mitteln fördern.

(17) Die Mitgliedstaaten sollten derartige Mechanismen festlegen, die auch den Rückgriff auf marktgestützte Lösungen einschließen können, aber sie sollten nicht verpflichtet sein, diesbezüglich Finanzmittel bereitzustellen. Die Mechanismen sollten darauf abzielen, die Flexibilität des Mediationsverfahrens und die Autonomie der Parteien zu wahren und sicherzustellen, dass die Mediation auf wirksame, unparteiische und sachkundige Weise durchgeführt wird. Die Mediatoren sollten auf den Europäischen Verhaltenskodex für Mediatoren hingewiesen werden, der im Internet auch der breiten Öffentlichkeit zur Verfügung gestellt werden sollte.

(18) Im Bereich des Verbraucherschutzes hat die Kommission eine förmliche Empfehlung (⁷⁶⁷) mit Mindestqualitätskriterien angenommen, die an der einvernehmlichen Beilegung von Verbraucherstreitigkeiten beteiligte außergerichtliche
Einrichtungen ihren Nutzern bieten sollten. Alle Mediatoren oder Organisationen, die in den Anwendungsbereich dieser Empfehlung fallen, sollten angehalten
werden, die Grundsätze der Empfehlung zu beachten. Um die Verbreitung von
Informationen über diese Einrichtungen zu erleichtern, sollte die Kommission
eine Datenbank über außergerichtliche Verfahren einrichten, die nach Ansicht
der Mitgliedstaaten die Grundsätze der genannten Empfehlung erfüllen.

(19) Die Mediation sollte nicht als geringerwertige Alternative zu Gerichtsverfahren
in dem Sinne betrachtet werden, dass die Einhaltung von im Mediationsverfahren erzielten Vereinbarungen vom guten Willen der Parteien abhinge. Die
Mitgliedstaaten sollten daher sicherstellen, dass die Parteien einer im Mediationsverfahren erzielten schriftlichen Vereinbarung veranlassen können, dass der
Inhalt der Vereinbarung vollstreckbar gemacht wird. Ein Mitgliedstaat sollte es
nur dann ablehnen können, eine Vereinbarung vollstreckbar zu machen, wenn
deren Inhalt seinem Recht, einschließlich seines internationalen Privatrechts,
zuwiderläuft oder die Vollstreckbarkeit des Inhalts der spezifischen Vereinbarung in seinem Recht nicht vorgesehen ist. Dies könnte der Fall sein, wenn
die in der Vereinbarung bezeichnete Verpflichtung ihrem Wesen nach nicht
vollstreckungsfähig ist.

(20) Der Inhalt einer im Mediationsverfahren erzielten Vereinbarung, die in einem
Mitgliedstaat vollstreckbar gemacht wurde, sollte gemäß dem anwendbaren Ge-
meinschaftsrecht oder nationalen Recht in den anderen Mitgliedstaaten anerkannt und für vollstreckbar erklärt werden. Dies könnte beispielsweise auf der
Grundlage der Verordnung (EG) Nr. 44/2001 des Rates vom 22. Dezember 2000
über die gerichtliche Zuständigkeit und die Anerkennung und Vollstreckung
von Entscheidungen in Zivil- und Handelssachen (⁷⁶⁸) oder der Verordnung (EG)
Nr. 2201/2003 des Rates vom 27. November 2003 über die Zuständigkeit und
die Anerkennung und Vollstreckung von Entscheidungen in Ehesachen und in
Verfahren betreffend die elterliche Verantwortung (⁷⁶⁹) erfolgen.

(21) In der Verordnung (EG) Nr. 2201/2003 ist ausdrücklich vorgesehen, dass Vereinbarungen zwischen den Parteien in dem Mitgliedstaat, in dem sie geschlossen
wurden, vollstreckbar sein müssen, wenn sie in einem anderen Mitgliedstaat
vollstreckbar sein sollen. In Fällen, in denen der Inhalt einer im Mediationsverfahren erzielten Vereinbarung über eine familienrechtliche Streitigkeit in dem

767 Empfehlung 2001/310/EG der Kommission vom 4. April 2001 über die Grundsätze
     für an der einvernehmlichen Beilegung von Verbraucherrechtsstreitigkeiten be-
     teiligte außergerichtliche Einrichtungen (ABl. L 109 vom 19.4.2001, S. 56).

768 ABl. L 12 vom 16.1.2001, S. 1. Zuletzt geändert durch die Verordnung (EG)
     Nr. 1791/2006 (ABl. L 363 vom 20.12.2006, S. 1).

769 ABl. L 338 vom 23.12.2003, S. 1. Geändert durch die Verordnung (EG) Nr. 2116/2004
     (ABl. L 367 vom 14.12.2004, S. 1).

Mitgliedstaat, in dem die Vereinbarung geschlossen und ihre Vollstreckbarkeit beantragt wurde, nicht vollstreckbar ist, sollte diese Richtlinie die Parteien daher nicht dazu veranlassen, das Recht dieses Mitgliedstaats zu umgehen, indem sie ihre Vereinbarung in einem anderen Mitgliedstaat vollstreckbar machen lassen.

(22) Die Vorschriften der Mitgliedstaaten für die Vollstreckung von im Mediationsverfahren erzielten Vereinbarungen sollten von dieser Richtlinie unberührt bleiben.

(23) Die Vertraulichkeit des Mediationsverfahrens ist wichtig und daher sollte in dieser Richtlinie ein Mindestmaß an Kompatibilität der zivilrechtlichen Verfahrensvorschriften hinsichtlich der Wahrung der Vertraulichkeit der Mediation in nachfolgenden zivil- und handelsrechtlichen Gerichts- oder Schiedsverfahren vorgesehen werden.

(24) Um die Parteien dazu anzuregen, die Mediation in Anspruch zu nehmen, sollten die Mitgliedstaaten gewährleisten, dass ihre Regeln über Verjährungsfristen die Parteien bei einem Scheitern der Mediation nicht daran hindern, ein Gericht oder ein Schiedsgericht anzurufen. Die Mitgliedstaaten sollten dies sicherstellen, auch wenn mit dieser Richtlinie die nationalen Regeln über Verjährungsfristen nicht harmonisiert werden. Die Bestimmungen über Verjährungsfristen in von den Mitgliedstaaten umgesetzten internationalen Übereinkünften, z. B. im Bereich des Verkehrsrechts, sollten von dieser Richtlinie nicht berührt werden.

(25) Die Mitgliedstaaten sollten darauf hinwirken, dass der breiten Öffentlichkeit Informationen darüber zur Verfügung gestellt werden, wie mit Mediatoren und Organisationen, die Mediationsdienste erbringen, Kontakt aufgenommen werden kann. Sie sollten ferner die Angehörigen der Rechtsberufe dazu anregen, ihre Mandanten über die Möglichkeit der Mediation zu unterrichten.

(26) Nach Nummer 34 der Interinstitutionellen Vereinbarung über bessere Rechtsetzung ([770]) werden die Mitgliedstaaten angehalten, für ihre eigenen Zwecke und im Interesse der Gemeinschaft eigene Tabellen aufzustellen, aus denen im Rahmen des Möglichen die Entsprechungen zwischen dieser Richtlinie und den Umsetzungsmaßnahmen zu entnehmen sind, und diese zu veröffentlichen.

(27) Diese Richtlinie soll der Förderung der Grundrechte dienen und berücksichtigt die Grundsätze, die insbesondere mit der Charta der Grundrechte der Europäischen Union anerkannt wurden.

(28) Da das Ziel dieser Richtlinie auf Ebene der Mitgliedstaaten nicht ausreichend verwirklicht werden kann und daher wegen des Umfangs oder der Wirkungen der Maßnahme besser auf Gemeinschaftsebene zu verwirklichen ist, kann die Gemeinschaft im Einklang mit dem in Artikel 5 des Vertrags niedergelegten Subsidiaritätsprinzip tätig werden. Entsprechend dem in demselben Artikel niedergelegten Grundsatz der Verhältnismäßigkeit geht diese Richtlinie nicht über das für die Erreichung dieses Ziels erforderliche Maß hinaus.

---

770   ABl. C 321 vom 31.12.2003, S. 1.

(29) Gemäß Artikel 3 des dem Vertrag über die Europäische Union und dem Vertrag
    zur Gründung der Europäischen Gemeinschaft beigefügten Protokolls über
    die Position des Vereinigten Königreichs und Irlands haben das Vereinigte Kö-
    nigreich und Irland mitgeteilt, dass sie sich an der Annahme und Anwendung
    dieser Richtlinie beteiligen möchten.
(30) Gemäß den Artikeln 1 und 2 des dem Vertrag über die Europäische Union
    und dem Vertrag zur Gründung der Europäischen Gemeinschaft beigefügten
    Protokolls über die Position Dänemarks beteiligt sich Dänemark nicht an der
    Annahme dieser Richtlinie, die für Dänemark nicht bindend oder anwendbar
    ist
HABEN FOLGENDE RICHTLINIE ERLASSEN:

Artikel 1
Ziel und Anwendungsbereich
(1) Ziel dieser Richtlinie ist es, den Zugang zur alternativen Streitbeilegung zu
    erleichtern und die gütliche Beilegung von Streitigkeiten zu fördern, indem
    zur Nutzung der Mediation angehalten und für ein ausgewogenes Verhältnis
    zwischen Mediation und Gerichtsverfahren gesorgt wird.
(2) Diese Richtlinie gilt bei grenzüberschreitenden Streitigkeiten für Zivil- und Han-
    delssachen, nicht jedoch für Rechte und Pflichten, über die die Parteien nach dem
    einschlägigen anwendbaren Recht nicht verfügen können. Sie gilt insbesondere
    nicht für Steuer- und Zollsachen sowie verwaltungsrechtliche Angelegenheiten
    oder die Haftung des Staates für Handlungen oder Unterlassungen im Rahmen
    der Ausübung hoheitlicher Rechte („acta iure imperii").
(3) In dieser Richtlinie bezeichnet der Ausdruck „Mitgliedstaat" die Mitgliedstaaten
    mit Ausnahme Dänemarks.

Artikel 2
Grenzüberschreitende Streitigkeiten
(1) Eine grenzüberschreitende Streitigkeit im Sinne dieser Richtlinie liegt vor, wenn
    mindestens eine der Parteien zu dem Zeitpunkt, zu dem
    a) die Parteien vereinbaren, die Mediation zu nutzen, nachdem die Streitigkeit
       entstanden ist,
    b) die Mediation von einem Gericht angeordnet wird,
    c) nach nationalem Recht eine Pflicht zur Nutzung der Mediation entsteht, oder
    d) eine Aufforderung an die Parteien im Sinne des Artikels 5 ergeht, ihren Wohnsitz
       oder gewöhnlichen Aufenthalt in einem anderen Mitgliedstaat als dem einer der
       anderen Parteien hat.
(2) Ungeachtet des Absatzes 1 ist eine grenzüberschreitende Streitigkeit im Sinne
    der Artikel 7 und 8 auch eine Streitigkeit, bei der nach einer Mediation zwischen
    den Parteien ein Gerichts- oder ein Schiedsverfahren in einem anderen Mitglied-
    staat als demjenigen eingeleitet wird, in dem die Parteien zu dem in Absatz 1

Buchstaben a, b oder c genannten Zeitpunkt ihren Wohnsitz oder gewöhnlichen Aufenthalt hatten.

(3) Der Wohnsitz im Sinne der Absätze 1 und 2 bestimmt sich nach den Artikeln 59 und 60 der Verordnung (EG) Nr. 44/2001.

Artikel 3
Begriffsbestimmungen

Im Sinne dieser Richtlinie bezeichnet der Ausdruck

a) „Mediation" ein strukturiertes Verfahren unabhängig von seiner Bezeichnung, in dem zwei oder mehr Streitparteien mit Hilfe eines Mediators auf freiwilliger Basis selbst versuchen, eine Vereinbarung über die Beilegung ihrer Streitigkeiten zu erzielen. Dieses Verfahren kann von den Parteien eingeleitet oder von einem Gericht vorgeschlagen oder angeordnet werden oder nach dem Recht eines Mitgliedstaats vorgeschrieben sein.

Es schließt die Mediation durch einen Richter ein, der nicht für ein Gerichtsverfahren in der betreffenden Streitsache zuständig ist. Nicht eingeschlossen sind Bemühungen zur Streitbeilegung des angerufenen Gerichts oder Richters während des Gerichtsverfahrens über die betreffende Streitsache;

b) „Mediator" eine dritte Person, die ersucht wird, eine Mediation auf wirksame, unparteiische und sachkundige Weise durchzuführen, unabhängig von ihrer Bezeichnung oder ihrem Beruf in dem betreffenden Mitgliedstaat und der Art und Weise, in der sie für die Durchführung der Mediation benannt oder mit dieser betraut wurde.

Artikel 4
Sicherstellung der Qualität der Mediation

(1) Die Mitgliedstaaten fördern mit allen ihnen geeignet erscheinenden Mitteln die Entwicklung und Einhaltung von freiwilligen Verhaltenskodizes durch Mediatoren und Organisationen, die Mediationsdienste erbringen, sowie andere wirksame Verfahren zur Qualitätskontrolle für die Erbringung von Mediationsdiensten.

(2) Die Mitgliedstaaten fördern die Aus- und Fortbildung von Mediatoren, um sicherzustellen, dass die Mediation für die Parteien wirksam, unparteiisch und sachkundig durchgeführt wird.

Artikel 5
Inanspruchnahme der Mediation

(1) Ein Gericht, das mit einer Klage befasst wird, kann gegebenenfalls und unter Berücksichtigung aller Umstände des Falles die Parteien auffordern, die Mediation zur Streitbeilegung in Anspruch zu nehmen. Das Gericht kann die Parteien auch auffordern, an einer Informationsveranstaltung über die Nutzung der Mediation teilzunehmen, wenn solche Veranstaltungen durchgeführt werden und leicht zugänglich sind.

(2) Diese Richtlinie lässt nationale Rechtsvorschriften unberührt, nach denen die Inanspruchnahme der Mediation vor oder nach Einleitung eines Gerichtsverfahrens verpflichtend oder mit Anreizen oder Sanktionen verbunden ist, sofern diese Rechtsvorschriften die Parteien nicht daran hindern, ihr Recht auf Zugang zum Gerichtssystem wahrzunehmen.

Artikel 6
Vollstreckbarkeit einer im Mediationsverfahren erzielten Vereinbarung

(1) Die Mitgliedstaaten stellen sicher, dass von den Parteien — oder von einer Partei mit ausdrücklicher Zustimmung der anderen — beantragt werden kann, dass der Inhalt einer im Mediationsverfahren erzielten schriftlichen Vereinbarung vollstreckbar gemacht wird. Der Inhalt einer solchen Vereinbarung wird vollstreckbar gemacht, es sei denn, in dem betreffenden Fall steht der Inhalt der Vereinbarung dem Recht des Mitgliedstaats, in dem der Antrag gestellt wurde, entgegen oder das Recht dieses Mitgliedstaats sieht die Vollstreckbarkeit des Inhalts nicht vor.

(2) Der Inhalt der Vereinbarung kann von einem Gericht oder einer anderen zuständigen öffentlichen Stelle durch ein Urteil oder eine Entscheidung oder in einer öffentlichen Urkunde nach dem Recht des Mitgliedstaats, in dem der Antrag gestellt wurde, vollstreckbar gemacht werden.

(3) Die Mitgliedstaaten teilen der Kommission mit, welche Gerichte oder sonstigen öffentlichen Stellen zuständig sind, einen Antrag nach den Absätzen 1 und 2 entgegenzunehmen.

(4) Die Vorschriften für die Anerkennung und Vollstreckung einer nach Absatz 1 vollstreckbar gemachten Vereinbarung in einem anderen Mitgliedstaat werden durch diesen Artikel nicht berührt.

Artikel 7
Vertraulichkeit der Mediation

(1) Da die Mediation in einer Weise erfolgen soll, die die Vertraulichkeit wahrt, gewährleisten die Mitgliedstaaten, sofern die Parteien nichts anderes vereinbaren, dass weder Mediatoren noch in die Durchführung des Mediationsverfahrens eingebundene Personen gezwungen sind, in Gerichts- oder Schiedsverfahren in Zivil- und Handelssachen Aussagen zu Informationen zu machen, die sich aus einem Mediationsverfahren oder im Zusammenhang mit einem solchen ergeben, es sei denn,

a) dies ist aus vorrangigen Gründen der öffentlichen Ordnung (ordre public) des betreffenden Mitgliedstaats geboten, um insbesondere den Schutz des Kindeswohls zu gewährleisten oder eine Beeinträchtigung der physischen oder psychischen Integrität einer Person abzuwenden, oder

b) die Offenlegung des Inhalts der im Mediationsverfahren erzielten Vereinbarung ist zur Umsetzung oder Vollstreckung dieser Vereinbarung erforderlich.

(2) Absatz 1 steht dem Erlass strengerer Maßnahmen durch die Mitgliedstaaten zum Schutz der Vertraulichkeit der Mediation nicht entgegen.

Artikel 8
Auswirkung der Mediation auf Verjährungsfristen
(1) Die Mitgliedstaaten stellen sicher, dass die Parteien, die eine Streitigkeit im Wege der Mediation beizulegen versucht haben, im Anschluss daran nicht durch das Ablaufen der Verjährungsfristen während des Mediationsverfahrens daran gehindert werden, ein Gerichts- oder Schiedsverfahren hinsichtlich derselben Streitigkeit einzuleiten.
(2) Bestimmungen über Verjährungsfristen in internationalen Übereinkommen, denen Mitgliedstaaten angehören, bleiben von Absatz 1 unberührt.

Artikel 9
Information der breiten Öffentlichkeit
Die Mitgliedstaaten fördern mit allen ihnen geeignet erscheinenden Mitteln, insbesondere über das Internet, die Bereitstellung von Informationen für die breite Öffentlichkeit darüber, wie mit Mediatoren und Organisationen, die Mediationsdienste erbringen, Kontakt aufgenommen werden kann.

Artikel 10
Informationen über zuständige Gerichte und öffentliche Stellen
Die Kommission macht die Angaben über die zuständigen Gerichte und öffentlichen Stellen, die ihr die Mitgliedstaaten gemäß Artikel 6 Absatz 3 mitteilen, mit allen geeigneten Mitteln öffentlich zugänglich.

Artikel 11
Überprüfung
Die Kommission legt dem Europäischen Parlament, dem Rat und dem Europäischen Wirtschafts- und Sozialausschuss bis zum 21. Mai 2016 einen Bericht über die Anwendung dieser Richtlinie vor. In dem Bericht wird auf die Entwicklung der Mediation in der gesamten Europäischen Union sowie auf die Auswirkungen dieser Richtlinie in den Mitgliedstaaten eingegangen. Dem Bericht sind, soweit erforderlich, Vorschläge zur Anpassung dieser Richtlinie beizufügen.

Artikel 12
Umsetzung
(1) Die Mitgliedstaaten setzen vor dem 21. Mai 2011 die Rechts- und Verwaltungsvorschriften in Kraft, die erforderlich sind, um dieser Richtlinie nachzukommen; hiervon ausgenommen ist Artikel 10, dem spätestens bis zum 21. November 2010 nachzukommen ist. Sie setzen die Kommission unverzüglich davon in Kenntnis. Wenn die Mitgliedstaaten diese Vorschriften erlassen, nehmen sie in den entsprechenden Vorschriften selbst oder durch einen Hinweis bei der amtlichen Veröffentlichung auf diese Richtlinie Bezug. Die Mitgliedstaaten regeln die Einzelheiten der Bezugnahme.

(2) Die Mitgliedstaaten teilen der Kommission den Wortlaut der wichtigsten nationalen Rechtsvorschriften mit, die sie auf dem unter diese Richtlinie fallenden Gebiet erlassen.

Artikel 13 Inkrafttreten
Diese Richtlinie tritt am zwanzigsten Tag nach ihrer Veröffentlichung im Amtsblatt der Europäischen Union in Kraft.

Artikel 14
Adressaten
Diese Richtlinie ist an die Mitgliedstaaten gerichtet.
Geschehen zu Straßburg am 21. Mai 2008.

In Namen des Europäischen   Im Namen des Rates
Parlaments   Der Präsident
Der Präsident   J. LENARČIČ
H.-G. PÖTTERING

B. Mediationsgesetz (MediationsG)

Mediationsgesetz vom 21. Juli 2012 (BGBl. I S. 1577), das durch Artikel 135 der Verordnung vom 31. August 2015 (BGBl. I S. 1474) geändert worden ist.
Das Gesetz wurde als Artikel 1 des Gesetzes vom 21. Juli 2012 (BGBl. I S. 1577) vom Bundestag beschlossen. Es ist gem. Artikel 9 dieses Gesetzes am 26. Juli 2012 in Kraft getreten.

§ 1 Begriffsbestimmungen

(1) Mediation ist ein vertrauliches und strukturiertes Verfahren, bei dem Parteien mithilfe eines oder mehrerer Mediatoren freiwillig und eigenverantwortlich eine einvernehmliche Beilegung ihres Konflikts anstreben.

(2) Ein Mediator ist eine unabhängige und neutrale Person ohne Entscheidungsbefugnis, die die Parteien durch die Mediation führt.

§ 2 Verfahren; Aufgaben des Mediators

(1) Die Parteien wählen den Mediator aus.

(2) Der Mediator vergewissert sich, dass die Parteien die Grundsätze und den Ablauf des Mediationsverfahrens verstanden haben und freiwillig an der Mediation teilnehmen.

(3) Der Mediator ist allen Parteien gleichermaßen verpflichtet. Er fördert die Kommunikation der Parteien und gewährleistet, dass die Parteien in angemessener und fairer Weise in die Mediation eingebunden sind. Er kann im allseitigen Einverständnis getrennte Gespräche mit den Parteien führen.

(4) Dritte können nur mit Zustimmung aller Parteien in die Mediation einbezogen werden.

(5) Die Parteien können die Mediation jederzeit beenden. Der Mediator kann die Mediation beenden, insbesondere wenn er der Auffassung ist, dass eine eigenverantwortliche Kommunikation oder eine Einigung der Parteien nicht zu erwarten ist.

(6) Der Mediator wirkt im Falle einer Einigung darauf hin, dass die Parteien die Vereinbarung in Kenntnis der Sachlage treffen und ihren Inhalt verstehen. Er hat die Parteien, die ohne fachliche Beratung an der Mediation teilnehmen, auf die Möglichkeit hinzuweisen, die Vereinbarung bei Bedarf durch externe Berater überprüfen zu lassen. Mit Zustimmung der Parteien kann die erzielte Einigung in einer Abschlussvereinbarung dokumentiert werden.

§ 3 Offenbarungspflichten; Tätigkeitsbeschränkungen

(1) Der Mediator hat den Parteien alle Umstände offenzulegen, die seine Unabhängigkeit und Neutralität beeinträchtigen können. Er darf bei Vorliegen solcher Umstände nur als Mediator tätig werden, wenn die Parteien dem ausdrücklich zustimmen.

(2) Als Mediator darf nicht tätig werden, wer vor der Mediation in derselben Sache für eine Partei tätig gewesen ist. Der Mediator darf auch nicht während oder nach der Mediation für eine Partei in derselben Sache tätig werden.

(3) Eine Person darf nicht als Mediator tätig werden, wenn eine mit ihr in derselben Berufsausübungs- oder Bürogemeinschaft verbundene andere Person vor der Mediation in derselben Sache für eine Partei tätig gewesen ist. Eine solche andere Person darf auch nicht während oder nach der Mediation für eine Partei in derselben Sache tätig werden.

(4) Die Beschränkungen des Absatzes 3 gelten nicht, wenn sich die betroffenen Parteien im Einzelfall nach umfassender Information damit einverstanden erklärt haben und Belange der Rechtspflege dem nicht entgegenstehen.

(5) Der Mediator ist verpflichtet, die Parteien auf deren Verlangen über seinen fachlichen Hintergrund, seine Ausbildung und seine Erfahrung auf dem Gebiet der Mediation zu informieren.

§ 4 Verschwiegenheitspflicht

Der Mediator und die in die Durchführung des Mediationsverfahrens eingebundenen Personen sind zur Verschwiegenheit verpflichtet, soweit gesetzlich nichts anderes geregelt ist. Diese Pflicht bezieht sich auf alles, was ihnen in Ausübung ihrer Tätigkeit bekannt geworden ist. Ungeachtet anderer gesetzlicher Regelungen über die Verschwiegenheitspflicht gilt sie nicht, soweit

1. die Offenlegung des Inhalts der im Mediationsverfahren erzielten Vereinbarung zur Umsetzung oder Vollstreckung dieser Vereinbarung erforderlich ist,
2. die Offenlegung aus vorrangigen Gründen der öffentlichen Ordnung (ordre public) geboten ist, insbesondere um eine Gefährdung des Wohles eines Kindes oder eine schwerwiegende Beeinträchtigung der physischen oder psychischen Integrität einer Person abzuwenden, oder
3. es sich um Tatsachen handelt, die offenkundig sind oder ihrer Bedeutung nach keiner Geheimhaltung bedürfen.

Der Mediator hat die Parteien über den Umfang seiner Verschwiegenheitspflicht zu informieren.

§ 5 Aus- und Fortbildung des Mediators; zertifizierter Mediator

(1) Der Mediator stellt in eigener Verantwortung durch eine geeignete Ausbildung und eine regelmäßige Fortbildung sicher, dass er über theoretische Kenntnisse sowie praktische Erfahrungen verfügt, um die Parteien in sachkundiger Weise durch die Mediation führen zu können. Eine geeignete Ausbildung soll insbesondere vermitteln:

1. Kenntnisse über Grundlagen der Mediation sowie deren Ablauf und Rahmenbedingungen,
2. Verhandlungs- und Kommunikationstechniken,
3. Konfliktkompetenz,

4. Kenntnisse über das Recht der Mediation sowie über die Rolle des Rechts in der Mediation sowie

5. praktische Übungen, Rollenspiele und Supervision.

(2) Als zertifizierter Mediator darf sich bezeichnen, wer eine Ausbildung zum Mediator abgeschlossen hat, die den Anforderungen der Rechtsverordnung nach § 6 entspricht.

(3) Der zertifizierte Mediator hat sich entsprechend den Anforderungen der Rechtsverordnung nach § 6 fortzubilden.

§ 6 Verordnungsermächtigung

Das Bundesministerium der Justiz und für Verbraucherschutz wird ermächtigt, durch Rechtsverordnung ohne Zustimmung des Bundesrates nähere Bestimmungen über die Ausbildung zum zertifizierten Mediator und über die Fortbildung des zertifizierten Mediators sowie Anforderungen an Aus- und Fortbildungseinrichtungen zu erlassen. In der Rechtsverordnung nach Satz 1 können insbesondere festgelegt werden:

1. nähere Bestimmungen über die Inhalte der Ausbildung, wobei eine Ausbildung zum zertifizierten Mediator die in § 5 Absatz 1 Satz 2 aufgeführten Ausbildungsinhalte zu vermitteln hat, und über die erforderliche Praxiserfahrung;

2. nähere Bestimmungen über die Inhalte der Fortbildung;

3. Mindeststundenzahlen für die Aus- und Fortbildung;

4. zeitliche Abstände, in denen eine Fortbildung zu erfolgen hat;

5. Anforderungen an die in den Aus- und Fortbildungseinrichtungen eingesetzten Lehrkräfte;

6. Bestimmungen darüber, dass und in welcher Weise eine Aus- und Fortbildungseinrichtung die Teilnahme an einer Aus- und Fortbildungsveranstaltung zu zertifizieren hat;

7. Regelungen über den Abschluss der Ausbildung;

8. Übergangsbestimmungen für Personen, die bereits vor Inkrafttreten dieses Gesetzes als Mediatoren tätig sind.

§ 7 Wissenschaftliche Forschungsvorhaben; finanzielle Förderung der Mediation

(1) Bund und Länder können wissenschaftliche Forschungsvorhaben vereinbaren, um die Folgen einer finanziellen Förderung der Mediation für die Länder zu ermitteln.

(2) Die Förderung kann im Rahmen der Forschungsvorhaben auf Antrag einer rechtsuchenden Person bewilligt werden, wenn diese nach ihren persönlichen und wirtschaftlichen Verhältnissen die Kosten einer Mediation nicht, nur zum Teil oder nur in Raten aufbringen kann und die beabsichtigte Rechtsverfolgung oder Rechtsverteidigung nicht mutwillig erscheint. Über den Antrag entscheidet das für das Verfahren zuständige Gericht, sofern an diesem Gericht ein Forschungsvorhaben durchgeführt wird. Die Entscheidung ist unanfechtbar. Die Einzelhei-

ten regeln die nach Absatz 1 zustande gekommenen Vereinbarungen zwischen Bund und Ländern.

(3) Die Bundesregierung unterrichtet den Deutschen Bundestag nach Abschluss der wissenschaftlichen Forschungsvorhaben über die gesammelten Erfahrungen und die gewonnenen Erkenntnisse.

§ 8 Evaluierung

(1) Die Bundesregierung berichtet dem Deutschen Bundestag bis zum 26. Juli 2017, auch unter Berücksichtigung der kostenrechtlichen Länderöffnungsklauseln, über die Auswirkungen dieses Gesetzes auf die Entwicklung der Mediation in Deutschland und über die Situation der Aus- und Fortbildung der Mediatoren. In dem Bericht ist insbesondere zu untersuchen und zu bewerten, ob aus Gründen der Qualitätssicherung und des Verbraucherschutzes weitere gesetzgeberische Maßnahmen auf dem Gebiet der Aus- und Fortbildung von Mediatoren notwendig sind.

(2) Sofern sich aus dem Bericht die Notwendigkeit gesetzgeberischer Maßnahmen ergibt, soll die Bundesregierung diese vorschlagen.

§ 9 Übergangsbestimmung

(1) Die Mediation in Zivilsachen durch einen nicht entscheidungsbefugten Richter während eines Gerichtsverfahrens, die vor dem 26. Juli 2012 an einem Gericht angeboten wird, kann unter Fortführung der bisher verwendeten Bezeichnung (gerichtlicher Mediator) bis zum 1. August 2013 weiterhin durchgeführt werden.

(2) Absatz 1 gilt entsprechend für die Mediation in der Verwaltungsgerichtsbarkeit, der Sozialgerichtsbarkeit, der Finanzgerichtsbarkeit und der Arbeitsgerichtsbarkeit.

Literaturverzeichnis

Ade, Juliane / Schroeter, Kirsten, Kollegiale Beratung in der Gerichtlichen Mediation, in: Glässer, Ulla / Schroeter, Kirsten (Hrsg.), Gerichtliche Mediation: Grundsatzfragen, Etablierungserfahrungen und Zukunftsperspektiven, Baden-Baden, 2011, S. 323 ff.

Ahrens, Martin, Mediationsgesetz und Güterichter, Neue gesetzliche Regelungen der gerichtlichen und außergerichtlichen Mediation, NJW 2012, S. 2465 ff.

Amtsgericht Salzgitter, Güterichterverhandlung im Gerichtsverfahren, <http://www.amtsgericht-salzgitter.niedersachsen.de/portal/live.php?navigation_id=17292&article_id=65840&_psmand=106> (abgerufen am 28.03.2016).

Baechler, Günther / Frieden, Jörg, Nepal – Entwicklungszusammenarbeit und Konflikttransformation, Schweizerisches Jahrbuch für Entwicklungspolitik (25) 2/2006, S. 189 ff.

Ballreich, Rudi / Glasl, Friedrich, Konfliktmanagement und Mediation in Organisationen, Ein Lehr- und Übungsbuch mit Filmbeispielen auf DVD, Stuttgart, 2011.

Bargen, Jan Malte von, Gerichtsinterne Mediation, Eine Kernaufgabe der rechtsprechenden Gewalt, Tübingen, 2008.

Bargen, Jan Malte von, Gesetzliche Grundlagen gerichtsinterner Mediation, in: Glässer, Ulla / Schroeter, Kirsten (Hrsg.), Gerichtliche Mediation: Grundsatzfragen, Etablierungserfahrungen und Zukunftsperspektiven, Baden-Baden, 2011, S. 29 ff.

Bauer, Günter, Entwicklung bei den Allgemeinen Bedingungen für die Rechtsschutzversicherung bis Anfang 2015, NJW 2015, S. 1651 ff.

Baumbach, Adolf / Lauterbach, Wolfgang / Albers, Jan / Hartmann, Peter, Zivilprozessordnung, Kommentar, mit FamFG, GVG und anderen Nebengesetzen, 74. Auflage, München, 2016 (zitiert: Baumbach/Lauterbach/Albers/Hartmann, ZPO).

Bayerisches Staatsministerium der Justiz, Nachricht an die bayerischen Mediationsbeauftragten zum Thema: Gesetz zur Förderung der Mediation und anderer Verfahren der außergerichtlichen Streitbeilegung vom 28.08.2014, S. 1–3.

Beck, Lucia, Mediation und Vertraulichkeit, Frankfurt, 2009.

Beck'sche Online-Formulare Zivilrecht, hrsg. von Sefrin, Ulrich, 14. Edition, 2015, abrufbar unter <www.beck-online.de> (zitiert: *Bearbeiter* in: Beck'sche Online-Formulare Zivilrecht).

Beck'scher Online-Kommentar FamFG, hrsg. von Hahne, Meo-Micaela / Munzig, Jörg, 17. Edition, Stand: 01.10.2015, abrufbar unter <www.beck-online.de> (zitiert: *Bearbeiter* in: BeckOK FamFG).

Beck'scher Online-Kommentar ZPO, hrsg. von Vorwerk, Volker / Wolf, Christian, 19. Edition, Stand: 01.12.2015, abrufbar unter <www.beck-online.de> (zitiert: *Bearbeiter* in: BeckOK ZPO).

beck-aktuell Gesetzgebung, Entwicklungsgeschichte zum Gesetz zur Förderung von Mediation und anderer Verfahren der außergerichtlichen Konfliktbeilegung, <http://rsw.beck.de/aktuell/gesetzgebung/gesetzgebungsvorhaben-entwicklungsgeschichte/mediationsgesetz> (abgerufen am 22.01.2016).

Benesch, Brigit, Der Güterichter nach § 36 Absatz V FamFG – Erfahrungen und Möglichkeiten im familiengerichtlichen Verfahren, NFZ 2015, S. 807 ff.

Blankenberg/ Klausa/ Rottleuthner (Hrsg.), Alternative Rechtsformen und Alternativen zum Recht, 1980.

Blankenberg/ Klausa/ Rottleuthner (Hrsg.), Alternativen in der Ziviljustiz, 1982.

Blog Mediation, DAV, Vorsicht bei Mogelpackungen in der Rechtsschutzversicherung, 28.10.2011, DAV-P<http://blog.mediation.de/2011/10/vorsicht-bei-mogelpackungen-in-der-rechtsschutzversicherung/> (abgerufen am 12.01.2016).

Billings, Roger, The American Legal System, Wien, 2015.

Bischof, Hans H. / **Bräuer, Antje** / **Curkovic, Jarka** / **Jungbauer, Sabine** / **Klippstein, Doreen,** RVG Kommentar, 7. Auflage 2016 (zitiert: *Bearbeiter* in: Bischof/Bräuer u.a., RVG).

Bösch, Axel / **Lobschat, Jens Michael,** Haftungsfalle Mediation? - Vertraulichkeitsschutz als Herausforderung für den Anwalt, SchiedsVZ 2014, S. 190 ff.

BRAK, Stellungnahme der Bundesrechtsanwaltskammer zum Referentenentwurf eines Gesetzes zur Förderung der Mediation und anderer Verfahren der außergerichtlichen Konfliktbeilegung, Stellungnahme Nr. 27/2010, <http://www.brak.de/zur-rechtspolitik/stellungnahmen-pdf/stellungnahmen-deutschland/2010/oktober/stellungnahme-der-brak-2010-27.pdf> (abgerufen am 28.07.2015).

Breidenbach, Stephan / **Glässer, Ulla,** Das Prinzip der Selbstverantwortung, Hagen, 2011.

Breidenbach, Stephan / **Perez, Holger,** Die DIS-Mediationsordnung, SchiedsVZ 2010, S. 125 ff.

Breitkreuz, Tilman / **Fichte, Wolfgang** (Hrsg.), Sozialgerichtsgesetz, Kommentar, 2. Auflage, Berlin, 2014 (zitiert: *Bearbeiter* in: Breitkreuz/Fichte, SGG).

Broda, Michael / **Senf, Wolfgang,** Praxis der Psychotherapie, Ein integratives Lehrbuch, 5. Auflage, Stuttgart, 2011.

Bruhn, Isabella, Collaborative Pratice - Eine neue Alternative Streitbeilegungsmethode mit großem Potenzial, NJOZ 2008, S. 1726 ff.

Bundes-Arbeitsgemeinschaft für Familien-Mediation, Mediationskostenhilfe, 2006, abrufbar unter <bafm-mediation.de/wichtige-texte>.

Bundesministerium der Justiz und für Verbraucherschutz, Mediation als Verfahren konsensualer Konfliktbeilegung; Regelungen im Verfahrens- und Berufsrecht, <http://www.bmj.de/DE/Ministerium/Rechtspflege/MediationSchlichtungInternationaleKonflikteKindschaftssachen/_doc/mediation_als_verfahren_konsensualer_streitbeilegung.html?nn=3779772> (abgerufen am 09.12.2015).

Bundesministerium für Arbeit und Soziales, Statistik der Arbeitsgerichtsbarkeit 2013, abrufbar auf der Webseite <http://www.bmas.de/DE/Themen/Arbeitsrecht/Statistik-zur-Arbeitsgerichtsbarkeit/statistik-zur-arbeitsgerichtsbarkeit.html> (abgerufen am 10.12.2015).

Bundesministeriums der Justiz und für Verbraucherschutz, Entwurf einer Verordnung über die Aus- und Fortbildung von zertifizierten Mediatoren (Zertifizierte-Mediatoren-Ausbildungs-Verordnung – ZMediatAusbV), 2014, abrufbar unter <http://blog.mediation.de/wp-content/uploads/2014/02/Verordnungsentwurf_ueber_die_Aus_und_Fortbildung_von_zertifizierten_Mediatoren.pdf> (abgerufen am 29.01.2016).

Bundesministerium für Jusitz Österreich, Mediatorenliste, <http://www.mediatoren.justiz.gv.at/mediatoren/mediatorenliste.nsf/docs/home> (abgerufen am 29.03.2016).

Bundesrechtsanwaltskammer, Rechtsanwaltsvergütung, <http://www.brak.de/fuer-verbraucher/kosten/anwaltsverguetung/> (abgerufen am 20.03.2016).

Carl, Eberhard, Vom richterlichen Mediator zum Güterichter, ZKM 2012, S. 16 ff.

Chambers, Mortimer (Hrsg.), Aristoteles, Staat der Athener, Werke in deutscher Übersetzung, übersetzt und erläutert von Mortimer Chambers, Berlin, 1990.

DBVC, Definition Coaching: <www.dbvc.de/der-verband/ueber-uns/definition-coaching.html> (abgerufen am 01.02.2016).

Decker-Theiss, Tanja, Rechtsprobleme der Trennungs- und Scheidungsmediation, (Diss.) Universität des Saarlandes, 2004.

Deutscher Anwaltverein (DAV), Stellungnahme (SN 58/10) des Deutschen Anwaltvereins durch die Ausschüsse Außergerichtliche Konfliktbeilegung (unter Mitwirkung des Geschäftsführenden Ausschusses der Arbeitsgemeinschaft Mediation), Steuerrecht und Zivilverfahrensrecht zum Referentenentwurf des Bundesministeriums der Justiz Gesetz zur Förderung der Mediation und anderer Verfahren der außergerichtlichen Konfliktbeilegung (Mediationsgesetz) Aktenzeichen: R A 7 – 9340/17-2-R4 554/2010, 2010, abrufbar im Internet unter <http://anwaltverein.de/de/newsroom?newscategories=3&startDate=&endDate=11.02.2016&searchKeywords=Mediationsgesetz> (abgerufen am 10.01.2016).

Deutscher Anwaltverein (DAV), Vorsicht bei Mogelpackungen in der Rechtsschutzversicherung, 28.10.2011, DAV-P<http://blog.mediation.de/2011/10/vorsicht-bei-mogelpackungen-in-der-rechtsschutzversicherung/> (abgerufen am 12.01.2016).

Deutscher Anwaltverein (DAV), Anwaltstag <http://anwaltverein.de/downloads/ Anwaltstag/DAT-2010/Anlage-PM-2.pdf> (abgerufen am 27.12.2015).

Deutscher Bundesverband Coaching e.V. (DBVC), Definition Coaching, <www.dbvc.de/der-verband/ueber-uns/definition-coaching.htm> (abgerufen am 31.01.2016).

Doench, Holke-Leonie, Mediation als kindgerechtes Verfahren, Studien zum deutschen und internationalen Familien- und Erbrecht, Frankfurt am Main, 2014.

Dörflinger-Khashman, Nadia, Nachhaltige Gewinne aus der Mediation für Individuum und Organisation: Theorie und Praxis eines Transfer-orientierten Prozesses, Bern, 2010.

Dralle, Dorothee, Angemessenes Honorar für eine anwaltliche Mediation - sinnvolle Inhalte einer Gebührenvereinbarung, Berliner Anwaltsblatt 2012, S. 263 ff.

Driehaus, Hans-Dieter, Gemeinsame Gespräche und Einzelgespräche in der Wirtschaftsmediation, GewerbeArchiv 2005, S. 94 ff.

Duden, Online-Wörterbuch, <http://www.duden.de/rechtschreibung/Woerterbuch>.

Dürschke, Joachim / Friedrich, Nikola, Das neue Güterichterverfahren, Sozialrecht aktuell 2013, S. 12 ff.

Dürschke, Joachim, Güterichter statt Mediator – Güteverhandlung und Mediation im sozialgerichtlichen Verfahren, NZS 2013, S. 41 ff.

Duss-von Werdt, Josef / Mähler, Hans-Georg / Mähler, Gisela (Hrsg.), Mediation – die andere Scheidung – Ein interdisziplinärer Überblick, Stuttgart, 1995 (zitiert: *Bearbeiter* in: Duss-von Werdt/Mähler/Mähler).

Duss-von Werdt, Josef, Mediation in Europa, Studienbrief, Hagen, 2009

Duve, Christian/ Zürn, Andreas, Gemeinsame Gespräche oder Einzelgespräche?- Vom Nutzen des Beistuhlverfahrens in der Mediation, ZKM, 2001, S. 108 ff.

Effer-Uhe, Daniel, Prozess- oder Verfahrenskostenhilfe für die gerichtsnahe Mediation, NJW 2013, S. 3333 ff.

Eidenmüller, Horst / Wagner, Gerhard, Mediationsrecht, Köln, 2015.

Eisele, Jörg, Außergerichtliche Streitbeilegung und Mediation, JURA 2003, S. 656 ff.

Eisele, Jörg, Öffentliche Streitbeilgungsverfahren – Zwischen Mediation, Schlichtung, Moderation und Schaulaufen der Akteure, ZRP 2011, S. 113 ff.

Endres, Horst-Reiner, Anwaltsvergütung im Zusammenhang mit einer Mediation, JurBüro 2013, S. 225 ff.

Erfurter Kommentar zum Arbeitsrecht, begr. von Dieterich, Thomas/Hanau, Peter/Schaub, Günter, hrsg. von Müller-Glöge, Rudi/Preis, Ulrich/Schmidt, Ingrid 15. Auflage, München, 2015 (zitiert: *Bearbeiter* in: Erfurter Kommentar zum Arbeitsrecht).

Etscheit Nicole in: Glässer/Schroeter, Gerichtliche Mediation: Grundsatzfragen, Etablierungserfahrungen und Zukunftsperspektiven, 2011, S. 143 ff.

Europäischer Verhaltenskodex für Mediatoren, <http://ec.europa.eu/civiljustice/adr/adr_ec_code_conduct_de.pdf> (abgerufen am 04.03.16).

Ewig, Eugen, Mediationsgesetz 2012: Aufgabe und Rolle des beratenden Anwalts, ZKM 2012, S. 4 ff.

Faller, Kurt, in: Trenczek, Thomas / Berning, Detlev / Lenz, Christina (Hrsg.), Mediation und Konfliktmanagement, Baden-Baden 2013, S. 555 ff.

Fischer, Christian / Unberath, Hannes (Hrsg.), Das neue Mediationsgesetz – Rechtliche Rahmenbedingungen der Mediation (Tagung vom 7./8. Oktober 2011 in Jena), München, 2013 (zitiert: *Bearbeiter* in: Fischer/Unberath, Das neue Mediationsgesetz).

Fisher, Roger / Ury, William / Patton, Bruce, Das Harvard-Konzept, Der Klassiker der Verhandlungstechnik, 23. Auflage, Frankfurt am Main, 2009.

Francken, Johannes Peter, Das Arbeitsgericht als Multi-Door-Courthouse, NJW 2006, S. 1103 ff.

Francken, Johannes Peter, Das Gesetz zur Förderung der Mediation und das arbeitsgerichtliche Verfahren, NZA 2012, S. 836 ff.

Francken, Johannes Peter, Der Entwurf des Gesetzes zur Förderung der Mediation und die gerichtsinterne Mediation im arbeitsgerichtlichen Verfahren, NZA 2011, S. 1001 ff.

Francken, Johannes Peter, Erforderliche Nachbesserungen im Mediationsgesetz und im Arbeitsgerichtsgesetz, NZA 2012, S. 249 ff.

Francken, Johannes Peter, Erste Praxiserfahrungen mit dem nicht entscheidungsbefugten Güterichter gemäß § 54 VI ArbGG, NZA 2015, S. 641 ff.

Frankfurter Rundschau vom 03.04.2013, http://www.bmev.de/fileadmin/downloads/presse/fr-online_RV_Mediation_statt_Prozess_20130403_.pdf> (abgerufen am 08.02.2016).

Frauenberger-Pfeiler, Ulrike / Schuster, Mathias, Das Recht der Mediation in Österreich, Mediator 2014, S. 20 ff.

Fritz, Roland / Pielsticker, Dietrich, Mediationsgesetz, Kommentar, Handbuch, Mustertexte, Köln, 2013.

Fritz, Roland / Schröder, Hans-Patrick, Der Güterichter als Konfliktmanager im staatlichen Gerichtssystem, NJW 2014, S. 1910.

Fritz, Roland, Rechtliche Einschätzungen und Lösungsvorschläge des Güterichters - gesetzliches Gebot oder Regelverstoß?, ZKM 2015, S. 10 ff.

Fritz, Roland, Vom mühsamen Weg der Etablierung des Güterichters in der Verwaltungsgerichtsbarkeit, BDVR-Rundschreiben 2013, S. 4 ff.

Geisler, Herbert in: Prütting/Gehrlein, ZPO, 7. Auflage 2015, § 278 ZPO.

Georges, Karl Ernst, Ausführliches lateinisch-deutsches und deutsch-lateinisches Handwörterbuch, 1880.

Gerichtliche Mediation in Berlin (GMB), Bericht der Arbeitsgruppe Mediation bei den Berliner Gerichten, 2005, abrufbar im Internet über yumpu.com: <https://www.yumpu.com/de/document/view/16416368/gmb-bericht-der-arbeitsgruppe-mediation-bei-den-berliner-gerichten> (abgerufen am 02.03.2016).

Gerold, Wilhelm / Schmidt, Herbert, Rechtsanwaltsvergütungsgesetz, RVG, Kommentar, 22. Auflage 2015 (zitiert: *Bearbeiter* in: Gerold/Schmidt, RVG).

Glasl, Friedrich, Konfliktmanagement, Ein Handbuch für Führungskräfte, Beraterinnen und Berater, 11. Auflage, Bern, 2013.

Glasl, Friedrich, Selbsthilfe in Konflikten: Konzepte, Übungen, Praktische Methoden., 6. Auflage, Stuttgart 2011.

Glässer, Ulla / Schroeter, Kirsten (Hrsg.), Gerichtliche Mediation: Grundsatzfragen, Etablierungserfahrungen und Zukunftsperspektiven, Baden-Baden, 2011 (zitiert: *Bearbeiter* in: Glässer/Schroeter, Gerichtliche Mediation: Grundsatzfragen, Etablierungserfahrungen und Zukunftsperspektiven).

Goltermann, Nils / Hagel, Ulrich / Klowait, Jürgen / Levien, Dan-Alexander, „Das neue Mediationsgesetz" aus Unternehmenssicht, SchiedsVZ 2013, S. 41 ff.

Götz von Olenhusen, Peter, Mediation beim Güterichter – Gedanken zur Erweiterung des richterlichen Methodenspektrums, in: Habersack, Mathias / Huber, Karl / Spindler, Gerald (Hrsg.), Festschrift für Eberhard Stilz zum 65. Geburtstag, München, 2014.

Gräber, Fritz / Herbert, Ulrich, Finanzgerichtsordnung, mit Nebengesetzen, Kommentar, 8. Auflage, München, 2015 (zitiert: *Bearbeiter* in: Gräber/Herbert, FGO).

Graf-Schlicker, Marie Luise, Die EU-Richtlinie zur Mediation – zum Stand der Umsetzung, ZKM 2009, S. 83 ff.

Greger, Reinhard / Unberath, Hannes, Mediationsgesetz, Recht der alternativen Konfliktlösung, Kommentar, München, 2012 (zitiert: *Greger/Unberath*, MediationsG).

Greger, Reinhard / Weber, Harriet, Das neue Güterichterverfahren, Arbeitshilfe für Richter, Rechtsanwälte und Gerichtsverwaltung, Sonderheft zu MDR 2012, Heft 18.

Greger, Reinhard, Abschlussbericht zur Evaluation des Modellversuchs Güterichter 2007, <http://www.reinhard-greger.de/dateien/gueterichter-abschlussbericht.pdf> (abgerufen am 15.01.2016).

Greger, Reinhard, Alternative Konfliktlösung im gerichtlichen Verfahren, Neue Wege – neue Chancen, Mediationstag München am 26.11.2013.

Greger, Reinhard, Die Reglementierung der Selbstregulierung. Zum Referentenentwurf eines Mediationsgesetzes, ZRP 2010, 209, S. 213 ff.

Greger, Reinhard, Differenzierte Konfliktbehandlung, <http://www.gueterichterforum.de/gueterichter-konzept/differenzierte-konfliktbehandlung/> (abgerufen am 01.08.2015).

Greger, Reinhard, Empfehlungen zur Organisation des Güterichterverfahrens und zur Aus- und Fortbildung der Güterichter, <http://www.gueterichter-forum.de/gueterichter-konzept/praktische-umsetzung/bayern-empfehlungen-der-ag/> (abgerufen am 01.12.2015).

Greger, Reinhard, Mediation und Gerichtsverfahren in Sorge- und Umgangsrechtskonflikten, Pilotstudie zum Vergleich von Kosten und Folgekosten, 2010, <http://www.reinhard-greger.de/dateien/ikv3.pdf> (abgerufen am 23.02.2016).

Greger, Reinhard, Thema: Kosten, <http://www.gueterichter-forum.de/themen-fragen-meinungen/kosten/> (abgerufen am 18.02.2016)

Greger, Reinhard, Unter falscher Flagge - Zum Fehlgebrauch des Mediationsbegriffs und seinen Folgen, ZKM 2015, S. 172 ff.

Greger, Reinhard, Verweisung vor den Güterichter und andere Formen konsensorientierter Prozessleitung, MDR 2014, S. 993 ff.

Grieger, Winfried, Mediation und Gerichtsverfahren im Vergleich, <http://www.mediation.de/images/Mediation_und_Gerichtsverfahren_im_Vergleich-data.pdf> (abgerufen am 11.11.2015).

Grieger, Winfried, Mediation und Gerichtsverfahren im Vergleich, <http://www.essen.ihk24.de/linkableblob/eihk24/recht_und_steuern/downloads/1654916/.3./data/Mediation_und_Gerichtsverfahren_im_Vergleich-data.pdf>, oder <http://www.mediation.de/images/Mediation_und_Gerichtsverfahren_im_Vergleich-data.pdf> (abgerufen am 25.03.2016).

Grillo, Trina, Mediation als Alternative? – Risiken des Mediationsverfahrens für Frauen, STREIT 2001, S. 91 ff.

Grimm, Dieter / Hagenah, Evelyn, Wachsende Staatsaufgaben – sinkende Steuerungsfähigkeit des Rechts, Baden-Baden, 1990.

Groth, Klaus-Martin / Bubnoff, D. V., Gibt es „gerichtsfeste" Vertraulichkeit bei der Mediation?, NJW 2001, S. 338 ff.

Grundmann, Birgit, Eröffnung des ersten gemeinsamen Mediationskongresses, Rede der Staatssekretärin des Bundesministeriums der Justiz Dr. Birgit Grundmann zur Eröffnung des ersten gemeinsamen Mediationskongresses am 16. November 2012 in Ludwigsburg, 2012, <http://www.mediation-erleben.de/data/_uploaded/image/Rede_Grundmann_Ludwigsburg.pdf> (abgerufen am 15.01.2016).

Güterichter-Forum, Thema Vertraulichkeit, <http://www.gueterichter- forum.de/themen-fragen-meinungen/vertraulichkeit/> (abgerufen am 15.03.2016).

Habermas, Jürgen, Theorie des kommunikativen Handelns, Zur Kritik der funktionalistischen Vernunft, Berlin, 1981.

Hacke, Andreas, Der ADR-Vertrag, Vertragsrecht und vertragliche Gestaltung der Mediation und anderer alternativer Konfliktlösungsverfahren, Heidelberg, 2001.

Haffke, Bernhard, Legalität von Mediation im deutschen Rechtsraum, in: Dussvon Werdt, Josef / Mähler, Gisela / Mähler, Hans-Georg (Hrsg.), Mediation: Die andere Scheidung. Ein disziplinärer Überblick, Stuttgart, 1995, S. 65 ff.

Haft, Fritjof / Schlieffen, Katharina von, Handbuch Mediation, München 2002 (zitiert: Bearbeiter in: Haft/Schlieffen, Handbuch Mediation, 2002).

Haft, Fritjof / Schlieffen, Katharina von, Handbuch Mediation, München 2. Auflage 2009 (zitiert: Bearbeiter in: Haft/Schlieffen, Handbuch Mediation, 2009).

Haft, Fritjof / Schlieffen, Katharina von, Handbuch Mediation, München 3. Auflage 2016 (zitiert: *Bearbeiter* in: Haft/Schlieffen, Handbuch Mediation).

Haft, Fritjof, Verhandlung und Mediation, 2. Auflage, München, 2000.

Hagel, Ulrich, Effizienzgewinnung durch rationale Auswahl des Streitbeilegungsverfahrens, ADR-Verfahren im Vergleich, ZKM 2014, S. 108 ff.

Hammacher, Peter, Rechtsanwälte: Widerstand gegen Mediation abbauen, SchiedsVZ 2008, S. 30 ff.

Hammacher, Peter, Umweltmediation im Gesetz angekommen!, Mediator 2015, S. 27 ff.

Handelskammer Hamburg, Honorarordnung, <http://www.hk24.de/recht_und_ steuern/schiedsgerichtemediationschlichtung/mediation/mediationsstelle/regularien/363566/honorarordnung.html> (abgerufen am 30.12.2015).

Hartmann, Peter, Kostengesetze, Kommentar, 45. Auflage, München 2015.

Hartmann, Peter, Mediationsnovelle und Gericht, MDR 2012, S. 941 ff.

Hehn, Marcus, Entwicklung und Stand der Mediation – ein historischer Überblick, in: Haft, Fritjof / von Schlieffen, Katharina, Handbuch Mediation, München, 2002.

Heilmann, Stefan (Hrsg.), Praxiskommentar Kindschaftsrecht, Köln, 2015 (zitiert: *Bearbeiter* in: Heilmann, Praxiskommentar Kindschaftsrecht).

Heim, Jürgen, Shuttlemediation – Mediation oder Technik?, Teil 1, 2013, <https:// www.mediationaktuell.de/news/shuttlemediation-mediation-oder-technik-teil-i> (abgerufen am 12.08.2015).

Henniges, Soeren, Pilotprojekt: Rechtsschutzversicherung und Mediation, Mediator 2014, S. 16 ff.

Henssler, Martin / Deckenbrock, Christian, Das neue Mediationsgesetz: Mediation ist und bleibt Anwaltssache!, DB 2012, S. 159 ff., http://www.der-betrieb. de/content/dft,222,464855 (abgerufen am 12.01.2016).

Hess, Burkhard, Mediation und andere Formen konsensualer Streitbeilegung – Regelungsbedarf im Verfahrens- und Berufsrecht, Beilage zur NJW, Heft 21/2008, S. 26 ff.

Hinrichs, Ulrike (Hrsg.), Praxishandbuch Mediationsgesetz, Berlin/Boston, 2014 (zitiert: *Bearbeiter* in: Hinrichs, Praxishandbuch Mediationsgesetz).

Hirtz, Bernd, Die Zukunft des Zivilprozesses, NJW 2014, S. 2529 ff.

Hofmann, Franz, Vertraulichkeit in der Mediation, SchiedsVz 2012, S. 148 ff.

Hohmann, Jutta, Mediation ist beim Bundesjustizministerium angelangt, Spektrum der Mediation 2008, S. 35 ff.

Hohmann, Jutta, Wege der Streitbeilegung aus Sicht der Anwaltschaft, FRP 2004, S. 168 ff.

Hölzer, Camilla, Mediation im Steuerverfahren, ZKM 2012, S. 199 ff.

Hommerich, Christoph / Kriele, Dorothea, Marketing für Mediation: Ergebnisse einer Befragung der Mitglieder der Arbeitsgemeinschaft Mediation im Deutschen Anwaltverein, Soldan Institut für Anwaltsmanagement, 2004.

Hopf, Gerhard, Das Zivilrechts-Mediations-Gesetz, ÖJZ 2004, S. 41 ff.

Hopt, Klaus J. / Steffek, Felix, Mediation – Rechtstatsachen, Rechtsvergleich, Regelungen, Tübingen, 2008.

Horstmeier, Gerrit, Das neue Mediationsgesetz, München, 2013.

Ihde, Katja, Mediation, Freiburg/Planegg/München, 2012.

IHK Niederrhein, Merkblatt Außergerichtliche Streitbeilegung, <http://www.ihk-niederrhein.de/downloads/ihk/Merkblatt_Aussergerichtliche_Streitbeilegung. pdf> (abgerufen am 28.03.2016).

Insam Alexander / Lichtenauer, Bernd u. a., Best Practice Konflikt(kosten)-Management, Unternehmerschaft Düsseldorf, 2012.

Insitiut für Demoskopie Allensbach, ROLAND Rechtsreport 2010, Einstellung der Bevölkerung zum deutschen Rechtssystem und zur Mediation, 2010, <http:// www.ifd-allensbach.de/uploads/tx_studies/7570_Roland_Rechtsreport_2010. pdf> (abgerufen am 03.03.2014).

Institut für Konfliktmanagement der Europa-Universität Viadrina Frankfurt (Oder), Begleitforschung zur Pilotierungsphase der Gerichtlichen Mediation in Brandenburg, 2011, <https://www.ikm.europa-uni.de/de/publikationen/ Abschlussbericht_Evaluation-Ger_Med_Bbg_.pdf> (abgerufen am 01.01.2015).

Integrierte Mediation, Vom Verfahrensrecht zum Berufsrecht?, abrufbar im Internet auf der Webseite <http://www.in-mediation.eu/beruf> (abgerufen am 01.01.2016).

Invantis, Natalie, Die Stellung des Kindes in auf Einvernehmen zielenden gerichtlichen und außergerichtlichen Verfahren in Kindschaftssachen, Frankfurt am Main, 2012.

Jahn, Joachim, Schlichter statt Richter, FAZ.net, 12.01.2016, <http://www.faz.net/ aktuell/wirtschaft/recht-steuern/kommentar-schlichter-statt-richter-14006794. html> (abgerufen am 17.01.2016).

Janisch, Wolfgang, Konsens statt Konflikt – Bundestag berät über Gesetz zur außergerichtlichen Mediation, Süddeutsche Zeitung vom 15.12.2011, <http://www.onleihe.de/static/content/sz/20111215/SZ20111215/vSZ20111215.pdf> (abgerufen am 15.03.2016).

Jansen, Nicola, Die außergerichtliche obligatorische Streitschlichtung nach § 15a EGZPO, St. Augustin, 2000.

Jansen, Nicola, Die historische Entwicklung des Güteverfahrens in Deutschland, ZKM 2003, S. 24 ff.

Jung, Frederike / Kill, Klaus Peter, Ein Jahr Mediationsgesetz – Vom Nutzen und Nachteil von Anbieter und Verbraucher, Konfliktdynamik 2013, S. 312 ff.

Jung, Frederike, Unter Zeitdruck: Die Kurzzeitmediation – Was spart sie ein, und was spart sie aus?, ZKM 2013, S. 63 ff.

Kanzlei Bossert, Güteverfahren oder Mediationsverfahren, <http://www.kanzlei-bossert.de/gütestelle/güteverfahren-oder-mediationsverfahren/> (abgerufen am 15.01.2016).

Katzenmeier, Christian, Zivilprozess und außergerichtliche Streitbeilegung, ZZP 2002, S. 51 ff.

Kelly, Joan B., Psychological and legal interventions for parents and children in custody and access disputes – current research and practice 2002/2003, Virginia Journal of Social Policy & the Law, 10, S. 129 ff.

Kessen, Stefan / Troja, Markus, Die Phasen und Schritte der Mediation als Kommunikationsprozess, in: Haft, Fritjof / Schlieffen, Katharina von (Hrsg.), Handbuch Mediation, 2. Auflage 2009, § 13 S. 293 ff.

Kilian, Matthias / Hoffmann, Hannah, Das Gesetz zur Förderung der Mediation – nomen est omen?, ZKM 2015, S. 176 ff.

Kilian, Matthias, Fiskalische Interessen und obligatorische Mediation – Erfahrungen mit der Family Mediation in England und Wales, FamRZ 2000, S. 1006 ff.

Kirchhoff, Lars / Schroeter, Kirsten, Lehrmodul 4 – „Mediationswissenschaft? Zwischen Wissenschaftstheorie und Pragmatismus", ZKM 2006, S. 56 ff.

Kirchhoff, Susanne, Ein kleiner Schritt für den Gesetzgeber, aber ein großer für die Mediation?, Entstehung und Hintergründe des Nds. Mediations- und Gütestellengesetzes, ZKM 2008, S. 138 ff.

Klamt, Antje / Moltmann-Willisch, Anne-Ruth, Der Güterichter als Konfliktmanager – Projektion und Wirklichkeit, ZKM 2015, S. 7 ff.

Klamt, Antje / Moltmann-Willisch, Anne-Ruth, Umsetzung des Güterichtermodells an Berliner Zivilgerichten, ZKM 2013, S. 112 ff.

Klowait, Jürgen, „Zertifizierter Mediator" – Empfehlenswertes Selbstmarketing oder unzulässige Irreführung, ZKM 2015, S. 194 ff.

Klüber, Sabine, Scheidung. Das ganz normale Trauma., Stuttgarter-Zeitung.de, 04.11.2012, <http://www.stuttgarter-zeitung.de/inhalt.essay-scheidung-das-ganz-normale-trauma.25f71e3f-6847-491b-8eb3-dae4bb1b2d67.html> (abgerufen am 14.03.2016).

Koestler, Anja, Mediation, München, 2010.

Kolb, Deborah M. / **Rubin, Jeffrey Z.**, Mediation through a disciplinary prism, in: Bazerman, Max H. / Lewicki, Roy J. / Sheppard, Blair H. (Hrsg.), Handbook of Negotiation Research, 3. Auflage 1991.

Kopp, Ferdinand O. / **Schenke, Wolf-Rüdiger**, Verwaltungsgerichtsordnung, Kommentar, 21. Auflage, München 2015 (zitiert: *Bearbeiter* in: Kopp/Schenke, VwGO).

Krabbe, Heiner / **Fritz, Roland**, Plädoyer für Qualität und Nachhaltigkeit der Güterichterausbildung, NVwZ 2013, S. 29 ff.

Krabbe, Heiner / **Fritz, Roland**, Werkstattbericht Kurz-Zeit-Mediation, ZKM 2013, S. 76 ff.

Krabbe, Heiner, Zeichen der Zeit – Die Kurz-Zeit-Mediation, <http://www.heiner-krabbe.de/fileadmin/daten/www.heiner-krabbe.de/Kurzzeit_Mediation.pdf> (abgerufen am 13.08.2015).

Kracht, Stefan, Das Ethos des Mediators, Hagen, 2011.

Kracht, Stefan, Rolle und Aufgaben des Mediators – Prinzipien der Mediation, in: Haft, Fritjof / Schlieffen, Katharina von (Hrsg.), Handbuch Mediation, 2. Auflage 2009, § 12 S. 267 ff.

Kraus, Mario H., Mediation – wie geht denn das?, Ein Praxis-Handbuch für die außergerichtliche Streitbeilegung, Paderborn, 2005.

Kreissl, Stephan, Mediation, Von der Alternative zum Recht zur Integration in das staatliche Konfliktlösungssystem, SchiedsVZ 2012, S. 230 ff.

Kriegel, Katharina, Mediationspflicht - eine Chance für mehr Autonomie?, ZKM 2006, S. 52 ff.

Kriegel-Schmidt, Katharina, Interkulturelle Mediation, Plädoyer für ein Perspektiven-reflexives Modell, Münster (Westf.), 2012.

Kurzweil, Elisabeth, Akteneinsicht in „Mediationsakten"?, ZZP (123) 2010, S. 77 ff.

LAG Köln, Häufig gestellte Fragen – Antworten auf häufig gestellte Fragen im Güterichterverfahren, <http://www.lag-koeln.nrw.de/aufgaben/gueterichter/handzettel/FAQs/index.php> (abgerufen am 18.02.2016).

LAG Baden-Württemberg, Das Güterichterverfahren, 02.01.2014, <http://www.lag-baden-wuerttemberg.de/pb/site/jum/get/documents/jum1/JuM/import/landesarbeitsgericht%20baden-w%C3%BCrttemberg/G%C3%BCterichterverfahren/Infoblatt.pdf> (abgerufen am 13.02.2016).

LAG Baden-Württemberg, Geschäftsbericht 2014 v. 06.03.2015 für die Arbeits-gerichtsbarkeit Baden-Württemberg, <http://www.lag-baden-wuerttemberg. de/pb/,Lde/Startseite/Medien/Aktuelle+Medienmitteilungen> (abgerufen am 11.12.2015).

LAG Düsseldorf, Güterichtervereinbarung, <http://www.lag-duesseldorf.nrw. de/aufgaben/gueterichterverfahren_lagd/info_gueterichterverfahren/index.php> (abgerugen am 28.03.2016).

LAG Hessen, „besonders wichtig ist aber ihre rechtsberatende Aufgabe ...": <,file:///C:/Users/user/Downloads/Info_Internet_G %C3 %BCterichter_HessLAG. pdf> (abgerufen am 13.02.2016).

Landgericht Göttingen, Mediation durch Güterichter beim Landgericht Göttin-gen, abrufbar unter <http://www.landgericht-goettingen.niedersachsen.de/por-tal/live.php?navigation_id=17029&article_id=99384&_psmand=102> (abgerufen am 28.03.2016).

Landessozialgericht Niedersachsen-Bremen, Mediation beim Güterichter, <http://www.landessozialgericht.niedersachsen.de/portal/live.php?navigation_ id=32479&article_id=65221&_psmand=100> (abgerufen am 18.12.2015).

Lee, Yuk Ki / Lakhani, Avnita, The Case for Mandatory Mediation to Effectively Address Child Custody Issues in Hong Kong, International Journal of Law, Policy and the Family (3) 2012, S. 327 ff.

Legal Tribune Online (LTO), Die Justiz an der Belastungsgrenze, Wenn weiter gespart wird, droht ein Deichbruch, 13.02.2014, <http://www.lto.de/recht/job-karriere/j/richterliche-unabhaengigkeit-ueberlastung-fallzahlen-aktenberge/> (abgerufen am 14.12.2015).

Leiss, Myrto, Einzelgespräche - ein probates Mittel in der Mediation, ZKM 2006, S. 74 ff.

Levin, Louis, Die Entlastungsverordnung vom 9. September 1915 und die Neuge-staltung des bürgerlichen Rechtsstreits, Beiträge zur Erläuterung des deutschen Rechts, Jg. 60, 1916, S. 1–55, in: Digitale Bibliothek des Max-Planck-Instituts für Europäische Rechtsgeschichte, 2010-09-05T15:29:20Z, <http://dlib-zs.mpier.mpg. de/pdf/2084644/60/1916/20846446019160021.pdf> (abgerufen am 06.02.2016).

Lienhard, Hansruedi, Gedanken zum Handwerk des Vermittelns, SJZ 2014, S. 621 ff.

Lindner, Klaus / Krämer, Michael, Justiz nach Gutsherrenart, NRhZ-Online, 16.05.2009, <http://www.nrhz.de/flyer/beitrag.php?id=13791> (abgerufen am 07.01.2016).

Löer, Lambert, Umsetzung des Güterichtermodells in der Praxis, Erste Erkennt-nisse einer Umfrage, ZKM 2014, S. 41 ff.

Mähler, Hans-Georg / Mähler, Gisela, Außergerichtliche Streitbeilegung – Mediation, in: Büchting, Hans-Ulrich / Heussen, Benno (Hrsg.), Beck'sches Rechtsanwalts-Handbuch, 10. Auflage, München 2011, § 47, S. 1492 ff.

Mahlmann, Regina / Dulabaum, Nina L. / Pink, Ruth u.a., Konfliktmanagement und Mediation, Schwierige Situationen souverän meistern, Weinheim/ Basel, 2009.

Marx, Ansgar, Das Prinzip der Freiwilligkeit, ZKM 2010, S. 132 ff.

Marx, Ansgar, Obligatorische Sorgerechtsmediation?, Überlegungen nach kritischer Analyse des kalifornischen Modells, ZKJ 2010, S. 300 ff.

Mattioli, Maria, Mediation in der anwaltlichen Praxis, Unter Berücksichtigung des neuen Mediationsgesetzes, Frankfurt am Main, 2012.

Mediation aktuell, Pflichtmediation in Italien, Teil 1, 2013, <https://www.mediationaktuell.de/news/pflichtmediation-in-italien-teil-1> (abgerufen am 15.01.2016).

Mediation aktuell, Shuttlemediation – Mediation oder Technik? – Teil I, 2013, <https://www.mediationaktuell.de/news/shuttlemediation-mediation-oder-technik-teil-i> (abgerufen am 10.02.2016).

Mediation aktuell, Shuttlemediation – Mediation oder Technik? – Teil II, 2013, <https://www.mediationaktuell.de/news/shuttlemediation-mediation-oder-technik-teil-ii> (abgerufen am 03.03.2016).

Mediation GmbH, Mediation und Rechtsschutz – eine Studie, 2013, <http://www.mediation.de/rechtsschutz> (abgerufen am 12.01.2016).

Mediation GmbH, Was kostet eine Mediation?, <http://www.mediation.de/mediation/mediation-kosten> (abgerufen am 03.03.2016).

Mediation GmbH, Welche Rechtsschutzversicherung trägt die Kosten einer Mediation?, Studie zum Angebot der Rechtsschutzversicherungen im Bereich Mediation vom Februar/März 2013, <http://www.mediation.de/mediation/mediation-und-rechtsschutz> (abgerufen am 18.03.2016).

Menge, Hermann / Güthling, Otto, Griechisch-deutsches und deutsch-griechisches Wörterbuch, Teil II, Deutsch–Griechisch, von Professor Dr. Otto Güthling, Berlin-Schöneberg, 1910 (zitiert: *Menge/Güthling*, Griechisch-deutsches und deutsch-griechisches Wörterbuch, Band II).

Miklautsch, Karin, Das österreichische Zivilrechts-Mediations-Gesetz, 2005, <http://www.km-kongress.de/konfliktmanagement//Module/Media/2005_vortrag_miklautsch[1]_37.pdf> (abgerufen am 01.03.2016).

Ministerium der Justiz der DDR (Hrsg.), Kommentar zum Zivilgesetzbuch der Deutschen Demokratischen Republik vom 19.06.1975.

Möbius, Simon, Das Prinzip der Rechtsschutzgleichheit im Recht der Prozesskostenhilfe, Veröffentlichungen zum Verfahrensrecht 103, (Diss.) Tübingen, 2014.

Möhn, Heinz / Siebel, Anke, Mediation, Lehrbuch für die praxisorientierte Ausbildung, Göttingen, 2014.

Montada, Leo / Kals, Elisabeth, Mediation: Psychologische Grundlagen und Perspektiven, 3. Auflage, Weinheim/Basel, 2013.

Much, Mauritius / Roth, Marcel u.a., Wir sehen uns nicht vor Gericht, 2009, <http://www.gdv.de/2009/09/titel-wir-sehen-uns-nicht-vor-gericht/> (abgerufen am 15.12.2015).

Münchener Kommentar zum Bürgerlichen Gesetzbucch: BGB, hrsg. von Säcker, Franz Jürgen / Rixecker, Roland, Oetker, Hartmut / Limperg, Bettina, Band 9, 6. Auflage, München 2013 (zitiert: *Bearbeiter* in: MüKo-BGB).

Münchener Kommentar zum FamFG, hrsg. von Rauscher, Bernhard, 2. Auflage, München, 2013 (zitiert: *Bearbeiter* in: MüKo-FamFG).

Münchener Kommentar zur Zivilprozessordnung, hrsg. von Krüger, Wolfgang/ Rauscher, Thomas, 3 Bände, 4. Auflage, München, 2012/2013 (zitiert: *Bearbeiter* in: MüKo-ZPO).

Musielak, Hans-Joachim/ Voit, Wolfgang (Hrsg.), Zivilprozessordnung, 12. Auflage, München 2015 (zitiert: *Bearbeiter* in: Musielak/Voit, ZPO).

Musielak, Hans-Joachim / Borth, Helmut (Hrsg.), Familiengerichtliches Verfahren, 1. und 2. Buch FamFG, 5. Auflage, München, 2015 (zitiert: *Bearbeiter* in: Musielak/Borth, Familiengerichtliches Verfahren, 1. und 2. Buch FamFG).

Nahamowitz, Peter, „Reflexives Recht", Das unmögliche Ideal eines post-interventionistischen Steuerungskonzepts, Zeitschrift für Rechtssoziologie 1985, S. 34 ff.

Nelle, Andreas / Hacke, Andreas, Die Mediationsvereinbarung, ZKM 2002, S. 257 ff.

Nelle, Andreas, „Multi-Door Courthouse Revisited" – Wie steht es mit gerichtsnahen Alternativen?, in: Eidenmüller, Horst (Hrsg.), Alternative Streitbeilegung: Neue Entwicklungen und Strategien zur frühzeitigen Konfliktbewältigung. Beiträge der Konferenz zum zehnjährigen Bestehen des Centrums für Verhandlungen und Mediation (CVM) an der Ludwig-Maximilians-Universität München, München, 2011.

Neuenhahn, Hans-Uwe / Neuenhahn, Stefan, Erweiterung der anwaltlichen Dienstleistung durch systematisches Konfliktmanagement, NJW 2007, S. 1851 ff.

Neuhaus, Burkhard, Vertrauen in Vertraulichkeit?, ZKM 2002, S. 8 ff.

Niedersächsisches Justizministerium, Projektabschlussbericht, Projekt „Gerichtsnahe Mediation in Niedersachsen" <http://www.mj.niedersachsen.de/ download/7674/zum_Downloaden.pdf> (abgerufen am 01.02.2016).

Nölting, Hubert, Mediatorenverträge, Köln, 2003.

Oberlandesgericht Schleswig-Holstein, Leitlinien für die „Mediation beim Güterichter" am Schleswig-Holsteinischen Oberlandesgericht, Fassung Januar 2013, <https://www.schleswig-holstein.de/DE/Justiz/OLG/Oberlandesgericht/ Mediation/MediationSH/leitfadenMediation.pdf?__blob=publicationFile&v=1> (abgerufen am 01.02.2016).

Oldenbruch, Hannah, Die Vertraulichkeit im Mediationsverfahren, Das Spannungsfeld zwischen Privatautonomie und Verfahrensrecht, Schriften zur Rechtswissenschaft 64, Berlin, 2006.

OLG Karlsruhe, Statisiken zu dem Pressegespräch am 23.04.2015, <http://www.olg-karlsruhe.de/pb/,Lde/Statistiken+zu+dem+Pressegespraech+am+23_04_201 5/?LISTPAGE=1149539> (abgerufen am 03.12.2015).

Ortloff, Karsten-Michael, Gerichtsinterne Mediation – Verbot durch Gesetz?, NJW-Editorial 2012.

Ortloff, Karsten-Michael, Mediation in der Praxis des Anwalts, NVwZ 2013, S. 992 ff.

Ortloff, Karsten-Michael, Vom Gerichtsmediator zum Güterichter im Verwaltungsprozess, NVwZ 2012, S. 1057 ff.

Pabst, Axel, Tagungsbericht: Symposium zu einem Frankfurter Streitschlichtungszentrum, Tag 2, 2013, <http://pabstblog.de/2013/09/tagungsbericht-symposium-zu-einem-frankfurter-streitschlichtungszentrum-tag-2/> (abgerufen am 07.12.2015).

Peschke, Angelika, Familienmediation bei Trennung / Scheidung von Eltern: Ein Kann, Ein Soll, Ein Muss?, Frankfurt am Main/Berlin u.a., 2012.

Peter, James T., Gerichtsnahe Mediation, Kommentar zur Mediation in der ZPO, Bern, 2011.

Peters, Bele Carolin, Der Gütegedanke im deutschen Zivilprozeßrecht: Eine historisch-soziologische Untersuchung zum Gütegedanken im Zivilverfahrensrecht seit 1879, (Diss.) Jena, 2004.

Plassmann, Michael, Mediationsgesetz: Keine Bevorzugung der Gerichtsmediation, AnwBl 2011, S. 123 ff.

Ponschab, Reiner / Schweizer, Adrian, Kooperation statt Konfrontation, 2. Auflage, Köln, 2010.

Poser, Märle / Schlüter, Wilfried, Mediation für Pflege- und Gesundheitsberufe – Kreativ Konflikte lösen, Bern, 2005.

Pramhofer, Karl, Gerichtsnahe Mediation beim Handelsgericht Wien - ein Erfolgsprojekt, ZKM 2014, S. 79 ff.

Prantl, Heribert, Abschied vom Kampf bis zur letzten Instanz, sueddeutsche.de, 02.07.2012, <http://www.sueddeutsche.de/politik/mediation-statt-rechtsstreit-abschied-vom-kampf-bis-zur-letzten-instanz-1.1398787> (abgerufen am 24.02.2016).

Probst, Martin, „Zertifizierte" Mediatoren und „erweiterte" Güterichter – was liegt hinter dem Horizont des neuen Mediationsgesetzes?, SchlHA 2012, S. 401 ff.

Probst, Martin, Mediation und Recht – zur Umsetzung der Mediationsrichtlinie, JR 2009, S. 265 ff.

Proksch, Roland, Mediation in Deutschland – Stand und Perspektiven außergerichtlicher Konfliktregelung durch Mediation, Kon:Sens (Zeitschrift für Mediation) 1998, S. 7 ff.

Pruitt, Dean G. / **Carnevale, Peter J.**, Negotiation in social conflict (reprinted), Maidenhead, 2003.

Prütting, Hanns / **Gehrlein, Markus** (Hrsg.), ZPO, Kommentar, 7. Auflage, Köln, 2015 (zitiert: *Bearbeiter* in: Prütting/Gehrlein, ZPO).

Prütting, Hanns, Das neue Mediationsgesetz: Konsensuale Streitbeilegung mit Überraschungen, AnwBl. 2012, S. 204 ff.

Rafi, Anusheh, Der Weg zur gemeinsamen Ent-Scheidung – Besonderheiten der Trennungs- und Scheidungsmediation, Berlin, 2012.

Raiser, Thomas, Grundlagen der Rechtssoziologie, 6. Auflage, Tübingen, 2013.

Rakete-Dombek, Ingeborg, Die Angst des Richters vor der Haftung, NJW 2012, S. 1689 ff.

Rasche, Guido, Kritik an der Gerichtsmediation, in: Glässer, Ulla / Schroeter, Kirsten (Hrsg.), Gerichtliche Mediation: Grundsatzfragen, Etablierungserfahrungen und Zukunftsperspektiven, Baden-Baden, 2011, S. 159 ff.

Repgen, Konrad, Dreißigjähriger Krieg und Westfälischer Friede: Studien und Quellen, 1998.

Risse, Jörg / **Bach, Ivo**, Wie frei muss Mediation sein? - Von Politik, Ideologie, Gesetzgebern und Gerichten, SchiedsVZ 2011, S. 14 ff.

Risse, Jörg / **Wagner, Christof**, Mediation im Wirtschaftsrecht, in: Haft, Fritjof / Schlieffen, Katharina von (Hrsg.), Handbuch Mediation, 2. Auflage 2009, § 23, S. 553 ff.

Risse, Jörg, Neue Wege der Konfliktbewältigung: Last-Offer-Schiedsverfahren, High/Low-Arbittration und Michigan-Mediation, BB-Beilage Heft 2, 2001, S. 16 ff.

Risse, Jörg, Zwang zur Meditation? Einige verfassungsrechtliche Überlegungen, in: Hengstl, Joachim / Sick, Ulrich (Hrsg.), Recht gestern und heute: Festschrift zum 85. Geburtstag von Richard Haase, Wiesbaden, 2007, S. 312 ff.

Risto, Karl-Heinz, Konflikte lösen mit System: Mediation mit Methoden der Transaktionsanalyse; ein Arbeitsbuch, Paderborn, 2005.

Röhl, Klaus-F., Rechtssoziologie, Köln, 1987.

Roland Rechtsreport, Vertrauen in Gesetze und Gericht auf hohem Niveau leicht gesunken im Vergleich zum Vorjahr, 2015, <https://www.roland-rechtsschutz. de/media/rechtsschutz/pdf/unternehmen_1/ROLAND_Rechtsreport_2015.pdf> (abgerufen am 07.12.2015).

Rösch, Matthäus, Verhandlung und Mediation in der Insolvenz, Marburg, 2009.

Röthemeyer, Peter, Gerichtsmediation im Güterichterkonzept – Die Lösung des Vermittlungsausschusses, ZKM 2012, S. 116 ff.

Röthemeyer, Peter, LG Frankfurt v. 07.05.2014 – 2-06 O 271/139, Unzulässige „Mediationsklauseln" in Rechtsschutzversicherungsbedingungen, ZKM 2014, S. 203 ff.

Round Table Mediation & Konfliktmanagement der Deutschen Wirtschaft, Positionspapier der deutschen Wirtschaft zur Umsetzung der EU-Mediationsrichtlinie, ZKM, 2009, 147 ff., im Internet: <https://www.ikm.europa-uni.de/de/publikationen/Positionspapier_Round_Table_09.pdf> (abgerufen am 10.02.2016).

Rüstow, Angelika, Außergerichtliche Mediation im (regulierten) Abseits?, NJ 2008, S. 385 ff.

Saenger, Ingo (Hrsg.), Zivilprozessordnung, Familienverfahren, Gerichtsverfassung, Europäisches Verfahrensrecht; Handkommentar, 6. Auflage, Baden-Baden, 2015 (zitiert: *Bearbeiter* in: Saenger, ZPO).

Schäfer, Benjamin, Das Ende der Pflichtmediation in Italien, Die Wirtschaftsmediation 2013, S. 57 ff.

Schäffer, Hartmut, Mediation, Die Grundlagen – erfolgreiche Vermittlung zwischen Konfliktparteien, 2. Auflage, Würzburg, 2007.

Scheuer, Urlsula, Regelungen zur Mediation in Österreich nach Umsetzung der Mediations-Richtlinie, in: Fucik, Robert / Konecny, Andreas/Oberhammer, Paul (Hrsg.), Zivilverfahrensrecht, Jahrbuch 2011, Wien/Graz, 2011, S. 197 ff.

Scheuermann, Dorothea, Mediation bei Trennung und Scheidung – Gesetzliche Grundlagen und deren praktische Anwendung (Diss. Regensburg), Frankfurt am Main, 2013.

Schieferstein, Werner, Die Haltung in der Mediation, Gedanken über Ethik, Verantwortung, Momente und andere „Unbeschreiblichkeiten" in der Mediation., Spektrum der Mediation 2005, S. 13 ff.

Schlieffen, Katharina von, Professionalisierung und Mediation, München, 2010. (zitiert: *Bearbeiter* in: Schlieffen, Professionalisierung und Mediation).

Schmidt, Christopher, Konsensorientierte Ansätze von Familiengerichten und Jugendämtern, Überblick über die Regelungen in FamFG und SGB VIII, ZKM 2015, S. 114 ff.

Schmidt, Frank H. / Lapp, Thomas / Monßen, Hans-Georg, Mediation in der Praxis des Anwalts, München, 2012.

Schmitt, Stephan, Stufen einer Güteverhandlung, Lehre einer imperfekten Gerechtigkeit, Baden-Baden, 2014.

Schneider, Silke, Vertraulichkeit der Mediation: Schutz und Grenzen durch das Straf-und Strafprozessrecht, Bremen, 2014.

Schobel, Beatrix, Bald bayernweit: Güterichter und Mediationsbeauftragte an den Zivilgerichten, ZKM 2012, S. 191 ff.

Schreiber, Frank, Das erweiterte Güterichtermodell, BJ 2012, S. 337 ff.

Schreiber, Frank, Konsensuale Streitbehandlung im sozialgerichtlichen Verfahren, Berlin, 2013.

Schröder, Rudolf, Familienmediation, Bielefeld, 2004.

Schüddekopf, Claas, Zur Nachhaltigkeit einvernehmlicher Konfliktbeilegung: Eine empirische Untersuchung von Mediation und Schiedsgerichtsbarkeit, Berlin, 2013.

Schütz, Jürg G., Europäische Richtlinie über bestimmte Aspekte der Mediation in Zivil- und Handelssachen, AJP 2015, S. 106 ff.

Schwarz, Karin, Mediation – Collaborative Law – Collaborative Practice, Bei Trennungs- und Scheidungskonflikten, Linz, 2010.

Sefrin, Ulrich, Mediationsvertrag, in: Beck'sche Online-Formulare Zivilrecht, 14. Edition 2015, Kapitel 1.17, <www.beck-online.de> (abgerufen am 01.01.2016).

Service Baden-Württemberg, Obligatorische Streitschlichtung/Schlichtungsmöglichkeiten, <http://service-bw.de/zfinder-bw-web/processes.do?vbid= 945826&vbmid=0> (abgerufen am 06.03.15).

Spangenberg, Ernst, Aufgaben und Funktionen eines Güterichters, ZKM 2013, S. 162 ff.

Spangenberg, Ernst, Mediationskostenhilfe ein Verfassungsgebot?, FamRZ 2009, S. 834 ff.

Statistisches Bundesamt, Fachserie 10 Reihe 2.1, 2014, <http://www.gueterichter-forum.de/wp-content/uploads/2015/12/Statistik-2014.pdf> (abgerufen am 10.01.2016).

Statistisches Bundesamt, Gerichtsmediation*/Güterichterverfahren 2013, <http://www.gueterichter.de/wp-content/uploads/2015/03/Bundesstatistik_2013.pdf> (abgerufen am 10.01.2016).

Stein, Friedrich / Jonas, Martin, Die Zivilprozessordnung für das Deutsche Reich, 14. Auflage, Tübingen, 1928.

Stiftung Warentest, Ruhe nach dem Streit, Finanztest 2013, S. 16 ff.

Sutter-Somm, Thomas / Hasenböhler, Franz / Leuenberger, Christoph (Hrsg.), Kommentar zur Schweizerischen Zivilprozessordnung (ZPO), 2. Auflage, Zürich, 2013 (zitiert: *Bearbeiter* in: Sutter-Somm/Hasenböhler/Leuenberger, Schweizerische ZPO).

Teubner, Günther / Willke, Helmut, Kontext und Autononmie, Gesellschaftliche Selbststeuerung durch reflexives Recht, ZfRSoz 1984, S. 4 ff.

Teubner, Günther, EUI Working Paper, Nr. 87, S. 36 ff.

Teubner, Günther, Recht als autopoietisches System, Berlin, 1989.

Teubner, Günther, Reflexives Recht, Entwicklungsmodelle des Rechts in vergleichender Perspektive, ARSP 1982, S. 13 ff.

Teubner, Günther, Verfassungsfragmente, Gesellschaftlicher Konstitutionalismus in der Globalisierung, Berlin, 2012.

Thiele, Alexander, Europarecht, 12. Auflage, Altenberge, 2015.

Töben, Jan, Mediationsklauseln, RNotZ 2013, S. 321 ff.

Towfigh, Emanuel V., Komplexität und Normenklarheit – oder: Gesetze sind für Juristen gemacht, Der Staat 2009, S. 29 ff.

Trenczek, Thomas / Berning, Detlev / Lenz, Christina, Mediation und Konfliktmanagement, Baden Baden, 2013.

Trenczek, Thomas / Mattioli, Maria, Mediation und Justiz, Bestandsaufnahme eines schwierigen Verhältnisses, Spektrum der Mediation 2010, S. 4 ff.

Trenczek, Thomas, Entwicklung und Situation der Mediation in Australien – Qualität oder Quantität?, ZKM 2012, S. 165 ff.

Trenczek, Thomas, Mediation down under – Bericht über die ADR-Praxis in Australien, Spektrum der Mediation 2007, S. 57 ff.

Trenczek, Thomas, Mediation und Justiz – Bestandsaufnahme eines schwierigen Verhältnisses, Spektrum der Mediation 2010, S. 4 ff.

Trenczek, Thomas, Stand und Zukunft der Mediation – Konfliktvermittlung in Australien und Deutschland, SchiedsVZ 2008, S. 135 ff.

Trossen, Arthur, Die Mediation ist Die oder Keine Alternative, ZRP 2012, S. 23 ff.

Trossen, Arthur, Die Zerstärkung der Mediation, SchiedsVZ 2015, S. 187 ff.

Trossen, Arthur, Mediation (un)geregelt, Altenkirchen, 2014.

Trossen, Arthur, Mediation variantenreich, Die Verfahren der Mediation und die Mediationsweisen, Altenkirchen, 2008.

Unberath, Hannes, Mediationsklauseln in der Vertragsgestaltung, NJW 2011, S. 1320 ff.

Unberath, Hannes, Mediationsverfahren, ZKM 2011, S. 4 ff.

UNCITRAL, <http://www.uncitral.org/uncitral/en/uncitral_texts.html> (abgerufen am 06.03.2015).

Vogt, Sybille, Der kooperative Staat, Baden Baden, 1995.

Vogt, Sybille, Die Mediation im neuen Kindschaftsrecht, LJZ 2014, S. 115 ff.

Wagner, Gerhard, Vertraulichkeit der Mediation, in: Fischer, Christian / Unberath, Hannes (Hrsg.), Das neue Mediationsgesetz – Rechtliche Rahmenbedingungen der Mediation (Tagung vom 7./8. Oktober 2011 in Jena), München, 2013.

Weckert, Al / Bähner, Christian / Oboth, Monika / Schmidt, Jörg, Praxis der Gruppen-und Teammediation – Die besten Methoden und Visualisierungsvorschläge aus langjähriger erfolgreicher Mediationstätigkeit, Paderborn, 2011.

Weckert, Al, Gewaltfreie Kommunikation in der Mediation, Lösungen finden durch empathische Präsenz, Stuttgart, 2012 ff.

Weitz, Tobias Timo, Gerichtsnahe Mediation in der Verwaltungs-, Sozial- und Finanzgerichtsbarkeit, Frankfurt am Main, 2008.

Wendenburg, Felix, Differenzierte Verfahrensentscheidungen in zivilrechtlichen Konflikten, ZKM 2013, S. 19 ff.

Wenzel, Dennis, „Justita ohne Schwert" – Die neuere Entwicklung der außergerichtlichen und gerichtsbezogenen Entwicklung in Deutschland, Hamburg, 2014.

Winkler, Christian, Das Vertrauensverhältnis zwischen Anwalt und Mandant, Die Einbeziehung Dritter in den Schutz von §§ 53, 97, 160a StPO?, (Diss.) Berlin, 2014.

Wolf, Christian, Zivilprozess in Zahlen, IPA Workingpaper 1/2014, <www.jura. uni-hannover.de/fileadmin/fakultaet/Institute/Wolf/pdfs/2014/IPA_working_Paper_1-2014.pdf> (abgerufen am 08.03.2016).

Zenk, Kati, Gerichtsnahe Mediation in Niedersachsen – Die Evaluation eines Modellversuchs, Baden-Baden, 2007.

Zorn, Dagmar, Gesetz zur Förderung der Mediation und anderer Verfahren der außergerichtlichen Konfliktbeilegung – Änderungen der Familiensachen betreffenden FamFG-Vorschriften, FamRZ 2012, S. 1265 ff.

Zurmühl, Sabine / Kiesewetter, Sybille, Zur Praxis der Familienmediation, ZKM 2008, S. 107 ff.

Zylstra, Alexandria, The Road from Voluntary Mediation to Mandatory Good Faith Requirements: A Road Best Left Untreaveled, Am. Acad. Matrim. Law 2001, S. 69 ff.